Fritz Klein

DRINNEN UND DRAUSSEN
Ein Historiker in der DDR
Erinnerungen

S. Fischer

Lektorat: Oliver Thomas Domzalski

© S. Fischer Verlag GmbH, Frankfurt am Main, Frühjahr 2000
Gesetzt aus der Aldus-Antiqua im
S. Fischer Verlag auf Apple Macintosh/QuarkXPress 4.04
Druck und Einband: Clausen & Bosse, Leck
Printed in Germany
ISBN 3-10-039609-X

Inhalt

Prolog: Späte Einsichten

Am 11. Juli 1989 feierte ich meinen 65. Geburtstag. Ich ging in den Ruhestand und hatte am Vormittag Freunde und Kollegen zu einer Geburtstagsfeier im Institut für Allgemeine Geschichte der Akademie der Wissenschaften der DDR geladen, in dem ich als Bereichsleiter gearbeitet hatte. Dem Dank an die Gäste schloß ich den Versuch an, in aller Kürze ein Resümee meines Lebens zu ziehen:

»Es wäre eine gewaltige Untertreibung, wollte man die Zeiten, auf die wir heute zurückblicken, einfach nur bewegte Zeiten nennen. Es waren Jahrzehnte tiefer Erschütterungen und dramatischen Wandels. Als kleinen Jungen, wir wohnten damals am unteren Ende der Wilhelmstraße, nahm man mich mit auf den Belle-Alliance-Platz, wo ein richtiger König zu bestaunen war, Aman Ullah von Afghanistan, der mit seiner Autokolonne durch Berlin fuhr. Der arme Mann – er war kein König mehr, als er nach Hause kam, gestürzt durch reaktionäre Gegner, die er mit einem gewiß nicht allzu radikalen Reformprogramm gegen sich aufgebracht hatte. Ich habe noch eine schwache Erinnerung an den uralten Hindenburg, der im oberen Teil unserer Straße residierte, in einem Palais, dessen Garten zeitweilig der öffentlichen Benutzung zugänglich war. Dann die Nazizeit: der Mitschüler, der sich, uns anderen ganz unverständlich, nicht freute, weil es schulfrei gab an irgendeinem der neuen »nationalen« Feiertage; sein Vater sei ein Sozi, wurde hinter vorgehaltener Hand erzählt, ich hatte keine Ahnung, was das bedeutete; mein Vater, konservativ eingestellter Journalist, Nationalist, aber kein Nationalsozialist, vor 1933 Gegner der Weimarer Demokratie und Befürworter autoritärer Regierungsform, bis hin zu der Illusion, man werde den nationalen Trommler Hitler nutzen können,

damit Deutschland wieder stark würde, wenige Monate
nach dem 30. Januar 1933 auf Druck der von ihm öffentlich
kritisierten Nazi-Regierung von seinem Posten verdrängt;
die schwarz-weiß-rote Fahne in unserem Haus, vor 1933
Zeichen des Protestes gegen das verachtete Schwarz-Rot-
Gold der Republik, nach 1933 Zeichen der Distanz zum
Hakenkreuz; nach dem frühen Tod der Eltern dann der
Pflege- und spätere Schwiegervater, aus dem Amt gejagter
sozialdemokratischer Pädagoge, prägendes Vorbild, Lehrer,
väterlicher Freund auf unvergeßliche Weise für fast dreißig
Jahre. Schließlich der Krieg: ich ein Soldat, der nicht den
Sieg, sondern die Niederlage Hitlerdeutschlands erwartet, ja
wünscht und der zugleich so fest noch in hergekommenen
Werten und traditionellem Denken lebt, daß er den Mut
zum Wechsel der Front nicht findet. Der Gedanke daran
kommt gar nicht in den Sinn.

Im Jahr des Kriegsendes war ich 21 Jahre alt, volljährig nach
damaligem Recht. Anders sollte nun alles werden, anders
mußte es werden. Glücklich, am Leben geblieben zu sein,
Sohn beziehungsweise Pflegesohn von Männern, denen es,
wenn auch in ganz unterschiedlicher Richtung, selbstverständlich gewesen war, sich nicht nur zu interessieren für
Politik und das öffentliche Leben, sondern tätig an ihm teilzunehmen, wäre es mir ganz fremd gewesen, beiseite zu stehen, abzuwarten, wie die Dinge sich entwickeln würden. Ich
wollte mittun bei dem, was nun zu tun war. Der Rezepte gab
es viele. Mir schien es nicht besonders schwer, das für mich
richtige zu finden. Die beispiellose Radikalität des Zusam-
menbruchs, die Ungeheuerlichkeit des verbrecherischen
Unheils, das die Deutschen über die Welt und über sich
selbst gebracht hatten – und an dem doch jeder von uns beteiligt gewesen war, auch der, der das Glück gehabt hatte,
nicht persönlich schuldig geworden zu sein –, die aus beidem folgende Riesendimension der Aufgaben, die vor denen
lagen, die es nun anders und endlich besser machen wollten:
all das begünstigte das einfache Denken in wenigen, absolut
verstandenen Kategorien. Zum Großen Nein, das so unabweisbar nötig war, gehörte das Große Ja zur radikalen, Neu-

bau von Grund auf versprechenden Alternative. Und beeindruckt nicht zuletzt durch das persönliche Vorbild des
Pflegevaters, der fest überzeugt war, daß in Zukunft die
Arbeiterparteien ihre Kräfte zusammenschließen müßten –
hatten sie nicht am entschiedensten widerstanden und waren am härtesten verfolgt worden –, trat ich Anfang 1946
der Kommunistischen Partei bei. Ein Entschluß war gefaßt,
den ich nie bereut habe, und eine Richtung eingeschlagen,
von der, wie ich sie nach bestem Wissen und Gewissen verstand, ich nie abgewichen bin.

Was dann folgte, braucht in diesem Kreise nicht berichtet zu
werden. Ihr kennt es. Studium, Anfänge des Museums für
deutsche Geschichte, Gründung und erste Jahre der Zeitschrift für Geschichtswissenschaft, historische Forschung an
der Akademie – dazu, nie nebenbei und nur äußerliche Zu-
gabe, sondern immer gedacht als immanenter Bestandteil
eines Lebens, das ich als eine Einheit zu leben versuchte:
Kulturbund, Weltbühne, Friedensbewegung. Zeugen von
alledem sind heute hier. Sie gratulieren und sie loben, was
ihnen gefallen hat und nützlich scheint am Werk des Jubi-
lars, der sich darüber natürlich herzlich freut.

So wäre denn nichts als Zufriedenheit heute angesagt?
Immer auf dem richtigen Weg gegangen und immer fleißig
und erfolgreich sich gemüht? Das wäre wohl doch zu einfach, und ein bißchen nachdenklicher wollen wir schon sein.
Auf Jahrzehnte tiefer Erschütterungen und dramatischen
Wandels, so sagten wir eingangs, blickten wir heute zurück.
Bilder solcher Art aber erscheinen nicht nur im Rückblick.
Es ist die atemberaubende Wirklichkeit unserer Tage, die
nur mit solchen Begriffen beschrieben werden kann. Wie
einfach hatte alles geschienen vor 44 Jahren, und wie
schwierig wurde es. Gut und böse, alt und neu, fortschritt-
lich und reaktionär – es ließ sich alles nicht so absolut und
sauber trennen, wie wir glaubten. Nicht wenig wurde erreicht, wie viel aber verfehlt. Die alte Ordnung, deren
Grundgebrechen wir zu Recht anprangerten und anpran-
gern, erwies sich gleichwohl als weit lebenskräftiger, leistungsfähiger und attraktiver, als wir annahmen. Die neue

Ordnung, deren Vorzüge und Potenzen wir zu Recht hervorhoben und hervorheben, als schwächer und mit jahrzehntelang gewachsenen Gebrechen behaftet, deren Überwindung Mut, Offenheit und Kraft erfordert. Sie ist weltweit im Zustand krisenhafter Erschütterung – auch dort, wo in den Zeitungen der untaugliche Versuch unternommen wird, das Gegenteil auszumalen. Menschen kehren uns den Rücken und verlassen uns. Wir haben uns zu fragen, was wir getan oder unterlassen haben, daß so bestürzend viele glauben, hier keine gute Zukunft zu haben.

Von alledem rede ich nicht, um Resignation zu predigen und Pessimismus zu verbreiten – im Gegenteil. Ich bin tief überzeugt von der Lebenskraft der sozialistischen Idee des Aufbaus einer gerechten Gesellschaft der Freien und Gleichen und von der Fähigkeit des Sozialismus, wieder echte Fortschritte in dieser Richtung zu machen. Freilich – dazu gehört die Bereitschaft, die Dinge zu sehen, wie sie sind, gehört der entschiedene und konsequente Wille zur durchgreifenden Erneuerung. Das Mittel der Gewalt, ein Zeichen der Schwäche und nicht der Stärke, sollte ausgeschlossen sein. Man kann mit ihr, vielleicht, vorübergehend eine Situation ›stabilisieren‹, untergräbt aber, mit Sicherheit, auf die Dauer das, was man erhalten will.

Was könnte der Beitrag der Historiker zu diesem Erneuerungsprozeß sein? Die Antwort, die ich heute dazu geben will, mag naiv klingen. Sie ist ebenso leicht gesagt wie schwer verwirklicht: wir sollten uns redlich und nach Kräften darum bemühen, immer die volle Wahrheit zu suchen und zu sagen. Kürzlich hörte ich von einem jungen Mann, der, als er die Mitteilung der Sowjetisch-Polnischen Historikerkommission über ihre Beratungen zur unmittelbaren Vorgeschichte des Zweiten Weltkrieges gelesen hatte, seinen Vater, einen gestandenen Historiker, fragte: ›Vater, wenn das stimmt, was da steht, dann habt ihr uns Jahrzehnte hindurch nicht die Wahrheit gesagt. Warum habt ihr das getan?‹ Die Frage sollte jedem von uns unter die Haut gehen. Das ist nicht gesagt, um die zahlreichen und wichtigen Wahrheiten, die wir gefunden und ausgesprochen ha-

ben, vergessen zu machen oder auch nur ihre Bedeutung zu
schmälern. Die volle Wahrheit aber, seien wir ehrlich, blieben wir nicht selten und in ziemlich wichtigen Belangen uns
und unseren Lesern schuldig. Ein Grund für mich, über diesen Punkt zu sprechen, ist auch, daß erst kürzlich in einem
sehr langen Artikel zweier prominenter Autoren über
Grundsatzfragen unseres Verhältnisses zur eigenen Geschichte gesagt wurde, wie ganz selbstverständlich, die marxistischen Historiker würden auch künftig ›gut gemeinte
Auslassungen von Einzelfragen‹ nicht vermeiden können.
Nein – so sollen, so dürfen wir nicht mehr denken. Die Vorstellung, man diene der eigenen Seite besser, wenn man ihre
Schattenseiten verschweigt, und man setze sich mit der anderen Seite wirkungsvoller auseinander, wenn man ihre
Vorzüge ignoriert, ist falsch. Und sie wird dadurch nicht
richtiger, daß immer wieder versucht wird, sie als Ausdruck
von Parteilichkeit quasi in den Rang einer philosophischen
Kategorie zu erheben. Was wir brauchen, ist Ehrlichkeit,
Offenheit und gewissenhafte Prüfung der eigenen moralischen Integrität. Nur so gewinnen wir Glaubwürdigkeit und
Überzeugungskraft.«

Zweieinhalb Jahre später, am 16. Dezember 1991, fand in demselben Raum, dem Speise- und Versammlungsraum des häßlichen Gebäudes in der Prenzlauer Promenade in Pankow, in dem
eine Reihe gesellschaftswissenschaftlicher Institute der Akademie untergebracht waren, die letzte Mitarbeiterversammlung des
Instituts für Allgemeine Geschichte statt. Auf Empfehlung des
Wissenschaftsrates wurde unser Institut, wie fast alle der insgesamt etwa fünfzig Forschungsinstitute der Akademie, zum 31.
Dezember 1991 aufgelöst. Nach der Wende reaktiviert und zum
Direktor des Instituts berufen, leitete ich die letzte Rede meines
Berufslebens mit einigen Überlegungen genereller Art ein:

»Wir sind zusammengekommen, um uns zu verabschieden
– voneinander und von dem Institut, das für jeden von uns,
kürzer oder länger (bei mir waren es 34 Jahre), begrüßt, er-
tragen oder innerlich abgelehnt, der Ort war, an dem oder

mit dem verbunden ein großer und wichtiger Teil seines Lebens stattfand: die berufliche Arbeit, was ja den Umgang bedeutete nicht nur mit Büchern und Akten, sondern auch mit den Menschen im gleichen Arbeitszusammenhang. Abschied – das ist ein Moment, in dem man zurückdenkt an das, was war, und gleichzeitig versucht, nach vorne zu blicken auf das, was vielleicht oder sicher sein wird, erhofft oder gefürchtet, zwei Gefühle, die sich keineswegs gegenseitig ausschließen. Man kann auch Angst haben vor dem, was man erhofft. Zu beidem, Vergangenheit und Zukunft, möchte ich heute ein paar Gedanken äußern, Meinungen ganz persönlicher Art.

Die Vergangenheit, so heißt es oft, müsse bewältigt werden. Das klingt sehr stark, fast martialisch, ist doch aber, hört man genau hin, eine Wendung, die das nicht trifft, was in der Tat gemacht werden muß. Vergangenheit – das ist nicht etwas, mit dem man fertig wird, indem man es behandelt mit Lauge und scharfem Besen, das Schlechte ausbrennt, die Schuldigen bestraft, um nach erfolgter Operation, erleichtert um die Sünden und die Sünder vergangener Zeiten und frei von ihnen, frohgemut neuen Ufern zuzustreben. Die Vergangenheit ist bewältigt, überwältigt gar, man hat sich von ihr gelöst und nichts mehr mit ihr zu tun.

Nein, so einfach liegen die Dinge nicht. So leicht kommen wir nicht davon. Vergangenheit läßt sich nicht überwinden, bewältigen, beseitigen gar. Sie ist gewesen, und sie bleibt, was sie gewesen. Gerade Historiker sollten wissen um die Macht und Kraft der Vergangenheit, ihre Dauerlastigkeit. Sie verstehen natürlich, daß ich gegen den scheinradikalen Begriff von der Vergangenheitsbewältigung nicht polemisiere, weil ich gegen radikale Auseinandersetzung mit der Vergangenheit, einschließlich der eigenen Rolle in ihr, und gegen radikale Konsequenzen aus dieser Auseinandersetzung wäre. Mir geht es nicht darum, der in dem Ausdruck von der Bewältigung der Vergangenheit liegenden Fokussierung auf das Schlechte, auf Schuld und Schuldige, die banale, zutreffende, aber unscharfe und ihrerseits höchst interpretationsbedürftige Redensart entgegenzuhalten, daß doch nicht alles schlecht gewesen sei, was wir gemacht haben. Natürlich war es das nicht. Was wir aber brauchen und was ich vorschlage, ist die ernste Prüfung und Selbstprüfung, das bohrende Fragen danach, was man Gutes oder Schlechtes, Richtiges oder Falsches getan, gesagt, geschrieben hat, was man hätte besser tun, sagen oder schreiben sollen und was man hätte unterlassen sollen, können oder müssen. Und das alles in dem Bewußtsein, daß es nicht darum gehen kann, etwas ›durchzuführen‹ und dann hinter sich zu lassen. Ich denke mir, daß diese Art von Prüfung und Selbstprüfung, aufgefaßt als ein zu keinem Zeitpunkt abgeschlossener Prozeß, aufgehoben werden könnte und sollte in dem Bewußtsein davon, wie man heute und morgen lebt. Die Vergangenheit jedes Menschen ist ein Stück dieses Menschen. Man kann und soll versuchen, sie und sich in ihr, zu verstehen, zu lernen aus ihr, wenn es gutgeht, für Gegenwart und Zukunft. Abstreifen aber und einfach zurücklassen kann man sie nicht, ohne sich, möglicherweise erneut, selbst zu beschädigen.«

Was auf den Seiten dieses Buches folgt, ist der dritte, nun weit ausführlichere Versuch, sich klarzuwerden über das eigene Leben. Zu erzählen ist, wie einer gelebt hat in diesen Zeiten, die zu verstehen uns allen so schwerfällt. Weiß man ein bißchen mehr von solchen Vergangenheiten, findet man sich vielleicht ein bißchen besser zurecht in der Gegenwart. Und so gut ich es kann, will ich die Warnung Hebbels vor dem Gelehrten beherzigen, der »eine so schreckliche Scheu vor dem Unbedeutenden (hat), daß er auf die Resultate losrennt, als ob er gehetzt würde« – obwohl es doch das Detail sei, das Veranschaulichen der an sich geringfügigen Einzelheiten, was die Selbstbiographie eigentlich interessant mache.

I Kindheit (1924–1937)

Am 11. Juli 1924 wurde ich in Berlin geboren. Meine Eltern wohnten in der Augsburger Straße in Charlottenburg, zogen aber bald nach meiner Geburt um nach Kreuzberg, in die Wilhelmstraße, unweit des Belle-Alliance-Platzes, wie der heutige Mehringplatz damals hieß. Als »Wohnviertel des Mittelstandes« bezeichnete Meyers Lexikon diese Gegend. Der Grund für den Umzug lag wohl darin, daß es von der neuen Wohnung nur ein kurzer Weg war bis zum damaligen Sitz der *Deutschen Allgemeinen Zeitung* in der Wilhelmstraße 30. Mein Vater arbeitete dort.

Ein Jahr nach mir, im September 1925, kam mein Bruder Peter zur Welt. Unsere geräumige Wohnung befand sich in der dritten Etage des Vorderhauses. Wir hatten Ofenheizung, und ich erinnere mich noch dunkel an die wohlige Gemütlichkeit, die ich empfand, wenn wir Kinder morgens noch im Bett lagen und das Dienstmädchen hereinkam, die glühende Kohle auf der Schaufel, um das Feuer zu entzünden. Viele Erinnerungen an diese Jahre habe ich nicht. Spaziergänge gab es zu den Anlagen am Kreuzberg oder auch, ich habe es schon erwähnt, in den großen Garten hinter dem Reichspräsidentenpalais mit seinen hohen Bäumen und manchmal auch einem Blick auf den alten Herrn. Schemenhaft fast meine ich, ein Bauernhaus an der Ostsee vor mir zu sehen (war es in Ahrenshoop?), wohin wir in die Sommerferien gefahren waren. Ich war kaum fünf Jahre alt, als mit dem Umzug in eine Wohnung sehr viel anspruchsvolleren Zuschnitts ein neuer Lebensabschnitt begann. Beruflicher Erfolg meines Vaters und sein stark entwickeltes Gefühl für gesellschaftliche Repräsentation bewogen ihn zum Bezug einer Zwölfzimmerwohnung im Hochparterre eines stattlichen Hauses am Lützowplatz.

Meine Eltern stammten aus Siebenbürgen. Mein Vater, Michael Arthur Friedrich, genannt Fritz, wurde 1895 in dem bei Bistritz (Bistriţa) gelegenen Dorf Weißkirch (Albeşti Bistriţei) als

Sohn des Pfarrers Friedrich Klein geboren. Pfarrer und Lehrer
waren die Vorfahren väterlicherseits seit Generationen gewesen.
Dieser Großvater starb 1913. Ich kannte nur die Großmutter, eine
gebildete, selbstbewußte, fromme Frau. Die Absenderangabe auf
ihren Briefen lautete immer: »Hermine Klein, ev. Pfarrerswitwe
A.B. (d.h. Augsburgischen Bekenntnisses)«. Sie hat ihren Mann
um fast ein halbes Jahrhundert überlebt. Meine Mutter, Gertrud,
wurde im Jahre 1900 in Hermannstadt (Sibiu) geboren. Ihr Vater,
Wilhelm Orendt, war Bankangestellter. Seine Liebe galt der
Musik und den Bergen. In der »Hermania«, dem deutschen
Männergesangverein, war er ein beliebter und hochgeschätzter
Bariton. Ein altes Foto zeigt ihn als »Fliegenden Holländer«. Im
»Siebenbürgischen Karpathenverein« aktives Mitglied, hatte er
teilgenommen an der Markierung von Wanderwegen in dem
Hermannstadt nahe gelegenen Zibinsgebirge. Seine große Zeit
als Sänger kannten wir nur aus den Erzählungen der Älteren.
Wegen einer unheilbar fortschreitenden Schwerhörigkeit war er
früh pensioniert worden. Für uns bedeutete das, daß der freund-
liche, noch sehr rüstige Mann Zeit hatte für seine Enkel. Auf
Ausflügen in die nähere und fernere Umgebung lehrte er uns die
Kunst, ein Feuer anzumachen, an dem Speck gebraten wurde.
Ärgerlich spießte er stets die im Wald von nachlässigen Wan-
derern fortgeworfenen Papiere mit seinem Spazierstock auf und
verbrannte sie sorgfältig. Die von uns Kindern besonders gelieb-
ten Orendt-Großeltern, der Großvater Wilhelm und seine Frau
Maria, wohnten in einem schönen Haus in der Hauptstraße von
Hermannstadt, der Heltauergasse. Es gehörte ihnen und bot anderen Mitgliedern der weitverzweigten Verwandtschaft ebenfalls
Unterkunft. Sattler und Riemer, erfolgreiche Handwerker, waren
die Vorfahren der Orendts. Aus einer Familie von Fabrikanten
kam die Großmutter, geborene Fonn. Eine Salamifabrik in Hermannstadt hatte ihrem Vater gehört. Ihr Bruder Gust besaß eine
Tuchfabrik in dem Dorf Orlat, unweit Hermannstadt. So entstammten meine Eltern zwei bestimmenden Milieus der Siebenbürger Sachsen, dem evangelisch-lutherischen Pfarrhaus und
dem städtischen Bürgertum. Siebenbürgen, der »süßen Heimat«,
wie es in der Volkshymne der Sachsen hieß, blieben sie ihr gan-
zes Leben lang tief verbunden.

23 und 18 Jahre waren sie alt, als die seit Jahrhunderten immer wieder von oft dramatischen Veränderungen gekennzeichnete Geschichte Siebenbürgens erneut eine tiefgreifende Wende erlebte. Am 1. Dezember 1918 proklamierte eine Versammlung der siebenbürgischen Rumänen in Karlsburg (Alba Julia) die Vereinigung des seit 1867 ungarischen Siebenbürgens mit dem Königreich Rumänien. Ungarn gehörte als Teil der habsburgischen Doppelmonarchie mit den anderen Partnern des Bündnisses der »Mittelmächte«, Deutschland, Bulgarien und dem Osmanischen Reich, zu den Verlierern des Weltkriegs. Der Anspruch der Rumänen auf Siebenbürgen wurde in den Pariser Friedensverhandlungen anerkannt und 1920 im Vertrag von Trianon zwischen den Siegermächten und Ungarn völkerrechtlich besiegelt. Laut Volkszählung von 1910 lebten in Siebenbürgen rund 1 470 000 Rumänen (= 55 %), 970 000 Magyaren und Szekler (= 36,3 %) sowie 234 000 Deutsche und Sachsen (=8,7 %). Auf einer »Nationalversammlung« dieser deutschen Minderheit am 8. Januar 1919 in Mediasch (Mediaş) stimmten die anwesenden 138 Delegierten einer Entschließung »An unser Volk!« zu, in der die Vereinigung Siebenbürgens mit Rumänien begrüßt wurde. Die Versammlung war von dem Ende 1918 gebildeten »Deutsch-sächsischen Nationalrat« einberufen worden. Mein Vater hatte von 1914 bis 1918 am Krieg teilgenommen, in Einheiten der österreichisch-ungarischen Armee, die in Rußland und Italien eingesetzt waren, zuletzt als Oberleutnant und Regimentsadjutant. Im »Nationalrat«, der sich im November 1919 wieder auflöste, versah er das Amt des zweiten Sekretärs. Sein von früher Jugend an starkes politisches Interesse und, wie berichtet wird, seine organisatorischen Erfahrungen als Regimentsadjutant hatten ältere Freunde veranlaßt, ihn für diese Funktion vorzuschlagen.

Das bemerkenswerte Selbstbewußtsein, mit dem sich die relativ kleine deutsch-sächsische Minderheit so nachdrücklich und protokollarisch aufwendig – eine Delegation des Nationalrats überreichte dem rumänischen König Ferdinand Ende Januar 1919 in Bukarest die Erklärung von Mediasch – in einer Angelegenheit zu Worte meldete, die unabhängig vom Votum der Sachsen entschieden wurde, war Ausdruck sehr verständlicher Sorgen um die Gestaltung ihres Lebens im neuen Staat. Das Ja zur Vereinigung war zunächst die pragmatische Anerkennung von Entwicklungen, deren Unabwendbarkeit jedem realistisch Denkenden klar war. Immerhin war es aber für Rumänien im Hinblick auf die Friedensverhandlungen in den Pariser Vororten, in denen der Minderheitenschutz eine große Rolle spielte, wichtig, auf das Votum einer großen Minderheit für den Anschluß Siebenbürgens verweisen zu können. Offen war, ob und wie die feierliche Ankündigung der rumänischen Nationalversammlung in Karlsburg verwirklicht werden würde, in der die »volle nationale Freiheit für alle mitwohnenden Völker« versprochen worden war. Das klang verheißungsvoll, nachdem die Minderheiten in Siebenbürgen zuvor einen ständigen Kampf um die Bewahrung ihrer nationalen Eigenart gegen die Magyarisierung hatten führen müssen. »Was in Karlsburg gesagt wurde«, erklärte einer der maßgebenden Sprecher der Siebenbürger Sachsen, Hans Otto Roth, auf dem »Sachsentag« im November 1919, »ist eine Verheißung, ein wertvolles, wichtiges politisches Dokument, aber noch nicht die bestimmte gesetzgeberische Form, die unsere Rechte und Freiheiten wirklich verbürgt«. Um diese Form müsse gerungen werden. Es gehe um den Gebrauch der deutschen Sprache vor den Behörden und um die Bewahrung des eigenen Schulwesens. Man wolle keinen Staat im Staate bilden, aber die Möglichkeit haben, sich »zur Erfüllung unserer eigenen nationalen, wirtschaftlichen und kulturellen Aufgaben« zu organisieren.

Grundlage solcher Forderungen war nicht so sehr die zeitgemäße Berufung auf das am Ende des Weltkrieges von Wilson wie von Lenin proklamierte Recht auf nationale Selbstbestimmung. Entscheidend war die tiefe Überzeugung der intellektuellen Führungsschicht, daß die in Jahrhunderten erbrachten, herausragenden kulturellen Leistungen der Siebenbürger Sachsen ihnen das Recht gaben, so selbstbewußt auf der Erhaltung ihrer Eigenständigkeit zu bestehen.

Meine Eltern zogen schon zu Beginn der zwanziger Jahre nach Deutschland. Ich wuchs in Berlin auf und kannte Siebenbürgen nur aus den Sommerferien, die wir alle zwei Jahre dort verbrachten. Das Bild von Siebenbürgen und der 800jährigen Geschichte der Siebenbürger Sachsen, das mir meine Eltern und diese Som

merreisen vermittelten, entsprach ganz sicher dem, was in den
bürgerlichen Familien der Sachsen die Regel war. Da gab es den
lebendig geschriebenen Roman über den Zug der deutschen
Siedler unter Führung eines legendären Hermann, die nach vielen Abenteuern den Ort am Zibin und vor den Karpathen erreichen, an dem sie Hermannstadt gründen. Sie folgten, das war da
auf spannende Weise zu lernen, dem Ruf des ungarischen Königs,
der im 12.Jahrhundert deutsche Kolonisten in das Grenzland rief.
Zweck der Kolonisation, für die mit Privilegien wie der Garantie
persönlicher Freizügigkeit, dem Recht auf vererbbaren Grund-
besitz sowie freier Richter- und Pfarrerwahl geworben wurde,
war die wirtschaftliche Erschließung durch Fachkräfte in Berg-
bau, Landwirtschaft und Handwerk sowie die Stärkung der
Grenzverteidigung durch zuverlässige Wehrbauern. Sie kamen
übrigens nicht aus Sachsen, sondern aus dem heutigen Luxemburg, dem Moselgebiet und anderen deutschen Landschaften. Die
ihnen in der neuen Heimat verliehenen Rechte waren dem sächsischen Rechtssystem nachgebildet, woraus in den Schriftsätzen
der königlichen Kanzlei der Name Saxones für die Siedler abgeleitet wurde, der sich dann als Volksname einbürgerte.

Wir machten Ausflüge in die Dörfer der Umgebung und be-
staunten die Kirchenburgen – eindrucksvolle, in ihrer Art einmalige Baudenkmäler und Zeugen des wehrhaften Gemeinsinns
der Sachsen in den schlimmen Zeiten der Türkenkriege. Wie seit
Jahrhunderten kamen die Dorfbewohner in der Tracht zum sonn-
täglichen Gottesdienst, peinlich geschieden in der Sitzordnung
nach den verheirateten Männern auf der einen, den verheirateten Frauen auf der anderen Seite, dahinter, ebenso getrennt, die
Burschen und die Mädchen, auf der Empore die Kinder. Gingen
wir in Hermannstadt durch den Hof des Hauses in der Heltauergasse, so gelangten wir in die Harteneckgasse. Sie wurde auf der
gegenüberliegenden Straßenseite begrenzt durch Reste der alten
Stadtmauer. Dahinter waren Wall und Graben der alten Stadt-
befestigung zu sehen. In der Gasse selbst standen noch drei der
ursprünglich zwölf Wehrtürme, die von den Zünften errichtet
worden waren: der Zimmermanns-, der Weber- und der Töpfer-
turm. Den Namen hatte die Gasse nach Sachs von Harteneck,
einem zum »Sachsengraf« gewählten Oberhaupt der Sachsen an

der Wende vom 17. zum 18. Jahrhundert. Um der immer noch
drohenden Türkengefahr zu begegnen, trat er ein für die Ein-
gliederung Siebenbürgens in die Habsburger Monarchie unter
Wahrung der sächsischen Privilegien – und zu Lasten des traditionell antihabsburgischen ungarischen Adels, dessen Besteue-
rung er forderte. Auch seinem Drängen war es zu verdanken, daß
Kaiser Leopold I. im sogenannten Leopoldinischen Diplom die alten ständischen Rechte der privilegierten Nationen in Siebenbürgen bestätigte. Damit war die Rechtsbasis geschaffen für den
Fortbestand der sächsischen Gemeinschaft als privilegierte Kör-
perschaft neben den »Nationen« der Ungarn und der Szekler.

In Hermannstadt besuchten wir das Brukenthal-Museum in
dem prachtvollen Palais, das der Freiherr Samuel von Brukenthal,
Gouverneur des Großfürstentums Siebenbürgen von 1777 bis
1787, sich am Großen Ring, dem Hauptplatz von Hermannstadt,
hatte bauen lassen. Joseph II. enthob den verdienstvollen und
kunstsinnigen Staatsmann seines Amtes, nachdem Brukenthal
sich gegen die aufklärerische, auf Vereinheitlichung des Staates
und Abbau lokaler Privilegien gerichtete Gesetzgebung des
Kaisers gewandt hatte: das den Sachsen seit ihrer Einwanderung
verbriefte ausschließliche Besitz- und Bürgerrecht in den von ihnen bewohnten Städten war durch das »Konzivilitätsreskript«
von 1781 außer Kraft gesetzt worden. Dankbar erinnert die Inschrift an einer kleinen, Ende des 18. Jahrhunderts außerhalb der
Stadtmauer erbauten rumänischen Kirche in Hermannstadt an
die Reformen Josephs II. Trotz der durch diese Reformen gegebenen Einschränkungen blieben mannigfache Formen sächsischer
Eigenständigkeit in verwaltungsrechtlichen, kirchlichen und
schulischen Angelegenheiten bestehen, einschließlich einer politischen Organisation als »Sächsische Nationsuniversität« mit einem gewählten Oberhaupt, dem »Comes«. Der Bewahrung, nach
Möglichkeit dem Ausbau, solcher Eigenständigkeit, quer zu den
liberalen oder gar revolutionären Strömungen der Zeit, galten die
Aktivitäten sächsischer Politiker, Bischöfe, Intellektueller und
Geschäftsleute das ganze 19. Jahrhundert hindurch.

Wie selbstverständlich, gegründet auf leicht zu fassende geschichtliche Erfahrungen, wurde so ein – gleichwohl eigenartiges
– Bild von der Vergangenheit der Volksgruppe vermittelt, der

man entstammte. Daß den Sachsen mit ihrer Tüchtigkeit und ihrem Fleiß im wesentlichen zu verdanken war, was es Gutes und Bedeutendes, kulturell Hochstehendes im schönen Siebenbürgen gab, war tiefe Überzeugung. Dieses hohe Selbstwertgefühl war nicht notwendig verbunden mit nationalistischer oder chauvinistischer Überheblichkeit gegenüber den anderen, weit volkreicheren Nationalitäten Siebenbürgens. Der Appell in der Siebenbürgen-Hymne der Sachsen »Und um alle deine Söhne schlinge sich der Eintracht Band« war keine Phrase. Freilich: Eintracht, das bedeutete den Wunsch nach friedlichem Nebeneinander, sicherlich kein geringes Gut. Gleichwertigkeit der Beteiligten aber war damit nicht gemeint. Der Anspruch auf höhere Qualität deutscher Leistung und Kultur, deutscher Sitte, ja deutschen Wesens war nicht aufgegeben. Man mußte nicht auftrumpfend arrogant sein, ihn zu erheben. Man lebte ihn in fast naiver Selbstverständlichkeit, mochte im Blick auf die nähere Umgebung meinen, unter sich zu sein. Ein einziges Haus in der Heltauergasse gehörte um die Jahrhundertwende einem Ungarn, keines einem Rumänen.

Es war eine Haltung komplizierter, nicht ungefährlicher Ambivalenz. Sie war in gewisser Weise grundlegend defensiv, gerichtet auf die immer wieder notwendige Verteidigung und Bewahrung von früher Erreichtem. Das mindestens bis zu den Josephinischen Reformen vorhandene unterdrückerische Element, wie es z. B. in der Verweigerung von städtischem Besitz- und Bürgerrecht für die rumänische Bevölkerung zum Ausdruck kam, wurde verdrängt und, wenn die Rede darauf kam, verharmlosend gerechtfertigt mit der eigenen Vortrefflichkeit. Deutsch zu sein, war das Band, das die Gemeinschaft zusammenschloß. Lutherisch-evangelisch war man seit der Reformation und kirchlich gebunden über das religiöse Bekenntnis hinaus, wuchs doch die Kirche immer mehr in die Rolle einer obersten nationalen Autorität, seit die politischen Privilegien früherer Jahrhunderte wegfielen. Stolz wurde immer wieder die Charakterisierung der Siebenbürger Sachsen als der *germanissimi Germanorum* durch Martin Opitz zitiert, der zu Beginn des 17. Jahrhunderts kurze Zeit im siebenbürgischen Weißenburg gewirkt hatte. Es war übrigens eine bezeichnende Fehlinterpretation. Nicht als die

»deutschesten der Deutschen« hatte der Dichter die Sachsen bezeichnet, sondern mit ihrer Charakterisierung als »*Germanissimi Germani*«, wie das korrekte Zitat lautete, nur darauf hinweisen wollen, daß sie echte, wirkliche Deutsche seien. Die gefährliche, schließlich selbstzerstörerische Seite einer Politik, die im eigenen Volkstum den schlechthin höchsten Wert sah, sollte sich im 20. Jahrhundert offenbaren, dem Jahrhundert eines entfesselten Nationalismus mit seinem fürchterlichen Höhepunkt in Deutschland, dem verklärten »Reich«. Ihm hatten die Siebenbürger Sachsen nicht viel entgegenzusetzen.

Berufsziel meines Vaters war seit seinen Gymnasialjahren der Journalismus. Nach ersten Schritten in Rumänien, unter anderem als Chefredakteur der Hermannstädter *Deutschen Tagespost*, schickte ihn der führende sächsische Volkstumspolitiker Rudolf Brandsch 1921 nach Berlin. Mein Vater war damals als leitender Redakteur einer in Bukarest neu zu gründenden deutschen Zeitung vorgesehen. Er sollte in Berlin deutsche Unterstützung für das Unternehmen organisieren und in der Redaktion einer großen Zeitung zusätzliche Erfahrungen im Journalistenhandwerk sammeln. Aus dem Bukarester Projekt wurde damals nichts, um so mehr aus der journalistischen Probezeit. Er arbeitete in der Redaktion der *Deutschen Allgemeinen Zeitung*, kam 1922 noch einmal kurz nach Hermannstadt zurück, wo meine Eltern im März 1922 heirateten, ging dann aber wieder nach Berlin, wo er einen raschen Aufstieg nahm, von der Leitung des Ressorts Außenpolitik im Oktober 1922 zum stellvertretenden Chefredakteur der *DAZ* im März 1924, bis er am 1. November 1925, drei Monate nach seinem 30. Geburtstag, das Amt des Chefredakteurs übernahm.

Die *Deutsche Allgemeine Zeitung* war die Nachfolgerin der 1861 gegründeten *Norddeutschen Allgemeinen Zeitung*, eines halboffiziösen, kräftig subventionierten Organs der preußischen Regierung. Ihren neuen Namen führte sie seit der Novemberrevolution. Ziel der Zeitung sei »die Sammlung des deutschen Bürgertums für die Arbeit am Wiederaufbau dessen, was durch den verlorenen Krieg und all das Unglück, das er im Gefolge hatte, zerstört ward«. So hatte 1920 der damalige Chefredakteur

Rudolf Cuno formuliert, eine Devise, die ganz den politischen Idealen meines Vaters entsprach. Besitzer der *DAZ* war damals der Multimillionär Hugo Stinnes, einer der mächtigsten Industriellen seiner Zeit und Reichstagsabgeordneter der Deutschen Volkspartei. Er hatte 1922 Paul Lensch zum Chefredakteur gemacht, einen namhaften früheren Sozialdemokraten, der von seinen ursprünglich extrem linken Positionen in der Sozialdemokratie während des Krieges zum Nationalisten mutiert und 1922 aus der SPD ausgeschlossen worden war. Mein Vater trat an seine Stelle, als Lensch im Oktober 1925 einen gesundheitlichen Zusammenbruch erlitt.

Möglicherweise hatte Stinnes noch die Ernennung meines Vaters zum stellvertretenden Chefredakteur im März 1924 veranlaßt. Einen Monat später starb er, sein vielbewundertes und -gescholtenes Wirtschaftsimperium brach zusammen. Die folgenden Jahre brachten, als Folge der Verschiebung politischer Gewichte, geschäftliche Turbulenzen für die Zeitung. Die existentiell wichtige finanzielle Bindung an Preußen wurde nun als politische Belastung empfunden, da das Land nicht mehr, wie im Kaiserreich, Hort des nationalbewußten Konservativismus war, sondern von 1919 bis 1932 durchgängig von Sozialdemokraten regiert wurde, das »Rote Preußen«, wie es in der *DAZ* abschätzig und zunehmend bösartig genannt wurde. Ohne Subventionen aber war die Zeitung nicht lebensfähig. In einem über Monate sich hinziehenden Streit zwischen Reichs- und Preußenregierung setzte sich schließlich die Reichsregierung durch. Außenminister Stresemann wollte die *DAZ* als offiziöses Organ seiner Außenpolitik nutzen. Im April 1926 verkaufte Preußen seine *DAZ*-Anteile an das Reich. Der Handel wurde bekannt und löste Proteste in der Öffentlichkeit und auch im Reichstag aus. Die Opposition prangerte die Möglichkeit der Regierung an, ihre Politik in einer von ihr abhängigen großen Zeitung vertreten zu lassen. Die Zeitung mußte darauf bedacht sein, ihre Unabhängigkeit von Regierungsdirektiven zu demonstrieren. Den Ausweg fanden dann Stresemann und mein Vater, beide einig in dem Wunsch, auf keinen Fall die immer noch mögliche Reaktivierung des preußischen, sprich nun: sozialdemokratischen Einflusses zuzulassen, in einem Gespräch mit einflußreichen Ruhrindustriellen. Maßgeblich initiiert durch Albert Vögler, den Vorstandsvorsitzenden der Vereinigten Stahlwerke, wurde 1927/28 ein Konsortium aus rheinisch-westfälischer Industrie, Reedereien und Banken gebildet, das im Verhältnis von 70:18:12 die erforderlichen Subventionen aufbrachte. Aufsichtsratsvorsitzender der Norddeutschen Buchdruckerei- und Verlagsanstalt, in der die *DAZ* erschien, wurde der Reichskanzler a.D. und Hapag-Generaldirektor Wilhelm Cuno. (Diese Konstruktion hielt bis zum Frühjahr 1932, als erneut ein Stinnes, Hugo jun., den Anteil der Industrie übernahm.) Der Vorwurf direkter Regierungsbeeinflussung konnte nicht mehr erhoben werden. Bindungen anderer Art waren natürlich gegeben. Mein Vater hatte keine Bedenken, die Interessen der subventionierenden Wirtschaft in der Zeitung zu vertreten. Er stimmte mit ihnen grundsätzlich überein, war allerdings nicht selten unglücklich darüber, wie die Geldgeber ihm in die Führung der Zeitung hineinredeten.

Von diesen Auseinandersetzungen, die den Vater damals beschäftigten, wußten wir Kinder nichts. Wir zogen mit den Eltern in die Prachtwohnung am Lützowplatz, in der wir neben unserem Schlafzimmer ein geräumiges Spielzimmer hatten. Hinter dem Haus gab es einen großen Garten, dessen Nutzung den Bewohnern des Hochparterres, also unserer Familie, vorbehalten war. Der Möbelwagen wurde übrigens von einem Pferdegespann gezogen. Trotz der rasch voranschreitenden Motorisierung behaupteten gegen Ende der zwanziger Jahre Pferde auch in der Großstadt immer noch einen bemerkenswerten Platz. Mein Vater erzählte gelegentlich, er habe im siebenbürgischen Dorf seiner ersten Kindheitsjahre noch das erste Auto gesehen, das dort jemals fuhr. Es war ihm interessant, auf diese Weise gleichsam dabeigewesen zu sein, als die Lebensverhältnisse sich mit der Motorisierung so dramatisch zu verändern begannen. 1931 kaufte auch er ein Auto. Ein deutsches Fabrikat mußte es sein, ein kleiner Mercedes, und getankt wurde nur einheimischer Kraftstoff: Benzin aus Leuna.

Am Lützowplatz verlebte ich Jahre der wohlbehüteten Kindheit eines Sohnes aus »gutem Haus«. Das häusliche Leben wurde weitgehend bestimmt durch die Mutter. Sie sorgte dafür, daß immer Blumen in den vielen Zimmern der Wohnung standen.

Am schönsten fand ich den großen Salon mit einem Bechstein-Flügel. Höre ich heute Schumanns »Kinderszenen«, so stehen mir Stunden in der Abenddämmerung vor Augen, in denen die Mutter spielte. Unter der freundlich, wenn auch bestimmt ausgeübten Regie der schönen, zarten Frau besorgten Köchin, Stuben- und Kindermädchen die täglichen Geschäfte. Großen Wert legten meine Eltern auf siebenbürgische Küche. Reichsdeutsche »Tunken« waren ihnen ein Greuel. Die »Schuster«, das legendäre, unter den sächsischen Familien weitverbreitete Kochbuch der in Hermannstadt lebenden Verfasserin Christine Schuster, war die Fibel, nach der sich unsere Köchinnen zu richten hatten. Sie bot eine sehr wohlschmeckende, nach modernen Auffassungen unvertretbar kalorienreiche Mischung aus österreichischen, ungarischen, aber auch rumänischen und sogar türkischen Rezepten.

Geleitet zunächst von der Elisabeth, dem Kindermädchen, gingen wir oft zu Spielplätzen im Tiergarten oder im Zoo. Wir mochten die ruhige, freundliche Art, in der Elisabeth sich um uns kümmerte. Kinder, die aufwuchsen wir wir, merkten kaum etwas von den scharfen sozialen Spannungen und Auseinandersetzungen in jenen Jahren der Weltwirtschaftskrise. Nur indirekt bekam man eine Ahnung von diesen Dingen, so etwa im Zusammenhang mit dem Leben unseres Kindermädchens. Sie hatte einen Verlobten, der sie gelegentlich besuchte. Er war technischer Zeichner und beeindruckte uns durch extrem scharf angespitzte Bleistifte, die er uns manchmal mitbrachte. Sieben Jahre waren die beiden verlobt und konnten nicht heiraten, weil er arbeitslos war. Schließlich konnte mein Vater ihm eine Anstellung in der Zeitung verschaffen. Zur Hochzeit fuhren wir nach Biesenthal, dem Heimatdorf der Braut bei Berlin.

Vom Lützowplatz aus machten wir unsere ersten Kinobesuche. Sie führten in das Planetarium, das sich damals am Ende des Tiergartens befand, unweit des Bahnhofs Zoo. Die Betreiber verbanden den Kinobetrieb mit astronomischer Weiterbildung, indem vor jeder Vorstellung für ein paar Minuten der jeweils aktuelle Sternenhimmel an die Kuppel projiziert und kommentiert wurde. »Siegfried«, ein Stummfilm, der den Nibelungenhelden in eindrucksvoller Aktion zeigte, war, wenn ich mich richtig erinnere, der erste Film, den ich sah.

Der Spielplatz im Zoo befand sich gleich hinter dem uns am
nächsten liegenden Eingang, dem Zugang vom Landwehrkanal,
unweit der kleinen Brücke, in deren Nähe im Juni 1919 die Leiche
der am 15. Januar ermordeten Rosa Luxemburg gefunden worden
war. In meiner späteren Haltung eines marxistischen Historikers,
der sich noch dazu gerade mit der Zeit der Rosa Luxemburg intensiv beschäftigt hat, bin ich der großen Revolutionärin natürlich nahegerückt, habe sie wiederholt als Vorbild beschrieben.
Gewiß ist von der roten Rosa bei uns zu Hause aber kaum die
Rede gewesen. Erinnern kann ich mich nicht, daß jemand uns
Kindern an der Wende von den zwanziger zu den dreißiger
Jahren etwas erzählt hätte von den dramatischen Dingen, die sich
nur zehn Jahre zuvor nahe der Brücke ereignet hatten, die wir
überquerten, um zum Spielplatz zu kommen.

Nicht nur in der Bevorzugung siebenbürgischer Speisen zeigte sich die enge Bindung der Eltern an die alte Heimat. Zwar
sprach man untereinander, der Gewohnheit der Familie Orendt
folgend, Hochdeutsch und nicht Sächsisch, die Mundart, die in
vielen sächsischen Familien auch außerhalb Siebenbürgens weit
verbreitet war. Intensiv aber wurden persönliche Beziehungen
gepflegt. Der Architekt Robert Kisch, der die Wohnung am
Lützowplatz gestaltet hatte, war Siebenbürger. Jeden Mittwoch
kam die siebenbürgische Sängerin Irene Hihn, die in Berlin ein
Studium bei der aus Siebenbürgen stammenden Gesangspädago-
gin Lula Mysz-Gmeiner absolvierte, zum Mittagessen. Deren
Schwester, die Konzertpianistin Luise Gmeiner, gehörte zum
Kreise der näher Bekannten. Zu ihr wurde ich geschickt, um
Klavierspielen zu lernen – ein Unternehmen, in dem ich früh
steckenblieb. Freitags kam Hermann Orendt, ein Vetter meiner
Mutter, damals Student an der Technischen Hochschule in Char-
lottenburg.

Freundschaftliche Beziehungen bestanden zu der Familie von
Gustav Wolf, einem Regimentskameraden meines Vaters aus
dem Weltkrieg, nun in Berlin Legationsrat in der Presseabteilung
des Auswärtigen Amtes. Höhepunkte waren natürlich die Ferien-
reisen nach Siebenbürgen, die mich schon durch die Umstände
der Reise selbst beeindruckten und meine lebenslange Vorliebe
für Eisenbahnreisen begründeten. Mittags fuhren wir vom

Anhalter Bahnhof nach Prag, wechselten dort den Zug, was zugleich den Wechsel des Bahnhofs bedeutete; die Fiakerfahrt vom Masaryk- zum Wilson-Bahnhof war ein besonderes Vergnügen. Mit dem Schlafwagen ging es dann über Budapest und durch die ungarische Tiefebene nach Siebenbürgen. Abends nochmaliges Umsteigen in Klein-Kopisch (Copşa Mică), in den Personenzug nach Hermannstadt, wo die Großeltern in der Heltauergasse warteten. Daß man dort am späten Abend noch einen kleinen Imbiß in einem der Geschäfte holen konnte, vermerkten wir an frühen Ladenschluß gewöhnten Berliner als Zeichen einer umgänglicheren, menschenfreundlicheren Lebensart. Die Ferien verbrachten wir entweder auf der Hohen Rinne, einer Kurhausanlage, 1400 m hoch im Zibinsgebirge, oder in Michelsberg (Cisnădioara), einem Dorf bei Hermannstadt, mit der Ruine einer romanischen Kirche auf dem Burgberg. Eines war beiden Ferienorten gemeinsam: man war in deutscher Umgebung. In Michelsberg wohnten damals nur deutsche Bauern. Das Dorfregiment wurde vom Konsistorium der evangelischen Kirche geführt, überaus konservativ eingestellten Männern, gegen die wir Jugendlichen noch in den dreißiger Jahren einen vergeblichen Kampf führten, um ihre Zustimmung zur Beseitigung des Bretterzaunes zu erreichen, der das ohnehin ziemlich kleine Becken des Schwimmbades teilte: eine Seite für Männer, die andere für Frauen. Auf der Hohen Rinne befand sich die aus einem Kurhaus und mehreren Pavillons bestehende Feriensiedlung, die dem sächsisch geleiteten siebenbürgischen Karpathenverein gehörte. Gäste waren dort fast ausschließlich Deutsche. In weniger schöner Lage lag unweit ein Militärkurhaus, wo rumänische Gäste ihre Ferien verbrachten. Beide Milieus hielten sich getrennt, lebten nebeneinander, nicht unfreundlich – man nahm einfach keine Notiz voneinander.

So stark die innere Bindung der Eltern an die siebenbürgische Heimat war: es gab auch Distanz. Das war der Fall zumindest bei meinem Vater. Wie die Mutter über diese Dinge dachte, weiß ich nicht, vermute freilich, daß ihr die Trennung von Elternhaus und Heimatstadt, von den Verwandten, besonders der jüngeren Schwester, von Freundinnen und Freunden ihrer Jugend schwerer fiel. Vom Vater hat sich ein Zeugnis erhalten, das eine härtere Denkungsart offenbart, als sie der Mutter wohl eigen war. Einem in Deutschland bereits tätigen Freund riet er in einem Brief aus Berlin im Sommer 1921, er fände es sehr begreiflich, lieber die guten Beziehungen hier, in Deutschland, auszubauen, als »dort unten weit in der Türkei in der Zwangsjacke zu stecken«. Sollten die »sächsischen Spießer« von Verpreußung schreien, solle man sich dadurch nicht beirren lassen. »Ich hoffe, daß man in Deutschland leben kann, ohne zu verpreußen.« Mehr als mittelmäßige Durchschnittsarbeit könne jetzt zu Hause nicht geleistet werden. »Auch ich«, ironisiert er eine den Sachsen eigentlich fast heilige Formel, »stehe vor der Entscheidung, in ›die süße Heimat‹ zu gehen und zu warten, bis ich sterbe, oder ob ich das vermeiden kann.«

Der wichtigste Gedanke in diesem Brief war wohl die Wendung gegen die mittelmäßige Durchschnittsarbeit. Der ehrgeizige, selbstbewußte, vor Tatendrang geradezu sprühende junge Mann hatte Größeres im Sinn. Kennzeichnend für seine damalige Stimmung ist das von seiner Mutter mitgehörte Gespräch mit den Brüdern, dem zwei Jahre jüngeren Karl Kurt, der ebenfalls Soldat gewesen war, und Gustav Adolf, geboren 1902, der 1920 die Matura machte. Es muß irgendwann in den Monaten zwischen Krieg und Frieden gewesen sein. Der Krieg war verloren, die Welt verändert. Die offensichtliche Notwendigkeit, neue Wege im großen Leben der Völker und Staaten zu gehen, fiel im kleinen Leben der Geschwister Klein in die Zeit, in der sie ohnehin, einfach, weil sie nun das entsprechende Alter erreicht hatten, nachzudenken hatten über den einzuschlagenden Lebensweg. Daß man Bedeutendes zu leisten haben würde – und leisten werde –, daran gab es keinen Zweifel. Fritz, der Älteste, verteilte die Rollen: Karolus werde zuständig sein für Kirche und Geisteswissenschaften, Adi für Wirtschaft, er selbst übernehme die Politik. Das war sicher halb im Spaß gesagt, bezeichnete auch einfach die vorhandenen Interessen. In der Art aber, wie es gesagt wurde, dürfte bereits damals der Gestus einer gewissen Großartigkeit mitgeschwungen sein, der meinen Vater sein Leben lang ausgezeichnet hat – aus dem Gefühl, sehr gut zu sein, vieles besser zu wissen und zu können als andere, woraus sich wie selbstverständlich Ansprüche an die Umgebung ergäben.

Tatsächlich haben die Geschwister Klein es alle weit gebracht. Karl Kurt, der ein reiches Œuvre auf vielen Gebieten der Literatur- und Sprachgeschichte schuf, wurde Professor an den Universitäten in Jassy, Klausenburg und, nach 1945, in Innsbruck. Gustav Adolf wurde Generaldirektor der Hermannstädter Allgemeinen Sparkasse, des führenden Geldinstituts der Sachsen. Nicht weniger begabt als die Brüder und ihnen gleich in Ehrgeiz und Selbstbewußtsein war ihre 1901 geborene Schwester Hermine, promovierte Germanistin, die sich vor allem einen Namen machte mit der Übertragung von mehr als fünfzig Werken der rumänischen Literatur ins Deutsche.

Tüchtig waren sie alle, die vier Kinder des Pfarrers aus Weißkirch, und hatten Grund, stolz auf sich und ihre Erfolge zu sein. Und daß auch wir stolz sein könnten und sollten, Söhne beziehungsweise Neffen so hervorragender Persönlichkeiten zu sein, verstand sich für unsere Erzieher von selbst. Ich war auch sehr bereit dazu, bewunderte den Vater, hatte Respekt vor dem Professor, dem Bankdirektor, der Literaturkennerin, die alle lieb und freundlich zu uns waren. Irgendwie fand ich es schon gut, zu einem so bedeutenden Clan zu gehören. Etwas aber hat mich schon in jungen Jahren irritiert. »Ein Klein« zu sein, so hieß es immer, ist etwas Besonderes. Brachte man aus der Schule ein gutes Zeugnis, so war das ganz natürlich, er ist ja »ein Klein«. Fiel es, was im Laufe der Jahre immer häufiger geschah, weniger gut aus, so mischte sich in die ja berechtigte Kritik der ein wenig kopfschüttelnde Vorwurf, dem Gesetz Kleinscher Vortrefflichkeit nicht gerecht zu werden. »Ein Klein« hat keine schlechten Noten. Ich war ein Klein, gewiß. Tüchtige – auch tüchtigere – Familien kamen und kommen aber doch auch sonst vor. Außerdem war ich nicht nur ein Klein, sondern ebenso, mit den gleichen fünfzig Prozent, ein Orendt. Ich liebte die Mutter und die Wärme der Orendtischen Familie. Zwischen den beiden Familien gab es, von uns Kindern mehr gefühlsmäßig erspürt als bewußt wahrgenommen, eine Spannung, in der ich eher zu den Orendts als zu den Kleins neigte. Versuche ich im Rückblick diese Dinge zu beschreiben, so wird mir deutlich, wie schwierig es ist. Die Spannung, die ich empfand, war da, entlud sich aber nie in irgendwelchen Schroffheiten. Er hoffe, hatte der Vater geschrieben, in Deutschland

leben zu können, ohne zu verpreußen. Es mag mit dem sehr bewußt durchgehaltenen Wunsch zusammenhängen, die im Kern
österreichisch gefärbte Lebensart zu bewahren, daß das Familienleben bei uns nach Regeln verlief, in denen Respekt vor der Frau,
Rücksichtnahme und Höflichkeit einen hohen Platz einnahmen.
Jeden Sonntag mittag zum Beispiel versammelte sich die Familie
vor dem Essen im Salon neben dem Eßzimmer. Der Vater achtete darauf, daß die Mutter zusammen mit etwa anwesenden weib-
lichen Gästen zuerst durch die Tür ging, daß wir Jungen uns
nicht etwa setzten, bevor die Damen Platz genommen hatten.
War das Essen beendet, so waren wir angehalten, uns bei der
Mutter, der Herrin des Haushalts, zu bedanken. Ich liebte die
Mutter, liebte und verehrte auch den Vater. Daß man lernte, höflich zu sein und sich gut zu benehmen, fand ich in der Ordnung,
und ich kann auch heute darüber nicht die Nase rümpfen. Gleichwohl spürte ich manchmal Untertöne einer allzu bestimmenden,
besitzergreifenden Haltung, die mich stutzig machten. Viele
Jahre später, nach dem Tode des Vaters, der 1936 starb, fand ich
eine Postkarte, die er der Mutter geschrieben hatte, wohl 1925
aus Locarno, wo er von der Außenministerkonferenz berichtete.
Adressiert war die an die eigene Frau gerichtete Karte »An Frau
Dr. Fritz Klein«. Töricht wäre es, die aus heutigem Verständnis so
abwegige Formulierung schlicht zu denunzieren. Sicher schrieben damals häufiger Männer noch so an ihre Ehefrauen, ohne
sich viel dabei zu denken. Und gänzlich ist die Sicht auf die Ehefrau als auf ein Wesen, das zu definieren ist durch seine Beziehung zu seinem Mann, ja auch aus unserer fortschrittlichen
Gegenwart noch nicht verschwunden. Etwas Symptomatisches
hatte es aber doch, wenn der Chef des Hauses Klein seine Frau so
titulierte.

Er erlebte in den wenigen Jahren am Lützowplatz den Höhepunkt seiner Laufbahn. Einen Hauch von der bedeutenden gesellschaftlichen Stellung, die er in dieser Zeit erreichte, bekamen
wir Kinder mit, wenn wir das aufwendige Arrangement beobachteten, mit dem von Zeit zu Zeit große Abendessen veranstaltet
wurden. Um die manchmal wohl fünfzig bis sechzig offenbar
wichtigen Gäste zu bewirten, wurden Tische und Stühle, Gläser,
Geschirr und Besteck von einer Firma geliehen. In der Küche

übernahm der Küchenchef des Hotels »Kaiserhof«, in dem der Vater zu verkehren pflegte, das Kommando – nicht nur ein guter Koch, sondern auch ein zu uns Kindern überaus netter Mann, über dessen Kommen wir uns jedesmal freuten. Wir Kinder partizipierten gelegentlich an den Gesellschaften, indem wir am frühen Morgen des folgenden Tages in das Eßzimmer schlichen und an den nicht geleerten Gläsern nippten.

Wer die Gäste solcher Empfänge waren, verstand ich damals natürlich nicht. Einen Hinweis auf Dinge, die bei solcher Gelegenheit besprochen wurden, entnehme ich einem Brief meines Vaters an den Aufsichtsratsvorsitzenden Wilhelm Cuno vom 23. Februar 1932. Unter dem Druck der Wirtschaftskrise verlangten damals die Geldgeber aus Industrie, Schiffahrt und Banken kategorisch weitere drastische Sparmaßnahmen, weil sie nicht in der Lage seien, die Zeitung in der bisherigen Höhe weiter zu bezuschussen. Mein Vater verteidigte die Ausgabenpolitik der Redaktion und ging dabei auch auf seine eigenen Bezüge ein. Sie betrügen jährlich 32 400 Mark und seien damit weit niedriger als vergleichbare Chefredakteursgehälter anderer großer deutscher Zeitungen. In der Summe war auch ein Zuschuß zu den beträchtlichen Mietkosten der Lützowplatz-Wohnung enthalten. Sollte, schrieb mein Vater, die Größe seiner Wohnung zur Erörterung gelangen, so verweise er auf die im Interesse der Zeitung in dieser Wohnung durchgeführten Veranstaltungen, die u. a. Gelegenheit geboten hätten, entscheidend zur Gründung der Bank für Deutsche Industrie-Obligationen beizutragen.

Gesellschaftliche Repräsentation war dem Vater wichtig. Er fand dadurch Kontakt zu einflußreichen Leuten aus Politik und Wirtschaft, gewann Zugang zu Informationen und vergrößerte den eigenen Wirkungsbereich. Gerne trug er die Anstecknadel, die ihn als Mitglied des Rotary-Clubs erkennen ließ, war auch Mitglied des Herrenclubs. Bekannt in der größeren Öffentlichkeit war er als Vorsitzender des Vereins Berliner Presse. In dieser Eigenschaft hatte er den jeden Januar, damals in den Zoo-Terrassen am Landwehrkanal, stattfindenden Presseball zu eröffnen. Stolz präsentierten sich die Eltern in festlicher Robe, wenn sie das Haus verließen: der Vater im Frack und im Schmuck einiger Orden, die ihm im Krieg und in der Nachkriegswelt verliehen worden waren. Die Mutter trug das lange Abendkleid mit der gleichen ruhigen, selbstverständlichen Eleganz wie die einfache Tagesgarderobe. Unaufdringlich, aber um so wirkungsvoller kam ihr liebreizender Charme zur Geltung, gleichgültig, was sie trug. Für die Kinder gab es jedes Jahr in der Vorweihnachtszeit eine Weihnachtsfeier des Presse-Vereins im Reichstag. Wir saßen erst auf dem flauschigen, roten Bodenbelag in einer der großen Wandelhallen, hörten die Weihnachtsgeschichte und erhielten danach kleine Geschenke an einer großen Kaffeetafel. Es war eine Aufgabe unserer Mutter, der Frau des Vorsitzenden, zusammen mit einigen anderen Frauen von Vorstandsmitgliedern die Feier vorzubereiten. Ich ging immer gerne hin, angerührt vor allem durch den feierlichen Rahmen, den das prächtige Gebäude bot.

Zu Ostern 1931 wurde ich in die 157. Volksschule in der Derff-lingerstraße eingeschult. Der Schulweg war nicht lang. Ich ging die Lützowstraße hinunter in der Richtung zur Potsdamer Straße, bog aber schon an der ersten Querstraße ein, der Derff-lingerstraße, die ich nur zu überqueren hatte, um das alte, aus ro-ten Backsteinen gebaute Schulgebäude zu erreichen. Ich erwähne den kurzen Schulweg, weil es mehr war als der Weg von einer be-liebigen Straße zu einer anderen. Die Derfflingerstraße war eine Art soziale Scheidelinie. Kinder gingen dort zur Schule, die aus den gutbürgerlichen Quartieren um den Lützowplatz und zum Tiergarten hin kamen, zusammen mit Kindern aus den im allge-meinen ärmeren, kleinbürgerlich-proletarischen Familien, die zum Magdeburger Platz und zur Potsdamer Straße hin wohnten. Ich kann mich nicht an dauerhaftere Kinderfreundschaften mit Schulkameraden aus diesem Milieu erinnern. Dafür sorgten schon die Eltern, die solche Kontakte nicht etwa verboten, aber doch darauf bedacht waren, daß wir vor allem die Freundschaften mit Kindern aus den mit ihnen befreundeten Familien pflegten. Erste Ahnungen aber, daß es nicht nur die Welt der Gutgestellten und Behüteten gab, in der ich aufwuchs, stellten sich doch ein, und sei es nur, indem ich die Enge der kleinen Wohnung be-merkte, in der die kinderreiche Familie eines Klassenkameraden wohnte, den ich zu seinem Geburtstag besuchte. Es fiel mir auf, daß es dort kein fließend warmes Wasser gab, was ich bis dahin ohne jedes Nachdenken für selbstverständlich gehalten hatte.

Im Oktober 1931 wurden unsere Brüder geboren, die Zwillinge Hans und Paul. Wir beiden Älteren freuten uns über den Zuwachs, der uns völlig überraschend kam. Keine Ahnung hatten wir, wie Kinder entstehen und auf die Welt kommen. Daß ein großes Ereignis bevorstand, hatte uns niemand gesagt. Die Mutter war offenbar bis zur Geburt ziemlich schlank geblieben. So hatten wir nichts bemerkt und nahmen es einfach nur mit großer Freude hin, als die Elisabeth uns mit der Mitteilung weckte: »Der liebe Gott hat euch zwei Brüderchen geschenkt.« Mit dieser einfachen Erklärung hätten sich meine neuen Schulkameraden wohl kaum zufriedengegeben. Wir liefen ins Schlafzimmer der Eltern, wo die Mutter mit den beiden Winzlingen lag. Sie waren nachts zur Welt gekommen, und nicht ohne Mühe, wie später erzählt wurde. Offenbar kamen die Wehen früher als erwartet. Weder Arzt noch Hebamme waren zur Stelle, so daß unser Vater deren Rolle übernehmen mußte, ein noch komplizierterer Akt als gedacht, weil auch die Eltern auf Zwillinge nicht vorbereitet waren. »Fritz, ich glaube, es kommt noch eines«, soll meine Mutter zu ihrem Mann gesagt haben, als dieser dem ersten, Hans, glücklich auf die Welt geholfen hatte.

Es wäre ein Thema für sich, die journalistische Arbeit meines Vaters in der *DAZ* und seine zeitweise und punktuell nicht unbedeutende Rolle in der Politik der Weimarer Republik zu beschreiben. Das kann hier nicht geschehen. Einiges aber sei doch erwähnt, weil es entscheidend war für das Schicksal unserer Familie, im weiteren Sinne auch bestimmend für meine eigene spätere Entwicklung. Beginnen kann ich bei der Darstellung von Vorgängen und Haltungen, die weitgehend auf später gewonnenen Kenntnissen beruhen müssen, immerhin mit einem Kindheitserlebnis, das doch geeignet ist, direkt in die erwähnte Problematik einzuführen. Wiederholt schickte mich mein Vater an Tagen, an denen geflaggt wurde – Tage von Reichstagswahlen müssen es wohl gewesen sein –, um den Lützowplatz. Ich sollte zählen, wie viele schwarz-rot-goldene und wie viele schwarzweiß-rote Fahnen zu sehen waren. Das Ergebnis entsprach im gutbürgerlichen Alten Westen, wie die Bewohner des Tiergartenviertels ihre Umgebung bezeichneten, im allgemeinen seinen hoffnungsvollen Erwartungen: die Farben Schwarz-Weiß-Rot des alten Deutschlands waren zahlreicher als Schwarz-Rot-Gold, die offiziellen Farben des neuen Deutschlands, der demokratischen Republik.

Auch bei uns wurde eine große schwarz-weiß-rote Fahne hinausgehängt. Das war eine Demonstration gegen die ungeliebte Republik, Ausdruck einer Haltung, die aber nicht aufging in Bejahung oder Verneinung dieser oder jener Staatsform. Der Siebenbürger, dem deutsch zu sein der höchste Wert war, in welchen politischen Strukturen auch immer, demonstrierte nicht für das Kaiserreich und gegen die Republik an sich. Er schätzte die Republik vielmehr deshalb gering, weil sie »ein schwaches Deutschland« sei. Zugleich akzeptierte der politische Realist das politische System, wie es war, und bemühte sich, selbst eine Rolle darin zu spielen, um im gegebenen Rahmen für seine Vorstellungen zu wirken. Die freilich gingen weit, waren ohne drastische Veränderungen der politischen Landschaft kaum durchsetzbar. »Was wir wollen«, so lauten die Schlußsätze eines Buches, in dem er sich 1931 unter der Überschrift »Auf die Barrikaden?« gegen die Anwendung von Gewalt zur Lösung der politischen Krise aussprach,

> »ist der starke nationale Staat, die Wiederherstellung der Autorität, die Anbahnung der großdeutschen Kulturgemeinschaft, die Sicherung ausreichenden Lebensraumes, die Wiederherstellung des deutschen Ansehens in der Welt, die Erziehung der Massen des Volkes zum Bewußtsein seiner Würde. Gewiß nicht die Restauration einer versunkenen Zeit, sondern die Herbeiführung der neuen im Sinne der preußischen und deutschen Geschichte.«

Das Trauma, das ihn umtrieb, war der Versailler Vertrag. Nur als »Diktat von Versailles« durfte er in seiner Zeitung bezeichnet werden. Wenn die korrekte Bezeichnung im Zitieren offizieller Texte unvermeidlich war, setzte man sie wenigstens in Anführungszeichen. »Deutschland, der Held der gewonnenen Schlachten, das Opfer des verlorenen Krieges, mit kaltblütiger, infernalischer Grausamkeit verfolgt«: das war, um noch ein Zitat aus dem erwähnten Buch anzuführen, das Bild, das Fritz Klein sich von der

Zeitgeschichte machte. Der grausame Verfolger war Frankreich, dessen Politik mein Vater nicht müde wurde, in der schärfsten Weise zu attackieren. Sein journalistisches Markenzeichen waren die mit »Dr. F. K.« gezeichneten Leitartikel, die regelmäßig in der Montag-Abend-Ausgabe der *DAZ* erschienen. Süffisant, gewiß polemisch überspitzt, aber im Kern doch zutreffend, persiflierte der linksliberale Publizist Leopold Schwarzschild den geradezu manischen Frankreich-Haß dieser Artikel, die aus der Feststellung bestünden, »daß an der Zerstörung Pompejis, dem Abfall der Niederlande, den amerikanischen Kreditkündigungen und der Maul- und Klauenseuche in Westpreußen allein und ausschließlich Frankreich die Schuld trage, und daß man deshalb mit diesem übermächtigen und gefährlichen Volk unter keinen Umständen gut stehen dürfe«.

Die Schmach von Versailles zu tilgen, das geschundene deutsche Volk wieder zu Stärke und Größe kommen zu lassen, das waren Leitmotive seines Denkens. Grundlage dieser politischen Linie war das Erlebnis des Weltkrieges. »Deutschland, der Held der gewonnenen Schlachten«: wie viele andere übersah mein Vater im ja nicht unberechtigten Zorn über die wahrlich nicht zu lobende, ihrerseits ungerechte Friedensregelung die einfache Tatsache, daß Deutschland nicht nur Schlachten gewonnen, sondern daß es die entscheidenden verloren hatte, verbreitete auch er den Mythos vom »im Felde unbesiegten deutschen Heer«. Die Republik aber, Geschöpf der Niederlage, belastet mit dem Geburtsfehler der Unterzeichnung des »Diktats von Versailles«, für dessen Überwindung man, wenn es denn nicht zu verhindern gewesen war, alle Kräfte einsetzen müsse, lehnte er deshalb und insoweit ab, als sie eben dieses oberste Ziel nicht energisch genug verfolge. Interessiert vor allem an Fragen der Außenpolitik, berichtete er von den wichtigen internationalen Konferenzen von Locarno 1925 bis zur zweiten Haager Konferenz 1930. Er begleitete Außenminister Stresemann, den er als einen leidenschaftlichen Streiter für Deutschlands Geltung hoch schätzte, zu den Sitzungen des Völkerbundsrats in Genf, zunehmend skeptisch freilich gegenüber einem Zentralpunkt von Stresemanns Außenpolitik, der Aussöhnung mit Frankreich. Krieg gegen den »grausamen Verfolger« lehnte er allerdings dezidiert ab. Politik, deren oberstes Ziel in der Schwächung Frankreichs durch dessen internationale Isolierung bestehe, sei das Mittel, um Deutschland wieder zu seinem Recht zu verhelfen.

Problematische Aussagen finden sich in der Publizistik meines Vaters aus den letzten Jahren der Weimarer Republik hinsichtlich einer für Osteuropa, den wiederholt apostrophierten »Raum zwischen Ostsee und Schwarzem Meer«, beanspruchten deutschen Neuordnungsmission. Was dort konkret geschehen solle, wird nirgends gesagt. Die allgemeine Zielstellung aber ist doch ziemlich deutlich. Da ist die Rede von einer »Vision des natürlichen Rechts derjenigen Nation des alten Europas, die unbestritten die größten zivilisatorischen und kulturellen Leistungen auf dem Kontinent vollbracht hat«, woraus sich für die Zukunft deren bestimmende Rolle bei der Schaffung »größerer Zusammenhänge« ableite, nicht zuletzt im Hinblick auf die »unmögliche Akribie ethnographischer Grenzziehungen«. Für eine solche Zukunft sich von innen heraus zu kräftigen, sei die gewaltige Aufgabe der deutschen Nation in der jetzigen Übergangszeit.

Mein Vater begrüßte den mit Reichskanzler Brüning einsetzenden Kurs der allmählichen Schwächung des Parlaments und drängte den Kanzler, dem er persönlich nahestand, diesen Kurs energischer zu verfolgen, als er den Eindruck hatte, Brüning sei zu zögerlich. An der Umbildung des Kabinetts im Herbst 1931, gekennzeichnet durch eine schärfere Wendung nach rechts, wirkte er hinter den Kulissen mit, beteiligt an der Ausarbeitung von drängenden Memoranden an den Reichspräsidenten, die in engem Kontakt mit den Industriellen aus dem Kreis der *DAZ*-Geldgeber entstanden. Franz von Papen, den Nachfolger Brünings seit Frühjahr 1932, hielt mein Vater für einen etwas windigen Gesellen. Lachend soll er dessen Frage, ob er ihn für geeignet für die Kanzlerschaft halte, beantwortet haben: »Keinesfalls. Sie sind zwar ein guter Reiter, Gesellschafter, vielleicht auch Diplomat, aber gewiß kein brauchbarer Reichskanzler.« Als Papen dann doch Kanzler wurde und meinem Vater anbot, als Minister ohne Portefeuille in seine Regierung einzutreten, lehnte er ab. Ungeachtet der Vorbehalte gegen die Person des gesprächsweise nur als »Fränzchen« belächelten neuen Kanzlers fand dessen nun ohne jede Rücksicht auf parlamentarische Mehrheiten gebildete

»Regierung der nationalen Konzentration« die Zustimmung der
DAZ. Vorbehaltloses Lob erntete der Herrenreiter für den Staats-
streich, mit dem er am 20. Juli 1932 die sozialdemokratische
Regierung Preußens absetzte und sich zum Reichskommissar für
Preußen ernannte.

Wenige Tage später veränderte sich die politische Situation in
Deutschland dramatisch durch den erdrutschartigen Sieg der
Nationalsozialisten bei den Reichstagswahlen am 31. Juli. Im
Vergleich zu den Wahlen vom September 1930 gewannen die
Nazis mehr als doppelt so viele Stimmen (13,7 statt 6,4 Millionen) und stellten mit 230 Abgeordneten die bei weitem stärkste
Fraktion. Das Urteil meines Vaters war ambivalent. Kritisch
stand er zu dem wilden und ausschweifenden Antisemitismus
und dem problematischen Sozialismus der Nazis, die sich zwar
gegen den Klassenkampf aussprächen, aber doch bedenkliche
Anzeichen eines vulgären Antikapitalismus zeigten. Positiv aber
wog für ihn der leidenschaftliche Nationalismus der Hitlerpartei,
die sich, wie er 1931 schrieb, ein »unvergängliches Verdienst« erworben habe: sie habe die Massen überzeugt, daß der blutleere
Parlamentarismus überwunden werden müsse, wenn Deutschland wieder zu seiner eigentlichen Bestimmung finden solle, fort
von den rein mechanischen und materialistischen Ideen der Vergangenheit, hin zu einer Politik auf den Grundlagen des Volks-
lebens. Er sah nicht ohne Bedenken, daß dies »mit groben und
gröbsten Mitteln« erreicht worden war, die seine Sache nicht waren, meinte aber gleichwohl, es sei doch »planmäßig und sinnvoll« für große, berechtigte Ziele vorgearbeitet worden. Hitler,
das gab den Ausschlag, war der einzige Politiker der Rechten, der
es vermocht hatte, Massen hinter sich zu bringen.

Die Konsequenz, die mein Vater aus dieser Situation zog, war
klar. »Mit schärfstem Nachdruck«, so schrieb er an Dr. Ernst
Brandi, Vorstandsmitglied der Vereinigten Stahlwerke und Sprecher der Industriellen im *DAZ*-Konsortium, habe die *DAZ* seit
dem ersten großen Wahlsieg der Hitlerpartei im September 1930
»die Beteiligung der Nationalsozialisten an der Reichsregierung
gefordert und, seitdem sich einwandfrei herausstellte, daß sie nur
noch unter Übertragung der Führung an Adolf Hitler zu erreichen sei, auch diese nationalsozialistische Forderung im Interesse

des nationalen Zusammenschlusses sich zu eigen gemacht«. Dies schrieb mein Vater am 3. Februar 1933 in einem ausführlichen Brief an Brandi. Er verteidigte sich damit gegen Vorwürfe, die ihm der Industrielle gemacht hatte, weil er das neue Kabinett in seinem Leitartikel vom 31. Januar nicht vorbehaltlos optimistisch, sondern mit schweren Zweifeln begrüßt habe.

In der Tat hatte mein Vater in diesem Artikel seine grundsätzliche Zustimmung zu dem Kabinettswechsel mit zahlreichen Fragezeichen versehen: er sei geschichtlich notwendig gewesen, aber doch ein Sprung ins Dunkel. Zwar habe man in der Zeitung den Versuch einer Regierungsbildung aus den vereinten Kräften der Rechten, trotz aller Bedenken, immer empfohlen, könne sich aber nun unmöglich in einen Rausch der Begeisterung versetzen. Die Zusammenarbeit mit den Nationalsozialisten werde sicher schwierig. Hitler müsse nun zeigen, ob er das Zeug zum Staatsmann besitze. Das waren Töne, die nicht nur einem Freund der neuen Kombination wie Brandi mißfielen, sondern auch einen prominenten Gegner zum Spott reizten. Wenn etwas die Meinung über die neue Reichsregierung zu verwirren geeignet sei, schrieb Carl v. Ossietzky in einem seiner letzten Artikel in der *Weltbühne*, so seien das die Äußerungen von Zeitungen, die seit Jahren die Übertragung der Macht an die geeinte Rechte gefordert hätten. Er zitierte aus dem Artikel meines Vaters und fragte: »Was ist los? Warum bleibt Herrn Klein der Triller in der liederreichen Kehle stecken?«

Im Grunde war das die Frage, die auch Brandi meinem Vater gestellt hatte. Alle nationalen Kreise, so erklärte dieser seine Haltung in dem Brief an Brandi, hätten »ganz unabhängig von persönlichen Mißhelligkeiten und Kritikbedürfnissen die verfluchte Pflicht und Schuldigkeit, alles zu tun, damit dieses Kabinett zusammenhält«. Von vornherein aber dürfe kein Zweifel daran gelassen werden, daß die Nationalsozialisten nicht glauben dürften, in dem Kabinett allein die erste Geige zu spielen. In diesem Punkt bekräftigte mein Vater eine Position, die er schon vor 1933 deutlich vertreten hatte, wenn er zur Zusammenarbeit mit den Nazis aufrief. Er erinnerte an Mussolini, der andere Rechtsparteien bei seiner Machtübernahme benutzt, sie aber bei der ersten Gelegenheit zum Tempel hinausgeworfen und reinen Faschismus gemacht habe. Nach dieser Erfahrung sei es eine nicht hoch genug zu wertende Pflicht der Zeitung, nicht erst wenn das Unglück geschehen sei, sondern von der ersten Stunde an »darauf zu bestehen, daß nicht eine Alleinherrschaft Hitlers, sondern eine Zusammenarbeit *aller* nationalen Kräfte notwendig sei«.

Deutliche Warnungen, die Distanz zu den nationalsozialistischen Ansprüchen nicht zu weit zu treiben, erhielt er wenige Wochen später. Acht Tage nach den Reichstagswahlen vom 5. März begrüßte er in seinem Montagsartikel deren Ausgang, bedauerte aber, daß die Stimmenzahl der nichtnationalsozialistischen Rechten, vor allem der Deutschnationalen, stark zurückgegangen war. Zukünftig erfordere die grundsätzliche Frage der Zusammenarbeit zwischen Nationalsozialisten und Bürgertum besondere Aufmerksamkeit. Das Kabinett müsse nun an die Arbeit gehen. Schluß müsse sein mit der ungesetzlichen »Auskostung des Sieges, die nicht unverständlich sei«, wie der Naziterror der ersten Wochen entschuldigend, aber immerhin doch deutlich umschrieben wurde. *Rechts*sicherheit vor allem tue jetzt not und stetige, praktische Arbeit. Beschwörend fast appellierte er an die nichtnationalsozialistischen Minister. Sie müßten Mut beweisen und dürften nicht den Eindruck entstehen lassen, daß ihr Einfluß geringer sei als der ihrer nationalsozialistischen Kabinettskollegen.

Der Artikel hatte Folgen. Einen Tag nach dem Erscheinen, am Dienstag, dem 14. März, zitierte zunächst der soeben ernannte Minister für Volksaufklärung und Propaganda, Goebbels, meinen Vater für 12.30 Uhr ins Haus der nationalsozialistischen Gauleitung. In der Form liebenswürdig und konziliant, machte er ihm Vorwürfe wegen des Leitartikels. Gewiß, so stimmte er im Gespräch meinem Vater zu, sei es gut, in der *DAZ* eine Zeitung zu sehen, die grundsätzlich positiv zur politischen Wende stünde und sich bemühe, Verständnis für die neue Politik in den Kreisen des konservativen Bürgertums zu wecken. Ihre nationale Gesinnung stehe außer allem Zweifel. Unter keinen Umständen komme der Weg der Einwirkung über das Polizeipräsidium in Frage. Hitler selbst lese die *DAZ* täglich und sei überaus beeindruckt, wie wundervoll die Zeitung die historische Bedeutung der nationalen Revolution begriffen und wie gut sie verstanden habe, daß es nicht um einen einfachen Kabinettswechsel gehe. Aufbauende Kritik sei gewiß notwendig, dürfe aber nicht zu Formulierungen führen, die von der jüdischen Presse zitiert werden könnten. Unmißverständlich dann die Drohung: Klein sei sich doch wohl darüber im klaren, daß diese Regierung »niemals mehr von ihrem Platz weichen werde« und daß sie entschlossen sei, »mit der Presse zu arbeiten«.

Um 16.45 Uhr folgte dann ein Gespräch beim Chef des Ministeramtes im Reichwehrministerium, Oberst v. Reichenau, der meinen Vater im Auftrag des Reichswehrministers v. Blomberg zu sich gebeten hatte, um, wie er sagte, zu erfahren, welches die politische Haltung der Zeitung sei. Auch er, deutlich den Nationalsozialisten stärker zuneigend als den Deutschnationalen, wie mein Vater in seiner Aufzeichnung vermerkte, zeigte sich irritiert durch den Artikel vom Tage zuvor. Insbesondere sei es doch eine schwere Beleidigung für einen Soldaten wie Blomberg, ihm mehr Mut zu wünschen.

Zwei Stunden später, um 18.45 Uhr, kam die deutlichste Drohung. Rudolf Diels, stellvertretender Leiter des Geheimen Staatspolizeiamtes, rief an. Er wolle, so erklärte er den Anlaß des Anrufes, im Auftrag des Polizeipräsidenten für die Übersendung von zwei anonymen Briefen danken, die an meinen Vater gerichtet worden waren mit der Information über einen Blutkeller in der Friedrichstraße, wo politische Gefangene gefoltert würden. Der Polizeipräsident werde der Sache nachgehen. Dieser aber habe außerdem den Wunsch, meinen Vater zu sprechen wegen gewisser Weiterungen, die sich an seinen gestrigen Montagsartikel »An die Arbeit« geknüpft hätten. Es habe die Absicht bestanden, »die *DAZ* einmal an den Kanthaken zu nehmen«. Auf die Mitteilung meines Vaters, er habe in Sachen des Artikels bereits ausführliche Gespräche mit Minister Goebbels und Oberst v. Reichenau gehabt, erklärte Diels sich höchst befriedigt, damit »der dienstlichen Behandlung der Sache enthoben zu sein«. Der Besuch beim Polizeipräsidenten erübrige sich somit.

Der ungleiche Kampf dauerte nicht mehr lange. Mein Vater setzte in seinen Artikeln unbeirrt seine Linie fort. Bedingungsloses Ja wurde gefordert zur Grundidee der von der Reichsregierung eingeschlagenen Linie einer Politik der nationalen

Wiedergeburt, Zustimmung insbesondere zu allen außenpolitischen Handlungen der Reichsleitung. Deutliche Kritik aber übte
er an nationalsozialistischen »Eigenmächtigkeiten«, an fortdau-
ernden Rechtsverletzungen, an der Verfolgung hervorragender
jüdischer Persönlichkeiten des kulturellen Lebens wie des Dirigenten Bruno Walter, am Antisemitismus generell, der eine Ungerechtigkeit sei gegen die vielen jüdischen Mitbürger, die sich in
Wort und Tat als einwandfrei national gesinnte Deutsche erwiesen hätten. Immer wieder appellierte er an die nichtnationalso-
zialistische Rechte, ihre Vorstellungen energischer zu vertreten,
geißelte auch den Übertritt von Otto Braun in die Schweiz und
die Kapitulationspolitik der Bayerischen Volkspartei gegenüber
den Nazis als unverständliche Schwächung eigenständiger Positionen. Die Haltung der *DAZ* fand große Resonanz. Ihre Auflage
stieg in den ersten Monaten nach der »Machtübernahme« von ca.
50 000 auf 100 000 Exemplare.

Das Maß war voll, als mein Vater am 29. Mai in einem Artikel
»Bruderkampf« Maßnahmen der Regierung scharf kritisierte, die
sich gegen Österreich richteten. Als Antwort auf die Verfolgung
österreichischer Nationalsozialisten durch die Regierung Dollfuß
hatte Berlin eine faktische Grenzsperre gegen das Nachbarland
verhängt. Mein Vater, ein überzeugter Großdeutscher, für den
der Anschluß Österreichs an das Reich eine ganz selbstverständliche Forderung war, erklärte einleitend, ganz im Sinne seiner
sonst vertretenen Linie, es sei nationale Pflicht, sich hinter diesen
wie hinter jeden anderen außenpolitischen Entschluß der Reichsleitung zu stellen. Inhaltlich aber kritisierte er ihn scharf, diskutierte die für den doch eigentlich nötigen Zusammenhalt überaus
bedenklichen Folgen und forderte schließlich, wenn die amt-
lichen Mittel versagten, müsse ein Mann des Volkes, der Vertrauen auf beiden Seiten genieße, die Verhandlungen in die Hand
nehmen. Die Einigung sei zwingend.

Gereizt durch die seit dem Januar nicht aufhörenden Nadel-
stiche gegen die Vorherrschaft der Nationalsozialisten, reagierten
die Machthaber scharf gegen diesen Artikel, in dem zum ersten
Mal eine ihnen wichtige internationale Aktion kritisiert wurde.
Hitler persönlich soll wütend gewesen sein über den Journalisten,
dessen oft belehrender, selbstbewußter Ton ihm nicht paßte und

der nun die Frechheit besaß, ihm die Kompetenz in einer Sache abzusprechen, für die er, der Österreicher, sich in besonderer Weise zuständig fühlte. Am Nachmittag des gleichen Tages erschienen zwei Beamte der Dienststelle des Herrn Diels in der Redaktion und überbrachten die Anordnung des Geheimen Staatspolizeiamtes auf Beschlagnahme und Einziehung der Montag-Abend-Ausgabe der *DAZ*, weil durch die Ausführungen in dem Artikel »Bruderkampf« die öffentliche Sicherheit und Ordnung gefährdet sei. Die Zeitung wurde dann für die Dauer von drei Monaten verboten. Ziel der Aktion war, den unbequemen Chefredakteur loszuwerden. Nachdem die Finanziers der *DAZ* rasch entschieden, ihn fallenzulassen und mit dem bisherigen England-Korrespondenten der Zeitung, Karl Silex, einen neuen Chefredakteur einzusetzen, wurde das Verbot aufgehoben. Silex hat später geschrieben, Hugo Stinnes habe ihn geradezu blitzartig als Nachfolger Kleins eingesetzt, um der von Nazistellen in Berlin beabsichtigten Ernennung eines Parteijournalisten vorzubeugen. Wie weit das zutrifft, kann ich nicht beurteilen. Mein Vater hat jedenfalls seine bittere Enttäuschung über das Verhalten der Eigentümer nie verwunden. Seine große Karriere war beendet. Die schwarz-weiß-rote Fahne in unserem Haus blieb auf irgendeinem Schrank. Eine Hakenkreuzfahne wurde nicht angeschafft. Als kleines, ohnmächtiges Zeichen des Protestes und der Anteilnahme am Schicksal des Vaters, dessen Hintergründe ich natürlich nicht verstand, hielt ich manchmal die schwarz-weiß-rote Fahne aus dem Fenster eines Hinterzimmers und schwenkte sie im Hof.

Ostern 1934 beendete ich die Volksschule und kam ins Bismarck-Gymnasium in Wilmersdorf. Mein Vater hatte die Schule ausgewählt. Ein humanistisches Gymnasium sollte es sein, das stand für ihn fest, war doch in den höheren Schulen Siebenbürgens die Ausbildung in den klassischen Sprachen seit Jahrhunderten vorrangiger Bestandteil des Unterrichts gewesen. Abgesehen aber von dem Namenspatron des Gymnasiums, dem die besondere Verehrung meines Vaters galt, hatte er einen konkreten Grund, gerade dieses Gymnasium auszusuchen. Direktor war dort der Altphilologe Dr. Bottermann. Mein Vater kannte ihn und fühlte sich politisch mit ihm verbunden. Auch Bottermann war Nationalist, ein Mann der Rechten, ein Mann aber auch des Rechts und der humanistischen Werte, mit denen er es ernst meinte. Der Vater, für den der Eintritt seines ältesten Sohnes ins Gymnasium eine wichtige Station in dessen Leben war, nahm mich in den Wochen vor der Einschulung mit zu einem Besuch bei meinem neuen Direktor, dem er seinen Filius präsentierte. Dieser Besuch, an dessen Verlauf ich keine Erinnerung mehr habe, sollte der einzige Kontakt mit ihm bleiben. Aus Gründen, die mir im einzelnen nicht bekannt, nach dem Schicksal meines Vaters und vieler anderer in jener Zeit aber leicht vorstellbar sind, wurde er abgesetzt. Sein Nachfolger wurde ein Dr. Voelkle, strammer PG der NSDAP. Er trug immer das Parteiabzeichen und erschien auch bei Abiturprüfungen in der braunen Uniform des Nationalsozialistischen Kraftfahrkorps.

Trotz des Nazi-Direktors war der Geist der Schule, um im Bilde des Flaggenstreits zu bleiben, eher schwarz-weiß-rot als Hakenkreuz. Ausgesprochene Nationalsozialisten waren unter den Lehrern eine kleine Minderheit. Sie fielen auf als solche. An direkte Indoktrination im neuen Geist entsinne ich mich nur aus dem rassenkundlich angelegten Biologie-Unterricht. Wenn bei Schulfeiern der Turnlehrer, ein wackerer PG, einen Einmarsch seiner SA-Kameraden mit Hakenkreuzbannern in die Aula inszenierte, machte das Aufsehen, fand auch Beifall, löste aber nach meiner Erinnerung unter Lehrern wie Schülern und deren Eltern eher eine leichte Verwunderung aus. Die Distanz zum Nationalsozialismus war deutlich. Noch im Jahre 1937, erinnert sich Richard von Weizsäcker, der damals sein Abitur am Bismarck-Gymnasium ablegte, gab es dort Lehrer, die sich mit den Schülern vor der mündlichen Prüfung über deren Verlauf absprachen – ausdrücklich in der Absicht, die Schule nicht auf eine politisch-ideologische Rutschbahn geraten zu lassen.

Distanz – ja. Aber da war auch Nähe. Auch diese Schule war eine Schule des Dritten Reiches. Es war das »Vaterländische«, was die alte und die neue Zeit miteinander verband. Der Großtaten deutscher Geschichte, von den alten Germanen bis in unsere Tage, immer eingedenk zu sein, mahnten die Bilder aus der vaterländischen Geschichte in einem Fries unterhalb der Decke der

Aula. Der Sieg des Arminius in der Schlacht im Teutoburger Wald, Luther auf dem Reichstag in Worms, Blüchers Rheinübergang bei Kaub, die Proklamation des deutschen Kaiserreichs in Versailles sind einige der Themen, an die ich mich erinnere. Patriotischer Gesinnungspflege dienten häufig auch Veranstaltungen, die eigentlich für andere Zwecke gedacht waren. Jede Woche begann mit einer gemeinsamen Andacht aller Schüler in der Aula. Reihum hielten die Studienräte die Ansprache, wobei wir vor allem diejenigen schätzten, die kein Ende fanden mit ihren Erzählungen. Entsprechend kurz fiel dann die erste Stunde aus. Nicht religiöser, sondern patriotischer Erbauung aber galten die Reden nicht weniger Lehrer, wenn sie die Andachtsstunde dazu nutzten, Geschichten aus ihren Erlebnissen im Weltkrieg zu erzählen. So stark war die Prägung dieser Schicht und dieser Generation durch den Großen Krieg. Der Herrschaft einer Partei, die den Kampf für die Lösung der Ketten von Versailles, gegen die pazifistischen Leugner deutschen Heldentums, gegen »Bolschewismus« und sozialistische Gleichmacherei, gegen demokratische Verweichlichung, gegen die verlogene Parole von der internationalen Völkerversöhnung so entschieden führte, hatten solche Leute wenig entgegenzusetzen. Austritt aus dem Völkerbund, dem Instrument der abgefeimten Sieger, Wiedergewinnung des Saarlandes, Wiedereinführung der allgemeinen Wehrpflicht, Bruch des Locarno-Vertrages durch Einmarsch in die entmilitarisierte Zone des Rheinlandes: das waren Aktionen der deutschen Politik, die auch von vielen begrüßt wurden, die keine Nazis waren. Verführt zum Einverständnis mit der offiziellen Politik durch politische Schritte, die man richtig und notwendig fand, in denen man die endliche Erfüllung langgehegter eigener Sehnsüchte sah, eingeschüchtert zugleich durch den immer brutaler vertretenen Ausschließlichkeitsanspruch der herrschenden Partei, der jeden offenen Widerstand als sinnlos erscheinen ließ, traten Wille und Möglichkeit, die Distanz zu behaupten, zwangsläufig in den Hintergrund. Die nichtnationalsozialistischen Rechten, die sich mit der Hitlerpartei zusammengetan hatten, befanden sich damit in der Tat, ob sie es sahen und sich eingestanden oder nicht, auf der »politisch-ideologischen Rutschbahn«.

Ein Vorgang, der diese zwischen Übergang und Einvernahme

oszillierende Entwicklung nach dem Motto »Halb zog sie ihn, halb sank er hin« illustriert, ereignete sich auch unter uns Schülern. Jedes Jahr suchten ältere Schüler, »Führer« der an der Schule vorhandenen Jugendgruppen, zu Beginn des neuen Schuljahres in den Pausen auf dem Schulhof Kontakt zu den Neuen, um sie für die jeweilige Gruppe zu »keilen«. Ich kam so in eine Gruppe der bündischen Jugend. Unser oberster Führer, so hieß es, sei der Admiral von Trotha. Adolf von Trotha, Führer des Großdeutschen Jugendbundes, war 1918 der letzte Chef des Stabes der Obersten Seekriegsleitung im Weltkrieg gewesen. Jeden Mittwochnachmittag kamen wir zusammen, winters zum Heimabend im Souterrain einer großen Villa in der Koenigsallee, das die Besitzer, die Eltern eines unserer Kameraden, zur Verfügung gestellt hatten. Sommers fuhren wir zu »unserem« Jagen im Grunewald, um Sport zu treiben, einfache Exerzierübungen und Geländespiele zu machen. In den Ferien gingen wir auf Fahrt. Den »Affen«, wie der mit Fell bespannte Tornister genannt wurde, in dem wir unsere Sachen trugen, kaufte man in einem Reichswehrdepot für gebrauchte Ausrüstungsgegenstände der alten Armee. Der Name des Soldaten, der meinen Affen getragen hatte, stand noch auf dem Rahmen. Irgendwie war es ein eigenartiges Gefühl, auf diese Weise in direkten Bezug zu den Ereignissen des Großen Krieges zu kommen, von denen uns so viel erzählt wurde. Mir machte es Spaß, mit Gleichaltrigen zusammen zu sein, Sport zu treiben, zu wandern, im selbstgebauten Zelt oder beim Bauern in der Scheune zu übernachten und am Lagerfeuer zu singen. Über den polnischen Adler, das auf einer früheren »Grenzlandfahrt« an der neuen Grenze geklaute Grenzschild, das im Heim in der Koenigsallee als Trophäe hing, machte ich mir nicht viele Gedanken.

Von der überaus verwickelten, unübersichtlichen, durch immer neue Gründungen und Spaltungen gekennzeichneten Geschichte der bündischen Jugend hatte ich keine Ahnung, wußte auch nichts von den Konflikten, die gleich nach der »Machtergreifung« zwischen den nichtnationalsozialistischen Jugendbewegungen jedweder Couleur und dem Totalitätsanspruch der Hitlerjugend aufbrachen. Trotha, so las ich später, hatte sich unmittelbar nach dem 30. Januar 1933 noch um einen Zusammenschluß der bündischen Jugend und um deren eigenständiges Weiterbestehen neben der Hitlerjugend bemüht, aber bald resigniert. Nur indirekt bekamen wir an der »Basis« diese Entwicklungen mit. Für eine Weile betonten wir bewußt unsere Besonderheit gegenüber der Hitlerjugend. Wir trugen weiße Hemden und Lederhosen, verachteten die »kackbraunen« Hemden und die als »Wellblechhosen« geschmähten schwarzen Cordhosen der Nazijugend. Wie lange das dauerte, kann ich nicht mehr sagen. Auf einmal aber, so merkwürdig das klingt, fanden wir uns, ohne daß ich mich an irgendwie dramatische Einschnitte erinnern könnte, als eine Jungvolkgruppe. Wir trugen die braunen Hemden und die Wellblechhosen und gehörten zum Jungstamm 37, der am Wilmersdorfer Roseneck seine Dienststelle hatte. So sicher ich dieser Erinnerung bin – so und nicht anders habe ich diese Dinge erlebt –, so sicher bedarf sie der Ergänzung. Tatsächlich war schon im Frühjahr 1933 die Zwangsauflösung der bündischen Jugendorganisationen verfügt worden. Die Hitlerjugend sollte die einzige Jugendorganisation in Deutschland sein, für die zehn- bis vierzehnjährigen Jungen deren Untergliederung, das »Deutsche Jungvolk«. Strenggenommen konnte mich also »Müchen«, wie wir unseren kleinen »Führer« Müller freundschaftlich nannten, im Frühjahr 1934 nicht mehr für die Bündische Jugend werben, sondern nur noch für das Jungvolk. Vielleicht hat er das sogar getan, im ganzen aber den bündischen Charakter seiner Gruppe so stark betont – er nannte eben Trotha und nicht Schirach –, daß mir, im Verein mit den geschilderten Eigenarten unserer Aktivitäten, nur der im Gedächtnis geblieben ist. Von einer halbbündischen Periode in den Einheiten des Deutschen Jungvolks bis etwa 1935/36 spricht die einschlägige Forschung. Mein Beispiel einer unscharfen Erinnerung mag veranschaulichen, wie das im einzelnen vor sich ging. Begeistert waren wir davon nicht, ketzerten auch gesprächsweise herum, als die Hakenkreuzfahne endgültig zur alleinigen Flagge des Deutschen Reiches erhoben wurde, grinsten verstohlen, als es üblich wurde, mit »Heil Hitler« zu grüßen. Ein richtiger kleiner Nazi zu werden, war für mich nicht möglich, sah ich in ihnen doch die Partei, die meinen Vater gemaßregelt hatte.

Nun aber war man dabei. Nicht mehr so oft wie anfangs besangen wir wandervogelmäßig den Zug »hinaus ins Feld«, der uns frei machen sollte von der Bedrückung durch »grauer Städte Mauern«. Verspottet wurde statt dessen immer häufiger das »Zittern der morschen Knochen«, die Angst der »Welt vor dem Großen Krieg«. Wir würden »weitermarschieren, bis alles in Scherben fällt«, endete dieser fürchterliche Text, »denn heute gehört uns Deutschland und morgen die ganze Welt«. Gelegentlich gab es Diskussionen, ob man nicht korrekt, wie der »Dichter« vorsichtshalber geschrieben hatte, singen müsse »denn heute, *da hört*« statt »*gehört* uns Deutschland und morgen die ganze Welt«. Ich fürchte jedoch, daß der immerhin nicht unbedeutende Unterschied uns kein allzu großes Kopfzerbrechen gemacht hat. Sicher gab es damals Hitlerjungen, die so stark schon auf einen kommenden Krieg mit Eroberungen in aller Welt eingestellt waren, daß sie den Unterschied eher als kleinliche Pedanterie empfanden. Ich dachte so damals gewiß nicht, sang wohl auch meist die harmlosere Variante. Vorwiegend war aber eine gehörige Portion Gedankenlosigkeit im Spiel. Man nahm das ganze nicht so furchtbar ernst, plapperte eine der üblichen großmäuligen Phrasen nach. Wer von uns ahnte damals, daß wenige Jahre später viele von uns blutigen Ernst machen würden, daß wir »weitermarschierten«, dies Lied auf den Lippen, am Kaukasus und in Nordafrika, am Nordkap und am Atlantik, bis die Drohung wahrgemacht und alles in Scherben geschlagen war. Kein Zweifel ist möglich im nachhinein, daß unser törichtes Gesinge ein Stück Vorbereitung auf den Marsch zum Scherbenhaufen gewesen ist.

Mein Vater hatte nicht aufgegeben nach seinem Sturz. Das Angebot, für die *DAZ* als Korrespondent nach Washington zu gehen, lehnte er ab. Er lasse sich nicht zum Emigranten machen, begründete er diese Haltung, konsequent bestehend auf seinen patriotischen Grundüberzeugungen. Ein Artikel im November 1933 gibt davon Zeugnis. Er schrieb über die Emigranten. Kommunisten, Sozialisten und »lärmende Literaten«, die vom Ausland her das nationalsozialistische Regime bekämpften, fanden seine entschiedene Mißbilligung. Achtung auch des politischen Gegners hingegen verdienten Menschen, die gegangen seien, weil sie meinten, im neuen Deutschland keinen Lebensraum mehr zu haben und sich nun still um eine neue Daseinsmöglichkeit bemühten. Als Beispiel nannte er den jüdischen früheren Chefredakteur des *Berliner Tageblatts*, Theodor Wolff, dem er zugute hielt, daß er im Ausland nicht eine Zeile gegen Deutschland veröffentlicht habe. Sicher gebe es individuelle Gründe, Deutschland zu verlassen. Nation und Staat aber, formulierte er seinen Standpunkt, »sind das höhere Gesetz. Es ist unmöglich, sich den inneren geistigen Auseinandersetzungen unseres Volkes durch die Flucht zu entziehen. Ob der einzelne unter diesen Auseinandersetzungen leidet, kann nicht entscheidend sein … Was bedeutet die Furcht vor angeblich drohender persönlicher Ungerechtigkeit gegen das Gebot der Heimat- und Vaterlandsliebe? Mein Volk ist mein Volk. Mit ihm will ich leben und sterben.«

Der Emigranten-Artikel erschien in der siebenten Nummer der Wochenzeitung *Deutsche Zukunft*, die mein Vater seit Mitte Oktober herausgab. Unter Ausnutzung einer Lücke in der zunächst noch nicht voll ausgearbeiteten Pressegesetzgebung des neuen Regimes – die Gründung von Wochenzeitungen bedurfte in den ersten Monaten noch keiner besonderen Genehmigung – schuf er sich noch einmal eine Tribüne, um öffentlich zu Worte zu kommen. »*Deutsche Zukunft*«: den Namen habe er gewählt, hieß es im Leitartikel der ersten Nummer, weil ein neues Kapitel in der deutschen Geschichte begonnen habe. Vorstellbar wäre mir, daß der Name auch mit feinem Gefühl für seine Doppeldeutigkeit gewählt wurde. Für die *Deutsche Zukunft* wollen wir arbeiten, so könnte die verschlüsselte Botschaft lauten, die es geben wird, weil Deutschland immer bleiben und eine Zukunft haben wird, wie immer sie aussehen mag – nicht immer notwendigerweise so, wie sie im Januar 1933 begonnen hatte.

Zunächst aber mußten frühere Hoffnungen begraben werden. Nach dem kläglichen Ende aller nichtnationalsozialistischen rechten Parteien und Organisationen, deren Repräsentanten er so drängend zur Standfestigkeit gegenüber den Nazis aufgefordert hatte, zog er nüchtern Bilanz. »Der innere Machtkampf«, so hieß es im Eröffnungsartikel des ersten Nummer der *Deutschen Zukunft*, »ist entschieden. Der Nationalsozialismus hat den Staat erobert. Sieger und Geschlagene haben die Verpflichtung, mit langen Zeiträumen zu rechnen.« Dieser Verabschiedung alter

Illusionen folgte der Versuch, auch unter diesen Bedingungen wenigstens minimale Freiräume für sich abzustecken. Er erwähnte Äußerungen von Propagandaminister Goebbels und Reichspressechef Dietrich gegen eine allzu große Einförmigkeit der Presse, aus denen er kühn schlußfolgerte, »daß der Vielgestalt der öffentlichen Meinung in Deutschland kein Hindernis entgegenstehe«. Geglaubt kann er das kaum haben nach allem, was seit der Machtergreifung geschehen und ihm selbst widerfahren war. Die neuen Herren festzunageln auf ihre dem Wortlaut nach vernünftigen, wenn auch noch so heuchlerischen Zusicherungen, war wohl die Überlegung.

Bei alledem aber gab es immer noch die große Übereinstimmung in entscheidenden Fragen. Rückhaltlose Unterstützung der Gutgesinnten, wo immer sie früher standen, verdiene das »Tiefe und Ursprüngliche« der nationalsozialistischen Bewegung. Auch er habe den Wunsch, sich mit seiner Zeitung »einzugliedern in das stürmische Geschehen der Zeit, einzufügen in die Gesetzmäßigkeit des Volkes, … im rauschenden Strom dieser Tage der Stimme unseres nationalen Gewissens zu folgen«. Alle nationalen Kreise, so hatte er am 3. Februar 1933 an Ernst Brandi geschrieben, hätten »die verfluchte Pflicht und Schuldigkeit«, für den Erfolg der neuen Regierung einzutreten. Mein Vater hielt fest an dieser Devise, auch nachdem eine ihm damals wichtige Perspektive, die Verhinderung einer Alleinherrschaft der NSDAP, sich als Illusion erwiesen hatte. Gewiß hat er die markige Aufforderung immer wörtlicher genommen, also die so stark empfundene Pflicht verflucht. In Gesprächen, die sie im April 1936 miteinander hatten, gewann sein Bruder Gustav Adolf den Eindruck, Fritz habe »seit 1933 in schwerstem Gewissenskonflikt gestanden«.

An der Pflicht aber, für Volk und Reich zu wirken, was immer kritisch gegen Maßnahmen der Regierung einzuwenden war, gab es für ihn keinen Zweifel. Stärker noch als früher konzentrierte er sich in seinen Artikeln auf Fragen der Außenpolitik, durchweg positiv in seinem Urteil über die Aktionen der Hitlerregierung, die endlich Schritt für Schritt die Befreiung von den Fesseln des Versailler Diktates brachten. Vom Austritt aus dem Völkerbund im Oktober 1933 zum Einmarsch der Wehrmacht in das entmili-

tarisierte Rheinland im März 1936 zog sich für ihn eine große
Linie. »Jeder anständige Deutsche, gleich welchen Schicksals«,
schrieb er am 15. März, »begrüßt von Herzen die Wiederherstellung der vollen Staatshoheit auf dem ganzen Reichsgebiet als
die Rückgewinnung eines unveräußerlichen Rechtes der Nation
und dankt der kühnen Staatsführung Adolf Hitlers dafür«.

Liest man heute solche Passagen, so liegt das Urteil nahe: Fritz
Kleins *Deutsche Zukunft* half eindeutig dem Naziregime, war
nützlich in diesen ersten Jahren, in denen es noch um die
Etablierung, die Stabilisierung einer Schreckensherrschaft ging,
die nicht zuletzt unter der Klientel der Wochenzeitung, dem konservativen Bürgertum, noch um Anhänger, zumindest um Verständnis werben mußte. Es gibt Gründe, so zu denken. Der Sohn,
der heute, im Abstand von Jahrzehnten, über diese Dinge
schreibt, darf und will sich solcher Einsicht nicht verschließen. Es
war so, und man soll es nicht beschönigen. Und doch war das
nicht alles, gehen Leben und Wirken meines Vaters in dieser
Einschätzung nicht auf.

Was stand in der Zeitung, so muß doch gefragt werden, außer
Zustimmungserklärungen wie den eben zitierten? Nicht etwa,
daß das taktisch gemeinte, der Absicherung dienende Floskeln
waren. Mein Vater meinte schon, was er da zustimmend zum patriotischen Aufbruch sagte. Und angepaßter als in seinen letzten
DAZ-Zeiten war die Sprache der *Deutschen Zukunft* ohne
Zweifel. Herausgeber und Mitarbeiter vermieden offene Kritik,
wie sie dort immerhin noch geübt worden war. Anlaß zu polizei-
lichen Maßnahmen wurde nicht mehr gegeben. Bewußt aber
setzte man sich ab von Inhalt und Jargon der Nazipresse. Bismarck, der so meisterhaft, kühn und staatsmännisch besonnen
für Deutschlands Größe gekämpft hatte, Friedrich der Große, der
herrliche Kriegsheld, in dessen Staat Gazetten nicht geniert
werden sollten, überhaupt die wirklichen oder vermeintlichen
Tugenden des alten Preußen, das waren Leitbilder, die immer
wieder beschworen wurden. Die Zeitung wurde so auf einen besonderen, etwas altmodischen Ton gestimmt, der aber von dem,
der hören wollte, als dauernde, höchst aktuelle Kritik an den
herrschenden Zuständen begriffen werden konnte. Kritik zwischen den Zeilen zu üben, Spitzen auszuteilen, ohne sich direkt

eine Blöße zu geben, war eine Kunst, in der Autoren der
Deutschen Zukunft eine ziemliche Fertigkeit erwarben.

Was also war die *Deutsche Zukunft*? Gewiß keine Zeitung des
Widerstandes, dazu war die Übereinstimmung mit Grundpositionen des Regimes zu groß, die Kritik an mannigfachen Übelstän-
den zu leise, zu verhalten. Daß eine legal erscheinende Zeitung in
jener Zeit ernsthaften Widerstand nicht propagieren konnte, ver-
steht sich, berührt aber unsere Überlegungen im Moment nicht.
Bemerkenswert nämlich ist, daß die *Deutsche Zukunft* ganz
unterschiedlich wahrgenommen wurde. Extrem geradezu die
Erinnerung einer alten Kommunistin, die ich nach dem Krieg bei
irgendeiner Gelegenheit traf und die hocherfreut war, den Sohn
des Herausgebers der *Deutschen Zukunft* kennenzulernen.
Dessen Zeitung sei von ihr und ihren Freunden geradezu als »unsere« Zeitung angesehen worden, die einzige Zeitung, die man
lesen konnte und die einem Mut gemacht habe im antifaschistischen Kampf. Das war, was die Intentionen meines Vaters anging, eine glatte Fehlbeurteilung, denn mit antifaschistischem
Kampf der Linken, gar der Kommunisten, hatte er nicht das geringste im Sinn. Viele Linke dürften es auch nicht gewesen sein,
die so über die Publizistik eines weit rechts stehenden Mannes
urteilten, wie mein Vater es war. Interessant, ohne sie überschätzen zu wollen, scheint mir die Erzählung der alten Genossin
gleichwohl, ein Zeugnis für die fast unbegrenzte Wahrneh-
mungsvielfalt von Vorgängen in anomalen Zeiten. Auch unter
Angehörigen der eigentlichen Zielgruppe, dem nichtnationalsozialistischen Bürgertum, wird die Wirkung nicht einheitlich gewesen sein. Zustimmung zum neuen Regime wie Ablehnung
konnte der *Deutschen Zukunft* entnommen werden, meistens
wohl eine gehörige Portion Skepsis. Engagierte Nationalsozialisten sahen, wenn sie klug waren, den Vorteil, den sie aus der
Existenz einer Zeitung wie der *Deutschen Zukunft* ziehen konnten, der sie grundsätzlich gewiß mißtrauten. Sie bestand bis 1940,
dann ging sie auf in der von Goebbels gegründeten Prestige-
Wochenzeitung *Das Reich*.

Bei allem, was ich über das schwierige Verhältnis meines
Vaters zum Faschismus an der Macht sage, habe ich zu bedenken,
daß es um die kurze Zeit von nur drei Jahren geht, bis zu seinem

jähen Tod am 8. Mai 1936. Für das Leben unserer Familie hatte
die Entlassung meines Vaters aus der *DAZ* die Folge gehabt, daß
die Wohnung am Lützowplatz aufgegeben werden mußte. Wir
zogen um, nicht weit, in eine Wohnung in der Admiral-von-
Schröder-Straße, dem heutigen Reichpietschufer, am Landwehrkanal. Die neue Wohnung war fast ebenso groß wie die alte.
Allerdings war in zwei Räumen die Redaktion der *Deutschen
Zukunft* untergebracht. Den Vater, dessen Arbeitsplatz nun in
der eigenen Wohnung war und dessen gesellschaftliche Verpflichtungen stark abgenommen hatten, sahen wir jetzt häufiger.
Nur indirekt bekamen wir Kinder etwas mit von den dramatischen Veränderungen. Die für die Sommerferien geplante Ur-
laubsreise fiel 1933 aus. Im Jahre 1934 fuhren wir Kinder mit der
Mutter und ihrer Schwester Hanna, der »Bulli«, wie sie mit ei-
nem der in der Familie Orendt üblichen Spitznamen genannt
wurde, nach Koserow auf Usedom, in ein deutlich einfacheres
Quartier, als unsere Eltern mit uns in früheren Jahren auf
Hiddensee oder in St. Anton in Vorarlberg aufgesucht hatten.
Nur zum Wochenende kam der Vater mit dem Auto aus Berlin.

Er arbeitete überaus hart in diesen letzten Jahren seines
Lebens. Da war die Arbeit für die *Deutsche Zukunft*, begleitet
von ständigen Geldsorgen. Über die Finanzierung der Zeitung
weiß ich auch heute noch nichts Genaues, erinnere mich aber
deutlich an die Freude, die jede Abonnementsbestellung, jeder
Annoncenauftrag auslösten. Ständig war mein Vater im Verzug
mit der Zahlung der für heutige Verhältnisse überaus bescheidenen Honorare. Dringend mahnten auch namhafte Autoren die
ausstehende Zahlung der ihnen versprochenen Beträge von 20
oder 30 Mark an. Von 1934 auf 1935 gab er, zäh und erfindungs-
reich um Aktivitäten im Sinne seiner politischen Ziele bemüht,
zusätzlich das *Danziger Tageblatt* heraus. Er hatte Kontakt zu
dem Danziger Senatspräsidenten Hermann Rauschning gefunden. Dieser, ideologisch eigentlich deutsch-national, war 1931 der
NSDAP beigetreten, geriet aber schon 1934 in Konflikt mit dem
Danziger Gauleiter Forster. Der Stärkung seiner Position und
dem Versuch, »den Nationalsozialismus zu reformieren«, sollte
die neue Zeitung dienen. Ihre Gründung wurde im Frühjahr 1934
bei einem Treffen meines Vaters mit Rauschning, Edgar Julius

Jung und Paul Fechter, seinem Mitarbeiter auch bei diesem Projekt, im Hotel »Kaiserhof« beschlossen. Sie konnte sich nicht halten. Rauschnings Konflikt mit der Partei verschärfte sich. Im Herbst 1936 emigrierte er in die Vereinigten Staaten.

Neben die Zeitungsarbeit traten Buchprojekte. Den bewunderten Staatsmann Bismarck, für meinen Vater eine Kontrastfigur zu dem ordinären, abenteuernden Hitler, einer größeren Öffentlichkeit nahezubringen, war die Absicht einer Volksausgabe der »Gedanken und Erinnerungen«, die er 1935 im Bibliographischen Institut herausbrachte. Im selben Jahr suchte er in einer gründlich gearbeiteten publizistischen Schrift die Antwort auf die Frage »Warum Krieg um Abessinien?«.

Über Politik wurde mit den Kindern nicht gesprochen. Bruchstückhaft und zufällig gewannen wir Eindrücke, die sich lange nicht zu einem irgendwie geschlossenen Bild zusammensetzten. Da war unser Kindermädchen, die gute Elisabeth, die den Gesang des Deutschlandliedes auf den Lippen einer marschierenden SA-Kolonne mit der Bemerkung kommentierte, jetzt sei endlich eine Zeit gekommen, in der dies Lied wieder ehrlich gesungen werden könne. Nachdenklich stimmte mich ein Besuch, den ich mit meiner Mutter bei unserem Hausarzt, einem Dr. Davidsohn, machte. Geöffnet wurde die Wohnungstür erst, nachdem man sich überzeugt hatte, wer da läutete, und nicht ein Schlüssel war zu drehen, sondern komplizierte Verriegelungen mußten gelöst werden, ehe wir eintreten konnten, empfangen von der sichtlich nervösen, ängstlichen Frau unseres Doktors. Schlechte Menschen, so erklärte mir die Mutter, bedrohten jetzt manchmal die Juden. Ich war froh, als bald darauf erzählt wurde, Dr. Davidsohn sei nach England ausgewandert und habe in London wieder eine Praxis eröffnet. Meine Eltern hielten, glaube ich, eine Weile lang noch Kontakt zu ihm. Tiefergehende Gedanken aber habe ich mir damals zu diesen Vorgängen nicht gemacht. Wie hätte ich sonst so naiv sein können, eines Tages nach dem Jungvolk-Dienst noch in meiner Uniform einen jüdischen Mitschüler zu besuchen. Ich sehe noch das entgeisterte, abwehrende Gesicht vor mir, mit dem sein Vater, ein freundlicher Mann, mich hereinließ – bevor er sich rasch faßte und mir eher lächelnd zu verstehen gab, daß er meinen Aufzug doch sehr unpassend fand.

Große Hoffnungen setzte mein Vater in das Militär. Zwei
Motive kamen da zusammen. Zum einen war er mit Leib und
Seele Soldat gewesen, hatte eine geradezu verklärte Erinnerung
an den Großen Krieg. Die Beschränkung auf das Hunderttausend-
Mann-Heer der Reichswehr war eine der Bestimmungen von Versailles, die ihm besonders verhaßt waren. Rückhaltlos begrüßte er
die Aufstellung einer Wehrmacht der allgemeinen Wehrpflicht
durch die Hitlerregierung. Jeden Sonntagmittag ließ er uns an seiner fast kindlichen Freude am Soldatentum teilnehmen. Da marschierte nämlich vom unweit gelegenen Wehrministerium her
eine Ehrenkompanie mit klingendem Spiel durch unsere Straße,
auf dem Rückmarsch wohl von irgendeiner Zeremonie. Wir traten ans Fenster, sahen die Soldaten marschieren, und manchmal
setzte sich der Vater ans Klavier, um den Hohenfriedberger oder
einen anderen der alten Märsche zu intonieren. Zum anderen sah
er in der Wehrmacht ein potentielles Gegengewicht zur Parteiherrschaft der NSDAP. »Der Soldatenberuf ist wieder an die erste
Stelle gerückt«, schrieb er am 26. April in einem seiner letzten
Artikel. Der begann mit einem Glückwunsch zum 47. Geburtstag
des Führers und Reichskanzlers am 20. April, behandelte dann
aber im Anschluß an die Parade, die zu diesem Anlaß stattgefunden hatte, vor allem die Rolle der Armee. Deren unvergleichliche
volkserzieherische Aufgabe bestehe in der Vereinigung von Man-
neszucht und vaterländischer Gesinnung, Männlichkeit und
Sicherheit. Kein Wort von der Rolle der herrschenden Partei, die
doch für sich die erste Stelle im Staate und die Führung bei der
Verwirklichung all dieser schönen Dinge beanspruchte.

Als dieser Artikel erschien, hatte mein Vater ein Dokument in
der Tasche, das ihn glücklich machte: den »Gestellungsbefehl für
Oberleutnant d. R. Fritz Klein zum Feldartillerieregiment Nr. 18
in Liegnitz«. Zur Teilnahme an einer vierwöchigen Übung hatte
er sich am Montag, dem 4. Mai, dort zu melden. Daß er sich um
die Übernahme in die deutsche Armee bemüht hatte, wußten wir
nicht. Die Nachricht, daß der Vater zu einer militärischen Übung
gehen würde, war für uns Kinder völlig überraschend. Wir nahmen sie auf wie die Nachricht von einem Abenteuer, interessierten uns für die Uniform, die er in den nächsten Tagen anfertigen

ließ, ließen uns zeigen, wie er sich melden und wie er grüßen würde. Was den ehemaligen Reserveoffizier der österreichisch-ungarischen Armee bewogen hat, sich um Aufnahme in die neu aufgestellte deutsche Armee zu bewerben, weiß ich bis heute nicht mit Sicherheit. Irgendeine Pflicht dazu gab es natürlich nicht. Seiner Mutter hat er erklärt, er habe sich gemeldet, weil er die Gelegenheit einer solchen Übung mit viel Bewegung in frischer Luft nutzen wollte, um endlich einmal auszuspannen aus der ständigen Arbeitsüberlastung. Das klingt nun doch zu harmlos. Sein Bruder Gustav Adolf berichtet, mein Vater sei erleichtert gewesen, daß Versuche »von bestimmter Seite«, seine Übernahme zu torpedieren, erfolglos geblieben seien. Fritz betrachte die Übernahme in die Armee »persönlich für sich und auch beruflich als einen entscheidenden Schritt eigener Befestigung«. Dies war wohl ausschlaggebend für den Schritt. Weitergehende, konkretere Überlegungen, politischen Rückhalt in der Wehrmacht gegen die Nazis zu finden, gar Verbindungen zu knüpfen mit Offizieren, von denen eine deutlichere Antinazihaltung zu erwarten war, können allenfalls vermutet werden. Ein Anhaltspunkt in diese Richtung könnte in der Person seines Abteilungskommandeurs gesehen werden. Das war nämlich ein Major Noeldechen, ehemaliger Adjutant des von den Nazis 1934 ermordeten Generals von Schleicher. Mein Vater kannte ihn aus jener Zeit.

Am Sonntag, dem 3. Mai, brachten wir ihn zur Abfahrt nach Liegnitz zum Bahnhof Zoo. Unsere Mutter, keine sehr geübte Fahrerin, weil meistens der Vater am Lenkrad gesessen hatte, chauffierte den kürzlich trotz aller finanziellen Bedrängnis neu erworbenen Wagen. Es war wieder ein Mercedes, schöner und eleganter als der erste, ein dunkelgrünes Cabriolet mit gelben Ledersitzen. Fünf Tage später, am Freitag, dem 8., verließ sie gerade hastig das Haus, zusammen mit Sibylle Seeger, der langjährigen Sekretärin unseres Vaters, als ich mittags aus der Schule kam. Sie müßten schnell zum Vater nach Liegnitz, riefen sie mir zu. Am nächsten Morgen weckte sie Peter und mich mit der Nachricht, daß unser Vater nicht mehr lebte. Es war ein Unfall, wurde gesagt. Er habe sich schon morgens nicht gut gefühlt und sei, mit Erlaubnis des Kommandeurs, der Abteilung nachgeritten, begleitet nur von seinem Burschen. Auf einem Feldweg habe sein Pferd plötzlich gescheut vor einem Auto, das auf der unweit den Weg kreuzenden Chaussee gefahren sei. Er sei gestürzt, und so unglücklich, daß er sogleich tot war. Begleitet von Gustav Wolf, dem alten Freund der Familie, fuhren wir nach Liegnitz. Sonntag früh war dort eine militärische Trauerfeier. Am Mittwoch, dem 13. Mai, war das Begräbnis auf dem Stahnsdorfer Waldfriedhof. Pfarrer Wilhelm Arz von der Kapernaum-Gemeinde in Wedding, ein alter Siebenbürger, hielt die Predigt. Halb betäubt von dem schrecklichen Geschehen und den Aufregungen dieser Tage gingen Peter und ich an der Hand unserer verzweifelten, aber immer gefaßten Mutter. Einzelnes habe ich noch in genauer Erinnerung. Der Spruch, über den der Pfarrer predigte, gefiel mir nicht: »Leben wir, so leben wir dem Herrn, sterben wir, so sterben wir dem Herrn«. Das klingt ja, dachte ich in meinem kindlichen Gemüt, als wolle er sagen, es sei gleichgültig, ob der Vater nun tot war oder ob er noch lebte. Daß ein einziger unter den unübersehbar vielen Trauergästen, noch dazu ein Siebenbürger, ein guter Bekannter der Familie, in SS-Uniform gekommen war und am offenen Grab mit dem Hitlergruß grüßte, stieß mich, wie viele andere, ab. Vor allem aber tat mir unsere arme Mutter leid, die bei aller Beherrschtheit für einen Augenblick die Fassung verlor und gestützt werden mußte, als die quälende Prozedur des Defilees der Trauergäste kein Ende nehmen wollte.

Unter den vielen Kondolenzen zum Tode des Herausgebers der *Deutschen Zukunft* fehlten Beileidsbekundungen führender Nationalsozialisten. »Jetzt, nach Kleins Soldatentod«, schrieb Carl Misch unter der ironischen Überschrift »Der Dank des Vaterlandes« in Leopold Schwarzschilds nun in Amsterdam erscheinenden *Neuen Tage-Buch*, »ist unter den Kondolenten der Reichskriegsminister Blomberg, der Marinechef Raeder, aber es fehlt der Lufthäuptling Göring. Kondoliert hat Dr. Schacht, aber kein Ley und kein Darré … Nicht kondoliert hat des Herrn Hitler Verleger-Sozius Amann, der Oberbefehlshaber der Presse, nicht der ehemalige Hauptmann Weiss oder sein Adlatus Karoly Kampmann, die den Reichsverband der Deutschen Presse leiten

... nicht kondoliert hat der Doktor Joseph Goebbels ... Unter all den Pressestimmen, die in der ›Deutschen Zukunft‹ zitiert sind, findet sich kein nationalsozialistisches Blatt.« Als einen der ihren betrachteten sie ihn nicht.

Es gab sogleich vereinzelt Spekulationen, ob es wirklich ein Unfall war, von denen ich freilich nichts mitbekam. Einige Jahre später erzählte der rumäniendeutsche, jüdische Schriftsteller Margul-Sperber der Schwester meines Vaters in Bukarest, jüdische Freunde seien der Sache nachgegangen und hätten festgestellt, daß ihr Bruder, den sie schätzten wegen seines Eintretens gegen den Antisemitismus, in Wirklichkeit ermordet worden sei. Ein von den Nazis gedungener Kellner habe ihm unmittelbar, bevor er an jenem Unglücksfreitag das Hotel verließ, eine Tasse vergifteten Kaffees gereicht. Näheres über diese Nachforschungen, wer sie angestellt hatte und welche konkrete Evidenz es gab, teilte er nicht mit. Ich hörte von dieser Version erst lange nach dem Krieg. Sie kommt mir nicht wahrscheinlich vor. Nicht, daß den Nazis solch ein Mord nicht zuzutrauen wäre. Fähig waren sie zu jedem Verbrechen. Allzu vage aber sind die Hinweise. Auch wäre der Zeitpunkt für die Ermordung eines namhaften, an konspirativen Zusammenhängen meines Wissens nicht beteiligten Journalisten, wenige Monate vor den Olympischen Spielen, insbesondere im Hinblick auf das Ausland sehr ungünstig gewesen. Man brauchte Ruhe, wollte der Welt ein heiles, schönes Deutschland vorführen, in dem die häßlichen Dinge, von denen im Ausland immer wieder berichtet wurde, als Phantastereien übelwollender Gegner erschienen. Auch Gerüchte konnten da nur schaden. Der Unfall andererseits ist mir immer sehr plausibel erschienen. Mein Vater war ein Kettenraucher mit 60 Zigaretten am Tag. Er war überarbeitet, sportlich völlig ungeübt, ein wenig korpulent geworden, litt an ständigem Schlafdefizit, fühlte sich in den letzten Apriltagen, wie Adi in seinen Aufzeichnungen berichtet, gesundheitlich nicht gut. Absolute Gewißheit über die Umstände seines Todes ist heute nicht mehr zu gewinnen.

Der Tod des Vaters veränderte unser Leben von Grund auf. Der auch nach seinem Weggang von der *DAZ*, wenngleich eingeschränkt, aufrechterhaltene großzügige Lebensstil einer Persönlichkeit des öffentlichen Lebens, bedacht auf Wirkung nach au-

ßen, entfiel. Der Mercedes wurde verkauft, die große Wohnung
am Landwehrkanal aufgegeben. Hausangestellte wurden entlassen. Wir, die Mutter und ihre vier Kinder, zogen in eine Fünf-
zimmerwohnung im vierten Stock eines Mietshauses in der
Aschaffenburger Straße, unweit des Bayerischen Platzes. Ein
Zimmer wurde vermietet an eine Freundin unserer Mutter, die
aus Siebenbürgen stammende Wirtschaftsjournalistin Lilli
Andrae. Sie stand ihr treu zur Seite. Wovon unser Lebensunterhalt bestritten wurde, weiß ich nicht. Irgendwelche Rücklagen
gab es nicht. Für die *Deutsche Zukunft* hatte der Vater Kredite
aufnehmen müssen, für deren Regulierung der Bankier-Bruder
Adi langwierige Verhandlungen führte. Die Wehrmacht zahlte
wohl eine kleine Hinterbliebenenrente. Freunde mögen geholfen
haben. Drückende Not litten wir bei alledem nicht, lebten weiter,
wenn auch bescheidener, auf einem bürgerlichen Mittelstands-
niveau. Bemerkenswert waren die Umsicht, die Kraft und die
Energie, mit der unsere Mutter mit all diesen Veränderungen
nicht nur fertig wurde, sondern tatkräftig in Angriff nahm, was
nun zu tun war. Fähigkeiten traten zutage, die zu zeigen sie in ihrem früheren Leben kaum Gelegenheit gehabt hatte. Respektvoll
nahm die Familie zur Kenntnis, was in der »Mee« – so lautete ihr
Spitzname seit den Kindertagen – alles steckte. Im Jahre 1937 gelang es sogar, mit dem Umzug in ein kleines Haus in der
Hohenzollernstraße in Zehlendorf einen Wunsch zu erfüllen, den
sie wohl schon seit Jahren gehegt hatte: Wohnung zu finden in
einem Vorort, wo die Luft so viel besser war als in der Innenstadt.

Mit dem Häuschen in der Hohenzollernstraße hatte es eine eigene Bewandtnis. Wir mieteten den oberen Teil. Im Souterrain
wohnte noch eine andere Familie. Zu dem Vormieter im ersten
Stock nahm mich eines Tages der gute Geist unserer Familie, Lilli
Andrae, mit – sie half der Mutter bei der Vorbereitung des
Umzugs –, um irgend etwas mit ihm für den bevorstehenden
Wohnungswechsel zu besprechen. Wir trafen auf eine merkwürdige, fast ein wenig gruselige Atmosphäre. Der Mann, der uns
empfing, saß in einem auch am Tage durch vorgezogene Vor-
hänge abgedunkelten Zimmer. Er machte einen apathischen
Eindruck, saß in seinem Sessel und hörte leise Radiomusik, die er
auch während des kurzen Gesprächs nicht abschaltete. Dieselbe

Haltung war der Lilli schon bei früheren Besuchen aufgefallen. Es war ein pensionierter Offizier namens Vogel. Als er einige Zeit nach unserem Besuch auszog, erkannten Packer der Umzugsfirma – so die spätere Erzählung der Lilli Andrae – in ihm den früheren Oberleutnant Vogel, der 1919 an der Ermordung der Rosa Luxemburg beteiligt gewesen war. Sie hätten seine Möbel in den Garten gestellt und sich geweigert, sie aufzuladen. Wie die Episode zu Ende ging, vermag ich nicht zu sagen. Als ein kleines Zeichen auch in der Nazizeit nach wie vor wacher, protestbereiter Erinnerung an reaktionäre Untaten in der Vergangenheit scheint sie mir dennoch berichtenswert.

Wachsende Sorgen machte die Gesundheit unserer Mutter. Sie war seit Jahren wegen Tuberkulose in ärztlicher Behandlung, hatte schon einmal eine Pneumothorax-Operation machen lassen müssen. Sie war eine tapfere Frau, die nicht klagte und uns ihre ganze Liebe zuwandte. Wie sehr sie litt, habe ich erst später verstanden; als Junge machte ich mir nicht klar genug, warum sie häufig stundenlang im Liegestuhl auf dem kleinen Balkon lag. Ich kann mich auch nicht mehr erinnern, daß sie sich in diesen Monaten ans Klavier gesetzt hätte. Der Flügel blieb geschlossen. Ende 1936 war die Orendt-Großmutter nach Berlin gekommen und hatte die Zwillinge Hans und Paul mit nach Hermannstadt genommen. Unsere Mutter sollte zu stationärer Behandlung in ein Sanatorium gehen, und die Großeltern waren bereit, die beiden solange zu sich zu nehmen. Fünf Jahre waren sie damals alt. Zwanzig Jahre hat ihr Aufenthalt in Siebenbürgen dann gedauert. Um vielleicht doch eine Heilung zu erreichen, schickten die Berliner Ärzte sie in ein Lungensanatorium in der Schweiz, die in Davos von deutschen Krankenkassen betriebenen »Deutschen Heilstätten«. Eines Abends im Dezember 1937 brachten Lilli Andrae, Peter und ich die Mutter zum Zug. Er fuhr am Anhalter Bahnhof ab. Wir waren früh gekommen und gingen noch zu einem Abschiedskaffee in die Halle des Hotels »Excelsior«, dem Bahnhof gegenüber. Dort musizierte eine Kapelle, geleitet von einem Primgeiger, in dem die Mutter einen Freund aus Jugendtagen erkannte. Sie waren zusammen im »Kränzchen« gewesen, der regelmäßig stattfindenden Geselligkeit von Schülern und

Schülerinnen der »guten« Familien in Hermannstadt. »Eine Kränzchenfreundin bittet um heimatliche Weisen«, stand auf dem Zettel, den sie ihm schickte. Er grüßte freundlich-überrascht herüber und spielte, worum sie gebeten hatte. Es war der letzte Wunsch, den ich aus ihrem Munde vernommen habe. Wir verabschiedeten sie am Zug. Ich habe sie nicht wiedergesehen. Sie starb am 21. Oktober 1938 in Davos.

II Jugend (1937–1945)

Vom Anhalter Bahnhof fuhren Peter und ich in unser neues Zuhause in der Moltkestraße in Lichterfelde. Gute Freunde waren bei der Suche nach einer Familie, die uns beide vorübergehend, bis zur erhofften Rückkehr der Mutter aus Davos, aufnehmen könnte, auf den Oberschulrat Dr. Heinrich Deiters aufmerksam geworden. Deiters, Sozialdemokrat seit 1920, war 1933 auf Grund des »Gesetzes zur Wiederherstellung des Berufsbeamtentums« aus dem Dienst entlassen worden. Er gehörte zu der Kategorie entlassener Beamter, denen nach einigen Monaten wenigstens eine verkürzte Pension zugesprochen wurde. Um die dennoch überaus knappe Haushaltskasse aufzubessern, nahmen seine Frau und er gelegentlich ausländische Studenten als zahlende Gäste auf, denen er Deutschunterricht erteilte. Sie waren bereit, uns zu ähnlichen Bedingungen für einige Monate zu sich zu nehmen. Ein neues Leben begann für uns, gemeinsam mit den Eltern Lisbeth und Heinrich und ihren drei Kindern, der damals siebzehnjährigen Babette, dem sechzehnjährigen Ludwig und der zwölfjährigen Anna-Dorothea, genannt Dorle.

Heinrich Deiters war 1887 in Osnabrück geboren, seine spätere Frau Lisbeth Fuchs ein Jahr darauf in Charlottenburg bei Berlin. Beide entstammten Beamtenfamilien. Heinrichs Vater war Landmesser in der staatlichen Katasterverwaltung, Vater Fuchs Eisenbahnbeamter im mittleren Dienst. Verglichen mit den regional und sozial über Jahrhunderte stabilen Verhältnissen der siebenbürgischen Heimat meiner Eltern, spiegelte sich in den Lebensläufen der Vorfahren Deiters und Fuchs die Entwicklung deutscher Mittelschichten in der bewegten deutschen Geschichte des 19. Jahrhunderts. Da gab es bei Heinrich, dessen Familie aus dem Hannöverschen kam, den Großvater väterlicherseits, jüngster Sohn eines kleinen Bauern, der über den Militärdienst als länger dienender Unteroffizier schließlich ein Eisenbahnbeamter

unteren Ranges wurde. Sein Sohn, Heinrichs Vater, besuchte
dann schon eine höhere Schule, aus finanziellen Gründen aber
nur bis zur Primareife. Heinrichs Großvater mütterlicherseits,
mit Volksschulbildung, machte eine kaufmännische Lehre als
Buchhändler, war aktiv in der 48er Revolution, später ein Mit-
begründer des ersten Arbeiterbildungsvereins in Hannover.
Seine Tochter, Heinrichs Mutter, besuchte eine Mittelschule. Ihr
Bruder Theodor Kipp wurde Professor der Rechte an der Fried-
rich-Wilhelms-Universität in Berlin. Auch unter Lisbeths Vorfahren befand sich ein 48er. Ihr in Danzig lebender Urgroßvater,
ein Schneidermeister, hieß wegen seiner politischen Gesinnung
der »rote Fuchs«. Dessen Sohn aber gelangte, ähnlich wie
Heinrichs Großvater väterlicherseits, über einen langen Militärdienst in die Laufbahn eines kleinen Beamten. Er wurde Fried-
hofsinspektor in Liegnitz. Lisbeths Vater besuchte eine höhere
Schule, die er »aus jugendlichem Trotz«, wie berichtet wird, vorzeitig verließ. Mütterlicherseits stammte Lisbeth von Vorfahren,
die Ende des 18. Jahrhunderts aus Württemberg in das preußisch
gewordene Land an der Weichselmündung eingewandert waren.
Dort besaß die Familie neben einer Gutswirtschaft ein Gasthaus
und einen Kaufladen. Lisbeths Großmutter heiratete einen gutsi-
tuierten Kaufmann aus Danzig, einen Liberalen alten Schlages
und Gegner des preußisch-neudeutschen Kurses von 1866 und
1871 – eine Haltung, die übrigens von den hannöverschen
Deiters-Vorfahren nicht berichtet wird. Sie hatten die preußische
Annexion Hannovers von 1866 begrüßt. Ein aus dem westpreu-
ßischen Familienzweig stammendes Vermögen erlaubte es Lisbeths Mutter, kurz vor der Jahrhundertwende in der Moltkestraße 24 in Großlichterfelde ein Haus mit Garten zu kaufen, in
dem Jahrzehnte später auch Peter und ich für einige Jahre unsere Heimstatt fanden. 1944 wurde es bei einem Bombenangriff
zerstört.

Das unstete Beamtenleben mit seinen häufigen Versetzungen
prägte Kindheit und Jugend von Lisbeth Fuchs und Heinrich
Deiters in mannigfacher Hinsicht. So wuchs Lisbeth in ihren ersten Lebensjahren in der freundlichen Umgebung des Schloß-
parks von Charlottenburg auf, gewann dann nachhaltige Eindrücke in der bäuerlich-proletarischen Welt des aufstrebenden

Industrieortes Rixdorf, dem Kern des späteren Neukölln, und kam in eine wieder neue Umgebung in der Villenkolonie Großlichterfelde, deren Lebensstil durch die Kreise der höheren Beamten, Professoren und Offiziere bestimmt wurde. Sie war eine Großstädterin. Charlottenburg, Rixdorf, Lichterfelde, bis 1920 formell selbständige Gemeinden, wuchsen in den letzten Jahrzehnten vor dem Ersten Weltkrieg in stürmischem Tempo mit Berlin zusammen. Man fühlte sich zunehmend als Berliner, behielt gleichwohl ein Stück der ursprünglichen Identität. Noch in den dreißiger Jahren sagte sie, wenn sie zum Einkauf in die Warenhäuser der Leipziger Straße fuhr, »ich fahre nach Berlin«.

Früh bildeten sich Charakterzüge bei ihr aus, die sie ihr Leben lang auszeichneten: Selbstbewußtsein ohne die geringste Beimischung von Arroganz und eine Abneigung gegen äußere Zwänge. Sie hatte die private höhere Mädchenschule besucht, die bis zum 16. Lebensjahr reichte. Ihrem Wunsch, sich durch eine weitergehende Ausbildung auf einen Beruf vorzubereiten – gerne wäre sie Ärztin geworden –, stand die strikte Ablehnung ihrer Mutter entgegen. Die Sorge, die Tochter werde ein »Blaustrumpf« bleiben und keinen Mann bekommen, entsprach den damals noch vorherrschenden traditionellen Vorstellungen, die der Berufstätigkeit der Frau grundsätzlich skeptisch gegenüberstanden. Gefragt, ob sie nicht später einen Offizier heiraten wolle, lehnte das junge Mädchen bestimmt ab: sie wolle sich dem Zwang einer solchen Stellung nicht unterordnen. Ein Versuch, außerhalb der häuslichen Verpflichtungen ein Betätigungsfeld zu finden, waren Gesangsstunden, die sie nahm, um ihre schöne Stimme für das Konzertpodium oder die Oper ausbilden zu lassen. Sie brach das ab, als sie die doch vorhandenen Grenzen ihrer Begabung spürte. Den letzten Anstoß dazu gab bei einem Vorsingen einer der Prüfer, der seinen Kollegen ermutigte, nicht zu kritisch bei der auffallend schönen jungen Frau zu sein: »Was sie nicht kann, sieht sie aus.« Sie hörte die Bemerkung und beendete den Versuch einer Gesangskarriere.

Heinrich Deiters empfing wesentliche Kindheitseindrücke in der westfälischen Kleinstadt Siegen. Sein Vater leitete dort von 1889 bis 1901 das Katasteramt. Wichtig für den Verkehr der Bürger war in der kleinen Stadt die gesellschaftliche Hierarchie.

Der Vater Deiters war Beamter wie Juristen oder Gymnasiallehrer, unterschied sich als Nichtstudierter und Vermögensloser gleichzeitig aber doch von ihnen. Für Heinrich war die Beobachtung prägend, daß Vater und Mutter dieser Situation mit ruhiger Würde, ohne Minderwertigkeitskomplexe oder Liebedienerei nach »oben«, Rechnung trugen. »Eine solche Stellung unter den Menschen, wie er sie besaß«, schrieb Heinrich Deiters über seinen Vater, »begründet auf Unabhängigkeit des Charakters und fachliches Können, ist mir immer als das Wertvollste erschienen, was der Mensch innerhalb der Gesellschaft zu erreichen vermag.«

Heinrich Deiters studierte in Heidelberg, Münster und Berlin Germanistik, Geschichte und Philosophie. In seinen Erinnerungen hat er beschrieben, daß ihm die »besten Lehrer des damaligen Deutschlands« zur Verfügung gestanden hätten. Ernst Troeltsch, Wilhelm Windelband, Georg Simmel, Friedrich Paulsen, die Historiker Dietrich Schaefer, Eduard Meyer, Erich Marcks, Max Lenz, aber auch Hans Delbrück und Otto Hintze, die Germanisten Erich Schmidt und Gustav Roethe – es war schon eine Schar herausragender Namen. Er hat ihnen zeitlebens ein dankbares Andenken bewahrt, auch, als er sich später der Grenzen ihres Verständnisses von Wissenschaft und Gesellschaft stärker bewußt wurde. Er promovierte 1911 und bestand 1912 das Staatsexamen für das Lehramt an höheren Schulen mit Auszeichnung.

Nur kurz war die Zeit erster Ausbildung im Schuldienst am Charlottenburger Mommsengymnasium mit seiner intelligenten Schülerschaft aus zumeist jüdischen, großbürgerlichen Familien, unterbrochen durch ein Jahr Militärdienst als Einjährig-Freiwilliger in Mainz, als mit dem Ausbruch des Weltkrieges die »Urkatastrophe des Jahrhunderts« (George Kennan) einsetzte, eine entscheidende Zäsur im Leben auch des Heinrich Deiters. Die Welt vor 1914, in der er aufgewachsen und den Weg gegangen war, der seinen Neigungen entsprach, zerbrach. Er hatte sich wohl gefühlt in ihr, empfand seinen persönlichen Werdegang als Teil der aufstrebenden Entwicklung des geeinten Vaterlandes. Von blinder Identifizierung war er dabei weit entfernt. Im tiefsten Herzen patriotisch ohne den geringsten Anflug nationalistischer Überheblichkeit, abgestoßen von den schrillen Tönen wilhelminischer Kraftmeierei, sah er mit Sorge insbesondere die bevorzugte Stellung des Militärs in der Gesellschaft. Und nun der Krieg. Zunächst noch überzeugt, daß Deutschland der angegriffene Teil war, ritt der Leutnant der Reserve ins Feld. Von Anfang an empfand er den Krieg als eine Last, die ihn immer schwerer drückte. Daß Deutschland in Wahrheit aber keinen Verteidigungskrieg, sondern einen Eroberungskrieg führte, war die Überzeugung, die sich in ihm festigte, je länger das immer sinnlosere Kämpfen und Sterben dauerte. Bis zum Sommer 1918 hatte er an der Ostfront gestanden und erhielt im Herbst den Einsatzbefehl nach Flandern. Auf dem Weg an die Westfront erreichte ihn in Köln die Nachricht von der Revolution, der Flucht des Kaisers und dem Ende des Krieges. Er war glücklich, am Leben geblieben zu sein, und innerlich vorbereitet auf die Niederlage und den Sturz der Monarchie. Die Errichtung der Republik schien ihm die logische und angemessene Antwort auf das Versagen der alten Ordnung.

Heinrich Deiters kehrte nicht allein in die Heimat zurück. Im Februar 1916 hatte er Lisbeth Fuchs geheiratet, die ihn nach Köln begleitet hatte. »Aber Lisbeth«, soll ihre Mutter gesagt haben, als diese ihr den Jugendfreund Heinrich Deiters als ihren Auserwählten präsentierte, »den wollten wir doch nicht.« Lisbeth aber wollte. Bei Kriegsbeginn mochte sie nicht untätig beiseite stehen, hatte sich als freiwillige Krankenschwester zum Roten Kreuz gemeldet und seitdem in einem Lazarett in Lichterfelde gearbeitet, hoch geschätzt von den Ärzten und beliebt für ihre stete Hilfsbereitschaft bei den Verwundeten. Daß sie diese Tätigkeit nach der Eheschließung aufgeben mußte, hat sie bedauert. Immer aber blieb sie eine selbstbewußte, aus Eigenem handelnde Persönlichkeit, die die Geschicke der Familie gleichrangig neben ihrem Mann lenkte, dem sie mit ihrem angeborenen Realismus in den Dingen der praktischen Lebensgestaltung häufig überlegen war.

Leitmotiv der pädagogischen Arbeit von Heinrich Deiters zwischen 1919 und 1933 war eine Erziehung der Jugendlichen zu selbständig denkenden und handelnden Menschen, Bürgern der demokratischen Republik, deren überzeugter Anhänger er war.

Diese Staatsform, so dachte er, biete den grundsätzlich zu Güte und Vernunft befähigten Menschen die besten Möglichkeiten, ihre individuellen Fähigkeiten zu entwickeln und ihr Glück in einem freien, toleranten, friedlichen Gemeinwesen zu finden. Als Lehrer an verschiedenen höheren Schulen Berlins, als Gymnasialdirektor 1924 bis 1927 in Höchst, und als Oberschulrat im Provinzialschulkollegium von Hessen-Nassau in Kassel 1928 bis 1933 suchte er im praktischen Schuldienst seine Ideale durchzusetzen. Er trat ein für die Überwindung des Bildungsprivilegs der Oberschicht durch eine Einheitsschule, für die Auflockerung des Unterrichts durch eine flexiblere Lehrplangestaltung und für eine Reform der Lehrerbildung, die auch den Volksschullehrer in den Genuß einer voll akademischen Ausbildung kommen ließ.

Politisch hatte er sich im Dezember 1918 der soeben gegründeten Deutschen Demokratischen Partei angeschlossen, wechselte aber im Sommer 1920 zur Sozialdemokratischen Partei, die den Generalstreik gegen den Kapp-Putsch initiiert hatte. Er betätigte sich nicht als Parteimann im engeren Sinne, trat aber im ganzen Verlauf der Weimarer Republik als Redner für die SPD auf, zumeist zu allgemeineren Themen aus Kultur und Wissenschaft. Das für solche Auftritte von der Partei gezahlte Honorar von 3 Mark nahm er als Zubuße zu den besonders in den ersten Jahren sehr bescheidenen Gehältern gerne an.

Ein Radikaler war er nie, aber ein Mann von festen Überzeugungen, an denen er festhielt und in denen auch Enttäuschungen ihn nicht irremachen konnten. Diese kamen auch aus der eigenen Partei, der es nach seiner Meinung häufig an kräftigem Selbstbewußtsein fehlte. Ihre schwächliche Reaktion auf den Papen-Staatsstreich 1932 hat er kritisiert. Bei alledem blieb er der SPD und der Republik treu und engagierte sich bis zuletzt für sie, in den letzten Jahren vor 1933 in zunehmend scharfer Auseinandersetzung mit dem vordringenden Nationalsozialismus.

Als Hitler Reichskanzler wurde, war die Familie Deiters gerade mit den Vorbereitungen zur Übersiedelung von Kassel nach Hannover beschäftigt. Heinrich Deiters war zum 1. April an das dortige Provinzialschulkollegium versetzt worden. Nach Wochen sorgenvollen Wartens wurde ihm Ende März mitgeteilt, daß die Versetzung aufgehoben und er beurlaubt sei. Mitte September wurde er formell entlassen. Unverzüglich erklärte sich die Mutter Fuchs bereit, den in Schwierigkeiten geratenen, »nicht gewollten« Schwiegersohn mit den Seinen in ihrem Haus in Lichterfelde aufzunehmen. Ihr Mann, Lisbeths Vater, war schon einige Jahre zuvor verstorben. Was die Zukunft bringen würde, war dunkel. Der Versuch, sich im Ausland eine neue Existenz zu schaffen, scheiterte. Jüdische Freunde, die gleich nach 1933 emigriert waren, hatten die Einladung der kolumbianischen Regierung an Deiters erwirkt, in Bogotá eine beratende Tätigkeit für die Entwicklung des dortigen Schulwesens aufzunehmen. Er nahm die Einladung an, trat aber von der Vereinbarung zurück, als sich herausstellte, daß der neue Arbeitgeber die Kosten der Überfahrt nur für ihn übernehmen würde. Die Reisekosten für Lisbeth und die Kinder wären nicht aufzubringen gewesen. Die Zahlung der Pension wäre im Falle seiner Ausreise sofort eingestellt worden, und die Familie auf unbestimmte Zeit in den unsicheren Verhältnissen von Nazideutschland zurückzulassen, war er nicht bereit.

In diesen Lichterfelder Jahren führte Heinrich Deiters ein zurückgezogenes, auf seine Familie und auf wissenschaftliche Studien konzentriertes Leben. 1935 konnte er in einem pädagogischen Spezialverlag noch eine Schrift über »Die deutsche Schulreform nach dem Weltkriege« herausbringen. Er hielt den Kontakt zu alten Freunden und Gesinnungsgenossen, ohne sich jedoch an aktiver Widerstandsarbeit zu beteiligen. Vom Widerspruchsgeist im Familien- und Freundeskreis zeugte die drastische Antwort des 12jährigen Sohnes Ludwig, der 1933 auf die Frage eines der KPD nahestehenden Lehrers, was denn sein Vater und seine Freunde nun machten, antwortete: »Die sitzen zu Hause und wetzen die Messer.« Wörtlich war das natürlich nicht zu nehmen, eher, in kindlicher Übertreibung, ein Reflex selbstverständlicher Ablehnung des herrschenden Regimes. Man war dagegen, eine Haltung, die man sich nicht fortwährend eifernd zu bestätigen brauchte. Die Familie Deiters, eine kleine Gemeinschaft, in der sich drei begabte, lebensfrohe Kinder fest anschlossen an die Eltern, zwei gute, gebildete und charakterfeste Menschen: es war ein großes Glück für Peter und mich, daß wir in diese Umgebung geraten waren. Der Zufall hatte es so gefügt. Sozialdemokraten kamen im Umkreis der Familie Klein eigentlich nicht vor.

Das Haus in der Moltkestraße war kein Einfamilienhaus, wie seine im Grundbuch vermerkte Qualifizierung als »Villa« vermuten lassen könnte. Es hieß dort so, weil es ein alleinstehendes Gebäude war, mit einem Garten an der Hinterfront, zu dem man auch von der Straße durch Zugänge auf beiden Hausseiten gelangen konnte. Es enthielt in drei Geschossen sechs abgeschlossene Wohnungen, außerdem drei Wohnungen im Souterrain. Vier der sechs Wohnungen wurden von Parteien der Familien Fuchs/Deiters bewohnt. Auf der rechten Seite im Hochparterre Deiters, im ersten Stock Walter Fuchs, Arzt im Gesundheitsdienst der Polizei, mit seiner Frau Lotte und den beiden Söhnen Klaus und Peter, darüber der Maler Heinz Fuchs mit seiner kränklichen Frau Ellen, einer geborenen Baronin von Grothus aus dem Baltikum, und seinem Sohn Heinz, der Lehrer werden wollte. Er studierte Englisch, Französisch und Sport an der Berliner Universität. Die oberste Wohnung auf der linken Seite bewohnte Franz Kühlmann, der verwitwete Schwiegervater von Walter, ein aus Ostpreußen stammender Drucker. Seit dem Tode der Mutter Fuchs im Jahre 1935 waren ihre Kinder Heinz, Lisbeth und Walter die Eigentümer des Hauses. Ihnen allen gemeinsam gehörte auch der Garten, an dessen Erträgen – Nüsse, Quitten, Äpfel, Birnen und verschiedene Sorten Beeren – alle partizipierten. Ein kleiner, abgezäunter Teil des Gartens diente der Hühnerhaltung. Dahinter stand noch ein Ziegenstall, der zu unserer Zeit aber nur noch als Geräteschuppen diente. Versorgt wurden die Hühner von Emil Götze, von Beruf Maurer, der sich auch sonst als Hausmeister nützlich machte. Er wohnte im Souterrain. Seine Frau Martha kam alle zwei Wochen zu uns und half bei der großen Wäsche.

Peter und ich waren aus unserer Kindheit gewöhnt an den festen Zusammenhalt einer großen Familie – auch wenn die verschiedenen Teile der Familie Klein weit entfernt voneinander lebten. So hatten wir keine Schwierigkeit mit der Großfamilie, in die wir nun kamen, zumal alle uns vom ersten Tag an freundlich und liebevoll aufnahmen. Zur Deiters-Wohnung gehörten fünf Zimmer und eine Kammer, ursprünglich wohl als Dienstmädchenquartier gedacht. Ein Zimmer war an die Mutter von Heinrich Deiters abgegeben. Ludwig schlief in der Kammer. Für die beiden Mädchen hatte ihre praktische Mutter in deren nicht sehr gro-

ßem Zimmer eine Art Zwischenboden einbauen lassen, um Platz
für die Betten zu schaffen, in die sie allabendlich über eine bessere Hühnerleiter gelangten. Peter und ich wurden im Schlafzimmer der Eltern untergebracht, die die Nacht auf Couches im
Eß- bzw. Wohn- und Arbeitszimmer verbrachten. Als sich nach
dem Tode unserer Mutter zeigte, daß wir nicht nur einige Monate, sondern voraussichtlich für längere Zeit in der Familie
Deiters bleiben würden, zogen wir um. Ausgestattet mit Möbeln
aus dem aufgelösten Haushalt Klein bekamen wir ein Zimmer in
der Mansardenwohnung von Franz Kühlmann.

Wenn ich versuche, die Einflüsse zu beschreiben, die mein
Leben in den so wichtigen Entwicklungsjahren zwischen dem
dreizehnten und dem achtzehnten Lebensjahr bestimmten, so
steht ganz vorne die selbstlose Hilfsbereitschaft der Eltern
Deiters.

Ein unbestimmtes Gefühl, daß ein Unheil geschehen war – ähnlich meiner Stimmung an jenem 8. Mai 1936, als meine Mutter
und Sibylle Seeger aus dem Haus stürzten –, erfaßte mich, als ich
am 22. Oktober 1938, wie damals, aus der Schule kam und für
den Nachmittag der Besuch unseres Onkels Hermann Orendt
und seiner Frau Waltraut angekündigt wurde. Alle saßen fast
stumm am Mittagstisch. Hermann und Waltraut kamen und
brachten die Nachricht vom Tode unserer Mutter. Was nun aus
Peter und mir werden würde, war nicht sogleich klar. Vorübergehend tauchte die Idee auf, uns in ein Militärwaisenhaus zu geben. Lisbeth und Heinrich Deiters aber betrachteten uns inzwischen wie eigene Kinder. Notfalls, so erklärten sie, würden sie
uns auch ohne jede finanzielle Unterstützung bei sich behalten –
ein großherziges Angebot von Menschen, die wahrlich nicht im
Überfluß lebten. Es bot sich dann doch eine andere Lösung. Unserem Onkel Adi gelang es, von ehemaligen Freunden meines
Vaters aus Industriellenkreisen Beiträge für ein kleines Kapital
einzuwerben, aus dessen Erträgen unser Unterhalt bei der Familie Deiters weiter bestritten wurde.

Bemerkenswert war die innere Kraft und die Haltung, mit der
Heinrich Deiters sein Leben unter den neuen Bedingungen führte. Ich habe ihn nie klagen hören. Er nutzte die Zeit, die er nun
hatte, um in der Staatsbibliothek Unter den Linden, vor allem aber

zu Hause am Schreibtisch zu arbeiten. Das wichtigste Ergebnis seiner Studien, ein Buch über den Kritiker und Humanisten Charles-Augustin Sainte-Beuve, erschien 1947 in Berlin. Immer aber war er auch für seine Familie da. Wir kamen zu ihm mit unseren Schularbeiten und lernten viel von dem umfassend gebildeten Mann. Kam bei Tisch oder sonst im Familiengespräch die Rede auf ein Thema, über das man nur ungenügend Bescheid wußte, drang er darauf, sofort im Lexikon nachzuschlagen, um die Wissenslücke zu schließen. Bei alledem war er ein fröhlicher Mann, der herzlich über sehr harmlose Späße zu lachen wußte. Lange Spaziergänge führten uns mit Onkel Heinz und Tante Lis, wie wir sie bald nannten, in den Grunewald und an die Havel. Später fand ich auch die Onkel-Tante-Rede der inzwischen erreichten innigen Vertrautheit nicht mehr angemessen. Sie waren wie Eltern zu uns, machten auch keinen Unterschied in der Erziehung zwischen uns und den eigenen Kindern. »Vati« und »Mutti« hatten wir unsere Eltern genannt; so wollten wir noch so liebe zweite Eltern nicht anreden. So kam ich auf die Idee, »Papa« und »Mama« zu ihnen zu sagen, jeweils mit einem leichten Verfremdungseffekt durch Betonung auf der zweiten Silbe: Papá und Mamá. Sie akzeptierten es gerne, und es ist dabei geblieben.

Rasch schlossen wir Freundschaft mit den Kindern Deiters. Wir wurden eine nette kleine Truppe heranwachsender Jugendlicher, ergänzt durch »Heinzchen« Fuchs, den Studenten aus dem zweiten Stock. Er war zehn Jahre älter als ich, schloß sich uns aber häufig an. Wir unternahmen viel zusammen, spielten Tischtennis im Garten, gingen Schlittschuhlaufen auf der Spritzeisbahn, liefen Ski im Dahlemer »Schwarzen Grund« oder in den Havelbergen, fuhren Rad im Grunewald, gingen Schwimmen nach Steglitz ins Hallenbad, in das Freibad an der Bäkebrücke in Lichterfelde oder ins Strandbad Wannsee. Mit Ludwig radelten wir zum Paddeln an die Havel, wo am »Großen Fenster« in einem zum Bootshaus umfunktionierten, ausrangierten Schleppkahn sein Boot lag. Es war aus zweiter Hand gekauft, gemeinsam finanziert von den Eltern, seiner Patentante und mit ein paar Mark erspartem Taschengeld. Im Kino bewunderten wir Johannes Heesters, Harry Piel und René Deltgen, Hans Albers, Heinz Rühmann, Hans Moser oder Theo Lingen. Einige Monate hindurch war ich aus der Ferne verliebt in Hannelore Schroth, die in »Spiel im Sommerwind« so entzückend anzusehen war. In einer Filmzeitschrift hatte ich gelesen, wo sie wohnte, in der Nähe des Olivaer Platzes. Stundenlang radelte ich dort herum, um die Angebetete wenigstens zu sehen, was mir aber nie geglückt ist.

Die Sommerferien 1938 und 1939 sowie die Weihnachtsferien 1938 verbrachten Peter und ich in Hermannstadt. Es waren jedesmal wundervolle Wochen – auch wenn wir uns in manchen Gesprächen wunderten über Töne blinder Begeisterung für das »Große«, das sich im verklärten Reich ereignete. Wir kamen zusammen mit unseren Brüdern, wurden herzlich aufgenommen von den Großeltern und der großen Schar von Großtanten, Tanten, Onkeln, Vettern und Kusinen. Betrat ich das Haus in der Heltauergasse, in dem meine Mutter geboren und aufgewachsen war – in ihrem Jungmädchenzimmer wohnten jetzt ihre Kinder Hans und Paul –, und sah ich das Brukenthalgymnasium, das mein Vater mit Glanz absolviert hatte, so wurde mir die Zerstörung unserer Familie durch den frühen Tod des Vaters, die Krankheit und den Tod der Mutter erneut schmerzlich bewußt. Zugleich aber empfand ich tröstlich und in gewisser Weise fast heilend die intensive Begegnung mit unseren Ursprüngen. Familie und Freunde, Menschen, die unsere Eltern gekannt hatten und von ihnen erzählten, ihnen ähnlich in Mentalität und Benehmen bis hin zum unüberhörbaren Akzent, die schöne alte Stadt, das herrliche Land – wir unternahmen weite Wanderungen, nach Heltau (Cisnădie), Michelsberg oder Urwegen (Gîrbova), ein Dorf mit besonders reichen sächsischen Trachten, bis auf den Kamm der Karpaten in den Fogarascher Bergen – es waren unvergeßliche Eindrücke. Erreichte man auf der Fahrt von Klein-Kopisch nach Hermannstadt in einer großen Schleife die Ebene, in der die vertraute Silhouette sichtbar wurde, dahinter der Kranz der Berge, so war das Gefühl ganz stark, hier eigentlich zu Hause zu sein, in die Heimat zu kommen.

»Anders rauschen die Brunnen, anders rinnt hier die Zeit.
Früh faßt den staunenden Knaben Schauder der Ewigkeit.
Wohlvermauert in den Grüften modert der Väter Gebein,
Zögernd nur schlagen die Uhren, zögernd bröckelt der Stein.

Siehst du das Wappen am Tore? Längst verwelkte die Hand.
Völker kamen und gingen, selbst ihr Name entschwand.«

Die Verse der »Siebenbürgischen Elegie« von Adolf Meschen-
dörfer rühren mich noch heute.

In Berlin nahm der junge Heinz Fuchs, der uns übrigens im
Sommer 1939 nach Siebenbürgen begleitet und eine Serie präch-
tiger Fotos gemacht hatte, Peter und mich mit in den Tennisclub
»Grün-Weiß-Gold« (heute »Grün-Weiß Lankwitz e. V.«) am
Teltowkanal. Wir traten in den Club ein und lernten von Heinz
die Anfangsgründe des Tennisspiels. Traditionell war Tennis ein
Sport der Oberen Zehntausend gewesen, den auszuüben Auf-
wendungen erforderte, die unsere damaligen Möglichkeiten bei
weitem überstiegen. Die Vorliebe der Nazis für Sport und Kör-
perkultur ermöglichte es auch weniger Bemittelten, die früher so
teure Sportart zu betreiben. »Zäh wie Leder, flink wie Wind-
hunde, hart wie Kruppstahl«, so wünschte sich der Führer seine
Jugend, mit der er ja großes vorhatte. Deshalb die Förderung des
Sports, die auch denen zugute kam, denen der Sinn nicht nach
kriegerischem Lorbeer stand. Wir wurden Mitglieder des
Nationalsozialistischen Reichsbundes für Leibesübungen – eine
Formalität, die einen ganz geringen Jahresbeitrag erforderte –
und konnten dann, mit einem für Jugendliche ebenfalls sehr geringen Clubbeitrag, die Plätze von »Grün-Weiß-Gold« benutzen.
Gelegentlich gingen wir zu Turnieren, wo die Meisterspieler jener Jahre spielten, die Herren in langen weißen Hosen, die
Damen mit knielangen Röcken. Ich gestehe, einige traditionelle,
wenn man will elitäre Formen des Tennis, wie es damals betrieben wurde, noch in guter Erinnerung zu haben. Laute Beifalls-
oder Mißfallensäußerungen, die einen heutzutage manchmal
fragen lassen, ob man sich auf dem Tennisplatz oder im Fußball-
stadion befindet, gab es nicht. Das Publikum sah zu, freute sich
an dem eleganten Spiel und fand die Geste des Spielers, der einen
klug herausgespielten Punktgewinn des Gegners mit einem an-
erkennenden »gut« quittierte, völlig in Ordnung. Gottfried von
Cramm war unser Idol.

Wir hielten eng zusammen in unserer kleinen Gruppe der
Moltkestraßenjugend. Natürlich hatten wir Jungen auch Freun-

de, die Mädchen Freundinnen aus der Schule. Die wichtigsten
Bezugspersonen aber fanden wir bei uns. Es mag schon sein, daß
sich da ein Stück Gruppenhochmut entwickelte. Lernte man jemanden kennen, so sollte der oder die zu den anderen passen.
Allzu arrogant aber waren wir wohl nicht. Allmählich vergrößerte sich unser Kreis doch ein wenig, besonders als wir älter
wurden, zur Tanzstunde gingen und reihum zu kleinen Gesellig-
keiten zusammenkamen, auf denen geschwatzt, gelacht, getanzt
und geflirtet wurde. Öffentliche Tanzlokale besuchten wir nicht.
Diskotheken gab es noch nicht, und im Krieg wurde Tanzen in
der Öffentlichkeit ohnehin untersagt.

Der Krieg: es mag verwundern, daß ich erst jetzt, im Zusammenhang noch dazu mit der Einschränkung harmloser Vergnügun-
gen, auf den Ernst der allgemeinen Entwicklung zu sprechen
komme, in der wir lebten. Habt ihr wirklich, so kann mit Recht
gefragt werden, in dieser schrecklichen Zeit so unbekümmert
fröhlich vor euch hin gelebt? Die Antwort ist nicht leicht. Gänzlich unbekümmert – gewiß nicht. Schlechthin falsch aber wäre
diese Beschreibung unseres damaligen Lebensgefühls gleichwohl
nicht. Wir waren junge Menschen, die sich im Einklang befanden
mit ihrer unmittelbaren Umgebung, mit Eltern und Pflegeeltern,
die sie liebten und deren Führung sie vertrauten, mit Ge-
schwistern und einem kleinen Freundeskreis, in dem sie sich
wohl fühlten. In diesen durch Harmonie und gegenseitiges Verständnis geprägten Zusammenhängen hatten wir eine gute
Jugend und freuten uns an Dingen und Erlebnissen, an denen
sich Jungen und Mädchen dieses Alters immer und überall gerne
freuen.

Blind aber waren wir nicht für das, was um uns herum geschah. »Man war dagegen«, beschrieb ich oben die wie selbstverständlich eingenommene, regimekritische Haltung. Der Satz bedarf der Erläuterung. Den Ton gab Heinrich Deiters an, dessen
Schicksal für die Seinen jede Annäherung an das Regime aus-
schloß. Sorge um die Familie war es wohl vor allem, die ihn davon abhielt, aktiven Widerstand etwa in einer illegalen Gruppe
zu leisten. Die antifaschistische Gesinnung, zu der wir von ihm
erzogen wurden, war das Resultat einer Einwirkung, in der die

direkte, polemische Auseinandersetzung mit Theorie und Praxis des Nationalsozialismus nicht im Vordergrund stand. Sie war darum nicht weniger wirkungsvoll. Er liebte das Gespräch. »Sitzt nicht da wie die stummen Pferde«, rügte er gelegentlich unsere Maulfaulheit bei Tisch. Er wußte so viel, wollte sich mitteilen, uns teilhaben lassen an seinen Kenntnissen und seinen Lebenserfahrungen. Gern sprach er, ohne je belehrend zu dozieren, über die Schönheit und die sittlichen Werte der klassischen deutschen Literatur, mit der er aufs genaueste vertraut war, aber auch über den hohen Rang der modernen bildenden Kunst. Immer wieder war natürlich die Rede von seinen Bemühungen um die Reformierung der Schule in der Weimarer Republik, von den guten und erfüllten Jahren der Familie Deiters in Höchst und Kassel, von dem großen Fortschritt generell, den die Republik bei all ihrer Schwäche gebracht hatte für Deutschland. Charakteristisch für seine Betrachtung der großen Politik war seine Erzählung über einen Vortrag, den er nach dem Ersten Weltkrieg gehört hatte und der von Bemühungen um eine eventuelle Annäherung zwischen Deutschland und England gehandelt hatte, die um die Jahrhundertwende unternommen worden waren. Die Diplomatie des Kaiserreiches hatte jedoch vorsichtige, in diese Richtung weisende Fühler des britischen Außenministers zurückgewiesen – zu Recht, wie der Vortragende gemeint habe, wäre doch sonst Deutschland in die Rolle eines Juniorpartners des britischen Weltreichs zurückgefallen. »Na und?«, kommentierte Deiters, von dem ich diese Geschichte häufig gehört habe. Wäre es nicht besser gewesen, in kluger Beurteilung der gegebenen Kräfte sich mit einer solchen Rolle zu begnügen, statt in Machtwahn und maßlosem Ehrgeiz an die Spitze zu streben und damit das Land in einen Zustand zu stürzen, der weit ungünstiger war als die so stolz zurückgewiesene Stellung eines Juniors? Die aktuelle Bedeutung dieser Erzählung lag für den aufmerksamen jungen Zuhörer auf der Hand. Aus all diesen Berichten, Erzählungen und Gesprächen wuchs wie von selbst das Bild einer menschenfreundlichen, vernünftigen, friedlichen Gegenwelt zu der, für die Deutschland nun stand und in die es immer tiefer versank.

Zu dieser Gegenwelt gehörten die Menschen ähnlichen Schicksals und ähnlicher Gesinnung, Freunde aus den guten Jahren vor

1933, mit denen die Familie Deiters ihre Beziehungen fortführte. Den stärksten Eindruck machte mir Ferdinand Friedensburg. Er kannte Deiters aus der Studentenzeit in Berlin und war in den letzten Jahren der Republik Regierungspräsident in Kassel gewesen, bis er im Februar 1933 seines Amtes enthoben wurde; auch er zog nach Berlin. Über persönliche Sympathie hinaus verbanden den bürgerlichen Demokraten Friedensburg und den Sozialdemokraten Deiters die Ablehnung des Naziregimes und die Hochschätzung der Republik, der sie beide gedient hatten.

Zu Ostern 1938 wechselten Peter und ich vom Bismarck- zum Zehlendorfer Gymnasium, in dessen unmittelbarer Nähe sich das Häuschen befand, das wir nach der Rückkehr der Mutter hätten bewohnen sollen. Die politische Atmosphäre dort glich derjenigen des Bismarck-Gymnasiums: der Direktor ein Nazi wie auch einige Lehrer, vor allem in den Fächern Biologie und Sport, die Mehrzahl der Studienräte politisch kaum profiliert, Fachleute, die sich ohne große ideologische Verrenkungen auf ihren Unterrichtsstoff konzentrierten. Einer fiel aus der Rolle, der Studienrat Neumann, als er am Todestag des letzten deutschen Kaisers, am 4. Juni 1941, mit einem Trauerflor am Jackett erschien. Er wurde belächelt, aber wir Schüler kommentierten seinen Auftritt auch beifällig als eine kleine Anti-Hitler-Demonstration.

Ein glücklicher Zufall bescherte mir in den Fächern Geschichte und Deutsch einen Lehrer, der es verstand, gerade in diesen politiknahen Fächern eine kritische Beurteilung der herrschenden Ideologie zu vermitteln, einen alten Bekannten noch dazu von Heinrich Deiters. Erich Jauernig war in der Weimarer Zeit Direktor eines Gymnasiums gewesen, Sozialdemokrat, aber als solcher wohl nicht so aktiv hervorgetreten, daß er 1933 entlassen worden wäre. Sie hatten ihn zurückgestuft zum Studienrat. Er stammte aus Schlesien, und wenn er die Eroberung Schlesiens durch Friedrich II. damit kommentierte, daß alles kulturell Hochstehende in Schlesien aus der österreichischen Zeit stamme, während die Preußen dort das taten, was sie immer taten, wenn sie siegten, »sie bauten Kasernen, Gefängnisse und Irrenhäuser«, so verstand jeder, der wollte, daß damit ein Urteil nicht nur über preußisch-deutsche Eroberer des 18. Jahrhunderts ausgesprochen wurde. Er haßte den Krieg und brachte uns auf eine eigene Weise zum Nachdenken. Zwei Erzählungen aus dem Ersten Weltkrieg ließ er uns lesen: einen Text von Ernst Jünger mit seiner kalten Idealisierung von Kämpfen, Leiden und Tod auf dem Schlachtfeld und eine Erzählung von Heinrich Zillich über eine Episode aus dem Krieg in den Dolomiten, nicht pazifistisch, aber doch voll ernster Klage über das Leid der gequälten Kreatur. Wir besprachen die Lektüre mit ihm, und einfach indem er uns den Unterschied herausarbeiten ließ, übte er eine große Wirkung aus.

Der Dienst im Jungvolk bzw. der Hitlerjugend, seit 1936 gesetzliche Pflicht, spielte in meinem Leben eine immer geringere Rolle. Hatte ich mich anfangs noch angezogen gefühlt durch Züge eines jugendbewegten Lebens, so verlor ich im Laufe der Jahre jede Sympathie. Ich beteiligte mich, weil es befohlen war, an den Aktivitäten, die einen immer stärker propagandistischen Charakter trugen, der Kundgebung im Olympia-Stadion, auf der Hitler alljährlich die Feierlichkeiten zum 1. Mai mit einer Rede an die Jugend eröffnete, dem Spalierstehen zu Paraden der Wehrmacht, zur Begrüßung ausländischer Staatsmänner oder, meistens verbunden mit stundenlangem Warten, was die Unsinnigkeit der Unternehmung besonders unterstrich, bei der Rückkehr des Führers von seinen »Siegen« in Österreich, dem Sudetenland, der »Resttschechei«; den Straßensammlungen zum Eintopfsonntag oder für das Winterhilfswerk. So gut man konnte, entzog man sich dem Dienst mit irgendwelchen Ausreden. Einer neuen Verschärfung der Ansprüche der Hitlerjugend allerdings war nicht auszuweichen. Für unsere Reisen nach Siebenbürgen 1938 und 1939 brauchten wir eine Genehmigung der HJ. Um sie zu erlangen, ging ich in eines der vielen Büros der Gebietsführung der Hitlerjugend. Dort saß ein Funktionär, der nach dem Zweck der Reise fragte und ein im Grunde harmloses Gespräch mit mir führte, um sich zu vergewissern, daß wir im Ausland als würdige Vertreter der neuen deutschen Jugend auftreten würden. Versicherte man das in einigen allgemeinen Redensarten – besondere Verpflichtungen wurden uns nicht auferlegt –, so unterschrieb er gnädig die Reiseerlaubnis. Das Gebäude der Gebietsführung habe ich übrigens nach 1945 häufig besucht. Es war das »runde Eckhaus« Wilhelm-Pieck-Straße 1 (heute: Torstraße), in dem zeitweilig das ZK der SED residierte und später das Institut für Marxismus-Leninismus beim ZK der SED.

Das grausigste Kapitel der nationalsozialistischen Schreckensherrschaft, die Diskriminierung, Verfolgung, Vertreibung und Vernichtung der Juden, trat mit dem Pogrom am 9. November 1938, der zynisch so genannten »Kristallnacht«, in ein neues Stadium. Es muß mit dem Tod meiner Mutter kurz zuvor zusammenhängen – die Urnenbeisetzung war am 2. November –, der Ablenkung durch den Kummer, die Aufregung, den Besuch der Verwandten aus Siebenbürgen, daß ich keine direkte Erinnerung an diesen Tag habe. Natürlich aber waren wir entsetzt. Dorle weiß noch, wie sie am Tag nach den Zerstörungen nach Steglitz radelte, um in der belebten Schloßstraße mit ihren vielen Geschäften selbst zu sehen, was die Nazibanden angerichtet hatten.

Freundschaftliche Beziehungen zu nicht wenigen jüdischen Familien in der Zeit vor 1933 ließen die Familie Deiters mit besonderer, wachsender Sorge das Schicksal der jüdischen Mitbürger verfolgen. Sie hielten Kontakt zu denen, die frühzeitig emigrierten und sich in den USA, Südafrika oder andernorts um den Aufbau einer neuen Existenz bemühten. Regelmäßig alle sechs bis acht Wochen kam der Rechtsanwalt Dr. Goldschmidt zu Besuch in die Moltkestraße. Er wollte Deutschland nicht verlassen. Zum letzten Mal sah ich ihn im Jahre 1943. Ich war Soldat und von der Ostfront auf Urlaub gekommen. Heinrich Deiters wollte mit mir zusammen Goldschmidt besuchen, der interessiert war, von einem Soldaten zu erfahren, wie es aussah an der Front, wie die Stimmung in der Wehrmacht war und wie man die Aussichten für die Kriegführung in den nächsten Monaten beurteilte. So gingen wir beide in die Kurfürstenstraße, wo der Junggeselle Goldschmidt in einer fest verriegelten Wohnung im vierten Stock eines Mietshauses wohnte. Er empfing uns, mitgenommen natürlich durch die schrecklichen Umstände, unter denen er leben mußte, aber gefaßt, ganz klar in dem, was er sagte und fragte. Besonders tröstlich war es nicht, was ich ihm mitteilen konnte. Ich war Funker im Bataillonsstab eines Panzergrenadierregiments, das an der Front in der Ukraine stand. Gewiß, der Untergang der sechsten deutschen Armee in Stalingrad hatte bei allen Hitlergegnern große Hoffnungen geweckt und deutliche

Spuren auch in der Stimmung der Wehrmacht hinterlassen. Mit
der in den ersten Kriegsjahren fast selbstverständlichen Siegeszuversicht war es vorbei. Bei alledem aber war doch klar, daß ein
baldiges Ende des Krieges nicht in Sicht war. Die Wehrmacht
stand noch weit in der Sowjetunion, wiederholt geschlagen, geschwächt, aber keineswegs gebrochen in ihrer Kampfmoral und
-fähigkeit. Daß Nazideutschland den Krieg verlieren würde, war
deutlicher geworden, die Niederlage war näher gerückt. Für Menschen wie Goldschmidt, für die jeder Tag zählte, reichte das nicht.
Auch er wurde – wann, haben wir nicht erfahren – nach Polen deportiert und kam in einem Vernichtungslager ums Leben.

Nicht nur die Verfolgung der Juden trat 1938 in ein neues
Stadium. Es war auch das Jahr, in dem das nationalsozialistische
Deutschland begann, Ernst zu machen mit der Ausbreitung über
seine Grenzen hinaus. Mit dem Einmarsch der Wehrmacht nach
Österreich im März und der folgenden Annexion des Landes
wurde ein Ziel erreicht, das viele Menschen in beiden Staaten, bis
weit in die Linke hinein, nach dem Zerfall der österreichisch-ungarischen Monarchie 1918 erstrebt hatten. So aber, als einen reinen Gewaltakt, als Übertragung einer faschistischen Diktatur auf
das Nachbarland, hatten sich wohl nur wenige den Anschluß vorgestellt. »Nun ist erreicht, was dein Vater immer gewollt hat«,
sagte mir Lilli Andrae, »aber so wollte er es nicht.« Der nächste
Schritt war die Einverleibung des Sudetenlandes Anfang Oktober, erneut ein Gewaltakt, diesmal international abgesichert
durch das Abkommen von München, in dem Hitler, sekundiert
von Mussolini, die Zustimmung der Regierungen Großbritanniens und Frankreichs zur Abtretung fast eines Fünftels der
Tschechoslowakei erpreßte. Eine wochenlange, trommelfeuerartige Propaganda gegen die angebliche Vergewaltigung der deutschen Minderheit in der Tschechoslowakei, die über kurz oder
lang ein Eingreifen Deutschlands erfordere, hatte eine Stimmung
von Kriegshysterie und -furcht erzeugt, in der das Münchener
Abkommen wie eine Rettung des Friedens erscheinen konnte.
Scharfblickende Beobachter erkannten sogleich, daß der Einmarsch ins Sudetenland nur eine neue Etappe auf dem Weg zu
weitergehenden Aggressionen war, und kritisierten die Anpassungspolitik der Großmächte, die Hitler diesen Erfolg ermöglicht

hatte. Bei uns schwankte die Reaktion, wenn ich mich richtig erinnere, zwischen Zweifel und Hoffnung. Daß Hitler innehalten
würde auf seinem immer offener aggressiven Weg, war kaum anzunehmen; sein Erfolg und beträchtlicher Prestigegewinn gaben
neuen Anlaß zum Pessimismus. Zugleich aber war der unmittelbar befürchtete Krieg ausgeblieben. Auch konnte die Beteiligung
der Westmächte am Münchener Abkommen, das ja auch die aus-
drückliche Garantie dieser Mächte für den Bestand der übrig-
gebliebenen Tschechoslowakei enthielt, eine Beruhigung sein.
Seiner Erleichterung, daß die Kriegsgefahr noch einmal abge-
wendet war und vielleicht doch Frieden bleiben würde, hat Heinrich Deiters in einem Brief an meine Mutter Ausdruck gegeben.
Es muß einer der letzten Briefe gewesen sein, den die Kranke erhielt. Und ob die Beurteilung der Situation nun zutraf oder zu
optimistisch war: daß die Mutter, die Angst hatte um das Schicksal ihrer Kinder, nach denen sie sich sehnte, kurz vor ihrem Tode
noch eine gute, hoffnungsvolle Nachricht bekam, ist ein tröst-
licher Gedanke.

Wenige Monate später, im März 1939, verließ Hitler mit der
seit langem beabsichtigten und seit dem Frühjahr 1938 militä-
risch vorbereiteten Zerschlagung des tschechischen Staates durch
die Errichtung des Protektorats Böhmen und Mähren endgültig
den Weg einer Politik, die, wenn auch noch so verlogen, irgendwie mit nationalen Argumenten zu rechtfertigen war, wie in den
Fällen Österreich und Sudetenland. Die Behauptung, man erfül-
le dort nur legitime, nationale Wünsche, hatte nicht geringe
Zustimmung im Innern gefunden und, geglaubt oder nicht, den
deutschen Annexionen auch in der öffentlichen Meinung des
Auslands geholfen. Die durch ein »Abkommen« mit der brutal
eingeschüchterten, schwachen tschechischen Führung kaum ver-
hüllte Okkupation von Böhmen und Mähren aber war durch nationale Sophismen, die seit 1933 immer wieder wirkungsvoll eingesetzt worden waren, nicht mehr zu kaschieren. Daß es dann
beim nächsten Schritt, bei dem schon im Frühjahr 1939 einsetzenden antipolnischen Propagandagetöse nicht um angeblich
oder wirklich verletzte Rechte der deutschen Minderheit in Polen
oder um die Wiedergewinnung Danzigs ging, sondern um die
massive, existentielle Bedrohung des polnischen Staates, mußte

nach den vorhergegangenen Erfahrungen mit der deutschen Politik jedermann klar sein.

Mußte es das wirklich? Man schreibt so etwas heute wie selbstverständlich hin, gewiß aus nachträglicher Sicht. Sie enthält hier aber nichts, was nur durch später gewonnene Kenntnis begründet werden könnte. Nichts von dem, was vorstehend beschrieben ist, war damals unbekannt. Man konnte wirklich wissen, was bevorstand – um so mehr, als Großbritannien und Frankreich ihre Haltung gegenüber Hitler änderten. Ihrer in München übernommenen Verpflichtung, den Bestand der Rest-Tschechoslowakei zu garantieren, hatten sie sich noch mit der schäbigen Ausrede entzogen, der Staat, den man hätte garantieren sollen, habe bei der Protektoratsgründung nicht mehr bestanden, nachdem sich nämlich unmittelbar vor der Aktion gegen Prag die Slowakei unter kräftiger deutscher Nachhilfe abgespalten und für selbständig erklärt hatte. Nach dem deutschen Einmarsch in Prag gewannen aber die Stimmen in Großbritannien und Frankreich an Einfluß, die eine kraftvollere Haltung gegen die aggressive Politik des Deutschen Reiches forderten.

Kriegsvorbereitungen drückten auch dem Alltag immer deutlicher ihren Stempel auf. Erste Engpässe in der Versorgung mit Lebensmitteln traten auf. Butter war nicht mehr unbeschränkt erhältlich. Jede Familie mußte sich bei einem Händler eintragen lassen und konnte ihre Ration nur dort erwerben. Kanonen seien wichtiger als Butter, verkündete die Nazipropaganda ganz ungeniert. Es gab probeweise Luftalarm, der die Zivilisten zum Aufsuchen der neu entstehenden Luftschutzräume zwang. Gasmasken wurden ausgegeben und ihr Gebrauch geübt. Jeder sollte Vorsorge treffen, um seine Fenster verdunkeln zu können. Schwarze Papierrollen wurden zu diesem Zweck verkauft, wie auch matt phosphoreszierende Leuchtzeichen, die man sich an die Kleidung steckte, um für entgegenkommende Passanten auf den zu Übungszwecken wiederholt verdunkelten Straßen sichtbar zu sein. Rundfunk und Zeitungen überboten sich von morgens bis abends mit Greuelmeldungen über polnische Missetaten gegen Angehörige der deutschen Minderheit. Offene Drohungen Hitlers wechselten mit heuchlerischen Kompromißangeboten. Unklar war die Rolle des Auslands, am verwirrendsten dann Ende

August die Nachricht über den Nichtangriffspakt mit der Sowjetunion. Die »jüdisch-bolschewistischen Untermenschen« auf einmal friedlich vereint mit den »Bestien des Faschismus« in einem Boot – dieser offensichtliche Zynismus beider Seiten war, wenn ich mich richtig erinnere, Hauptgegenstand unserer Gespräche.

Wir lebten auf dem Pulverfaß. Man sah den Krieg kommen und hoffte doch bis zuletzt, daß Frieden bleiben möge. In meiner Erinnerung dominierte im Sommer 1939 die Hoffnung. An die Unausweichlichkeit des Krieges wollte man nicht glauben. Irgendwie, so war wohl unser Gefühl, würden die Dinge sich schon richten. So genossen Peter und ich die schönen Wochen in Siebenbürgen. Unser Zimmer wurde in unserer Abwesenheit von Carlyle Beyer bewohnt, einem amerikanischen Studenten aus Minnesota, der, wie andere in den Jahren zuvor, für ein paar Wochen Pensionsgast und Deutschstudent in der Familie Deiters war. Es schien alles »normal«, wie früher. Der aufgeweckte, liebenswürdige Carlyle fand rasch einen guten Kontakt zur Familie. Er studierte Geschichte und diskutierte mit Heinrich Deiters Probleme aus seinem damaligen Spezialgebiet, der verwickelten Geschichte Schleswig-Holsteins im 19. Jahrhundert. Er sah sich in Berlin um, machte Ausflüge in die Umgebung mit den Deiters, brachte Dorle – sie schwärmte ein wenig für den gutaussehenden jungen Mann mit seinen blauen Augen und dem dunklen Haar – ein paar Verse amerikanischer Volkslieder bei. Im August kam ein Freund von ihm, Dick Watt, für ein paar Tage zu Besuch. Beide reisten zusammen ab. Sie wollten, einmal in Europa, noch zu einer kurzen Touristenreise in die Sowjetunion. Auf der Rückreise, so war es vereinbart, würden sie in Berlin wieder bei uns hereinschauen.

In die letzten Augusttage fiel ein bedrückendes Erlebnis. Bei einem Spaziergang im Bäkepark nahe dem Teltowkanal hörten Dorle und ihr Vater ein dumpfes, anschwellendes, fast unheimlich klingendes Geräusch. Es war der Hufschlag Hunderter von Pferden, die auf der am Park vorbeiführenden Straße von Soldaten zu irgendeinem Sammelpunkt getrieben wurden. »Das ist der Krieg!«, sagte Heinrich Deiters, der Artillerist des Ersten Weltkrieges, der eine konkrete Vorstellung vom Pferdebedarf eines

großen Heeres hatte. Wenige Tage später, am 1. September, fiel
die deutsche Wehrmacht in Polen ein. Kampflos wie in Öster-
reich oder in der Tschechoslowakei, das war sogleich klar, würde
sie ihre Ziele nicht erreichen. Die Polen leisteten Widerstand.
Großbritannien und Frankreich standen diesmal zu ihrer
Garantie und erklärten Hitlerdeutschland den Krieg, gefolgt von
Australien, Indien, Neuseeland, Südafrika und Kanada. Militä-
risch blieben sie zunächst passiv, taten gewiß nicht alles in ihren
Kräften Stehende, um Polens Unabhängigkeit zu schützen, wie
Chamberlain versprochen hatte. Gleichwohl aber hatte ein Krieg
begonnen, in dem Hitler es auf die Dauer nicht mehr nur mit
kleinen, schwachen Nachbarstaaten zu tun haben würde, sondern
mit großen, starken, über den ganzen Erdball verteilten Gegnern.
Aus dem Wiedersehen mit den amerikanischen Freunden wurde
übrigens nichts. Sie fuhren nicht über Deutschland in ihre Heimat zurück. Erst nach dem Kriege hörten wir wieder von ihnen.

Unmittelbar betroffen durch den Kriegsbeginn war in unserer
Familie nur Heinz Fuchs. Er hatte das Pech gehabt, sogleich nach
Einführung der allgemeinen Wehrpflicht zu dem zunächst ein-
jährigen Dienst eingezogen zu werden, der 1936, als Heinz gerade entlassen werden sollte, auf zwei Jahre verlängert wurde. Danach studierte er, mußte 1939 sogleich wieder einrücken, machte
die Feldzüge in Polen, Frankreich und der Sowjetunion mit. Zwischendurch wurde er wiederholt freigestellt zur Fortsetzung seines Studiums, und wir hatten dann immer schöne Stunden und
Tage mit ihm, den alle mochten. Auf dem Rückzug der Wehrmacht aus Rußland, 1943 oder 1944, wurde er vermißt gemeldet.
Er kam nicht zurück. Wo und unter welchen Umständen er den
Tod fand, haben wir nie erfahren. Heinrich Deiters, 52 Jahre alt,
als der neue Krieg begann, kam vorläufig für eine Einberufung
nicht in Frage. Später, nach dem Überfall auf die Sowjetunion,
wurde auch er zur Musterung bestellt und ärztlich für »garni-
sonsdienstfähig Feld« erklärt. Vor der Einberufung bewahrte ihn
aber seine Entlassung aus dem Schuldienst nach Paragraph 4 des
»Gesetzes zur Wiederherstellung des Berufsbeamtentums« im
Jahre 1933. Auf dem Fragebogen der Musterungsstelle hatte er
die Frage, ob er je aus einem Dienstverhältnis entlassen worden
war, wahrheitsgemäß bejaht. Mit dem Vermerk »§ 4!« auf seinen

Papieren verzichtete auch die Wehrmacht auf seine Dienste. Von uns Jungen wurde Ludwig im Dezember 18 Jahre alt und stand damit der Einberufung am nächsten. Er machte sein Abitur zu Ostern 1940 und mußte dann für sechs Monate zum Arbeitsdienst.

Kriegsbedingungen prägten nun das tägliche Leben. Lebensmittelkarten wurden eingeführt für alle wichtigen Produkte, gefolgt von der Reichskleiderkarte, die den Kauf von Textilien nur nach einem begrenzten Punktsystem gestattete. Die Rationen waren knapp, was die Haushaltsführung erheblich erschwerte. Ernsthaft gehungert wurde während des Krieges aber nicht. Im Unterschied zum Ersten Weltkrieg, so sagten die Älteren stets, die sich an die Hungerzeiten und den grassierenden Schwarzhandel dieses Krieges noch erinnern konnten, gelang es den Nazis mit ihren weit brutaleren Methoden, nicht zuletzt durch die rücksichtslose Ausbeutung der eroberten Gebiete, eine halbwegs ausreichende Versorgung zu gewährleisten. Unangenehmer als die Lebensmittelknappheit war der Mangel an Brennstoffen. Die zugeteilte Menge war gering bemessen, die Besorgung der Kohlen überaus mühsam. Die Kohlenhändler fuhren ihre Ware nicht mehr aus. Man mußte sie mit Handwagen oder auf Schlitten selbst heranschaffen.

Aus den Verdunkelungsübungen der Vorkriegszeit wurde nun Ernst. Kein Lichtstrahl durfte aus der Wohnung auf die in völliger Dunkelheit liegende Straße dringen. Auf- und abschwellendes Geheul der Luftschutzsirenen war das Zeichen, die Schutzräume aufzusuchen, in denen wir hockten, bis der gleichbleibende Sirenenton Entwarnung gab. Die wenigen Luftalarme des ersten Kriegsjahres verliefen freilich harmlos. Luftangriffe gegen Berlin setzten erst im Sommer 1940 ein. Ihre Zahl ging in den beiden folgenden Jahren sogar noch zurück, um erst ab 1943 drastisch zuzunehmen. Für die Schüler der oberen Klassen unseres Gymnasiums, die nachts zum Luftschutzdienst im Dachgeschoß der Schule herangezogen wurden, bedeutete das, solange ich an solchen Einsätzen teilnahm, daß das Gefühl ernsthafter Gefahr noch nicht aufkam.

Der Wille vieler Menschen, den schweren Zeiten innerlich ein wenig besser gewachsen zu sein, gleichsam so etwas wie geistige Reserven aufzubauen, zeigte sich in der auffallenden Belebung des Besuchs von Konzerten und Theatern. Die Berliner Bühnen präsentierten damals eine Reihe von hervorragenden Aufführungen. Wir sahen im Schillertheater Horst Caspar als »Prinz von Homburg«, mit Heinrich George als Kurfürst und Paul Wegener als Kottwitz. Im Schauspielhaus am Gendarmenmarkt spielte Gustav Gründgens als Mephisto alle anderen, auch Paul Hartmann, der den Faust gab, fulminant an die Wand. Wir hatten ein Abonnement in der Volksbühne, wo gute Aufführungen der Stücke von Gerhart Hauptmann zu sehen waren, auch ein »Faust« übrigens, mit René Deltgen als Mephisto und dem prachtvoll dämonisch dreinblickenden Fritz Rasp als Hexe in der Walpurgisnacht. Der Andrang war so groß, daß es schwierig wurde, die Karten zu beschaffen. Ein Ausweg war, sich in den Nächten vor der Kasseneröffnung für den Vorverkauf der jeweils folgenden Woche anzustellen. Mehrmals habe ich so mit Heinz oder Peter die Nächte im Zentrum verbracht. Rührige Fans organisierten die Ansteherei, indem sie Nummern ausgaben für die Wartenden. Man mußte so nicht die ganze Nacht durch stehen, sondern erschien alle zwei Stunden zur Kontrolle, zu den geraden Stunden am Schauspielhaus am Gendarmenmarkt und, wenn man auch auf Opernkarten reflektierte, zu den ungeraden an der Staatsoper Unter den Linden. Wer nahe genug wohnte, konnte zwischendurch nach Hause gehen. Für uns war der Weg nach Lichterfelde zu weit. Manchmal fanden wir Unterschlupf in Bauwagen, in denen sich auch nachts eine Aufsicht für Baustellen aufhielt und uns netterweise erlaubte, uns an ihren Kanonenöfchen aufzuwärmen.

Der Schulunterricht wurde in den ersten Kriegsjahren einigermaßen planmäßig aufrechterhalten, »bereichert« durch Versammlungen in der Aula, um gemeinschaftlich der Rundfunkübertragung deutscher Siegesmeldungen zu lauschen, behindert zunehmend durch Zusammenlegungen von Schulen und Einführung von Schichtunterricht, weil Schulgebäude für Kriegszwecke gebraucht wurden, als Lazarette, Bezugsscheinstellen oder ähnliches. Auch das Gebäude des Zehlendorfer Gymnasiums mußte zeitweilig geräumt werden. Wir hatten ein Jahr lang Schichtunterricht im Wechsel zwischen Vor- und Nachmittag in der benachbarten Schadowschule und einige Monate hindurch im Arndt-Gymnasium, bis wir im Januar 1941 wieder in unsere Schule zurückkehrten. Einmal erreichte mich in unseren Schülerkreisen ein Hauch der wirklichen Widerstandsbewegung. Einer von uns war in den Besitz einer der Predigten des Bischofs von Münster, Graf von Galen, gekommen, in denen der mutige Bischof leidenschaftlich, in rückhaltloser Offenheit, gegen die mörderische Praxis der von Hitler bei Kriegsbeginn befohlenen Aktion zur »Vernichtung lebensunwerten Lebens« protestiert hatte. Zehntausende von angeblich oder wirklich unheilbar Kranken, vor allem Geisteskranke, wurden umgebracht, ehe der Protest der Kirche die offizielle Einstellung des Verbrechens im August 1941 erwirkte. Was er bei Galen gelesen hatte, erschütterte meinen Klassenkameraden so, daß er einige von uns, es mögen acht bis zehn Jungen gewesen sein, zu sich einlud und uns Teile der Predigt vorlas. Ähnliches geschah damals gerade mit den Galen-Texten vielerorts. Wer in dieser Zeit in Deutschland lebte, konnte wissen, was vor sich ging.

Zu Ostern 1942 ging meine Schulzeit zu Ende. Die schriftlichen Prüfungen zum Abitur wurden um die Jahreswende 41/42 erledigt; das mündliche war für März angesetzt. Im Juli wurde ich achtzehn. Ich hatte nachzudenken über meine Zukunft und faßte im Januar den Entschluß, mich freiwillig zum Dienst in der Wehrmacht zu melden. Durch und durch pragmatische Überlegungen waren ausschlaggebend für diese Entscheidung. An die Aufnahme des Studiums – mein Berufsziel damals war Rechtsanwalt – war nicht zu denken. Unmittelbar nach dem Abitur, das stand fest, folgte die Einberufung zum Arbeitsdienst, danach zur Wehrmacht. Die freiwillige Meldung bot zwei Vorteile: man kam um den Arbeitsdienst herum, und man konnte sich die Waffengattung aussuchen. Der Arbeitsdienst war wegen der dort herrschenden besonders rücksichtslosen und stupiden Methoden, mit denen die in aller Regel groben und primitiven Führer ihre Untergebenen behandelten, verhaßt. Abiturienten waren bevorzugte Objekte der Schikanen dieser Art von Führern. Eine sehr konkrete Vorstellung von diesen Zuständen hatte ich durch die

Erzählungen von Ludwig. Die Wahl der Waffengattung eröffnete die Möglichkeit, der Einziehung zur Infanterie zu entgehen, der Truppe, die die größten Verluste hatte. Ich meldete mich zu den Nachrichten und bekam den Einberufungsbefehl zur Nachrichtenersatzkompanie eines Schützenregiments. So hießen damals noch die später als Panzergrenadierregimenter bezeichneten Formationen motorisierter Infanterie im Rahmen von Panzerdivisionen. Wir waren stationiert in Eberswalde, nicht weit von Berlin, und gehörten zur 3. Panzerdivision, in deren Verband ich den Krieg bis zu Ende mitgemacht habe.

Weder Abenteuerlust also noch gar irgendeine Art von Begeisterung für Hitlers Krieg bewog mich zu meinem Schritt, sondern die realistische Überlegung, wie das Unausweichliche etwas weniger unangenehm gestaltet werden könnte. Und doch war da noch etwas anderes. Fast alle Jungen meiner Klasse meldeten sich, einige sicher aus echtem Engagement, andere aus ähnlichen Motiven wie ich. Alle jungen Männer in Deutschland mußten in den Krieg. Irgendwie, so empfand ich bei aller Abneigung gegen den Krieg und das Regime, gehörte es sich, ein Zeichen zu geben, daß man hinter den unendlich vielen Altersgenossen, besonders aber denen, die man kannte und mit denen man befreundet war, nicht zurückstehen wollte. Es war auch eine Frage des Jahrgangs bzw. des Kriegsverlaufs. Schon ein Jahr später, nach Stalingrad, meldete sich am selben Zehlendorfer Gymnasium, mit einer sozial ganz gleichen Schülerzusammensetzung, aus der Klasse meines Bruders Peter kaum einer freiwillig. Auch er tat es nicht. Am 25. März 1942 trat ich meinen Dienst an. In Eberswalde wurde ich zum Funker ausgebildet und kam dann zunächst zu einer anderen Kompanie, in der sogenannte Kriegsoffiziersbewerber (KOB) – vorwiegend Rekruten, die das Abitur gemacht hatten – eine mehrmonatige Zusatzausbildung erhielten, um sie auf eine Laufbahn als Reserveoffiziere vorzubereiten.

Mit einer kleinen Gruppe solcher KOB fuhr ich im Oktober an die Front. Nach einer Fahrt von über einer Woche erreichten wir unser Ziel, den Regimentsgefechtsstand des Schützenregiments 3. Es befand sich etwa an der weitest entfernten Stelle, zu der die deutschen Truppen im Osten während des Krieges überhaupt vordrangen, im Vorland des Kaukasus, jenseits des Flusses Terek.

Vor uns lag die tschetschenische Hauptstadt Grosny, Ziel einer nächsten Offensive, die aber nicht mehr zustande kam. Wir meldeten uns beim Regimentskommandeur, einem Oberst Zimmermann, von dessen Begrüßungsworten ich mich nur noch an die dringende Mahnung erinnere, sich im Felde möglichst rasch möglichst tief einzugraben. Der Spaten sei das wichtigste Gerät des Soldaten. Die 5. Kompanie, zu der ich eingeteilt wurde, lag zwei bis drei Kilometer entfernt in Stellung. Es war ruhig an der Front in diesen Wochen, abgesehen davon, daß sowjetische Scharfschützen das flache Gelände hinter der deutschen Frontlinie unter Beobachtung hatten, so daß am Tage große Vorsicht geboten war, wollte man durch die nach der Zimmermannschen Devise sorgfältig angelegten Laufgräben in die vorderste Linie kommen. Von Zeit zu Zeit schlugen auch Geschosse von Granatwerfern oder Panzerabwehrkanonen in unserer Stellung ein.

29 Monate lang, vom Oktober 1942 am Terek bis zur Verwundung in Ungarn im März 1945, der zwei Monate Lazarettaufenthalte in Wien, Berlin und Parchim bis zur Gefangennahme durch amerikanische Truppen im Mai 1945 bei Neustadt, einer kleinen mecklenburgischen Stadt zwischen Parchim und Ludwigslust, folgten, stand ich an der Ostfront im Einsatz für Hitlers Krieg. Ich hatte den Krieg nicht gewollt oder begrüßt, glaubte nicht an einen deutschen Sieg und wünschte ihn auch nicht. Abgestoßen von seiner arroganten Herrenmenschenart, hörte ich eines Tages unseren Bataillonskommandeur, im Zivilleben Gerichtsreferendar in Magdeburg, davon schwärmen, wie er nach dem Sieg seine kleine Existenz vertauschen würde mit der eines Distriktkommissars in der Ukraine. Das wird ihm nicht gelingen, dachte ich bei mir, denn Deutschland wird den Krieg nicht gewinnen. Die Frage bleibt gleichwohl, was ich heute davon zu halten habe, daß ich den Befehlen dieses Mannes gefolgt bin. Ich war nie ein besonders strammer Soldat. Aber ich tat meinen Dienst und funktionierte wie Millionen andere, half dem Herrn aus Magdeburg bei seinem Versuch, sich ein größeres Leben zu erkämpfen.

Wir bräuchten, sagte ich in meiner Rede im Dezember 1991, das bohrende Fragen danach, was man Gutes oder Schlechtes, Richtiges oder Falsches getan hat, was man besser hätte tun und

was man hätte unterlassen sollen, können oder müssen. Die Aufforderung galt damals konkret dem Blick auf die Vergangenheit
in der DDR. Deutsche meines Alters müssen weiter zurückblicken. Tun sie das aber, so tauchen Fragen ganz anderer Dimension auf. Willig oder widerwillig nahm man teil an einem
verbrecherischen Krieg von ungeheuerlichen Ausmaßen. Und
gerade wer wie ich meint, eher widerwillig mitgekämpft zu haben, muß im kritischen Rückblick auf sein Leben über sein so offensichtlich widersprüchliches Verhalten nachdenken.

Natürlich ist die Zwangssituation zu sehen, in der sich jeder
Deutsche in der Nazidiktatur befand. Der Wehrdienst war obli-
gatorisch und wurde mit drakonischer Härte durchgesetzt. Wer
sich ihm entzog, riskierte strenge Strafen, unter Umständen sein
Leben, sowie die Verfolgung seiner Familie. An irgendeine Form
legaler Wehrdienstverweigerung, wie sie in Großbritannien immerhin bestand, auch wenn es nicht leicht war, dies Recht für sich
in Anspruch zu nehmen, war nicht zu denken. Der Zwang war
übermächtig. Aber immer wieder gab es, wenn auch in sehr geringer Zahl, Menschen, die sich ihm entzogen: Deserteure, die
irgendwo im Lande untertauchten, Soldaten, die die Front wechselten, sei es, um sich in Gefangenschaft zu begeben, sei es, um
mit den Streitkräften der Antihitlerkoalition gegen die Nazis zu
kämpfen. Zu alledem, was doch das »Richtige« im Sinne der oben
zitierten Fragestellung gewesen wäre, fehlte mir der Mut. Es
fehlte aber auch die innere Bereitschaft.

Gewiß war es gefährlich überzulaufen. Soldaten aber, die sich
wie ich viele Wochen hindurch direkt in oder sehr nahe der
vordersten Front befanden, hatten immer die Möglichkeit, sich
abzusetzen. An eine besonders günstige Gelegenheit zum Wechsel der Front erinnere ich mich: wegen einer Gelbsucht war ich
im Dezember 1942 von der Front ins Hinterland geschickt worden. Ich verbrachte den Jahreswechsel im Lazarett in Taganrog
und kehrte im Januar zur Truppe zurück. Die aber hatte indessen
die Stellungen am Terek aufgegeben und befand sich auf dem
Rückzug nach Norden. Die deutsche Führung fürchtete einen
Vorstoß sowjetischer Truppen aus der Wolgagegend zum Asow-
schen Meer und im Zusammenwirken mit den vom Kaukasus
nach Norden vorrückenden Sowjettruppen die Einkesselung der

starken deutschen Verbände zwischen Rostow und dem Kaukasus. Auf der Suche nach meiner Einheit im Strom der zurück-
flutenden deutschen Divisionen geriet ich nach Stawropol, einer
nordkaukasischen Bezirksstadt, etwa auf halbem Weg zwischen
Mosdok und Rostow. Sie war noch in deutscher Hand. Der Orts-
kommandant hatte aber der fortschreitenden Auflösung nicht
mehr viel entgegenzusetzen. Deutsche und Russen begannen die
in der Stadt vorhandenen Lager an Lebensmitteln und Beklei-
dung zu plündern. Es war nur noch eine Frage von Tagen, bis die
sowjetischen Verbände einrücken würden. Zufällig traf ich einen
Kameraden aus der Eberswalder Ausbildungszeit, der mir erzählte, er dächte nicht daran, den Krieg weiter mitzumachen. Zusammen mit ein paar Freunden wolle er in der Stadt bleiben und in
russische Gefangenschaft gehen. Ich bin seinem Vorschlag, mich
ihnen anzuschließen, nicht gefolgt. Zum einen hatte ich schon
seit meiner Kindheit, als ich Edwin Erich Dwingers Romane aus
den Jahren des Ersten Weltkriegs gelesen hatte, eine ziemlich un-
schöne Vorstellung vom Leben in russischer Kriegsgefangenschaft. Zum anderen aber wirkte die nicht erst im Drill der Hitlerjugend oder der Naziwehrmacht gewachsene, traditionelle
Vorstellung, man dürfe sich dem Kampf der nationalen Gemeinschaft, der man nun einmal angehörte, nicht aus egoistischen
Gründen entziehen. Es war so einfach wie logisch unvereinbar:
ich fand den Krieg, den wir führten, nicht gut, und ich billigte die
Haltung von Soldaten nicht, die die Front wechselten. Der Gedanke, das zu tun, kam mir gar nicht in den Sinn. So suchte ich
weiter nach »meinen« Leuten, fand sie schließlich und machte
unter zeitweise ziemlich chaotischen Umständen den Rückzug
mit, der im Februar oder März 1943 in die Gegend von Charkow
führte, wo wir Ruhestellung bezogen.

Meine Laufbahn als Reserveoffiziersbewerber hatte schon am
Terek ein unrühmliches Ende genommen. Ich war nachts auf
Posten eingenickt und vom kontrollierenden Leutnant unsanft
geweckt worden, was meinen Ausschluß aus dem KOB-Kader zur
Folge hatte. Von November 1942 bis zur Beendigung des Rück-
zugs aus dem Kaukasus war ich Maschinengewehrschütze in der
5. Kompanie. Danach entsann man sich meiner Funkerausbil-
dung und versetzte mich zur Nachrichtenstaffel beim Stab des II.

Bataillons des Panzergrenadierregiments 3, der ich bis Kriegsende angehörte. In ständigem Wechsel zwischen kurzen, wenig
erfolgreichen Vorstößen, längeren Perioden des Stellungskrieges,
kürzeren Ruhezeiten und langen, weitreichenden Absetz-
bewegungen bewegte sich unser Bataillon westwärts durch die
Ukraine. Im Frühjahr 1944 erreichten wir die sowjetisch-rumä-
nische Grenze, lagen im Sommer bei Kischinew, wurden im
August, kurz vor dem Übertritt Rumäniens auf die Seite der
Antihitlerkoalition, nach Polen und um die Jahreswende 1944 auf
1945 nach Ungarn verlegt. Eine Verwundung im März machte
meinem Fronteinsatz ein Ende.

Der beherrschende Eindruck in den zwei Jahren vom Frühjahr
1943 zum Frühjahr 1945 war die Unaufhaltsamkeit der sowjetischen Offensive. Alte Hasen im Bataillonsstab, die bei den
Feldzügen in Polen, Frankreich und beim deutschen Vormarsch
1941 bis vor Moskau und 1942 bis zum Kaukasus dabeigewesen
waren, berichteten vom dramatischen Umschwung seit Stalingrad. Früher, so sagten sie uns, war der Stab nicht weiter beunru-
higt, wenn von einer Kompanie ein russischer Angriff gemeldet
wurde. Man verließ sich darauf, daß er in der Regel abgewehrt
wurde. Seit Stalingrad aber packte der Stab vorsichtshalber die
Sachen, wenn es hieß »Der Russe greift an!«. Wir wurden eingesetzt beim letzten Versuch der deutschen Führung, der Sowjetarmee mit einer gewaltigen Anspannung in einer umfassend
angelegten Offensive das Gesetz des Handelns doch noch zu ent-
reißen: der Schlacht im Kursker Bogen Anfang Juli 1943. In der
Gegend von Belgorod bezogen wir Bereitstellung, in der uns wenige Stunden vor Angriffsbeginn ein Befehl Hitlers verlesen wurde, der mit beschwörenden Worten auf die besondere, möglicherweise kriegsentscheidende Rolle der bevorstehenden großen
Angriffsschlacht verwies. Bis in das Tiefste müsse der gewaltige
Schlag die Sowjetarmeen erschüttern. Der Appell fruchtete nicht.
Unser Angriff begann am 4. Juli. Er stieß sogleich auf massive
Gegenwehr der sowjetischen Truppen, die ihn vorhergesehen und
ihrerseits eine Offensive vorbereitet hatten. Einige Tage hindurch
kämpften wir uns unter schweren Verlusten voran. Unerträglich
mischten sich in der heißen Sommerluft bald der Qualm brennender Dörfer und der süßliche Geruch verwesender Leichen.

Nach kaum zwei Wochen lief sich der deutsche Angriff endgültig
fest. Überall gewann der sowjetische Gegenangriff an Boden.
Wir zogen uns zurück. Ich hatte den Angriff bei einer der vordringenden Kompanien mit einem Tornisterfunkgerät mitgemacht, was den Nachteil hatte, daß ich heransausende Geschosse
nicht selbst hörte – der Kopfhörer verhinderte das – und erst
Deckung suchen konnte, wenn ich sah, daß die anderen sich hin-
warfen. Die Verzögerung konnte fatal werden. Außerdem waren
damals in der Wehrmacht noch sehr schwere, aus zwei Kästen bestehende Funkgeräte in Gebrauch. Durch ein Kabel verbunden
waren wir zu zweit; einer trug das eigentliche Gerät, der andere
die Batterie. Die sowjetischen Funker hatten leichtere, aus einem
Kasten bestehende Geräte, die, glaube ich, auch besser funktio-
nierten. Uns gelang es nur selten, die gewünschte Verbindung zwischen Kompanie und Bataillon herzustellen. Auch bei Belgorod
klappte es nicht. Und fast hätte der sinnlose Einsatz noch ein dramatisches Ende gefunden. Als nämlich im Morgengrauen der Befehl zum Rückzug kam, vergaß man in der Kompanie den ja nur
vorübergehend zugeteilten Funktrupp. Nur zufällig bemerkte ich,
daß die Kameraden die Stellungen räumten, und machte mich mit
meinem »Zwilling« ebenfalls eilends auf den Weg.

Zu den bald darauf befreiten ukrainischen Orten gehörte auch
die Stadt Kramatorskaja. »Eigentum der Fa. Krupp« lautete der
Text, den ich kopfschüttelnd am verschlossenen Tor eines Stahl-
werks gelesen hatte, als wir vor der Sommeroffensive einige
Wochen dort in Ruhe lagen. Damit war es nun vorbei. Zerstörungen der von den deutschen Truppen aufgegebenen Siedl-
lungen, der Eisenbahnen und Straßen, rücksichtslose Requisitio-
nen, vermehrte Verschleppung von Zivilisten zur Zwangsarbeit
nach Deutschland: die Leiden der Bevölkerung in den besetzten
Gebieten erreichten noch einmal einen Höhepunkt, als die Deutschen nach ihrer Niederlage zwischen Belgorod und Orel gezwungen waren, sich endgültig zurückzuziehen. »*Woina plocho
– Gitler plocho – Stalin plocho*« (der Krieg ist schlecht, Hitler ist
schlecht, Stalin ist schlecht) – nie habe ich die so traurige wie ein-
prägsame Formel vergessen, in der eine alte Bäuerin, bei der wir
in Quartier lagen, ihren Lebenskummer ausdrückte. Jahrzehnte
später erst verstand ich sie ganz.

Ein schreckliches Erlebnis hatte ich im Herbst 1943 auf der Rückreise von jenem Urlaub, in dem ich mit Heinrich Deiters den unglücklichen Dr. Goldschmidt besucht hatte. Durch Polen fuhr der Urlauberzug, der mich zurückbrachte an die Front. Nachts, im dunklen Abteil, begann einer der Soldaten von furchtbaren Dingen zu sprechen, die in der Gegend, die wir durchfuhren, vor sich gingen. Juden würden hier in großen Lagern konzentriert und systematisch getötet. Stumm und bedrückt hörten wir Insassen des vollbesetzten Abteils zu. Der Erzähler nannte keine Namen und sprach nicht über Details. Von Auschwitz, Birkenau oder Maidanek war nicht die Rede. Ob der Mord durch Vergasung geschah oder durch Massenerschießung, beschrieb er nicht. Wer begreifen wollte aber, begriff: ein Volk wurde von Deutschen umgebracht.

Daß man nichts gewußt habe vom Massenmord an den Juden, habe ich immer für eine bewußt oder unbewußt verlogene Schutzbehauptung gehalten. Überall in Deutschland hatten Juden gelebt, die verschwanden. Jeder mußte das bemerken und sich seine Gedanken machen, lebte er doch in einem Staat, in dem der Ruf »Juda, verrecke!« eine überall offen verkündete, offizielle Losung der alles beherrschenden Partei war. Und nicht wenige billigten das Verbrechen. »Was regst du dich auf?« fragte mich einer meiner Kameraden, als ich ihm nach meiner Rückkehr vom Urlaub von den nächtlichen Erzählungen berichtete. »Juden sind eben Ungeziefer, das beseitigt werden muß!« Er war der Sohn eines kleinen Ministerialbeamten und stolz darauf, sein Abitur am renommierten Kant-Gymnasium in Berlin gemacht zu haben. Nach dem Krieg ging er zur Bundeswehr, in der er es bis zum Oberstleutnant brachte.

Mit zunehmender Wucht schlug der Krieg auf Deutschland selbst zurück. Die Bomber der Engländer und Amerikaner richteten immer größere Zerstörungen an. Im März 1944 traf es auch unsere Familie. Das Haus in der Moltkestraße in Lichterfelde brannte nieder. Die aus dem brennenden Haus noch geborgenen Habseligkeiten – Möbel, Bücher und Hausrat – wurden bei Bekannten untergestellt. Lisbeth und Heinrich fanden vorübergehend Unterkunft bei Nelly und Ferdinand Friedensburg. Dorle hatte kurz zuvor ihr Abitur im Internat der Brüdergemeinde in Gnadau bei Magdeburg gemacht, wohin ihr Vater sie gebracht hatte, als ihre Schule nach Ostpreußen (!) verlagert wurde. Es war ein Zufall, daß sie gerade in diesen Tagen in Berlin war, wo sie in der Unglücksnacht tatkräftig bei der Bergung geholfen hat. Wenige Tage später folgte sie der Einberufung zum Arbeitsdienst. Peter, seit Herbst 1943 ebenfalls Soldat, war zunächst bei den Besatzungstruppen in Dänemark. Im Frühjahr 1944 war er auf dem Truppenübungsplatz Wandern ostwärts von Frankfurt an der Oder stationiert, wo Ersatztruppenteile für die Ostfront zusammengestellt wurden. Er kam als Panzergrenadier zur 6. Panzerdivision und geriet auf dem Rückzug bald in russische Gefangenschaft. Wir erfuhren nur, daß er vermißt wurde und wußten nichts von ihm, bis er im Herbst 1946 zurückkehrte. Eine eigene Behausung, in der sie über das Kriegsende hinaus gewohnt hat, fand die Familie Deiters dann in der Villa des Verlegers Georgi in der Helfferichstraße in Dahlem. Er war mit seiner Frau, einer Bekannten von Babette, aufs Land nach Bayern gezogen, um dem Bombenkrieg zu entgehen, und vermietete uns das Haus.

Einer zufälligen Verkettung günstiger Umstände verdankte ich im Sommer 1944 zwei Wochen Aufenthalt in der alten, siebenbürgischen Heimat. Es waren Tage, fast wie Ferientage in früheren Zeiten. Von Kischinew schickte unser Bataillon einen kleinen Trupp nach Klausenburg in Nordsiebenbürgen, um von einem dortigen Nachschubdepot einige neue LKW zu holen. Ich hörte davon und bat, mich der Gruppe zuzuteilen. In Klausenburg lebte mein Onkel Karl, und die einzige gute Straße von Nordsiebenbürgen ins rumänische Altreich führte über Hermannstadt. Mein »Ausflug« glückte über Erwarten gut. In Klausenburg verzögerte sich die Übernahme der LKW. Ich hatte so Gelegenheit zu ausführlichen Besuchen bei meinem Onkel. Und als nach Tagen immer noch keine Aussicht auf rasche Abfahrt aus Klausenburg war, stimmte der freundliche Truppführer meinem Vorschlag zu, mich bis Hermannstadt auf eigene Faust vorfahren zu lassen und mich dort in der Heltauergasse abzuholen, wenn sie mit ihren Fahrzeugen kämen. So geschah es. Ich fuhr »nach Hause«, traf meine kleinen Brüder, die vielen Verwandten, feierte fröhlich

meinen 20. Geburtstag im Kreise alter Freundinnen und Freunde
und hatte mitten im Krieg noch einmal eine schöne Zeit. Ich war
traurig, als sie zu Ende ging, freilich auch ein wenig erleichtert,
als der Konvoi endlich kam, hatte ich doch keinerlei Papiere, die
mich zu diesem Ausflug berechtigten. Eine Überprüfung durch
eine der vielen Patrouillen deutscher Feldgendarmerie, die überall im Hinterland auf der Suche nach Deserteuren waren, hätte
sehr unangenehm enden können. Auf der Fahrt von Hermannstadt nach Kischinew erreichte uns die Nachricht vom mißglück-
ten Attentat auf Hitler am 20. Juli. In Einzelgesprächen unter uns
dominierte die ganz offen geäußerte Meinung, es sei schade, daß
es fehlgeschlagen war. Niemand freilich hatte den Mut zu wider-
sprechen, als der Truppführer vor versammelter Mannschaft
pflichtschuldigst unsere Freude über die Rettung des Führers
zum Ausdruck brachte.

Das Glück, das mich fast bis Kriegsende unversehrt durch den
Krieg brachte, blieb mir auch in einer Situation treu, die sehr
schlimme Folgen hätte haben können. Eines Nachts hatte ich
Ende 1944 in der Gegend von Nasielsk in Polen Wache vor dem
Quartier des Bataillonskommandeurs zu halten. Ich stand dort
zusammen mit einem älteren Kameraden, einem Berliner Arbeiter. Wir machten unserem Unmut über den Krieg Luft und sprachen über die Niederlage Hitlerdeutschlands, die kommen werde
und kommen solle. Am nächsten Tag nahm mich der Adjutant
des Kommandeurs, der nicht geschlafen und alles gehört hatte,
beiseite und gab mir den guten Rat, aufzupassen, wer etwa zuhö-
re, wenn ich schon solche Sachen erzähle. Es war ein gerten-
schlanker Oberleutnant, der seinen Dienst normalerweise mit einer Mischung aus Schnoddrigkeit und Zackigkeit versah. Sein
Name war Hans-Jürgen Wischnewski. Ich habe dem späteren
Bundesminister, den ich leider nach dem Krieg, ausgenommen
eine kurze Begegnung unmittelbar nach Kriegsende in Berlin,
nicht wieder getroffen habe, diese anständige Haltung nie vergessen. Es hätte in der nervösen Endzeit des Krieges mit der
Todesstrafe enden können, wenn ein anderer zugehört hätte.

Glück im Unglück hatte ich schließlich, als ich in Ungarn im
März 1945 mit einer Verwundung endgültig die Front verlassen
konnte. Ein Granatsplitter hatte mich an der rechten Hand ver-

letzt. Ich hatte am Funkgerät im offenen Schützenpanzerwagen gesessen. Meinen Platz nahm ein Kamerad ein, der mir in vielen Gesprächen »über Gott und die Welt« ein lieber Freund geworden war: Jupp Stirken aus Krefeld, ein guter Mensch und frommer Katholik. Am nächsten Tag bekam der Wagen einen Volltreffer. Jupp wurde zerfetzt.

Mir hatte indessen der Arzt auf dem Hauptverbandsplatz den Splitter herausoperiert. »Komplizierter Knochenbruch« lautete seine Diagnose auf dem Begleitzettel, der jedem Verwundeten mitgegeben wurde. Mit dem Lazarettzug brachte man mich weit ins Hinterland. Die genauere Untersuchung im Lazarett in Wien ergab dann, daß die Diagnose irrig war. Wie ich dazu käme, von kompliziertem Knochenbruch zu sprechen, fragte mich der Arzt, als er feststellte, daß der Handknochen nicht beschädigt war. Ich konnte nur höflich darauf verweisen, daß diese Annahme nicht von mir stammte. Er nahm es zur Kenntnis, beließ mir aber – ob in guter Absicht oder einfach nachlässig – den Zettel mit der Fehldiagnose, der mir in den folgenden Wochen auf meiner Odyssee quer durch »Großdeutschland« wiederholt nützlich war. Sie begann in den ersten Apriltagen. Die sowjetischen Truppen näherten sich Wien, und die marschfähigen Verwundeten erhielten die Order, sich vor der drohenden Gefangenschaft in Sicherheit zu bringen. Im endlosen Strom der Flüchtlinge machten wir uns auf den Weg. Die zunächst gebildete Kolonne fiel rasch auseinander. Einzeln oder in kleinen Gruppen liefen oder fuhren wir, wenn sich eine Mitfahrgelegenheit bot, bei herrlichem Frühlingswetter westwärts die Donau entlang. Jemand hatte ausgerechnet, daß die Russen täglich etwa 20 Kilometer vorankamen. 25 Kilometer täglich war also mindestens unser Tagespensum. Ich war guter Dinge, denn ich lebte, und alles sprach dafür, daß ich das Ende des so offensichtlich zu Ende gehenden Krieges lebend erreichen würde.

In Linz wies ich mich auf einer in dem Ansturm flüchtender und herumirrender Wehrmachtsangehöriger hoffnungslos überforderten Sammelstelle mit meinem Knochenbruch-Zettel als ernsthaft verwundet aus und erhielt wunschgemäß einen Marschbefehl nach meiner Heimatstadt Berlin. Mit der Eisenbahn, die noch leidlich funktionierte, häufig freilich unterbro-

chen durch Angriffe amerikanischer Tiefflieger, gelangte ich bis
zu einem Bahnhof südlich der Stadt. Dort wurde nur noch
kampffähigen Soldaten die Weiterfahrt gestattet. Für Verwun-
dete war die Reichshauptstadt, deren Lazarette überfüllt waren,
gesperrt. Ich stieg aus, fand aber einen Wehrmachtswagen, der
mich ungeachtet des Verbots nach Berlin mitnahm. Es war Mitte
April. In der Helfferichstraße fand ich die Eltern Deiters, Babette
und Dorle – froh, daß Krieg und Naziherrschaft nun bald vorbei
sein würden. Unterzutauchen und einfach zu warten, bis es soweit war, wagte ich nicht. Ich hatte Angst vor den Häschern von
SS und Feldgendarmerie, die kurzen Prozeß mit Deserteuren
machten. In russische Gefangenschaft wollte ich auch nicht gehen. So wiederholte sich der Vorgang von Wien. Als die sowjetische Front immer näher rückte, wurde das Hilfslazarett, in dem
ich Aufnahme gefunden hatte, geräumt – es war die Zinnowald-
Schule in Zehlendorf, drei U-Bahn-Stationen von unserer Wohnung entfernt. Wieder machten sich die Marschfähigen auf den
Weg. Wir kamen am ersten Tag bis Nauen, übernachteten dort
und hörten, als wir am nächsten Morgen weiterzogen, beiderseits
der Straße schon Maschinengewehrfeuer, Zeichen der unmittelbar bevorstehenden Schließung des Rings der Sowjettruppen um
Berlin.

Extreme Stimmungsschwankungen zeigten sich in den
Gesprächen der zahllosen Flüchtenden. Zufriedenheit, dem Krieg
entkommen zu sein – Verzweiflung über den Zusammenbruch
einer Sache, an die man bis zuletzt geglaubt hatte – Hoffnungen,
es werde dem Führer doch noch gelingen, mit der Wunderwaffe
die Niederlage abzuwenden – Wut über die Nazibonzen, die solches Unglück über das Land gebracht hatten: all das war zu hören. Deutlich erinnere ich mich an Diskussionen mit Leuten, zu
denen offenbar etwas durchgedrungen war von den Angeboten
Himmlers an Eisenhower, Deutschland werde im Westen kapitu-
lieren und im Osten den Krieg mit Unterstützung der Westmächte weiterführen. Ich habe solchen Kombinationen widersprochen. Abgesehen von der Schreckensvorstellung einer Fortsetzung des Krieges glaubte ich nicht, daß die Westmächte sich
unmittelbar vor dem gemeinsam mit der Sowjetunion hart und
opferreich errungenen Sieg auf die Seite des doch mit Grund von

ihnen bekämpften Nazireiches gegen ihren bisherigen Partner stellen würden.

Nach ein paar Tagen gelangte ich nach Parchim. In fast gespenstischem Gegensatz zu den Orten und Zonen des Kampfes, der akuten Gefahr und der chaotischen Auflösung, die ich hinter mir gelassen hatte, stand die friedliche Ruhe in dem mecklenburgischen Städtchen, wohin der Krieg noch nicht gedrungen war und das Leben noch »normal« weiterzulaufen schien. Ich suchte Versorgung für meine Wunde und fand wieder Aufnahme in einer zum Hilfslazarett umfunktionierten Schule. Binnen kurzem aber war es mit der trügerischen Ruhe vorbei. Erneut hieß es, sowjetische Truppen stünden kurz vor der Stadt. Wieder begab ich mich auf die Flucht, diesmal aber nicht ins Ungewisse, sondern mit einem konkreten Ziel. Truppen der Antihitlerkoalition näherten sich nicht nur von Osten, sondern auch von Westen. Gefangenschaft war uns sicher, die amerikanische aber der sowjetischen doch vorzuziehen. So marschierte ich mit einigen Kameraden westwärts in Richtung Elbe. Bei Neustadt, weniger als 20 Kilometer von Parchim entfernt, stießen wir auf die erste amerikanische Fahrzeugkolonne.

Der Krieg war für mich zu Ende – abgesehen von einigen bangen Minuten bei einem nächtlichen Angriff deutscher Flieger auf den Elbübergang bei Lauenburg. Wir Kriegsgefangenen waren inzwischen von den Amerikanern an die nachrückenden britischen Einheiten übergeben worden und standen mit unserem LKW an der Elbe, um ins britische Besatzungsgebiet abtransportiert zu werden. Über verschiedene, provisorische Zwischenstationen kam ich schließlich nach Munsterlager in der Lüneburger Heide, wo der große Truppenübungsplatz in ein Gefangenenlager verwandelt worden war, das Tausende deutscher Soldaten aufnahm. Dieser dramatische Wechsel vom Krieg zum Frieden ging so rasch vor sich, mit täglich wechselnden neuen Situationen, auf die man sich einzustellen hatte, daß man auf die »großen« Ereignisse fast weniger achtete als auf die Möglichkeit, eine gute Portion Essen oder einen Schlafplatz zu ergattern, der einen vor einem eventuellen Regen schützte. So hat sich mir die Stunde nicht eingeprägt, in der ich vom Selbstmord Hitlers oder von der deutschen Kapitulation erfuhr. Eine Begebenheit aus diesen ersten

Tagen allerdings ist mir unvergeßlich. Britische Bewacher, die im allgemeinen nicht besonders ruppig waren, jagten mit scharfen, lauten Kommandos eine größere Gruppe Gefangener über einen Platz und veranstalteten ein überaus schikanöses Strafexerzieren. Es waren SS-Leute, die da gehetzt wurden von Engländern, die auf diese Weise ihrem Entsetzen und ihrer Wut über die grausigen Zustände, die Leichenberge und die Massen halbverhungerter Häftlinge Ausdruck gaben, die in dem soeben befreiten KZ Bergen-Belsen von den Briten entdeckt worden waren.

In den »geordneten« Verhältnissen in Munsterlager kam man allmählich wieder zu sich. Ich blieb dort einige Wochen. Alle waren natürlich bewegt von der Frage, wann sie nach Hause entlassen würden. Pessimisten verbreiteten Gerüchte, wir würden noch für Jahre zu Wiedergutmachungsarbeiten gefangengehalten, sei es in England, sei es in der britischen Besatzungszone. Ich war ziemlich gelassen, weil ich es für sehr unwahrscheinlich hielt, daß die Sieger sich auf solche Weise noch die Last der Versorgung von Hunderttausenden aufbürden würden. Nachrichten über die Zustände in Berlin und der sowjetischen Zone erreichten uns nur spärlich. Einmal hörte ich am Radio mit Freude einen bekannten Namen. In Berlin, so wurde mitgeteilt, sei ein »Kulturbund zur demokratischen Erneuerung Deutschlands« gegründet worden. Der Name des Präsidenten, Johannes R. Becher, war mir unbekannt. Einer der Vizepräsidenten aber war Ferdinand Friedensburg. Allmählich begannen auch Vorbereitungen zur Entlassung, von denen allerdings die in der sowjetischen Besatzungszone und Berlin beheimateten Kriegsgefangenen zunächst ausgeschlossen waren. Berlin wurde übrigens in den Grobüberlegungen jenes Sommers auch dann noch insgesamt zum »Osten« gerechnet, als die Westalliierten bereits ihre Sektoren in der ehemaligen Hauptstadt besetzt hatten.

Da ich mit baldiger Entlassung nicht rechnen konnte, meldete ich mich, als Kriegsgefangene aus der Ostzone und Berlin gesucht wurden, die in einem anderen Lager irgendwelche Schreiberdienste machen sollten. Ich wollte einfach heraus aus der öden Untätigkeit. Wir wurden nach Wunstorf bei Hannover verlegt. In dem dortigen Lager wurden Wehrmachtsangehörige, die in amerikanische oder französische Gefangenschaft geraten waren, ihren Heimatort aber in der britischen Zone hatten, gesammelt und von der britischen Lagerverwaltung nach Hause entlassen. Unsere Aufgabe bestand darin, die täglich in wechselnder, aber meist beträchtlicher Zahl eintreffenden Neuankömmlinge listenmäßig zu erfassen und ihre Entlassung organisatorisch vorzubereiten. Es war ein vergleichsweise angenehmer Dienst. Wir wurden ordentlich verpflegt und hatten auch, als quasi Angestellte der Besatzung, eine gewisse Bewegungsfreiheit, bekamen Ausgang in die Stadt. Den Anstoß, diese Situation zur Flucht zu nutzen, gab dann eine Zeitungsnotiz, in der über die bevorstehende Wiedereröffnung der Universität Göttingen berichtet wurde. Es war die erste deutsche Universität, die den Betrieb wieder aufnahm. Sie war nicht weit entfernt und befand sich in der britischen Zone, an die ich vorerst gebunden war. Noch einmal kam mir ein glücklicher Zufall zu Hilfe. Unter den Kameraden, die in Wunstorf direkt bei der Entlassungsstelle arbeiteten und Zugang zu den Entlassungspapieren hatten, die dort ausgestellt wurden, fand ich einen alten Bekannten aus der Jungvolkzeit in Wilmersdorf. Er verschaffte mir einen ordnungsgemäß auf meinen Namen ausgefertigten Entlassungsschein, datiert auf den 1. September. Meine wenigen Habseligkeiten schaffte ich sukzessive aus dem Lager und deponierte sie in der Gepäckaufbewahrung des Bahnhofs. Am Sonntag vormittag ging ich dann zum Lagertor, sagte dem Posten, ich wolle zum Gottesdienst in die Stadt, spazierte in die Freiheit und fuhr nach Göttingen. Konkrete Vorstellungen von meiner Zukunft besaß ich kaum. Eines aber stand für mich fest: das neue Leben, das nun für mich und mein Land begann, sollte ein anderes, ein besseres, eben wirklich ein neues Leben werden.

III Neubeginn (1945–1946)

In Göttingen quartierte ich mich in einem Auffanglager für entlassene Soldaten ein. Ich kannte niemanden in der Stadt. Bahnhofstraße 21 lautete die Anschrift, die ich meinem Freund für das Ausfüllen meines Entlassungsscheines angegeben hatte. Eine Bahnhofstraße, dachte ich, gibt es schließlich überall. Geprüft hat die falsche Angabe in dem Durcheinander jener Tage niemand. Zusammen mit meinem Wehrpaß war das Papier ein wertvolles Dokument zur Begründung meiner zivilen Existenz, und sei es nur, weil ich darauf noch einige Male Verpflegung aus Wehrmachtsrestvorräten erhielt. Ein paar hundert Mark ersparten Wehrsolds waren meine Barschaft.

Große Pläne zu machen, war nicht gleich die Zeit. Zunächst mußte ich zusehen, Grund unter die Füße zu bekommen dort, wo ich nun war. Eine einigermaßen normale, legale Verbindung über Zonengrenzen hinweg gab es nicht. Immer wieder hörte man, daß ehemalige Wehrmachtsangehörige, die aus westalliierter Gefangenschaft kamen, gewärtigen mußten, in der sowjetisch besetzten Zone noch einmal gefangengenommen zu werden. Abzuwarten, bis die Verhältnisse sich wieder normalisiert hatten – und wie das aussehen würde, konnte niemand voraussehen –, fehlte mir allerdings die Geduld. So schnell wie möglich wollte ich nach den verlorenen Jahren zu einer sinnvollen Tätigkeit kommen, was nach Neigung, Herkunft und Erziehung wie selbstverständlich bedeutete, ein Universitätsstudium aufzunehmen. So beschloß ich, zunächst in Göttingen zu bleiben und mich um die Immatrikulation an der Georgia Augusta zu bemühen. Irgendeine Art von Geldverdienst, so dachte ich zuversichtlich, wird sich finden, um einen einfachen Lebensunterhalt zu finanzieren. Nicht sicher, daß die Post schon funktionieren würde, teilte ich den Lieben in Berlin auf einer Postkarte mit, daß ich Kriegsende und Gefangenschaft gut überstanden habe und nun in Göttingen sei. Es war offenbar eine etwas merkwürdige Nachricht, die ich da losgelassen hatte. Daß in den Wochen nach meinem Weggang aus Berlin dort eine der verlustreichsten Schlachten des ganzen Krieges geschlagen worden war, mit höchster Gefahr für Leib und Leben aller, die dort wohnten, nicht zu reden von den schlimmen Umständen nach der Befreiung durch die Sowjetarmee: all das hatte ich mir nicht klargemacht. Leider existiert das Dokument meiner fröhlich-törichten Unschuld nicht mehr. Ich weiß nur, weil später häufig davon die Rede war, daß man sich in der Helfferichstraße, wo die Karte ankam, natürlich freute über das Lebenszeichen, aber zugleich doch verwundert war über den harmlosen Text, der klang wie eine Mitteilung von einer gut überstandenen längeren Reise, nach dem Motto: »Mir geht es gut, was ich auch von Euch hoffe«. Viele Jahre später hat ein guter Freund, der selbst über ein weniger ausgeglichenes Temperament verfügte, einmal von mir gesagt, ich sei ein »vegetativer Optimist«. Die Karte aus Göttingen war wohl ein frühes Zeugnis dieser Eigenschaft.

Was ich studieren wollte, stand für mich zunächst nur in groben Umrissen fest. Irgendwo in dem weiten Feld der Geisteswissenschaften wollte ich mich bewegen, aus dem Gefühl, dort am ehesten das an Bildung, Aufklärung und Belehrung zu finden, was ein junger Mann brauchte, um sich in dem neuen Leben zurechtzufinden und zu bewähren, das nun vor ihm lag. Ich schrieb mich schließlich ein für Germanistik, mit Englisch und Latein als Nebenfächern. Diese Wahl war weniger Ergebnis der Tatsache, daß Deutsch, Latein und Englisch die einzigen Schulfächer gewesen waren, die auf meinem Abiturzeugnis mit der Note »Gut« bewertet wurden. Es war einfach so, daß der Andrang sehr groß und der Zugang zu allen Fächern durchaus beschränkt war. Ich hatte herausgefunden, daß ich mit dieser ein wenig ausgefallenen Kombination die beste Chance hatte, angenommen zu werden.

Die Immatrikulation erfolgte ganz traditionell, durch Eintragung in die Matrikel, einen Ehrfurcht einflößenden Folianten. Der Professor, der meine Personalien aufnahm, der Jurist Hermann Mirbt, stutzte bei meinem Namen. Es habe in Berlin doch einen von ihm hochgeschätzten Chefredakteur Dr. Fritz Klein gegeben. Er war erfreut, von mir zu hören, daß das mein Vater gewesen war, und bot mir an, vorübergehend bei ihm zu wohnen, als ich nur das Auffanglager als meine Göttinger Anschrift nennen konnte. Dankbar nahm ich das großherzige Angebot an und zog, freundlich empfangen auch von seiner Frau, mit meinen wenigen Habseligkeiten in die alte, unzerstörte Villa, in der die Familie Mirbt eine geräumige Wohnung innehatte, mit hohen Zimmern, vorwiegend dunklen, stattlichen Möbeln und vielen Büchern im Arbeitszimmer des Hausherrn. Meine Unterkunft war das kleine Gartenhäuschen, in dem ich bequem und separat hausen konnte, eine angenehme Lösung für alle Beteiligten, zumal die Familie mir jederzeit den Zutritt zum Haus gestattete. Allzu lange konnte und wollte ich diese Gastfreundschaft allerdings nicht ausnutzen. Ich blieb kaum zwei Wochen und zog dann wieder um, in ein möbliertes Zimmer in einem Mietshaus an einer der langen Ausfallstraßen Göttingens.

Wieder hatte ich Glück gehabt. Ich war angenommen an der Universität, hatte Menschen getroffen, die mir freundlich gesonnen waren und mir halfen. Ich lebte sicher und in Frieden, konnte tun, was ich wollte und begann, mich auf das Studium vorzubereiten. Am schwächsten waren meine Kenntnisse in Latein. So holte ich mir die »Germania« des Tacitus aus der Bibliothek meines Hausherrn, zusammen mit einem Wörterbuch natürlich, um wieder ein wenig hineinzukommen. Die Vorlesungen sollten am 15. Oktober beginnen. Eine Art Mensa aber hatte schon eröffnet, wo man billig essen und versuchen konnte, erste Bekanntschaften mit künftigen Kommilitonen zu knüpfen. Häufiges Gesprächsthema war die Frage nach günstigen Möglichkeiten zu Nebenverdiensten.

Es waren gute Tage – freilich enttäuschte mich, daß in der Öffentlichkeit, in den Zeitungen, aber auch in Gesprächen, die man da und dort führte, nur wenig von einem neuen Schwung, einem Drang nach Erneuerung zu spüren war und kaum ein Interesse an ernsthafter Beschäftigung mit der jüngsten Vergangenheit. Ungeheure und ungeheuerliche Dinge waren geschehen, so dachte ich, nun mußte doch etwas passieren. Was das konkret sein sollte, hätte ich auch nicht zu sagen gewußt. Aber aufregen sollten sich die Menschen, fragen, was eigentlich vor sich gegangen war, warum es so gekommen war und was man lernen müsse für die Zukunft. Es mag auch mit der Politik der britischen Be-

satzungsmacht zusammengehangen haben, die politische Versammlungen in ihrer Zone erst vom 15. September an erlaubte,
daß so wenig sich rührte. Mein Aufenthalt dort dauerte auch so
kurz, meine Erfahrungen waren dementsprechend begrenzt, daß
ich gut daran tue, solche Beobachtungen mit einer gewissen Vorsicht zu notieren. Daß die Menschen vor allem beschäftigt waren
mit den vielen, schwierigen Problemen der täglichen Existenzvorsorge, nicht zu reden von der bangen Sorge um den Verbleib
der vielen noch nicht zurückgekehrten Kriegsteilnehmer, war nur
allzu verständlich. Mein Eindruck aber war doch der, daß viele
Leute zu sehr nach rückwärts blickten, sich auf eine Wiederherstellung früherer Verhältnisse einrichteten, einfach anknüpften
an frühere Denkweisen, was bedeutete, daß man bewußt oder
unbewußt daranging, die bösen zwölf Jahre als eine Art Aberration möglichst schnell und möglichst gründlich zu streichen. Die
Mirbts waren hilfsbereite, gute Menschen, keineswegs nazifreundlich. Aber ich erinnere mich, wie ich mich wunderte über
die Empörung, mit der in dieser Familie die Nachricht kommentiert wurde, daß die Berliner Philharmoniker zwei Konzerte unter der Leitung eines farbigen Dirigenten gegeben hatten. Das
deutsche Vorzeigeorchester *par excellence*, dirigiert von einem
Neger! Paul Fechter hätte sich in der alten *DAZ* wohl ebenso erregt.

Über alledem hatte ich die Familie in Berlin nicht vergessen.
Eine Antwort auf meine Karte hatte ich nicht erhalten. Der
Wunsch wuchs, selbst zu sehen, wie es dort stand und wie es allen ergangen war. Ich hörte von Leuten, denen die Überschreitung der »grünen Grenze«, wie man bald sagte, gelungen war.
Nicht jeder, das war auch klar, wurde von den Russen geschnappt.
So machte ich mich eines Tages auf, um die Zeit bis zur Aufnahme des Vorlesungsbetriebes für eine Reise nach Berlin zu
nutzen. Sie gelang ohne größere Schwierigkeiten. In einem Dorf
dicht an der Zonengrenze hörte ich mich um und erfuhr, daß
schon andere dort warteten, von einem Orts- und Grenzkundigen nachts hinübergeschleust zu werden. Ich schloß mich der
Gruppe an, die von dem Führer, der den Weg offensichtlich nicht
zum ersten Male machte und von jedem für seine Hilfeleistung
einen kleinen Betrag kassierte, sicher auf die andere Seite ge

bracht wurde. Von Heiligenstadt, der nächstgelegenen Stadt in der Ostzone, verkehrte, wenn auch unregelmäßig, die Reichsbahn. Über Halle, wo ich die Nacht im überfüllten Wartesaal des Bahnhofs verbringen mußte, fuhr ich unbehelligt nach Berlin. Die ganze Reise hatte wegen der zahlreichen Zwischenstops mehr als vierundzwanzig Stunden gedauert. Es war Abend, als ich endlich in der Helfferichstraße ankam. Das Haus war unzerstört. Vorsichtig ging ich durch den Garten und sah durch das Fenster der großen, im Souterrain befindlichen Küche die Eltern Deiters, Babette, Dorle und Tante Ellen, die Schwägerin von Lisbeth Deiters, am Abendbrottisch. Ich war zu Hause.

Sie hatten Schlimmes erlebt. In ihren Erinnerungen schreibt meine Frau:

»Eines Abends Ende April betraten die ersten russischen Soldaten unser Haus und nahmen auf der Treppe einen SS-Mann gefangen, der sich ohne unser Wissen in unserem Haus versteckt hatte. Das Herz blieb uns stehen, es geschah aber zunächst nichts. Die am unmittelbaren Kampf beteiligten Soldaten und Offiziere verhielten sich anständig. Unser Unglück war, daß eine breite Straße von Dahlem nach Schmargendorf in unserer nächsten Umgebung zäh von SS-Truppen verteidigt wurde. In dem Park vor unserem Haus wurde ein sowjetisches Katjuscha-Geschütz aufgestellt, das die Straße beschoß und seinerseits von deutschen Fliegern bombardiert wurde. So erlebten wir noch einen deutschen Fliegerangriff. Schlimmer für uns war, daß nun sowjetische Soldaten aus dem Troß bei uns eindrangen, plünderten und meine Schwester und mich vergewaltigten. Es gibt Menschen, die sagen, man hätte sich wehren sollen. Ich weiß nicht, ob sie es täten, wenn man ihnen eine Pistole zwischen die Rippen setzt. So wollten wir nicht sterben. In den folgenden Tagen versuchten wir, uns zu verbergen. Einmal verließen wir auf der Suche nach einer Zuflucht mit unserem Vater das Haus und gerieten mitten hinein in ein Gefecht zwischen sowjetischen und deutschen Soldaten. Es hätte uns das Leben kosten können. Nachdem die sowjetischen Truppen Schmargendorf erobert hatten, gingen wir,

vorbei an Pferdekadavern und provisorisch am Straßenrand
ausgehobenen Soldatengräbern, zu einer Bekannten, die in
einem unten zerstörten, aber in den oberen Etagen noch be-
wohnbaren Mietshaus eine Wohnung hatte und Babette
und mich aufnahm, bis Deutschland einige Tage später ka-
pitulierte. Die Kampfhandlungen wurden eingestellt, und
die sowjetische Militärführung sorgte mit strengen Maßnahmen dafür, daß Plünderungen und Vergewaltigungen
aufhörten.«

Es waren harte Tage, und es blieb auch nicht bei Plünderungen
und Vergewaltigungen. Ein Nachbar in der Helfferichstraße hatte mit den Russen den 1. Mai gefeiert und war seitdem spurlos
verschwunden. Der Verleger Hans Roeseler, ein alter Freund aus
den national-konservativen Kreisen um meinen Vater, kein Nazi,
wurde verhaftet, man wußte nicht warum und wohin man ihn
brachte. Er kam nicht wieder. Die Willkür traf auch die Familie.
Onkel Walter, Lisbeths Bruder, Polizeiarzt mit hohem Rang,
wurde verhaftet und kam erst nach fünf Jahren aus Buchenwald
zurück. Man hatte ihn fälschlich für einen Arzt gleichen Namens
gehalten, der jüdische Kinder für medizinische Experimente mißbraucht hatte. Vorkommnisse solcher Art aus den Ländern der
Zone wurden überall erzählt. Auch die Vergewaltigungen hörten
dort nicht so rasch auf wie in Berlin.

Befreiung? Für Menschen wie die Familie Deiters bestand daran
nie der geringste Zweifel. Sie fühlten sich befreit, und sie waren
es ja auch. Nicht nur, daß von ihnen, wie von allen anderen, die
furchtbare Last des Krieges genommen war. Die Kapitulation des
Naziregimes war die verdiente Katastrophe für das Regime. Sie
machte die Bahn frei, sie war Befreiung für alle, die das böse Erbe
des Faschismus überwinden und für eine bessere Zukunft arbeiten wollten. Schon Ende Mai 1945 nahm der 1933 entlassene
Pädagoge Deiters wieder die Arbeit auf. Er wurde Direktor des
Paulsen-Realgymnasiums in Steglitz. »Über alle Entbehrungen
und seelische Leiden«, schrieb er Ende der fünfziger Jahre in seinen Erinnerungen, »trug mich, wie so viele andere, damals die
Freude an der mir wiedergeschenkten Arbeit und der Wille hin-

weg, an meiner Stelle und mit meinen Kräften wiedergutzu-
machen, was Menschen meines Volkes an anderen Völkern ver-
schuldet hatten.« Die zunächst verfügte Entlassung aller Lehrer,
die Mitglieder der NSDAP gewesen waren, erzeugte einen riesigen
Bedarf an Lehrkräften. Dorle, die bis April in einer Munitions-
fabrik in Aschersleben hatte arbeiten müssen, meldete sich als
Schulhelferin und wurde sogleich eingestellt. Sie fand sich rasch
zurecht und ging, wie sie später schrieb, »mit einem ganz besonderen Glücksgefühl zu Arbeit. Der Krieg war vorüber, man lebte
und tat etwas Nützliches – man fühlte sich wie neugeboren.«

Der Schwung der Aufbruchsstimmung zog mich unwidersteh-
lich an. Es dauerte nur wenige Tage, bis ich die Idee, wieder nach
Göttingen zu gehen, aufgab. Ich war zurückgekehrt zu den Menschen, zu denen ich gehörte und die so tatkräftig das neue Leben
in Angriff nahmen. Zu ungetrübter Euphorie war bei aller
Freude über die neue Freiheit kein Anlaß. Daß die Befreiung mit
eigenen Kräften der Befreiung durch die Heere fremder Mächte
vorzuziehen gewesen wäre, war jedem klar. Nur – viel zu
schwach war der aktive Widerstand gewesen, zu dem man nicht
gehört hatte, und viel zu groß die Bereitschaft der überwiegenden Mehrheit der Deutschen, Hitler zu folgen und seine Herrschaft zumindest hinzunehmen, als daß eine Befreiung von innen eine Chance gehabt hätte. Es hätte kein Sowjetbanner auf
dem Reichstag, keine Stalinorgel in der Helfferichstraße gegeben, hätte sich nicht zuvor die deutsche Wehrmacht, darunter
mein Bataillon, fast bis auf Sichtweite zu den Kremltürmen vor-
gemordet. Niemand konnte so naiv sein anzunehmen, nichts als
eine hehre Befreiungsmission hätte die Sieger auf deutschen
Boden geführt. Sie alle verfolgten eigene Interessen, denen die
Besiegten Rechnung tragen mußten. Deutsche Politik und Kriegführung aber hatten den Zustand verursacht, in dem wir uns nun
befanden. So akzeptierte ich – und akzeptiere noch heute – die
Beendigung des Krieges durch die deutsche Kapitulation und die
Übernahme der Regierungsgewalt in Deutschland durch die
Siegermächte als Befreiung. Freude über das Ende des Krieges –
Genugtuung über den Sturz des Naziregimes – Scham über das
Unheil, das Deutsche über andere Völker gebracht hatten – Be-
reitschaft, daraus erwachsene Ansprüche der Sieger anzuerken-

nen: dies waren die wichtigsten Bestandteile der Weltsicht, mit
der ich 1945 meinen neuen Weg begann.

Die Berliner Universität, an der ich das Studium aufnehmen
wollte, sollte erst im Frühjahr 1946 wieder geöffnet werden.
Beim Nachdenken darüber, was ich bis dahin Vernünftiges anfangen sollte, kam Heinrich Deiters auf die Idee, mich vorübergehend als seinen Assistenten zu beschäftigen. In der neu gebildeten »Deutschen Zentralverwaltung für Volksbildung in der
Sowjetischen Besatzungszone« hatte er das Referat Lehrerbildung übernommen. »Zentralverwaltung für Volksbildung« – der
Name klang verheißungsvoll für jemanden, dessen Denken und
Hoffen so stark auf die Einheit des befreiten Vaterlandes gerichtet war wie er. Eindeutig war im Schlußprotokoll der Potsdamer
Konferenz bestimmt worden, daß Deutschland bis auf weiteres
keine zentrale Regierung haben sollte. Die in der sowjetischen
Besatzungszone Ende Juli 1945 auf Befehl der Sowjetischen
Militäradministration faktisch für alle Ressorts einer Regierung
gebildeten deutschen Zentralverwaltungen unterstanden direkt
der jeweiligen Fachabteilung der sowjetischen Militäradministration. Gegenüber den Landes- beziehungsweise Provinzialverwaltungen hatten sie keinerlei Weisungsbefugnis. In der in so vieler
Hinsicht offenen Situation der ersten Monate nach Kriegsende
mochte ihre Gründung gleichwohl als eine Art von Vorstufe für
später doch mögliche zentrale deutsche Regierungsorgane gelten.

Heinrich Deiters jedenfalls hat es so gesehen. Das Vorgehen
der sowjetischen Besatzungsmacht, das deutlich über die Fest-
legungen von Potsdam hinausging und zunächst keine Entspre-
chungen in den westlichen Besatzungszonen hatte, begründete
eine positive Erwartungshaltung gegenüber den Zielen der sowjetischen Deutschlandpolitik. Sie wurde übrigens von einem
alten Bekannten aus den USA bekräftigt. Dick Watt, einer der
beiden amerikanischen Studenten, die im Sommer 1939 Gast im
Hause Deiters gewesen waren, kam als Leutnant der amerikanischen Streitkräfte mit der amerikanischen Besatzung nach
Deutschland und suchte seinen alten »Lehrer« Deiters auf. Im
Gespräch zeigte er sich kritisch gegen die Deutschlandpolitik seines Landes und gab zu verstehen, daß seiner Meinung nach die
deutschen Interessen bei den Sowjets besser aufgehoben seien –

ein Plädoyer nicht etwa für die Übernahme sowjetischer politischer Verhältnisse auf Deutschland, sondern bezogen auf die Frage der Wiederherstellung beziehungsweise Bewahrung der Einheit Deutschlands.

Nicht nur Hoffnungen für die langfristige nationale Perspektive allerdings bewogen Deiters, das sowjetische Angebot anzunehmen. Von der sozialistischen Siegermacht und den mit dieser eng verbundenen deutschen Kommunisten, die in der Zentralverwaltung maßgeblichen Einfluß ausübten, erwartete er eine Schul- und Bildungspolitik, die es ihm ermöglichen würde, schulreformerische Ideen, die er in der Weimarer Republik entwickelt hatte, zu verwirklichen: Brechung traditioneller Bildungsprivilegien durch den Aufbau einer Einheitsschule und die gezielte Förderung von Studienwilligen aus Arbeiter- und Bauernfamilien, Aufhebung des Bildungsgefälles zwischen Stadt und Land – in der Ostzone gab es 1945/46 noch mehr als 4000 einklassige Landschulen –, einheitliche Lehrerbildung auf Universitätsniveau: solche Ziele, verbunden mit der inhaltlichen Orientierung auf entschieden antifaschistisch-demokratische Bildungsinhalte, fanden seine volle Zustimmung. »Die Jugend zu selbständig denkenden und verantwortungsbewußt handelnden Menschen zu erziehen«, so lautete die Zielsetzung in der Präambel des »Gesetzes zur Demokratisierung der deutschen Schule«, das nach Vorarbeiten der Zentralverwaltung im Frühjahr 1946 von den Präsidien der Landes- und Provinzialverwaltungen der Ostzone angenommen wurde. Deiters war an den Vorarbeiten beteiligt. Für ihn waren das nicht leere Worte, er nahm sie ernst.

Sein Antrag, mich als seinen Assistenten einzustellen, war unverzüglich genehmigt worden, und so gingen wir seit den letzten Septembertagen 1945 täglich zusammen zur Arbeit. Einige Wochen hindurch hatten wir eine längere Strecke zu Fuß zurückzulegen. Wir fuhren mit der U-Bahn von der Podbielskiallee bis zur Kurfürstenstraße. Von dort liefen wir durch die zerstörten Straßen, durchquerten einen Teil des Tiergartens, der bevölkert war von Menschen, die sich Brennholz von den zerschossenen Bäumen besorgten, und von Schwarzhändlern, die gelegentlich durch Razzien der Polizei aufgescheucht wurden, nach deren Verschwinden aber sogleich wieder zusammenkamen, bis wir in unser, im Winter erfreulicherweise geheiztes, Dienstgebäude kamen. Es befand sich in den nicht zerstörten Teilen des ehemaligen preußischen Kultusministeriums, Wilhelmstraße Ecke Unter den Linden, dort, wo seit 1999 ein Bürogebäude für die Abgeordneten des Bundestags steht. Die Hauptaufgabe des Referats Lehrerbildung bestand in jenen ersten Wochen und Monaten in der inhaltlichen und organisatorischen Vorbereitung von Kursen, in denen, um dem akuten Lehrermangel abzuhelfen, Männer und Frauen, die sich für die pädagogische Arbeit in der neuen Schule interessierten, in acht Monaten zu Neulehrern ausgebildet wurden. Ich hatte Hilfsarbeiten verschiedenster Art zu leisten, Bewerbergespräche vorzubereiten und zu protokollieren, Literatur für die Ausarbeitung der Lehrprogramme für die Neulehrerkurse zu beschaffen u. ä.

In meiner Arbeit lernte ich täglich Neues über Probleme, von denen ich früher nichts gewußt hatte. Am interessantesten war es, auf Menschen zu treffen mit Lebenserfahrungen, wie sie mir bis dahin nicht begegnet waren. Sie haben mich tief beeindruckt und waren ein wichtiger Anstoß für mich, den politischen Weg einzuschlagen, an dem sie auch unter schwierigsten Bedingungen festgehalten hatten. Präsident der Zentralverwaltung war der in Mannheim geborene Kommunist Paul Wandel, Mitarbeiter von Wilhelm Pieck in der Moskauer Emigration. Er war gelernter Maschinentechniker, arbeitete sich aber rasch in sein neues Arbeitsgebiet ein und gewann durch seine Intelligenz und seine Bereitschaft und Fähigkeit zur Zusammenarbeit mit Nichtkommunisten, seien es Sozialdemokraten oder bürgerliche Wissenschaftler, Ansehen und Respekt. Vizepräsident war der Sozialdemokrat Marquardt, ein Literaturwissenschaftler, der in der Nazizeit zurückgezogen in Berlin gelebt hatte. Personalchef, wie damals der spätere Kaderleiter wohl noch hieß, war Oskar Hoffmann, Kommunist, Rheinländer seiner Herkunft nach, seit 1936 wegen illegaler Arbeit eingekerkert, zuletzt im Konzentrationslager Mauthausen. Der Ex-Offizier Hadermann, der aus der schwedischen Emigration heimgekehrte Mathematiker Peters, Fachleute unterschiedlicher politischer Couleur für die verschiedenen Zweige des Unterrichts, Funktionäre der ehemaligen Lehrergewerkschaften: es war eine lebendige, bunte Mischung von

Persönlichkeiten und Charakteren, die sich in dieser ersten Zeit des Neuaufbaus zusammengefunden hatten. Ein alter Bekannter tauchte auf: Wilhelm Heise, nach der Befreiung erster Schulrat in Steglitz, jetzt stellvertretender Leiter der Schulabteilung der Zentralverwaltung. Er war jener kommunistische Lehrer, der den Schüler Ludwig Deiters 1933 gefragt hatte, was denn sein Vater und dessen Freunde nun machten. Bis 1935 war er noch im Schuldienst gewesen, aus dem er ausscheiden mußte, als er nicht bereit war, sich von seiner jüdischen Frau zu trennen. Der angesehene parteilose Mediziner Professor Theodor Brugsch, Direktor einer der medizinischen Kliniken der Charité, leitete die Hochschulabteilung.

Im Gebäude der Zentralverwaltung befand sich auch das Büro eines Zentralen Jugendausschusses, der von einigen jungen Antifaschisten, vorwiegend Kommunisten und Sozialdemokraten, aufgebaut wurde. Zu ihnen ging ich eines Tages, stellte mich als ein Mitarbeiter des Hauses vor, der gerne politisch im antifaschistischen Sinne tätig sein wolle, und fragte sie, ob ich bei ihnen vielleicht irgendwie mittun könne. War diese Frage so naiv? Die kleine Gruppe von Leuten, die ich angetroffen hatte, zeigte sich erstaunt, fast peinlich berührt von der Idee eines kleinen Würstchens, in ihrem Kreis, der sich offenbar schon damals fest als Führungsgruppe fühlte, einfach mitzumachen. Ich solle mich an den antifaschistischen Jugendausschuß meines Stadtbezirks wenden, beschied man mich. Nicht diese Auskunft an sich, die ja ganz verständlich und auch hilfreich war, war mir doch die Existenz solcher Jugendausschüsse bis dahin unbekannt, störte mich, sondern der zurückweisende, an mir und meinem Anliegen ganz uninteressierte Ton, in dem sie von oben herab erteilt wurde. Es war Erich Honecker, der sie mir gab – in dem ersten und einzigen Gespräch, das ich je mit ihm hatte. Dabei waren noch Heinz Keßler und, wie ich glaube, auch Paul Verner und Hermann Axen, alles spätere Größen der DDR-Führung, die ihre Karriere in der FDJ – sie wurde 1946 gegründet – begannen.

Zu Beginn meiner Tätigkeit mußte ich mich auch beim Beauftragten der vorgesetzten Behörde, der Sowjetischen Militäradministration (SMAD) vorstellen, der ein Büro im Hause der Zentralverwaltung hatte. Der Offizier, der mich sachlich zu meinem

Leben und meinen Vorstellungen befragte, sprach Deutsch.
Meine Auskünfte müssen ihn zufriedengestellt haben; er stimmte meiner Anstellung zu. Ob er es war oder Oskar Hoffmann, der
mich nach meiner Einstellung zur Sowjetunion und zur sowjetischen Besatzungsmacht fragte, weiß ich nicht mehr. Deutlich
aber erinnere ich mich, diese Frage zurückhaltend beantwortet zu
haben. Ich hatte keine Schwierigkeit, meine Übereinstimmung
mit den damals proklamierten Zielen der sowjetischen Politik in
Deutschland zu erklären und meine Bereitschaft, in diesem
Rahmen selbst tätig zu werden. Sicher sprach ich von der Schuld,
die die Deutschen durch ihren Krieg gegen die Sowjetunion auf
sich geladen hätten. Emotionale Sympathiebekundung aber, so
gab ich zu bedenken, sei nicht zu erwarten von jemandem, der bis
vor kurzem in jedem uniformierten Russen einen Feind habe sehen müssen und von diesem als Feind betrachtet worden war.
Mir gefiel, daß diese Äußerung nicht als Affront zurückgewiesen, sondern ruhig als das aufgenommen wurde, was sie war, ein
Appell an Geduld und Verständnis. In der Tat war es doch erst
wenige Monate her, daß ich als Soldat mehrere Male vor der
Sowjetarmee geflüchtet war und schließlich bewußt die amerikanische, nicht die sowjetische Seite gewählt hatte, um in Gefangenschaft zu gehen. Natürlich dachte ich auch an die schlimmen
Erfahrungen der Familie Deiters mit den sowjetischen Befreiern
bei Kriegsende, an die Verhaftungen von Freunden und Verwandten.

Bei alledem war ich positiv beeindruckt von dem an allen
Ecken plakatierten Stalin-Wort »Die Hitler kommen und gehen,
das deutsche Volk und der deutsche Staat bleiben bestehen«. Wie
aber sollte der aussehen? Daß zur Überwindung des Nationalsozialismus tiefgreifende Veränderungen der Gesellschaft nötig
sein würden, daß es nicht genügen würde, einfach die Zustände
wiederherzustellen, wie sie vor 1933 gewesen waren, Zustände,
die doch zur Herrschaft des Faschismus geführt hatten, leuchtete
mir sehr ein. Nicht allgemeine Gesellschaftstheorien brauchte
ich, um so zu denken. In diese Richtung drängten mich die Erfahrungen aus der eigenen Familiengeschichte, insbesondere die
meines Vaters, die so überdeutlich von der Verantwortung der
vor 1933 in Deutschland führenden wirtschaftlichen und politi

schen Eliten für die »Machtergreifung« Hitlers zeugten. Überlegungen solcher Art gab es damals nicht nur in programmatischen Stellungnahmen der sowjetischen Sieger. Sie bildeten die Basis für die Erklärungen von KPD und SPD, fanden sich aber auch bei Politikern der bürgerlichen Parteien. Die Bedrückung durch das gewalttätige Verhalten der sowjetischen Sieger bei der Befreiung, das sich auch nach dem 8. Mai an vielen Orten der Ostzone fortsetzte, blieb. Sie spielte bei uns aber keine wesentliche Rolle. Exzesse einer nach den schrecklichen Erfahrungen des langen Krieges, den Verwüstungen in ihrem Land aus der Kontrolle geratenen Armee seien es, scheußlich und unverzeihlich, aber in ihrer Lage irgendwie zu verstehen. Viele Beispiele zeigten zudem, daß die sowjetische Armeeführung gegen solche Erscheinungen einschritt. Daß Menschen verhaftet wurden, denen man vorwarf, sie seien aktive Nazis, womöglich an Naziverbrechen beteiligt gewesen, war ein Vorgehen, dem bewußte Antifaschisten grundsätzlich zustimmen konnten – zumal angesichts immer neuer Entdeckungen über die Massenhaftigkeit und die Grauenhaftigkeit der von dem gestürzten System verübten Verbrechen. Freilich barg diese Denkweise die Gefahr, stumpf zu werden gegenüber der Möglichkeit, daß auch Unschuldige verfolgt wurden. Damals bereits entstand keimhaft eine Denkweise, die letztlich so verhängnisvoll zum Scheitern des Gesellschaftsmodells beigetragen hat, dem ich mit Millionen anderer Jahrzehnte hindurch angehangen habe: die Tendenz, über Vorzügen der eigenen Sache die Aufmerksamkeit für ihre Schattenseiten zu vernachlässigen, wenn nicht völlig fahrenzulassen. Die Tendenz ist gewiß weit verbreitet und in gewissem Sinne schlicht menschlich. Sie ist aber gefährlich und schließlich tödlich, wenn die Schattenseiten immer größer und die Vorzüge immer geringer werden.

Jede Erörterung der Lebensentscheidungen, die Deutsche 1945/46 trafen, muß schließlich die Offenheit der damaligen Situation berücksichtigen. Wer sich damals entschied, im Osten oder im Westen zu arbeiten, der entschied sich nicht *a priori* für den Anschluß an eines von zwei feindlichen Lagern, die sich absolut und unversöhnlich gegenüberstanden, wie es wenige Jahre später der Fall war. Antifaschisten konnten davon ausgehen, daß ganz Deutschland unter der Regie von Siegermächten stand, die

prinzipell in vielem übereinstimmten. Man wählte nicht ein Lager
gegen das andere, sondern eine Seite, die sich gewiß von der anderen unterschied – und dieses Unterschiedes wegen traf man
seine Wahl –, erblickte aber in der anderen weniger einen Gegner
als vielmehr einen Konkurrenten, der mit anderen Methoden
dem grundsätzlich gleichen Ziel zustrebte, einem demokratischen, antifaschistischen Deutschland. Wer so dachte, knüpfte in
gewisser Weise an die Gemeinsamkeiten der Antihitlerkoalition
an, die freilich rasch dahinschmolzen. Wie verbreitet solche Gedanken waren, ist schwer zu sagen. Es ist im nachhinein leicht,
den Kopf zu schütteln über so viel Blauäugigkeit. In den ersten
Monaten nach Kriegsende aber gab es solche Überlegungen, und
sicher bestimmten sie das Denken in dem Familien- und
Freundeskreis, in dem ich mich bewegte.

Der antifaschistische Jugendausschuß in Zehlendorf, auf den
mich Erich Honecker verwiesen hatte und den ich zusammen mit
Dorle und Ludwig häufig frequentierte, erwies sich als eine
Stätte überaus lebendiger Aktivitäten. Er befand sich in einer
großen Villa, in der mehrere Räume für Diskussionen, Lesungen,
musikalische Veranstaltungen, Tanzereien zur Verfügung standen. Es gab wohl ein kleines Büro, in dem jemand ehrenamtlich
damit beschäftigt war, die Veranstaltungen zu koordinieren,
Räume zu verteilen usw. Wie das Ganze finanziert wurde, weiß
ich nicht; ich nehme an, aus dem Etat des Stadtbezirks. Eine »Leitung«, die Programme vorgab, existierte nicht. Wer sich interessierte und das Gespräch suchte mit jungen Leuten, die ebenfalls
auf der Suche nach neuen Inhalten waren, kam hin und fand immer jemanden, mit dem zu reden, dem zuzuhören sich lohnte.
Wir diskutierten über Erlebtes und Gehörtes aus Nazizeit und
Krieg, vor allem aber über Dinge, die nun neu auf uns zukamen,
hörten Jazzmusik, die verpönt gewesen war, sangen Lieder von
Eisler und Brecht, diskutierten über russische oder amerikanische
Filme, die wir gesehen hatten, stritten über die Berechtigung der
Aussiedlung von Deutschen aus Polen und der Tschechoslowakei,
redeten über die Programme der Parteien und über den Eindruck,
den man von diesem oder jenem der Politiker hatte, die jetzt eine
führende Rolle im demokratischen Deutschland beanspruchten.
Außerdem, und nicht zuletzt, hatten wir einfach Spaß mitein-

ander, junge Leute, die sich verbunden fühlten durch ähnliche Interessen, keineswegs aber nur verbissen politische Streitgespräche führten.

Politisch aber war mein vorwiegendes Interesse schon. Ich wollte mich informieren, suchte das Gespräch mit Angehörigen oder Sympathisanten der verschiedenen politischen Strömungen, um festere Grundlagen für die Präzisierung eigener Positionen zu gewinnen. Denn es ist richtig, was ich zu meinem 65. Geburtstag rückblickend auf jene Zeit sagte: geprägt durch das Vorbild von Vater und Pflegevater, denen es selbstverständlich gewesen war, tätig am öffentlichen Leben teilzunehmen, wäre es mir ganz fremd gewesen, beiseitezustehen, abzuwarten, wie die Dinge sich entwickeln würden. Ich wollte mittun bei dem, was nun zu tun war.

Der faszinierendste neue Bekannte war Boris Djacenko. Er war einige Jahre älter als ich, stammte aus Riga, wo er wegen politischer Tätigkeit schon von der Schule und später von der Universität gewiesen worden war, durchlebte Wanderjahre in verschiedenen europäischen und nordafrikanischen Ländern, wurde in Frankreich wegen des Verteilens kommunistischer Flugblätter verhaftet und 1940 aus dem berüchtigten Internierungslager Le Vernet als Fremdarbeiter ins faschistische Deutschland verschleppt. Dort erneut verhaftet, flüchtete er aus dem Gefängnis, schlug sich unter falschem Namen als Kellner, Koch und Bühnenarbeiter durch und fand schließlich Anschluß an eine Widerstandsgruppe ausländischer Fremdarbeiter. Der Mann, der so viel erlebt und gesehen hatte, protzte nicht etwa mit seinen Kampferfahrungen, er erzählte einfach Geschichten aus seinem Leben. Er war ein leidenschaftlicher Revolutionär, voller Hoffnung auf die Verbesserung der Welt durch Überwindung der kapitalistisch-imperialistischen Ausbeuter- und Kriegstreibergesellschaft. Dem Enthusiasmus und der Zuversicht, die von ihm ausging, konnte man sich schwer entziehen. Sein Talent eines glänzenden Erzählers war die Grundlage einer bemerkenswerten Laufbahn als Schriftsteller in der DDR. Er schrieb Novellen, Kurzgeschichten, Romane und auch einige Dramen, farbig und spannend, aber auch nachdenklich, über Menschenschicksale in der so bewegten Welt der antifaschistischen Bewegungen in der ersten Hälfte des

20. Jahrhunderts. Ich hatte später keine Verbindung mehr zu
ihm, hörte nur mit Zorn, daß er bei den DDR-Oberen in
Ungnade fiel, als er in einem Roman im Zusammenhang mit der
Befreiung Ostdeutschlands durch die Rote Armee auch die
Vergewaltigungen deutscher Frauen erwähnte. Er war nicht bereit zu ändern. Der Roman konnte nicht erscheinen. Die Karriere
des beliebten Autors war zu Ende – nicht gerechnet einige Krimi-
nalromane, die er unter Pseudonym noch bei DDR-Verlagen
unterbringen konnte.

Im Jugendausschuß lernte ich auch Klaus Bölling kennen. Der
Sohn eines Journalisten, der meinen Vater sehr geschätzt hatte,
gehörte damals der KPD an. Ich besuchte ihn gelegentlich auch in
der Redaktion der Jugendzeitung *Neues Leben*, die unter der
Regie des Zentralen Jugendausschusses herausgegeben wurde. Er
war der leitende Redakteur und hatte sein Büro im nicht zerstörten Teil des Hotels »Adlon«, gegenüber der Zentralverwaltung
für Volksbildung in der Wilhelmstraße. Später studierten wir
beide Geschichte an der Humboldt-Universität, bis er 1947 oder
1948 mit der SED brach, deren zunehmend undemokratischen
Kurs er nicht weiter mittragen wollte. Im Westen absolvierte er
dann eine steile Karriere als Journalist und als sozialdemokratischer Politiker.

Ob die Tatsache, daß in meiner Erinnerung an den Jugendausschuß vor allem linksorientierte junge Antifaschisten vor-
kommen, ein Anzeichen für die Dominanz dieser Richtung im
Jugendausschuß ist, oder Folge meiner damals bereits ausgepräg-
ten Neigung in diese Richtung, so daß Linke mich einfach mehr
interessierten, ist schwer zu sagen. Beides spielt wohl eine Rolle.
Tatsächlich erinnere ich mich nicht an Teilnehmer, die der CDU
nahestanden, wohl aber an einen dunkelhaarigen, meist schweig-
samen Liberaldemokraten namens Mahnke. Andere, sicher die
Mehrzahl, waren nicht mit einer Partei verbunden.

Großen, nachhaltigen Eindruck machte uns ein Vortrag über
den Dialektischen und Historischen Materialismus, den ich Ende
1945 zusammen mit Dorle in der Volkshochschule Zehlendorf
hörte. Er fand in der Schadow-Schule statt, deren Direktor jetzt
übrigens mein alter Lehrer Erich Jauernig war. Redner war Ernst
Niekisch. Wir wußten kaum etwas über die ganz eigene Rolle

Niekischs in den Jahren der Weimarer Republik – seine Beteiligung an der bayerischen Räterepublik 1919, seinen publizistischen Kampf gegen Versailles, die deutsche Demokratie und die deutsche Großbourgeoisie sowie für eine Anlehnung Deutschlands an die Sowjetunion, seine 1932 erschienene Schrift »Hitler – ein deutsches Verhängnis«. Wir sahen einen Mann, der körperlich schwer gezeichnet war durch die Mißhandlungen in achtjähriger Kerkerhaft der Nazis. Er ging am Stock und war fast erblindet. Und wir hörten einen Vortrag von bestechender Klarheit. Die undogmatische, auf eine profunde Kenntnis der Schriften von Marx und Engels gestützte, lebendig vorgetragene Erläuterung materialistischer und dialektischer Prinzipien zur Erklärung von Geschichte und Gegenwart der menschlichen Gesellschaft leuchtete uns ein. Hier war eine Theorie, so sahen wir es, die geeignet war, Orientierung zu geben für künftiges Denken und Handeln. Daß die Geschichte aufzufassen sei als eine Abfolge von Kämpfen interessengeleiteter Klassen, deren Handeln aus ihrer je verschiedenen materiellen Situation zu erklären sei, daß die Spaltung jeder Nation in Herrschende und Unterdrückte auf spezifischen Ausbeutungsmechanismen beruhte, die ökonomisch zu analysieren und zu erklären seien, daß Kriege nicht für die erhabenen Prinzipien von Nation und Vaterlandsverteidigung geführt wurden, sondern in Wahrheit für die Festigung und Ausweitung der Macht von Herrschenden, daß die stets und überall Unterdrückten berufen und in der Lage seien, die Macht der Herrschenden zu stürzen und damit nicht nur die eigene Unterdrückung zu beenden, sondern die Voraussetzung zu schaffen, daß alle Menschen in Freiheit und Frieden leben konnten: all das schien uns eine großartige Vision, geeignet als Wegweiser auch in der entschiedenen Wende, die in Deutschland so offensichtlich auf der Tagesordnung der Geschichte stand.

Stärkstens beeindruckt durch den Vortrag Niekischs, meinte ich gleichwohl, es könne nicht schaden, die neue, durch selbständiges Studium noch kaum gestützte Weltsicht im Gespräch mit einem dezidierten Nichtmarxisten auf die Probe zu stellen. Ich suchte den Pfarrer auf, der bei meines Vaters Beerdigung gesprochen und Peter und mich konfirmiert hatte, den Siebenbürger Wilhelm Arz. Abgesehen von diesen eher offiziellen Akten hatte

ich kaum Kontakt zu ihm gehabt. In meinem Elternhaus hatte die
Religion keine besondere Rolle gespielt. »Man« war eben in der
Kirche. Zum Gottesdienst wurden wir Kinder einmal im Jahr ge-
führt, und zwar zum Kindergottesdienst am Nachmittag des 24.
Dezember – ich vermute, auch deshalb, um unserer Mutter Ruhe
für die Herrichtung des Weihnachtszimmers zu verschaffen.
Dennoch war Pfarrer Arz für mich eine Autorität, nicht zuletzt
auch als Landsmann und alter Bekannter meiner Eltern. Er empfing mich freundlich, hörte sich an, was ich ihm von meinen neu-
en Gedanken erzählte, bewirkte aber in seinen Antworten das
Gegenteil dessen, was er beabsichtigte. Marxismus, Sozialismus,
Kommunismus – das waren fremde, feindliche Welten für ihn, zu
deren Diskussion es gar nicht kam. Was er mir sagte und wovon
er mich zu überzeugen suchte, war eine überaus einfache, funda-
mentalistische Welt- und Menschensicht. Schon die Darwinsche
Abstammungstheorie lehnte er als verhängnisvolle Irrlehre ab.
Buchstabengetreu habe man der Bibel zu glauben, die Schöp-
fungsgeschichte als Wahrheit zu nehmen, so, wie es dort geschrieben steht. Dem konnte ich beim besten Willen nicht folgen.
Dialektischer und Historischer Materialismus erschien mir nach
diesem Gespräch noch einleuchtender als zuvor.

Davon aber wollte ich mehr wissen, was mich logischerweise
in den Umkreis derjenigen Partei führte, die sich programmatisch
auf den Marxismus berief, die KPD. Gemeinsam mit Dorle und
Ludwig besuchte ich einen Zirkel über Grundfragen des
Marxismus, der im Winter 1945/46 in der KPD-Kreisleitung am
Teltower Damm in der Nähe des S-Bahnhofs Zehlendorf-Mitte
von einem Funktionär der KPD, Eugen Menger, für junge Mitglieder und Sympathisanten der Partei abgehalten wurde.
Wöchentlich einmal kamen wir abends für zwei Stunden zusammen, etwa zehn bis zwölf Teilnehmer, und arbeiteten Stalins
Schrift »Über dialektischen und historischen Materialismus«
durch. Es war ein Abschnitt aus der 1938 erschienenen »Ge-
schichte der KPdSU (B). Kurzer Lehrgang«, die später zu einer
Bibel der Partei hochstilisiert wurde, deren buchstabengetreue
Aneignung Pflicht jedes guten Genossen war. In unserem Zirkel
wurde das so noch nicht gesehen. Eugen Menger war nicht der
Typ des eifernden Dogmatikers, der andere zwang, die vorgetra-

gene Meinung kritiklos anzuerkennen. Er war Kommunist schon vor 1933, Lehrer von Beruf, wenn ich nicht irre. In der Nazizeit hatte er sich in irgendeinem Betrieb als kleiner Angestellter durchgebracht. Als Funktionär der Partei nach 1945 war er ein ehrlicher, bescheiden auftretender, anständiger Mann, den wir schätzten und der blieb, was er war, auch als er später im Berliner Kulturbund leitende Funktionen innehatte, in denen Heinrich Deiters, Ludwig und ich häufig mit ihm zu tun hatten. Die Stalin-Broschüre sah er nicht als Gebetbuch, sondern als nützliche, durch die simple Präsentation des komplizierten Stoffes für Anfänger geeignete Einführung. Sicher war es für ihn die gültige Interpretation, eine Einschätzung, die wir durchaus zu teilen bereit waren. Fragen und echte Diskussion aber waren in diesem Kreis selbstverständlich. Natürlich hatte Menger nicht die überlegene Intelligenz, die Kenntnisse und die Brillanz eines Niekisch, den gehört zu haben ein Gegengewicht zu allzu einfachen Denkmustern blieb.

Aufmerksam verfolgte ich die politischen Diskussionen und Auseinandersetzungen jener Monate. Zwar zeigten sich bald erste Risse in dem politischen Bündnis, dem Block der antifaschistischen Parteien, in dem sich die von der SMAD zugelassenen Parteien im Sommer 1945 programmatisch zusammengeschlossen hatten. Vorbehalte in Teilen der CDU und der LDPD gegen die grundsätzlich gemeinsam beschlossenen Reformen, wie etwa die Bodenreform, wurden nachdrücklicher geäußert, je mehr sich in den Westzonen gegenläufige, beharrende Tendenzen als vorherrschend herausstellten. Für Zündstoff sorgte überall in der Ostzone auch die zunehmende Tendenz der Kommunisten, ihren politischen Einfluß – gestützt auf die Besatzungsmacht – rücksichtslos nicht nur gegen alte Nazis, sondern auch gegen die Blockverbündeten einzusetzen. Noch aber waren wir weit entfernt von den Verhärtungen der späteren Jahre.

Politisch galten die Interessen der Familie Deiters 1945/46 besonders der Entwicklung des Verhältnisses zwischen den beiden sozialistischen Parteien, der SPD und der KPD. Heinrich Deiters war sogleich nach ihrer Wiederbegründung seiner alten Partei beigetreten, der SPD. Nicht eine Neuauflage der SPD-KPD-Konfrontation der Jahre vor 1933 schwebte ihm dabei vor. Er sah in jener Konfrontation eine entscheidende Schwächung der Anti-Nazi-Kräfte der Weimarer Republik. Zusammengehen der beiden Arbeiterparteien, am besten ihre Verschmelzung zu einer einheitlichen sozialistischen Partei – das war die Konsequenz, die seiner Meinung nach aus den Erfahrungen der Nazidiktatur gezogen werden müsse. Den Boden dafür sah er bereitet durch die feierlichen Erklärungen der KPD, die sich, im Gegensatz zu ihrer vor 1933 vertretenen, verhängnisvollen Forderung nach einem »Sowjetdeutschland«, nun für die Schaffung einer parlamentarisch-demokratischen Republik, für die Zusammenarbeit aller antifaschistischen Parteien und dezidiert gegen die Einführung des Sowjetsystems in Deutschland aussprach. Auch die Kommunisten, so hieß es in dem ersten Aufruf der KPD, fühlten sich schuldig, hätten sie es doch vor 1933 durch eine Reihe von Fehlern nicht vermocht, die zur Abwehr der Hitlerherrschaft erforderliche breite antifaschistische Einheit zustande zu bringen. Neue Töne kamen auch von dem in Berlin gegründeten Zentralausschuß der SPD, der ebenfalls auf eine Wiederbelebung der alten Polemik verzichtete und die Herstellung der Einheit der Arbeiterbewegung als die entscheidende Konsequenz aus den Erfahrungen der nationalsozialistischen Diktatur bezeichnete. Da beide Parteien gleiche oder ähnliche Auffassungen über die Notwendigkeit durchgreifender Maßnahmen zur Beseitigung aller Überreste des faschistischen Systems und über die gesellschaftsverändernden Maßnahmen vertraten, die eine Wiederholung solchen Unheils unmöglich machen würden, war es für Heinrich Deiters selbstverständlich, den Kurs derjenigen Sozialdemokraten zu unterstützen, die für die Vereinigung der Arbeiterparteien eintraten. Daß dies der richtige Weg war, empfanden auch wir jungen Mitglieder der Familie. Für mich, wie für Dorle und Ludwig, war es ganz natürlich, der Entscheidung des verehrten Mannes zu folgen, die die vielfältigen Anregungen, die wir von außen erhalten hatten, gleichsam persönlich bestätigten. Als im April 1946 die Sozialistische Einheitspartei Deutschlands gegründet wurde, waren wir vier Mitglieder dieser Partei. Das bedeutete übrigens auch für unsere kleine Familiengemeinschaft eine Vereinigung. Seit dem Januar 1946 nämlich waren auch wir Jungen Mitglieder einer Partei, aber nicht der SPD wie unser

Papá, sondern der KPD. Wir hatten ihn wiederholt zu öffentlichen Versammlungen und häufig hitzigen Diskussionen begleitet, in denen er für die Vereinigungspolitik warb. Differenzen zwischen uns gab es nicht. Als ich mich aber entschloß, ebenfalls Mitglied einer Partei zu werden – auf die Gründung der Einheitspartei mochte ich nicht warten –, wollte ich es bei denen tun, die am radikalsten widerstanden hatten, am schärfsten verfolgt worden waren und nun am geschlossensten die neue Linie vertraten. So füllte ich eines Tages im Mengerschen Zirkel den Aufnahmeschein für die KPD aus. Dorle und Ludwig taten das gleiche. Die Aufnahme ging damals noch ohne die später eingeführten komplizierten Prozeduren vor sich, ohne Bürgen und Kandidatenzeit. Man erklärte, dabei sein zu wollen, und man war es.

Für uns war die Vereinigung von SPD und KPD keine Zwangsvereinigung. So wie Heinrich Deiters, aus den gleichen Motiven, mit den gleichen Erwartungen und Hoffnungen, gingen damals nicht wenige Sozialdemokraten den Weg in die Einheitspartei. Sie hatten Gründe, so zu denken, und es wäre eine unzulässige Vereinfachung, wollte man diesen Willen, ja das Drängen vieler Sozialdemokraten zur Einheit aus der Geschichte jener Monate streichen oder auch nur marginalisieren. Ohne dieses hätte es eine Einheitspartei nicht geben können. Unbestreitbar aber ist, daß vielfältiger Druck der Besatzungsmacht und kommunistischer Funktionäre den Gang der Dinge und das schließliche Ergebnis entscheidend bestimmt haben. Insofern ist es berechtigt, den Gesamtvorgang als Zwangsvereinigung zu charakterisieren. Ausschaltung der Sozialdemokratie und nicht brüderliche Vereinigung war, wie wir heute wissen, das von der KPD-Führung schon in der Moskauer Emigration fixierte Ziel.

Sosehr wir uns für die kleinen Auseinandersetzungen und die großen Perspektiven der Politik interessierten, Fragen dieser Art waren nicht die einzigen und häufig nicht die dringendsten, die uns beschäftigten. Am wichtigsten für die ausgebombte, sehr angenehm, aber nur provisorisch untergebrachte Familie war die Suche nach einer dauerhaften Unterkunft, da die Besitzer des Hauses in der Helfferichstraße dieses wieder beziehen wollten. Eine Magistratsbehörde, das am Kurfürstendamm untergebrach-

te »Amt für Liegenschaften«, wies uns ein Einfamilienhaus in
der Schwendenerstraße in Dahlem zu. Es war beschlagnahmt.
Letzter Eigentümer war ein hoher SS-Offizier gewesen, der aus
Berlin geflüchtet war und später, glaube ich, in einem der Nürnberger Nachfolgeprozesse vor Gericht gestellt wurde. Anders als
das Haus in der Helfferichstraße war die neue Behausung durch
Bomben ziemlich beschädigt worden. Es dauerte Monate, bis wir
sie notdürftig herrichten konnten, was in teilweise abenteuer-
licher Weise, größtenteils durch Selbsthilfe geschehen mußte.
Überall gab es Häuser, die zerstört und von den Besitzern verlassen waren. In den Ruinen suchten Menschen nach allem, was
man brauchen konnte, nach Dachpfannen, Ziegelsteinen, Fen-
sterflügeln, Türen, Brettern, aber auch Möbelstücken, Teppichen,
elektrischen Leitungen, Lampen, Fassungen, Schaltern, Steck-
dosen. Auch wir gehörten zu ihnen. Zwar waren wir ausgestattet
mit einem Schein des Amtes für Liegenschaften, der uns berechtigte, Materialien aus Ruinen für die Instandsetzung des uns zu-
gewiesenen Hauses zu entnehmen, aber faktisch gab es natürlich
keinen Unterschied zwischen uns legalen und den nichtlegalen
Plünderern. Couragiert und resolut wie eh und je hatte Lisbeth
Deiters mit der Such- und Sammelaktion schon begonnen, als
wir Jungen, Ludwig und ich, noch nicht zurückgekehrt waren.
Sie kletterte über Zäune, kroch in Kellern herum, erklärte eines
Tages aber, künftig nicht mehr alleine gehen zu wollen.
Unmittelbar hinter ihr war eine Wand in einer der Ruinen zu-
sammengestürzt. Man solle doch wenigstens wissen, wo sie liege,
meinte sie trocken. Als wir Anfang 1946 endlich einziehen konnten, waren wir froh und ein bißchen stolz auf die geleistete Arbeit, an der vor allem Ludwig großen Anteil hatte, der technisch
begabter und handwerklich viel geschickter war als ich. Eine besondere Bewandtnis hatte es mit dem Dach. Es war gedeckt mit
Dachziegeln von einem Nebengebäude des luxuriösen Anwesens,
das Heinrich Himmler nicht weit von uns bewohnt hatte. Mit
unserer Dachdeckerkunst freilich war es nicht weit her. Richtig
dicht hatten wir das Dach nicht bekommen. Immer, wenn es
schneite und ein scharfer Wind aus einer bestimmten Richtung
wehte, hatten wir Berge von Schnee auf der Bodentreppe.
Abenteuerlich waren manchmal auch die Aktionen, die Lud-

wig und ich, anfangs aber auch die Mädchen, zur Aufbesserung
der sehr schmalen Lebensmittelrationen unternahmen, um bei
den Bauern des Umlandes im Tausch gegen Zigaretten Kartoffeln
und Gemüse zu ergattern. In völlig überfüllten, langsam fahrenden und unregelmäßig verkehrenden Zügen fuhren wir, nicht
selten auf den Trittbrettern der altmodischen Waggons, in Brem-
serhäuschen zwischen den Wagen oder auch auf den Dächern,
nach Orten in der Altmark und der Prignitz, wo wir Bekannte
hatten. Oder wir stiegen aufs Geratewohl an einer Bahnstation
aus und machten uns rasch, um die mit uns Aussteigenden möglichst hinter uns zu lassen, auf den Weg in irgendwelche Dörfer,
in denen wir Haus um Haus abklapperten. »Hamsterfahrten«
nannte man das damals – eigentlich eine ganz abwegige Bezeichnung, war doch an Vorratsanhäufung nicht zu denken. Wie oft
waren die zu Hause gebliebenen Familienmitglieder noch wach,
wenn wir abends zurückkamen, um, wenn wir erfolgreich gewesen waren, sogleich noch einen großen Topf Kartoffeln zu kochen.

Mühsam war in der kalten Jahreszeit die Beschaffung von
Heizmaterial. Die Zentralheizung in der Schwendenerstraße war
kaputt. Wir installierten Kanonenöfchen oder transportable
Kachelöfen in einigen Zimmern. Die Ofenrohre wurden aus dem
Fenster geleitet. Kohlen gab es kaum zu kaufen, wir suchten in
den Ruinen auch nach Brennholz, fanden unter Umständen kleine Kohlenvorräte; in den Gärten war da oder dort ein Baum zu
fällen. In der Helfferichstraße funktionierte die Heizung noch,
der Kohlenvorrat aber nahm bedenklich ab. Ein Abend in diesem
ersten Nachkriegswinter ist mir besonders in Erinnerung geblieben. Es war Silvester. Wir hatten einen großen Kreis von Freunden eingeladen und feierten fröhlich und glücklich das erste
Silvesterfest im Frieden. Noch vor Mitternacht aber wurde es
empfindlich kalt. Der im Souterrain wohnende Hausmeister, dem
unsere vergnügte Stimmung aus irgendeinem Grund mißfiel,
hatte die Heizung ausgehen lassen. Im Büro der Jugendausschusses wußten wir aber einen kleinen Kanonenofen. Der Schlüssel-
inhaber war unter den Gästen. So zogen wir los, holten das Öf-
chen, stellten es auf und hatten es einigermaßen warm, als wir
auf das neue Jahr anstießen. Dies Silvesterfest hatte seine Bedeutung über den Tag hinaus für mein Leben. An jenem Abend

nämlich entdeckten Dorle und ich, daß wir uns ineinander verliebt hatten.

Im Frühjahr 1946 rückte die Wiedereröffnung der Universität Unter den Linden näher. In meiner Arbeit bei Heinrich Deiters für die Gestaltung eines neuen Volksbildungswesens war der Gedanke gereift, Lehrer dieser neuen Schule werden zu wollen. Geschichte schien mir nun das Fach, das besonders wichtig sein würde, gelte es doch, die Voraussetzungen zu studieren, unter denen Deutschland in seine jetzige Lage gekommen war. Zunächst allerdings, mindestens für ein Semester, durfte das Fach, das als besonders belastet in der Nazizeit galt, auf Geheiß der Besatzungsmacht an der Universität noch nicht gelehrt werden. So schrieb ich mich also erst einmal für Germanistik ein, um zur Geschichte zu wechseln, sobald das möglich sein würde. Am 3. April 1946 erfolgte »durch Handschlag«, wie es in der Urkunde heißt, die Immatrikulation.

IV Studium (1946–1952)

Das Universitätsleben begann mit einer Enttäuschung. Zum Auftakt hatte ich eine Überblicksvorlesung über die Geschichte der deutschen Sprache belegt. Erwartungsvoll ging ich zur ersten Stunde, hörte aber nichts von dem, was ich erwartet hatte. Kein Wort von der Wende, in der Deutschland stand, über den Mißbrauch, den das untergegangene Regime nicht zuletzt auch mit der Sprache des von ihm so feierlich beschworenen heiligen Vaterlands getrieben hatte, woraus doch wohl einiges zu lernen war über den Umgang mit Sprache als Teil der so notwendigen Erneuerung. Statt dessen schlug der Mann auf dem Podium, Professor Simon, seine dicke Kladde auf, begrüßte die vor ihm sitzenden Damen und Herren, kündigte das Thema der Vorlesung an und sagte dasselbe, was er zu diesem Zeitpunkt wahrscheinlich immer gesagt hatte: »Wir beginnen mit Paragraph eins: Quellen und Literatur.« Die Stunde war dann gefüllt mit einem Überblick über die reiche wissenschaftliche Literatur zu dem riesigen Thema. Ich erzähle das hier nicht, um den Vortragenden schlechtzumachen, von dem ich in der Folgezeit viel gelernt habe. Für meine damalige Stimmung aber ist bezeichnend, daß ich ungeduldig war, daß ich den Zeitbezug suchte, der nicht wenigen von uns damals das Wichtigste schien.

Den fand ich bei dem marxistischen Wirtschaftshistoriker Jürgen Kuczynski. Warum, so fragte der aus englischer Emigration, in der er unermüdlich wissenschaftlich gearbeitet hatte, Heimgekehrte, zu Beginn seiner Vorlesung über die Bewegung der deutschen Wirtschaft von 1800 bis 1946, studieren wir Wirtschaftsgeschichte? Wir brauchen, so die Antwort, die Kenntnis der Vergangenheit, um zu lernen für die Zukunft: »Wir sehen heute deutsche Wirtschaftsgeschichte als einen Born von Erfahrungen, die uns zum Aufbau einer friedlichen demokratischen Wirtschaft notwendig sind, als ein Spiegelbild von Fehlern, die es zu vermeiden gilt, und als einen Quell von Kraft und gutem Beispiel, die uns gegenwärtig so notwendig.« Pfeife rauchend, auf dem Podium hin- und hergehend, vermittelte Kuczynski uns seine großen Kenntnisse in einer überaus lebendigen Verbindung von Vortrag und Diskussion, die er immer wieder provozierte. Es waren faszinierende Stunden. Der ganze Kuczynski, wie man ihn dann kennenlernte, war in diesen ersten Vorlesungen schon präsent: die eigenartige Mischung aus einleuchtender Analyse des Geschichtsverlaufs, gestützt auf souveräne Faktenkenntnis und eine stupende Beherrschung der Kapitalismus-Analysen von Marx und Engels, mit manchmal überzeugenden, manchmal überaus platten Aktualisierungen; ein Grundzug orthodoxer, eigentlich durchaus unmarxistischer Simplifizierung angeblich Marxscher Lehren, so etwa das Beharren auf einem Gesetz der absoluten Verelendung der Arbeiter, das er auch dort am Werke sah, wo sich die Lage der Arbeiter, wie er selbst beschrieb, durchgreifend besserte, neben einer sprudelnden Fülle frischer, anregender, weiterführender Ideen; die ständige Lust an Widerspruch und Witz. Er war, könnte man sagen, Dogmatiker und Dialektiker – eine paradoxe Kombination von logisch unvereinbaren Positionen, die er gleichwohl auf eine Weise zu verbinden wußte, daß gerade die Widersprüchlichkeit des umfassend gebildeten Mannes und seines Werkes es war, die viele anzog.

Vom Wintersemester 1946/47 an studierte ich im Hauptfach Geschichte, belegte aber auch Vorlesungen in Germanistik und Philosophie. Einige Semester hindurch besuchte ich intensiv Vorlesungen und Übungen über russische Sprache, Literatur und Geschichte. Dies geschah aus persönlichem Interesse an der Geschichte und Kultur des großen Reiches im Osten, mit dem wir Ostdeutschen politisch eng verbunden waren, aus Sympathie nicht zuletzt für das Land der Oktoberrevolution. Meine Studienjahre fielen in eine Zeit, in der man noch frei war, seinen Studienplan selbst zusammenzustellen. Ich hörte Geschichte und Slawistik in der Philosophischen Fakultät, ging aber auch zu den Juristen, wo Rechtsgeschichte, Staats- und Völkerrecht und zu den Wirtschaftswissenschaftlern, wo Wirtschaftsgeschichte und Politische Ökonomie gelehrt wurden. Als mit der Hochschulreform im September 1951 neue, straffe Regelungen eingeführt

wurden – die Ersetzung der Semestereinteilung durch das Zehn-
Monate-Studienjahr, verbindliche Lehrpläne für jedes Fach, ein
obligatorisches gesellschaftswissenschaftliches Grundstudium,
die Erfassung der Studenten in Seminargruppen –, war ich beurlaubt zur Fertigstellung meiner Dissertation, mit der ich Anfang
1952 promovierte.

Ziel der Hochschulreform, die entsprechend einem Beschluß
des ZK der SED vom Januar 1951 durchgeführt wurde, war die
Zentralisierung von Forschung und Lehre sowie die endgültige
Durchsetzung des Marxismus-Leninismus an den Hochschulen
der DDR. Meine Hochschullehrer waren noch in der Mehrzahl
Nichtmarxisten. In meinem Studienbuch finden sich die Namen
von vierzehn »Bürgerlichen« und elf Marxisten. Das Nebeneinander der beiden Gruppen funktionierte halbwegs dank einer
Arbeitsteilung, die nicht verabredet war, sich aber ergab aus den
Interessenfeldern und der Vorbildung der Hochschullehrer. Vor-
lesungen und Übungen zur griechischen und römischen Antike,
zum Mittelalter, zur Frühen Neuzeit und, in einer Vorlesung von
Fritz Hartung über Verfassungsgeschichte der Neuzeit, bis ins 19.
Jahrhundert hinein, waren die Domäne der Bürgerlichen. Kaiserreich, Imperialismus, Erster Weltkrieg, Weimarer Republik und
Nazizeit waren bevorzugte Gegenstände der Marxisten. Ende
1950 waren freilich namhafte Repräsentanten der traditionellen
Geschichtswissenschaft schon nicht mehr an der Humboldt-Universität tätig. Friedrich Baethgen, der strenge und anspruchsvolle
Mediävist, war schon wenige Semester nach der Wiedereröffnung nach München gegangen, um dort die Zentraldirektion der
Monumenta Germaniae Historica zu leiten. Fritz Hartung gab
1948 sein Lehramt an der Universität auf, weil er eine Fortsetzung seiner Lehrtätigkeit angesichts der schon damals spürbaren
Verstärkung marxistischer Positionen für sinnlos hielt. Er blieb
aber Mitglied der in Ost-Berlin sitzenden Deutschen Akademie
der Wissenschaften, in deren Gremien er bis zur Mitte der fünfziger Jahre auch noch aktiv mitarbeitete. Karl Griewank, der über
Probleme der Frühen Neuzeit las, ging 1948 nach Jena. Er ver-
übte dort im Jahre 1953 Selbstmord. Der Hansehistoriker Fritz
Rörig, Jahrgang 1882, wurde 1951 emeritiert. Er starb 1952.
Äußerlich hatte er versucht, sich dem vordrängenden Marxismus

anzupassen, indem er häufig ein Wort von Friedrich Engels zitierte, der einmal das Königtum als das progressive Element im deutschen Mittelalter bezeichnet hatte. Das Wort paßte zu Rörigs Sicht auf die mittelalterliche Geschichte Deutschlands, in der die territoriale Zersplitterung und die Festigung der Macht der Fürsten ein Unheil darstellte, im Vergleich etwa zur glücklicheren Geschichte Frankreichs mit der frühen Herausbildung eines starken, zentralisierten Nationalstaates.

Der aus dem Sudetenland stammende Aufklärungs- und Osteuropahistoriker Eduard Winter, österreichischer Staatsbürger, blieb bis zu seiner Emeritierung in den sechziger Jahren an der Universität. Er war aus Wien, wo er keine akademische Position finden konnte, 1947 nach Halle berufen worden und kam dann nach Berlin, wo er an der Universität und an der Akademie als unermüdlicher Forscher, schulbildender Lehrer und als Wissenschaftsorganisator eine eindrucksvolle Wirksamkeit entfaltete.

Ihnen allen begegnete ich mit Respekt, und ich habe viel von ihnen gelernt, vor allem natürlich den sorgfältigen Umgang mit den Quellen und ein sauberes Handwerkszeug. Ein ernster Begriff von Wissenschaft war es, den diese Männer vorlebten und auf ihre Studenten übertrugen. Prägend aber für meine Vorstellungen von Verlauf und Inhalt der Geschichte waren die Veranstaltungen der Marxisten. Nicht einer von ihnen hatte eine akademische Ausbildung und ununterbrochene Laufbahn hinter sich wie ihre bürgerlichen Kollegen. Für mein Gefühl machten sie diesen Nachteil aber wett durch ihre Bewährung in den Kämpfen der hinter uns liegenden Jahre, die sie nicht auf Kathedern, sondern in der Emigration oder im Zuchthaus verbracht hatten. Und was sie vortrugen, die marxistische Interpretation der Geschichte, fand ich überzeugend. Den großen Eindruck habe ich geschildert, den mir die Vorlesungen von Jürgen Kuczynski machten oder auch der Vortrag von Ernst Niekisch, der mittlerweile Professor für »Politische und soziale Probleme der Gegenwart« an der Universität war. Am engsten schloß ich mich Alfred Meusel an, der auch mein Doktorvater wurde. In der Novemberrevolution USPD-Mitglied und Studentenratsvertreter in seiner Heimatstadt Kiel, hatte der glänzend begabte Sohn eines Studienrats eine rasche akademische Karriere gemacht: Promotion 1922 in Kiel,

Habilitation ein Jahr später, 1925 a. o. Professor und 1930
o. Professor für Volkswirtschaftslehre und Direktor des Wirt-
schaftswissenschaftlichen Instituts an der Technischen Hochschule in Aachen. Er machte sich einen Namen mit volkswirt-
schaftlichen und soziologischen Studien und wurde, politisch
links orientiert, aber parteilos, im Frühjahr 1933 wegen »kommunistischer Umtriebe« aus seinem Lehramt entfernt. Kurzzeitig inhaftiert, emigrierte er über Dänemark nach England, wo er intensive Studien zu geschichtlichen Themen betrieb. Eine wichtige
Rolle spielte er, seit 1937 Mitglied der KPD, in kulturellen und
wissenschaftlichen Organisationen der antifaschistischen Emigration, im Freien Deutschen Kulturbund und in der gemeinsam mit
dem Philosophen Arthur Liebert aufgebauten Freien Deutschen
Hochschule in London. Meusel behandelte in seinen Vorlesungen
und Übungen an der Berliner Universität ein großes Spektrum
der deutschen und europäischen Geschichte, von den Kämpfen
der Bauern in England und dem deutschen Bauernkrieg über die
großen Revolutionen in England und Frankreich, die Revolutionen des Jahres 1848, der deutschen Novemberrevolution bis zu
Spezialseminaren, z. B. über Bismarck oder über die letzten Jahre
der Weimarer Republik. Skrupulös bemüht um eine möglichst
vollendete sprachliche Form, arbeitete er seine Texte wörtlich aus,
so daß sie Vor-Lesungen im Wortsinne waren. Sie kamen in einem manchmal ermüdenden Ton daher, weil Meusel infolge einer
Verwundung im Ersten Weltkrieg eine leichte Sprachstörung hatte. Inhaltlich aber waren es brillante Texte, voll innerer Spannung
und in einem klugen Aufbau, so daß der aufmerksame Zuhörer
doch gefesselt wurde. Er formulierte abgewogen, aber nicht lau,
entschieden, aber nicht verbissen. »Hinter jedem Satz, den ich
sage, steht eine Bibliothek, die ich gelesen habe«, habe ich ihn einmal sagen hören, ein wohl nicht ganz wörtlich zu nehmendes
Zeugnis seines hohen Selbstgefühls. Tatsächlich verfügte er über
ein großes Wissen und eine breite Bildung. Der zitierte Satz deutet indirekt allerdings auch auf eine Schwäche seiner geschichtswissenschaftlichen Arbeit: ich glaube nicht, daß Alfred Meusel,
der seine Studenten nachdrücklich zum Quellenstudium anhielt,
selbst jemals Quellenstudien in einem Archiv betrieben hat. Vor
1933 war er kein Historiker, 1933 bis 1945 hatte er dazu keine

Möglichkeit, und nach 1946 war er voll beschäftigt mit seinen
Pflichten an der Universität, später der Akademie, als Vorsitzender von Gremien verschiedenster Art, als Direktor des Museums
für deutsche Geschichte ab 1952, in vielen Funktionen des gesellschaftlichen Lebens, die seine Partei ihm übertrug und die der
nicht uneitle und ehrgeizige Mann wohl auch gerne wahrnahm.
Für mich war er ein großartiger Lehrer, ein durchaus undogmatischer Marxist, bei dem man lernen konnte, über Geschichte nachzudenken.

Wir gingen gerne zur Universität – weil wir hier Dinge lernten,
die uns interessant erschienen, aber auch aus einem anderen,
sehr banalen Grund. Die Universitätsgebäude wiesen zwar viel-
fach noch Kriegsschäden auf, deren Beseitigung lange dauerte,
aber einen Vorteil hatten sie allemal: sie waren immer gut ge-
heizt, während wir zu Hause in den Wintermonaten – und besonders der Winter 1946/47 war extrem kalt – doch erbärmlich
froren. Auch die S-Bahn von Lichterfelde bis Friedrichstraße war
kalt, so daß es wie eine Erlösung war, sich in der Uni endlich auf-
wärmen zu können. Dasselbe galt für die Lesesäle der Staatsbibliothek Unter den Linden und der Universitätsbibliothek in
der Clara-Zetkin-Straße, die jetzt wieder Dorotheenstraße heißt.
   Ich nahm das Studium ernst und gewann eine ordentliche
Grundlage für die wissenschaftliche Arbeit in den folgenden
Jahrzehnten. Denke ich zurück an jene Jahre, so erinnere ich
mich jedoch an vieles, was mir ebenso wichtig, wenn nicht zeitweilig wichtiger war als das Sitzen in Hörsaal, Seminar und
Bibliothek. So vieles änderte sich, gleichsam vor meinen Augen,
von Tag zu Tag in unserem Land und in der Welt. Gesellschaftliche Arbeit zu leisten, sich zu engagieren für allgemeine Interessen und sich nicht zu beschränken auf das persönliche Fort-
kommen – das war eine Forderung meiner Partei, die ich richtig
fand. Die fortschrittliche Veränderung der Gesellschaft brauchte
den vollen Einsatz von möglichst vielen. Und noch waren wir
doch wenige: keine 20 Prozent Wählerstimmen in Berlin bei den
Wahlen im Oktober 1946, die SED-Studenten an der Universität
1946/47 ein kleines Häuflein. Unter ihnen gehörte ich von Anfang an zu den aktiven, nicht weil mich jemand dazu zwang, son-

dern aus freien Stücken, weil ich es für nötig hielt und sicher auch, weil es mir gefiel, wenn man mich zum Vorsitzenden unserer kleinen Gruppe in der Philosophischen Fakultät wählte, zu Delegiertenkonferenzen abordnete oder als Kandidaten für Wahlen zum Fakultäts- bzw. Studentenrat bestimmte. Gewählt wurde ich in den Studentenrat freilich nicht, gelangte nur einmal als Vertreter der Fachschaft Geschichte in den Fakultätsrat. Auch dem Aufruf, in den Semesterferien mit der Teilnahme an einem zweiwöchigen Arbeitseinsatz in dem im Aufbau befindlichen Stahlwerk Hennigsdorf die Verbundenheit der fortschrittlichen Studenten mit den Arbeitern in der Produktion zu demonstrieren, folgte ich ohne Zögern.

Besonders engagierte ich mich im Kulturbund. Er war im Juli 1945 auf Initiative der KPD als eine Organisation gegründet worden, die sich um die Mitarbeit von Angehörigen aller Gruppen der künstlerischen und wissenschaftlichen Intelligenz am Aufbau eines antifaschistisch-demokratischen Kulturlebens bemühte. Ein Zentrum seiner Tätigkeit in Berlin war der »Club der Kulturschaffenden« in der Jägerstraße, in den ersten Jahren ein Ort lebhaften geistigen Austauschs und interessanter, durchaus kontrovers ausgetragener Debatten. Der Präsident des Kulturbundes, Johannes R. Becher, bemühte sich intensiv um Verbindungen zu westdeutschen Intellektuellen. Zu Diskussionen, die er eine Weile hindurch regelmäßig mit dem West-Berliner Autor Günter Birkenfeld veranstaltete, lud er einen kleinen Kreis junger Kulturbundmitglieder ein. Ich gehörte zu ihnen und war beeindruckt von dem Ernst, mit dem Becher sich für die Bewahrung bzw. den Aufbau einer antifaschistisch und demokratisch bestimmten deutschen Kultur über die Zonengrenzen hinweg einsetzte. Becher war es auch, der, wie Heinrich Deiters erzählte, während einer großen Kundgebung des Kulturbundes im Haus des Rundfunks an der Masurenallee – damals Sitz des von den Sowjets kontrollierten Berliner Rundfunks, heute des SFB – die in der ersten Reihe sitzenden, ordengeschmückten sowjetischen Offiziere aufforderte, es müsse endlich Schluß sein mit den willkürlichen Verhaftungen. Es dürfe nicht weiter geschehen, daß Leute verschwänden, und niemand wisse, warum und wohin.

Eine Zeitlang war ich Vorsitzender der Hochschulgruppe des

Kulturbundes. Wir veranstalteten eine Reihe von gut gelunge-
nen Kostümfesten in der Jägerstraße, vor allem aber Vortrags-
und Diskussionsabende in der Universität. Zwei davon sind mir
besonders in Erinnerung: der Vortrag »Über die seelischen Voraussetzungen des Lernens«, mit dem sich der aus der Emigration
zurückgekehrte Schriftsteller und Sigmund-Freud-Verehrer
Arnold Zweig im Auditorium Maximum den Berliner Studenten
vorstellte, und ein Streitgespräch über »Formalismus oder Realismus in der Kunst« am gleichen, ebenfalls bis auf den letzten
Platz gefüllten Ort. Im Zuge der sowjetischen Kampagne gegen
Formalismus, Kosmopolitismus und sonstige Sünden der »bürgerlichen« Moderne hatte Major Alexander Dymschitz, maßgeb-
licher Kulturoffizier der SMA, hochgebildeter Kenner der deutschen Literatur und an sich durchaus angesehen bei den Berliner
Intellektuellen, im November 1948 in der Zeitung der sowjetischen Administration, der *Täglichen Rundschau*, zwei Artikel
»Über die formalistische Richtung in der deutschen Malerei«
veröffentlicht. Ich hatte daraufhin Dymschitz eingeladen und
dazu zwei deutsche kommunistische Künstler, die ihm engagiert
und kenntnisreich widersprachen: den Maler und Graphiker
Herbert Sandberg, der fast die ganze Nazizeit im Zuchthaus und
Konzentrationslager verbracht hatte, und den aus der englischen
Emigration zurückgekehrten Bildhauer und Maler René Graetz.
Diskussionen solcher Art, auch wenn sie, wie im vorliegenden
Fall, in einem sachlichen Ton und auf hohem Niveau stattfanden,
konnten an der starren Haltung der offiziellen Parteilinie nichts
ändern; Sandberg verlor im Jahre 1957 sein Amt als Chefredak-
teur der Zeitschrift *Bildende Kunst*. Sie hatten nach meiner
Überzeugung dennoch eine positive Bedeutung, setzten Zeichen
und gaben Argumente gegen den verordneten Dogmatismus.

Seit der Gründung des Kulturbundes hatte Heinrich Deiters
sich aktiv in dieser Organisation betätigt, die ihn als Feld der
Begegnung von Intellektuellen verschiedener Berufe und unterschiedlicher politischer und geistiger Position besonders anzog.
Er war Vorsitzender der Berliner Landesleitung. Von der Zentralverwaltung für Volksbildung war er im Oktober 1946 an die Universität gewechselt. Er wurde Professor für theoretische Pädago-
gik an der nicht zuletzt dank seines Einsatzes für eine vollakade-

mische Ausbildung aller Lehrer neu geschaffenen Pädagogischen Fakultät. Auch die anderen jungen Leute unseres Clans waren, wie ich, Studenten. Ludwig war immatrikuliert für Architektur an der Technischen Universität in Charlottenburg, Peter für Geschichte an der Humboldt-Universität. Dorle blieb zunächst im Schuldienst und legte im Sommer 1946 die erste Lehrerprüfung ab. Seit dem Wintersemester 46/47 studierte sie an der Universität, zunächst Germanistik und Geschichte, entschied sich dann aber endgültig für das Studium der Slawistik mit dem Ziel, Russischlehrerin zu werden. Daß ich, wie erwähnt, neben der Geschichte auch Slawistik trieb, hatte natürlich nicht nur mit meiner Sympathie für Rußland und die Sowjetunion zu tun, sondern auch mit meiner Zuneigung zu dieser Slawistik-Studentin. Ohne von ihr dazu überredet worden zu sein, hätte ich wohl kaum eine Prüfung in Altbulgarisch abgelegt.

Dorle und ich heirateten am 8. August 1947 im Standesamt Berlin-Zehlendorf. Kirchlich getraut wurden wir nicht, da uns mit der Kirche innerlich nichts mehr verband. Gefeiert wurde zu Hause in der Schwendener Straße. Eine warmherzige Rede hielt uns Heinrich Deiters, mit einem bewegenden Rückblick auf die hinter uns liegenden schlimmen Jahre, besonders auch in der Erinnerung an die jüdischen Freunde, die die Verfolgung nicht überlebt hatten. Luise Gmeiner, die siebenbürgische Freundin meiner Eltern, spielte Chopin. Mit einer freundschaftlichen Tischrede meldete sich Ferdinand Friedensburg zu Wort, der es allerdings nicht lassen konnte, in einem Nebensatz Zweifel an einem guten Gelingen unserer nur weltlich geschlossenen Ehe zu äußern. Seinen Beziehungen nach Westdeutschland verdankten wir aber den guten Rheinwein auf der Hochzeitstafel. Im Mai 1948 wurde unser Sohn Wolfgang geboren.

Wir waren glücklich mit unserer kleinen Familie im Schoß der größeren Familiengemeinschaft. Wieder zeigten die Eltern Deiters ihre Großzügigkeit und Hilfsbereitschaft, indem sie uns die beiden schönsten Zimmer im Erdgeschoß des Hauses überließen. Was wir zum Lebensunterhalt brauchten, erhielten wir durch ein Stipendium von der Universität und gelegentliche kleine Honorare für journalistische Arbeiten, von denen noch zu berichten sein wird. Von der Großzügigkeit meiner Schwiegereltern profitierten wir auch durch die gemeinsame Haushaltsführung. Große Sprünge konnten wir nicht machen – dazu fehlte es an Geld, aber auch an Objekten: Viel zu kaufen gab es sowieso nicht. Unerwartetes Glück hatten wir mit der Einrichtung. Gerade in dieser Zeit erreichte mich eine Anfrage der Speditionsfirma Franzkowiak, wann ich gedächte, die in ihrem Speicher am Bahnhof Zehlendorf untergestellten Möbel abzuholen. Bei der Auflösung des Haushalts der Familie Klein nach dem Tode meiner Mutter waren ein alter Sekretär, eine Kommode und ein Biedermeiertisch zu Franzkowiak gebracht worden. Zu einem Kachelofen, den wir dringend für eines der beiden Zimmer brauchten – die Zentralheizung war nicht zu reparieren –, kam ich durch beharrliches Herumfragen. Ein Kommilitone erzählte mir von einer Straße mit nicht mehr bewohnten, im Krieg schwer beschädigten Häusern in der Nähe des Bahnhofs Ostkreuz. Dort gebe es in einigen Wohnungen noch Kachelöfen, die man sicher abreißen und bei sich wieder aufbauen könnte. So geschah es. Ich besorgte einen großen Leiterwagen und zog mit einem ehemaligen Kriegskameraden, Töpfer von Beruf, von Dahlem zum Ostkreuz. Wir demontierten das ausgewählte gute Stück, brachten die Fuhre glücklich nach Dahlem, und mein Freund setzte einen Ofen zusammen, der uns vorzügliche Dienste leistete – zumindest wenn es gelang, Heizmaterial aufzutreiben. Schritt für Schritt wurde man mit den Sorgen des täglichen Lebens fertig.

Sorgen allerdings bereitete uns, und nicht nur uns, die politische Entwicklung in Deutschland und der Welt. In die hoffnungsvolle Unbeschwertheit, mit der wir unmittelbar nach Kriegsende bei allen Schwierigkeiten und Nöten des täglichen Lebens meinten, in die Zukunft blicken zu können, mischten sich ernstere Gedanken. Eine Ahnung des künftig erneut möglichen Unheils hatte mich gestreift, als ich im Frühjahr 1947 durch einige thüringische Dörfer ging, um Quartier für die Reise zu machen, die ich mit Dorle nach unserer Hochzeit im August unternehmen wollte. Nicht nur einmal schüttelten Leute, die ich fragte, ob wir im August vielleicht ein Zimmer mieten könnten, ehrlich erstaunt den Kopf. Im Sommer, so meinten sie ernsthaft, würde doch wieder Krieg sein. Ich ließ mich nicht beirren, suchte weiter und fand schließlich ein Gasthaus in Oberschönau, wo wir im August zwei friedliche, wunderschöne Wochen verbrachten. Der befürchtete (oder erhoffte?) Krieg war nicht ausgebrochen. Daß nicht wenige damals aber glaubten, er würde kommen, hatte Gründe. Der Kalte Krieg zwischen den ehemaligen Bündnispartnern der Antihitlerkoalition warf seine ersten Schatten.

Schrittweise waren die Verbündeten seit Kriegsende auseinander- und immer deutlicher gegeneinandergerückt. Dramatische Vorgänge und Entwicklungen hatten sich vollzogen:

- die Etablierung »volksdemokratischer« Regimes unter kommunistischer Vorherrschaft in den von der Sowjetunion befreiten Ländern Ost- und Südosteuropas und eine Abschottung gegenüber dem Westen, die Churchill schon im März 1946 in seiner scharf antisowjetischen Rede in Fulton (USA) als Herabsenkung eines »Eisernen Vorhangs« anprangerte;
- die »Truman-Doktrin« vom März 1947, verkündet in einer Kongreß-Botschaft des Präsidenten der USA als die Unterstützung aller Völker gegen »Umsturzversuche« im Innern oder von außen, was von der Sowjetunion als globaler Interventionsanspruch gedeutet und mit entsprechender Gegenpropaganda beantwortet wurde;
- das Scheitern einer gemeinsamen Deutschlandpolitik der Siegermächte, sichtbar in einheitsverhindernden Bestrebungen und Maßnahmen auf beiden Seiten, die 1949 schließlich in der Gründung von zwei deutschen Staaten kulminierten.

Wer bei Kriegsende geglaubt hatte, sich mit seiner Entscheidung für die »antifaschistisch-demokratische« Politik der Sowjetischen Besatzungszone einer Richtung unter anderen anzuschließen, die sich im politischen Wettstreit zu allseits akzeptierten Bedingungen entwickeln und, wie er hoffte, schließlich durchsetzen würde, mußte begreifen, daß er zu einfach gedacht hatte. Die Zwei-Lager-Theorie, in deren Zeichen das Informationsbüro der Kommunistischen und Arbeiterparteien (Kominform) im September 1947 seine Tätigkeit aufnahm, beschönigte die Politik des eigenen Lagers und vergröberte die der imperialistischen Gegenseite. Ungeachtet dieser Verzerrung, die selbst zur weiteren Vertiefung des Grabens beitrug, beschrieb sie aber etwas Richtiges. Tatsächlich hatten sich zwei Linien in der Weltpolitik herausgebildet, deren Unvereinbarkeit immer deutlicher hervortrat.

Zeitgleich mit der Gründungskonferenz des Kominform veranstaltete die SED, die nicht zu dessen Mitgliedern gehörte, ihren 2. Parteitag, in dessen Hauptforderungen sich die Verschärfung der Situation widerspiegelte: Kampf gegen die westliche Spaltungspolitik, deren Ziel die Restaurierung von Imperialismus und Militarismus in Westdeutschland sei, Bildung eines deutschen Einheitsstaates mit einer demokratischen Wirtschaftsordnung, Sicherung der Errungenschaften der antifaschistisch-demokratischen Umwälzung, Festigung der Partei durch verbesserte marxistisch-leninistische Schulung, Hebung des sozialistischen Bewußtseins, vertiefte Anwendung der Erfahrungen der KPdSU.

Unzufriedenheit mit dem inneren Zustand der Partei hatte sich auch in der Parteiorganisation der Universität gezeigt, freilich in einer von den Einschätzungen der Parteiführung abweichenden Richtung. Sie entzündete sich an einer Diskussionsgrundlage, die das Zentralsekretariat der SED den Mitgliedern im Frühjahr 1947 zur Vorbereitung des Parteitages vorgelegt hatte. Ein entschiedener Kritiker dieses Papiers war der Jurastudent Friedrich Wolff, damals Vorsitzender der SED-Studentengruppe. Er wurde später Rechtsanwalt, war viele Jahre lang Vorsitzender des Berliner Kollegiums der Rechtsanwälte, verteidigte 1957 Walter Janka und 1992 Erich Honecker. Wolff verfaßte eine Resolution und ließ sie in der Gruppe kursieren. Das Papier der Parteiführung, so hieß es dort, gehe nicht auf die Ursachen der vorhandenen »Inaktivität, Müdigkeit und Unzufriedenheit« der Parteigenossen ein. Immer noch sei die von Wilhelm Pieck bei Gründung der Partei proklamierte innerparteiliche Demokratie nicht verwirklicht. Die Mitglieder der Partei könnten die Funktionäre zwar wählen, ihren politischen Kurs aber nicht mitbestimmen. Scharf ging Wolff mit der in den damaligen Notzeiten besonders aufreizenden materiellen Besserstellung der hohen Funktionäre und mit der »Beweihräucherung führender Genossen in Wort und Bild, in Gips und Bronze« ins Gericht. Er prangerte die Primitivität der Propaganda an, forderte die schleunige Entfernung unfähiger Funktionäre und Redakteure sowie die radikale Umorientierung der Propaganda nach dem Grundsatz »Lieber die bitterste Wahrheit als eine kurzfristige Lüge«. Die Bevölkerung habe man nicht gewinnen können. Die Haltung der SED gegenüber der SPD erschöpfe sich in einer »Mischung aus plumper Anbiederung und rabaukenhaftem Geschimpfe«.

Das war starker Tobak. Die Funktionäre schäumten vor Wut. Die Studentengruppe unterstand damals direkt der Abteilung Kultur der SED-Landesleitung, in deren Gebäude, dem früheren Sitz der Dresdner Bank am Bebelplatz, wir auch unsere Versammlungen abhielten. Unter dem massiven Druck dieser Abteilung, die aber in dieser Angelegenheit sicher mit höheren Parteiinstanzen in Verbindung stand, kam es unter den SED-Studenten in mehreren vielstündigen Versammlungen zu hitzigen Auseinandersetzungen. Unterstützt von einer Reihe dogmatischer Eiferer unter den Studenten, forderten die Funktionäre, Wolff solle sein Papier zurückziehen, Selbstkritik üben und sich als reuiger Sünder bekennen. Er tat das nicht, blieb ruhig und intelligent bei seiner Meinung. Die SED-Studentengruppe war gespalten. Nicht wenigen ging Fritz Wolff zu weit. Sie sahen ihn auf dem besten Weg zum »Parteifeind«. Viele aber dachten entweder wie er und unterstützten ihn oder meinten zumindest, solche Meinungen müßten toleriert werden. Schließlich wurde eine dreiköpfige Kommission gewählt, die den Auftrag hatte, die ganze Angelegenheit unter Berücksichtigung der endlosen Diskussionen noch einmal gründlich zu prüfen und der Gruppe den Vorschlag zu einer Stellungnahme zu machen. Gewählt wurden mit Wolfgang Heise und mir zwei Anhänger von Fritz Wolff sowie ein Befürworter der harten Linie der Funktionäre. Die Folge war, daß die Linientreuen mit ihrer Forderung nach Maßregelung nicht durchkamen. Wolff hatte nicht nachgegeben. Die Angriffe auf ihn waren abgewehrt. Wir hatten gesiegt.

Hatten wir das wirklich? Denke ich heute an diese Geschichte zurück, so stellen sich mir doch auch Fragen, die ich damals so klar, wie es nötig gewesen wäre, nicht gesehen habe. Es ist wahr, wir hatten in einer scharfen Auseinandersetzung eine Linie der Vernunft und der Mäßigung durchgesetzt. Der Vorgang blieb auch nicht folgenlos. Noch Jahre später wirkte die Frontstellung aus der Wolff-Diskussion des Jahres 1947. Man verstand sich, hatte man auf seiner Seite gestanden, mit denen gut, die das auch getan hatten, und begegnete seinen damaligen Gegnern reserviert. Der Anstoß, den er gegeben hatte, wirkte nach. Immer hat

es offene, kritische Diskussionen unter Leuten gegeben, die
Vertrauen zueinander hatten. Mit Wolfgang Heise hielt ich gute
Freundschaft bis zu seinem viel zu frühen Tod im Jahre 1987. Er
war ein Sohn des in diesen Aufzeichnungen mehrfach erwähnten
Pädagogen Wilhelm Heise, studierte Philosophie und wurde einer der besten Köpfe unter den Philosophieprofessoren der DDR.
Er war kein Dissident, blieb aber immer ein Kritiker der verhär-
teten Verhältnisse. So trat er ein für Robert Havemann, weiger-
te sich 1968, eine Zustimmungserklärung zum Einmarsch von
Truppen des Warschauer Pakts in die ČSSR zu unterschreiben
und protestierte 1976 gegen die Ausbürgerung Wolf Biermanns.
    Unser Widerspruch gegen die Parteiautoritäten 1947 freilich
hatte Grenzen. Ich besitze die Stellungnahme nicht mehr, die wir
damals verfaßten, bin aber sicher, daß sie sich auf einen eher for-
malen Punkt konzentrierte. Nicht ob Wolffs Kritik an den Zuständen in der Partei zutraf oder nicht, hatten wir zu beurteilen,
sondern nur die Frage, ob das Äußern dieser Kritik parteimäßig
zulässig gewesen war oder eine Provokation darstellte. Die
Fragestellung war inkonsequent, zwang sie doch nicht zur inhaltlichen Positionierung und ermöglichte auch dem Gegner der
Kritik, zuzustimmen und doch bei seiner Ablehnung der
Vorwürfe zu bleiben. Der Apparat hatte diesmal nicht zugeschlagen. Noch einmal aber, das war die unmißverständliche Botschaft, würde er sich solche Kritik in dieser Schärfe und in dieser
Form nicht bieten lassen. Und diese Botschaft wurde verstanden.
Das, was nötig gewesen wäre, um den von unserem Freund so
früh so genau gesehenen Weg in die endliche Auswegslosigkeit
einer undemokratischen, anmaßenden Funktionärsherrschaft zu
verlassen, die an das Wolff-Papier anknüpfende, offene Auseinandersetzung mit den herrschenden Mißständen, die Sammlung
von Gleichgesinnten zur Umkehr – all das geschah nicht.

Ein Paukenschlag auf internationaler Ebene war die Exkommu-
nikation von Titos Jugoslawien aus dem volksdemokratischen
Lager durch die Kominform-Resolution vom Juni 1948. Bürgerlicher Nationalismus, hochmütige Überschätzung der eigenen
Rolle bei der Befreiung von der deutschen Okkupation, Ent-
artung der Partei, Personenkult um Tito, Mißachtung des Mar-

xismus-Leninismus, Liebedienerei vor dem Imperialismus, vor allem aber Ignorierung der führenden Rolle der Sowjetunion und ihrer bolschewistischen Partei im gegenwärtigen Kampf sowie ihrer beispielgebenden Erfahrungen beim Aufbau des Sozialismus: unerschöpflich mutete die Liste der Todsünden an, die der »Tito-Clique«, wie die bis dahin hoch geschätzte Führung der jugoslawischen Kommunistischen Partei von einem Tag auf den anderen genannt wurde, nun vorgeworfen wurden. Umgehend schloß sich das ZK der SED der Verurteilung der jugoslawischen Partei an, deren Fehler »ganz besonders« zeigten, daß die eindeutige Stellungnahme für die Sowjetunion die einzig mögliche Position für jede sozialistische Partei im Kampf gegen die imperialistischen Kriegstreiber sei. Die wichtigste Lehre, so hieß es weiter, bestehe für die deutschen Sozialisten darin, die SED zu einer Partei neuen Typus zu machen, die unerschütterlich auf dem Boden des Marxismus-Leninismus stehe. Wenige Monate später faßte die SED auf ihrer Parteikonferenz im Januar 1949 entscheidende Beschlüsse in dieser Richtung. Die Partei, so hieß es nun offiziell, sei weiterzuentwickeln zur Partei neuen Typus, d. h. nach dem Muster der Kommunistischen Partei der Sowjetunion. Die 1946 beschlossene paritätische Besetzung aller Vorstandsposten mit Genossen der KPD und der SPD wurde aufgehoben. Maßnahmen zur Festigung der Parteidisziplin wurden getroffen, eine Kandidatenzeit zur besseren Kontrolle der Eintrittswilligen eingeführt, das Politbüro als oberste Instanz der Partei begründet. Fritz Wolff hatte recht gehabt: Die in Ostdeutschland herrschende Partei entfernte sich immer deutlicher von den Versprechungen ihrer Gründungszeit. Sie verschärfte die undemokratischen Züge ihrer inneren Verfaßtheit, und sie setzte sich nach außen, gegen die Bevölkerung, aber auch gegen die Partner im Block der antifaschistischen Parteien, immer rücksichtsloser durch. An der Universität wurden drei weithin bekannte Studentenratsmitglieder, die gegen die einseitig SED-orientierte Hochschulpolitik der Zentralverwaltung aufgetreten waren, relegiert – eine Zwangsmaßnahme, die den Anstoß gab zur Gründung einer Gegenuniversität im amerikanischen Sektor von Berlin, der Freien Universität Ende 1948.

Angesichts der immer deutlicher auf die Bildung eines westdeutschen Separatstaates gerichteten Politik der Westmächte hatte die Sowjetunion im März dieses Jahres ihre Mitarbeit im Alliierten Kontrollrat eingestellt und im Juni als Reaktion auf die separate Währungsreform die Sperrung aller Zufahrtswege nach West-Berlin verfügt. Die Berliner Blockade mußte allerdings im Sommer 1949 abgebrochen werden. Sie hatte ihr Ziel, die Bindung West-Berlins an die Westzonen zu lockern, nicht erreicht, sondern im Gegenteil die große Mehrheit der dortigen Bevölkerung dauerhaft antisowjetisch und proamerikanisch gestimmt. Die Verhinderung der 1948 fälligen Wahlen im Ostsektor von Berlin und die Bildung eines Ost-Berliner Magistrats unter Führung von SED-Politikern waren weitere Anzeichen der verschärften Spannung.

In den Volksdemokratien setzte eine Welle von Repressionen nach dem Muster der Verfolgungen in der Sowjetunion in den dreißiger Jahren ein. Sie traf Bürgerliche und Sozialdemokraten und erfaßte auch die eigenen Reihen. Ihren Höhepunkt erreichte sie zwischen 1949 und 1952 in mehreren Ländern mit Prozessen gegen führende Funktionäre, die des Nationalismus und Titoismus, der mangelnden Wachsamkeit gegen den imperialistischen Klassenfeind, ja der verräterischen Agententätigkeit für diesen, sowie der mangelnden Konsequenz in der Durchsetzung der marxistisch-leninistischen Parteiprinzipien beschuldigt wurden.

»Wer a sagt, muß nicht b sagen«, heißt es irgendwo bei Brecht, »er kann auch erkennen, daß a falsch war.« Nicht wenige, die in der Euphorie von Befreiung und Aufbruch in der unmittelbaren Nachkriegszeit denselben Weg eingeschlagen hatten wie ich, wandten sich nun, wenige Jahre später, enttäuscht ab von einer Sache, deren undemokratische, autoritäre, ja diktatorische Züge sie für unaufhebbar hielten. A gesagt zu haben, um im Bilde zu bleiben, war für sie ein Fehler, den es zu korrigieren galt. Deutlicher als damals, da ich diese Haltung nur verurteilte, sehe ich heute die vielen Gründe, die es gab für solche Entscheidung. Auch ich war nicht frei von Bedenken und hatte manche Illusion verloren. Allerdings dachte ich damals nicht daran, aufzugeben. Ich sagte b, weil ich die nach dem Krieg getroffene Entscheidung nach wie vor für richtig hielt, mich am Aufbau einer radikal veränderten, ausbeutungsfreien, dem Frieden verpflichteten Gesellschaft der sozialen Gerechtigkeit als der einzig durchgreifenden Alternative zum faschistischen Deutschland zu beteiligen. Dieses Ziel aber wurde, so sah ich es, nur in Ostdeutschland verfolgt. Daß mit der Bodenreform und der Vergesellschaftung entscheidender Teile von Banken und Industrie die Machtstellung früher herrschender Schichten gebrochen wurde, deren antidemokratische Politik vor 1933 so viel dazu beigetragen hatte, den Nazis den Boden zu bereiten, war für mich eine zwingende und begrüßenswerte Konsequenz aus jahrzehntelangen Fehlentwicklungen deutscher Geschichte. Die wissenschaftliche Untersuchung solcher Zusammenhänge – nicht von ungefähr behandelte ich 1953 in meinem ersten größeren wissenschaftlichen Aufsatz, gestützt auch auf Dokumente aus dem Nachlaß meines Vaters, die Vorbereitung der faschistischen Diktatur durch die deutsche Großbourgeoisie – schien mir angehendem Historiker das Gebot der Stunde, um so mehr, als auf der anderen Seite, die immer mehr zur Gegenseite wurde, andere, verharmlosende Töne zu hören waren. Die westdeutschen Historiker folgten ja zunächst überwiegend dem Rat von Walter Goetz, der sich auf dem ersten deutschen Historikertag nach dem Krieg, 1949 in München, entschieden gegen die Umwertung bisheriger historischer Einschätzungen und Erfahrungen gewandt hatte, die vielmehr »so weit zu verteidigen (seien) wie irgend möglich, um das deutsche Volk mit neuer Hoffnung zu erfüllen«.

Beschlüsse von Landtagen einiger westdeutscher Länder für eine Bodenreform oder die Überführung der Grundstoffindustrie in Gemeineigentum bestärkten mich in der Überzeugung, legitime und zeitgerechte Maßnahmen zu befürworten. Das Veto der britischen bzw. der amerikanischen Besatzungsmacht, das die Umsetzung dieser demokratisch gefaßten Beschlüsse verhinderte, bestätigte die von unserer Seite geübte scharfe Kritik an der westlichen Besatzungspolitik, die im gemeinsamen Klasseninteresse die Machtstellung der alten Eliten erhalten und jede ernsthafte Linksschwenkung im Keim ersticken wolle. Dies, so stellte es sich mir dar, war das Grundmotiv westlicher, gemeinsam mit den maßgebenden westdeutschen Politikern betriebener Deutschlandpolitik, die im Mai 1949 in der Konstituierung der Bundesrepublik kulminierte. Ich war überzeugt, daß der dort beschritte-

ne Weg eine Wiederholung deutscher Machtexzesse, wie wir sie
1914 bis 1918 und, weit schlimmer noch, 1933 bis 1945 erlebt
hatten, nicht ausschließe. Es war logisch, sich bei dem Versuch,
ein anderes, besseres Deutschland zu bauen, auf die Ratschläge
jener zu besinnen, die am schärfsten widersprochen hatten – auf
Liebknecht, der die Kriegskredite verweigert – und nicht auf Ebert,
der sie bewilligt hatte; auf Thälmann, den die Nazis eingekerkert
und schließlich umgebracht hatten – und nicht auf Theodor
Heuss, der 1933 dem Ermächtigungsgesetz zugestimmt hatte.

Nicht nur Entwicklungen der deutschen Geschichte erschienen
im Blick, suchte man die größeren Zusammenhänge dessen, was
geschah und woran man sich beteiligte. Weltweit war im Gefolge
des Zweiten Weltkriegs die alte Ordnung ins Wanken geraten.
Siegreiche Revolutionen in China und Vietnam, die Beendigung
der britischen Herrschaft über Indien zeugten vom Willen vieler
Millionen Menschen, anders zu leben als bisher, ohne Ausbeutung durch Gutsbesitzer, Kapitalisten und fremde Kolonial-
herren. Keine Befreier-/Besatzungsmacht kommandierte diese
Bewegungen, die aus eigener Kraft erreichten, was sie erreichten.
Und auch in westlichen Ländern gab es – in grundsätzlich anderer, weit geringerer, Dimension – politische Entwicklungen, auf
die unsereiner mit Sympathie und Hoffnung blickte. In Frankreich und Italien, zwei Ländern, in denen starke Widerstands-
bewegungen gegen den Faschismus gekämpft hatten, waren linke
Politiker in den ersten Nachkriegswahlen sehr erfolgreich gewesen. Daß im Mai 1947 die kommunistischen Minister aus den
Kabinetten in Paris und Rom verdrängt wurden und im Juni
Frankreich und Italien in das Programm der Marshall-Plan-Hilfe
aufgenommen wurden, war kaum als zufälliges Zusammentreffen zu verstehen. Der Zusammenhang zwischen finanzieller
Hilfe aus den USA und der Zurückdrängung kommunistischen
Einflusses war evident.

Es wurde immer klarer: wer sich politisch engagieren wollte,
hatte sich zu entscheiden zwischen zwei Grundpositionen, zwei
Lagern, die sich in der zweiten Hälfte der vierziger und zu Beginn der fünfziger Jahre geradezu atemberaubend schnell for-
mierten, jedes von ihnen gruppiert um eine Großmacht, die alles
daran setzte, ihren Machtbereich zu dominieren und alle Kraft

auf die Auseinandersetzung mit der Gegenseite zu konzentrieren. Die Gründung der beiden Militärbündnisse sei den bisher genannten Stichworten noch als markantes Merkmal hinzugefügt: der NATO 1949 und des Warschauer Paktes 1955, nach der Einbeziehung der Bundesrepublik in die NATO. Die Entscheidung, vor die ich mich nun zwingend gestellt sah, war nicht die zwischen Demokratie und Diktatur. In meiner Wahrnehmung ging es um zwei grundsätzlich verschiedene Gesellschaftsmodelle, unter denen ich mich für dasjenige entschied, das programmatisch und in Ansätzen seiner Realisierung die Aussicht auf Überwindung der alten Ordnung eröffnete. Sie hatte beruht auf Profitmaximierung sowie auf der Ausbeutung der Unterschichten im eigenen Land und der Bevölkerung abhängiger Länder, und sie hatte immer wieder ihre Bereitschaft zu rücksichtsloser Gewaltanwendung bewiesen, wenn sie sich bedroht glaubte. Sie als Synonym für Demokratie anzusehen, kam mir nicht in den Sinn. Auf dem Boden dieser Ordnung waren die beiden verheerenden Weltkriege unseres Jahrhunderts entstanden. Ihre fürchterlichste Aufgipfelung war der deutsche Faschismus gewesen. Kampf gegen Imperialismus und Militarismus: das waren für mich keine Schlagworte der Propaganda – sooft sie auch dazu mißbraucht wurden. Diese Worte bezeichneten für mich reale Zustände, die überwunden werden mußten.

Von einer Verklärung der Zustände im eigenen Lager war ich dabei weit entfernt. Seiner demokratischen Defizite war ich mir durchaus bewußt; meine Position in der Wolff-Debatte zeugte davon. Für systembedingt und deshalb unaufhebbar aber hielt ich sie nicht. Ich glaubte vielmehr an die Möglichkeit, daß auf die Dauer die in meiner Sicht prinzipiell systemeigene Orientierung auf Gleichheit, Gerechtigkeit, Demokratie und Frieden durchgesetzt werden könnte. In dieser Richtung wollte ich aktiv sein – nicht als Dissident oder Widerstandskämpfer, weil ich das System ja nicht stürzen, sondern reformierend erhalten und festigen wollte. Kritische Untersuchung der Vergangenheit, besonders der letzten Jahrzehnte deutscher Geschichte, sollte mein Beitrag dazu sein, im Sinne eines undogmatisch aufgefaßten Marxismus. Mein Berufsleben hindurch habe ich an dieser Position festgehalten. Noch in der Rede am Tage meiner Verabschiedung, wenige Monate vor dem Ende der DDR, bekannte ich mich zu ihr – schärfer als zuvor in der Kritik, aber immer noch nicht ohne Hoffnung.

Einschneidende Folgen für unser tägliches Leben hatte die am 20. Juni 1948 in den Westzonen, wenige Tage später auch in den Westsektoren Berlins, durchgeführte Währungsreform. Die Einführung der »Ostmark« in der sowjetischen Besatzungszone und Ost-Berlin wenige Tage später war die logische Antwort der sowjetischen Behörden. Für unsere Familie bedeutete das, daß wir in unserem Wohngebiet keine Einkäufe in der dort gültigen Währung mehr tätigen konnten, weil wir keine »Westmark«-Einnahmen hatten. Heinrich Deiters erhielt sein Gehalt an der Humboldt-Universität in »Ostmark«. Ein kleiner Teil wurde ihm in »Westmark« gezahlt, was aber kaum für die Miete reichte. Die Stipendien für uns Studenten gab es natürlich auch nur in der Ost-Währung. Einige Monate hindurch behalfen wir uns damit, alle Lebensmittel und unbedingt notwendigen Gebrauchsgegenstände im Ostsektor zu kaufen. Für die große Familie kamen ziemliche Mengen zusammen, deren Transport von dem Laden in der Jägerstraße nach Dahlem recht mühsam war. Ein Auto hatten wir nicht. Wir empfanden schließlich die Situation als unhaltbar und beschlossen, in den sowjetischen Sektor umzuziehen. Durch Vermittlung des Kulturbundes wurde uns ein Haus, genauer gesagt die Hälfte eines Doppelhauses, in der Waldstraße in Johannisthal (Bezirk Treptow) zugewiesen.

Beim Umzug im Mai 1949 gab es noch einige Probleme. Zum einen war der Kreissekretär der SED in Zehlendorf sehr ungehalten, als ich ihn in seinem Büro am Teltower Damm aufsuchte, um ihn von unserer Absicht zu informieren. Die Zehlendorfer Parteiorganisation der SED war klein und wurde immer kleiner, da nicht wenige im Osten arbeiteten und sich genötigt sahen, den Weg zu gehen, den wir nun auch gingen. Mit uns verlor er gleich eine kleine Gruppe: Heinrich Deiters, Dorle und mich, Ludwig und Peter, der sich in der Zwischenzeit ebenfalls der SED angeschlossen hatte. Halten aber konnte er uns natürlich nicht. Zum anderen verstießen wir gegen Vorschriften der West-Berliner Behörden, die das Verbringen von Umzugsgut in den sowjetischen Sektor untersagten. Genau erinnere ich mich nicht mehr an die einschlägigen Bestimmungen und kann nicht sicher sagen, ob solche Transporte generell verboten waren oder eine Genehmigung hätte beantragt werden müssen. Wir jedenfalls gingen sozusagen »illegal« nach dem Osten. Ein der Partei angehörender, befreundeter Kohlenhändler kam mit seinem großen LKW, den wir mit unserem Hab und Gut beluden. Zweimal fuhr er über irgendwelche Seitenstraßen, an denen Kontrollen nicht zu befürchten waren, in den Osten. Zu acht richteten wir uns in der Waldstraße ein, die Ehepaare Deiters und Klein, Ludwig, Babette, Peter und unser kleiner Wolfgang. Tante Ellen, die Schwägerin von Lisbeth Deiters, war kurz vor unserer Übersiedlung gestorben. Sie hatte bis zuletzt auf die Rückkehr von »Heinzchen« gewartet und einen kleinen Vorrat an Lebensmitteln gehamstert, um ihn, wenn er, sicher in geschwächtem Zustand, wiederkommen sollte, gut ernähren zu können.

In den Jahren 1948 und 1949 betätigte ich mich auf verschiedenen Feldern der Hochschul- und Studentenpolitik. Im Sommersemester 1948 war ich von der Universität beurlaubt und arbeitete wieder in meiner ersten Arbeitsstelle, der Zentralverwaltung für Volksbildung, diesmal als Mitarbeiter für Studentenfragen im Sekretariat des Präsidenten Wandel. Frucht dieser Zeit war eine Studie zur Geschichte der Auseinandersetzungen über eine Reform der deutschen Universitäten im 19. und 20. Jahrhundert, mit der mich Wandel beauftragt hatte. Einige Ergebnisse dieser Arbeit flossen ein in einen Aufsatz über die gesellschaftliche Stellung der deutschen Universität, den ich für die von Jean-Paul Sartre herausgegebene Zeitschrift *Les Temps Modernes* schrieb. Ich war Sartre begegnet, als er Anfang 1948 Berlin besuchte. Er hatte den Wunsch geäußert, in einem kleineren Kreis Studenten verschiedener politischer Richtungen kennenzulernen. Das Treffen fand in der Wohnung eines damals an der Universität lehrenden Lektors der französischen Sprache statt, der mich kannte und als Vertreter der SED einlud. Natürlich fand ich es eine große Sache, den berühmten Mann aus der Nähe erleben zu dürfen, der uns freilich insofern enttäuschte, als er sich darauf beschränkte, dem Streitgespräch der deutschen Studenten zuzuhören. Selbst nahm er so gut wie gar nicht das Wort. Was ihm an unserer Auseinandersetzung gefiel, was nicht, war nicht zu erkennen.

Wiederholt nahm ich teil an gesamtdeutsch orientierten Studententagungen. Im Januar 1948 folgten Delegierte fast aller deutschen Hochschulen und Universitäten einem gemeinsam vom Studentenrat der Universität Unter den Linden und vom AStA der Technischen Universität in Charlottenburg verfaßten Aufruf zu einem Treffen in Berlin. Es sei die Aufgabe der studentischen Jugend ganz Deutschlands, so hieß es in der Einladung, »die innere Separation in Deutschland zu verhindern und das geistige Deutschland wieder in den gesamten europäischen Kulturkreis einzubeziehen«. Ein konkretes Ziel der Veranstaltung solle die Vorbereitung eines Treffens der Jugend Deutschlands sein, »damit diese sich in ihrer Gesamtheit zur kommenden Friedensregelung mitteilen kann«. Nach heftigen Diskussionen, in denen aber der Wille, zu gemeinsamen Positionen zu gelangen, noch überwog, kam eine »Denkschrift der Deutschen Studentenschaft« zustande, die Forderungen der Studenten an die Militärregierungen und die deutschen Politiker für Reformen im Hochschul- und Bildungswesen formulierte und insgesamt eine entschiedene Äußerung für die Einheit Deutschlands war.

Fünf Monate später, vom 14. bis 16. Mai 1948, trafen sich Studenten vieler Universitäten und Hochschulen aus allen vier Zonen in Eisenach. Der Studentenrat der Universität Jena hatte in Erinnerung an das Wartburgfest der Burschenschaft vom Oktober 1817 und an die Einheitsbestrebungen deutscher Studenten in der Revolution von 1848 zum Wartburgfest 1948 eingeladen. Das Thema war das gleiche wie in Berlin: die Einheit Deutschlands. »Freiheit für ein demokratisch geeintes Deutschland« lautete die Formel in dem Aufruf, der kontrovers diskutiert, schließlich aber von den Delegierten aller in Eisenach vertretenen Hochschulen und Universitäten unterschrieben wurde. Auch wenn der Charakter der Erklärung sich von der Berliner Denkschrift insofern unterschied, als in Eisenach ein leidenschaftlicher, formell aber unverbindlicher Appell angenommen wurde, während die Berliner Denkschrift ein konkret formulierter Forderungskatalog gewesen war, überwog doch auch auf der Wartburg noch der Wille, alles Trennende zurückzustellen. So eindeutig, wie es nach außen demonstriert wurde, war das Gemeinsamkeitsgefühl allerdings in Eisenach schon nicht mehr. Die Erklärung war gegen

Abend des 15. Mai, es war Pfingstsonnabend, unterschrieben worden. Anschließend fand ein Tanzabend statt, der sich bis weit in den Morgen ausdehnte. Es war ein fröhliches Fest, mit der Folge allerdings, daß Alfred Meusel seinen Vortrag über die Revolution von 1848 am Pfingstsonntag vormittag im Festsaal der Wartburg vor einem Auditorium halten mußte, das ständig mit dem Schlaf kämpfte – nicht wenige verloren den Kampf. In dieser Nacht aber kam ein Teil der westdeutschen Delegierten zu einer Separatsitzung zusammen, besprach die Erklärung noch einmal und fand, man habe übereilt einem Text zugestimmt, der ihnen bei nochmaliger Überlegung zu nahe den östlichen Einheitsparolen schien und zu schwach in der Betonung der Unterschiede zwischen dem demokratischen Westen und dem kommunistischen Osten. Es waren, wenn ich mich recht erinnere, die Hamburger, die den Anstoß zu dieser Aktion gaben. Eine Gruppe der Westdeutschen, darunter die Vertreter einiger der wichtigen, großen Universitäten, zog ihre Unterschrift ausdrücklich zurück und verkündete diesen Beschluß auf dem Podium eines der Tanzsäle. Ich hörte das und brachte die Nachricht in die Sitzung der engeren, von SED-Studenten und Funktionären gebildeten Leitung, die soeben die Mitteilung über den erzielten Erfolg an die Presse gegeben hatte. Naiv meinte ich, das müsse nun korrigiert werden, was die Verantwortlichen aber weit von sich wiesen. Alle hatten unterzeichnet, das sei doch wahr, und dabei habe es zu bleiben. Ob der Vorfall in der westdeutschen Berichterstattung oder auch in einer der Zeitungen der bürgerlichen Blockparteien in Ostdeutschland aufgegriffen wurde, weiß ich nicht. In der SED-Presse jedenfalls, auch in der sehr ausführlichen Berichterstattung in der Ost-Berliner Hochschulzeitung *Forum*, fand sich darüber kein Wort.

Ein Jahr später, im Sommer 1949, herrschte ein drastisch verändertes politisches Klima. Die Entwicklung zur Zweistaatlichkeit war weit vorangeschritten, verbunden mit einer Vertiefung der politischen und ideologischen Gegensätze. Für Einheitsbekundungen der Art, wie es sie noch in Berlin und Eisenach gegeben hatte, war kein Platz mehr. Vorgänge wie die Verhaftung des liberalen Studentenratsvorsitzenden der Leipziger Universität Natonek und die Gründung der Freien Universität in West-Berlin zeugten auf dem Gebiet des Hochschulwesens von der Verschärfung der Lage. Wolfgang Natonek war ein Sohn des Schriftstellers und Publizisten Hans Natonek, der sich seit den Jahren des Ersten Weltkrieges mit pazifistischen und gesellschaftskritischen Beiträgen in der Tagespresse, in Wochenzeitungen wie der *Weltbühne*, aber auch mit einigen Romanen einen Namen in der demokratischen Literatenwelt Deutschlands gemacht hatte. Sein Sohn Wolfgang engagierte sich nun als Mitglied der Liberaldemokratischen Partei für den demokratischen Neubeginn, wurde zum Vorsitzenden des Studentenrates der Leipziger Universität gewählt, war aber ein entschiedener Gegner der von der Zentralverwaltung geforderten Bevorzugung von Studienbewerbern aus Arbeiter- und Bauernfamilien. Sein bissiger Vergleich der proletarischen Großmutter, die man jetzt brauche, um studieren zu dürfen, mit der arischen Großmutter, die früher dazu notwendig gewesen sei, machte die Runde und stempelte ihn für die engstirnigen Verfechter der offiziellen Linie zu einem gefährlichen Feind. Noch in Berlin und Eisenach hatte er vielbeachtete Reden gehalten, die ganz im Sinne der dort noch propagierten antifaschistisch-demokratischen Einheit gewesen waren. Er wurde im November 1948 auf Befehl der SMA unter dem absurden Vorwurf, eine illegale Gruppe organisiert zu haben und gegen die Besatzungsmacht zu konspirieren, verhaftet und in einem Geheimprozeß von einem sowjetischen Militärgericht zu 25 Jahren Zwangsarbeit verurteilt. Erst nach acht Jahren Haft in Bautzen und Torgau kam er im Zuge der antistalinistischen Beschlüsse des XX. Parteitages der KPdSU wieder frei.

Noch fanden 1949 zwei studentische Veranstaltungen mit gesamtdeutscher Besetzung statt, von einem sehr anderen Charakter freilich als in den Jahren zuvor. Im Juni lud der AStA der Universität Göttingen Studentenvertreter aus Ost- und Westdeutschland zu einer kleinen Tagung ein, einem »Meinungsaustausch am runden Tisch«, um nach längerer Unterbrechung den Versuch zu machen, erneut in Fühlung miteinander zu kommen. Grundlage der Besprechung war ein Referat des Göttinger Studenten Peter v. Oertzen – später zeitweilig ein wichtiger SPD-Mann – über »Die politische Verantwortung des deutschen Studenten«. Formell waren wir fünf Ostzonenstudenten – alle Mitglieder der SED – vom studentischen Zonenrat der SBZ delegiert, faktisch von der Zentralverwaltung ausgesucht worden. Die Diskussion verlief im allgemeinen sachlich, wobei allerdings die Beschreibung der eigenen Position viel stärker als früher im Vordergrund stand. Keine gemeinsame Erklärung, sondern nur noch ein Protokoll über den Verlauf der Diskussion und die Hauptargumente sollte verfaßt werden. Daß es nicht einmal dazu kam, sondern die Begegnung mit einem Eklat endete, war ein bißchen auch meine Schuld. Eine taktisch gewiß ungeschickte Attacke von mir gegen den Vertreter der Freien Universität, den uns durch seine schrillen antikommunistischen Töne besonders ärgerlichen Hochschul-Reporter des RIAS, Gerhard Löwenthal, gab diesem das Stichwort, sich für unzumutbar beleidigt zu erklären, woraufhin die Mehrheit der Westdeutschen das Gespräch abbrach.

Das Aus für alle Kontakte auf der Ebene offizieller Studentenvertretungen brachte vierzehn Tage nach Göttingen eine Tagung der Delegiertenkonferenz des »Verbandes Deutscher Studentenschaften« (VDS) in Seeshaupt am Starnberger See. Unter diesem Namen hatten sich, mit gesamtdeutschem Anspruch, die in Westdeutschland bestehenden studentischen Zonenräte zusammengeschlossen. Als »Beobachter« war eine Delegation des Zonenrates der Ostzone nach Seeshaupt eingeladen worden, wo unter Punkt 7 der Tagesordnung das Verhältnis des VDS zu den Studentenvertretungen der SBZ behandelt wurde. Diesmal reisten wir zu viert, auf einer Route übrigens, die Gelegenheit zur Wahrnehmung von Besonderheiten des deutsch-deutschen Grenzverkehrs jener Zeit bot. Wir nahmen den Bus von Berlin nach München und wunderten uns, als einige Fahrgäste einen oder zwei Kilometer vor der Zonengrenze bei einem Halt auf einer Parkspur ausstiegen. Der Grund war klar, als dieselben Leutchen kurz nach der Grenze wieder einstiegen. Sie hatten offenbar keinen gültigen Interzonenpaß und die Grenze abseits der Kontrollen »illegal« überquert.

In Seeshaupt kam eine echte Diskussion nicht mehr zustande. Ost- wie Westdeutsche konzentrierten sich darauf, die Vorzüge der eigenen Seite und die Nachteile der anderen zu beschreiben, in Fragen des Universitätslebens wie in denen der allgemeinen Beschaffenheit der beiden Gesellschaftssysteme. Schließlich erklärte der VDS die Verhandlungen für gescheitert. Eine Zusammenarbeit mit den ostdeutschen Studentenvertretungen komme für ihn nicht mehr in Frage. Es war das schroffe Ende einer Zusammenarbeit, die wenige Jahre zuvor nicht ohne Hoffnungen begonnen hatte, zwischenzeitlich aber immer loser geworden war. Im Grunde war die Entscheidung insofern realistisch, als man sich eine produktive Zusammenarbeit so gegensätzlich orientierter Seiten in einer Zeit, in der im Westen und faktisch doch auch im Osten die Weichen immer klarer auf Trennung und nicht auf Einheit gestellt waren, kaum mehr vorstellen konnte.

In jene Jahre fielen auch die Anfänge meiner publizistischen Tätigkeit. Ich habe mein Leben lang kleinere Beiträge für Tages- und Wochenzeitungen verfaßt, Kommentare zur Zeitgeschichte und zur jüngeren Vergangenheit Deutschlands. Irgendwie hat wohl die journalistische Leidenschaft des Vaters durchgeschlagen. Zu verschiedenen Fragen des Universitätsbetriebes schrieb ich im *Forum*, der 1947 gegründeten Hochschulzeitung, die von der Zentralverwaltung für Volksbildung herausgegeben wurde und in den ersten Jahren ein relativ breites Spektrum von Meinungen zu Worte kommen ließ. Das änderte sich 1950, als die FDJ die Herausgabe übernahm.

Es war wohl Klaus Bölling, der mich schon 1946 mit der Redaktion des *Nacht-Express* in Verbindung gebracht hatte, ein Ende 1945 mit Lizenz der SMAD gegründetes Boulevardblatt. Chefredakteur war der Filmjournalist Rudolf Kurtz, ein freundlicher Bohemien, der die Redaktionsgeschäfte weitgehend seinem sowjetischen Berater, Major Feldmann, überließ, der eine entscheidende Rolle bereits bei der Gründung der Zeitung gespielt hatte. Feldmann war ein Leningrader Intellektueller, klug, witzig, einfallsreich, offen für jede Frage, überzeugter Kommunist, aber nicht doktrinär. Anders als die meisten anderen Besatzungsoffiziere suchte er den privaten Kontakt zu Deutschen, besonders zur jüngeren Generation. Von Zeit zu Zeit lud er einen Kreis junger Leute, vorwiegend Studenten, zu sich ein. Dorle und ich waren mehrfach dabei, wenn man sich bei ihm traf, genauer gesagt in der Wohnung seiner bildhübschen deutschen Freundin irgendwo in Prenzlauer Berg. Wir gingen dorthin, weil wir mehr wissen wollten über das große Land im Osten, das nun so wichtig für uns war. Bei Feldmann gewann man ein Bild, das sich durch seine Anschaulichkeit und den Verzicht auf die Stereotypen der offiziellen Propaganda wohltuend von dem unterschied, was sonst in den Zeitungen zu lesen war. Freilich – über Stalins Verbrechen, die Lager und die Repressionen sprach Feldmann nicht. Hätte er es getan, wäre er am nächsten Tag nicht mehr an seinem Platz gewesen. Auch so geriet der vortreffliche Mann eines Tages in Schwierigkeiten. Im Jahre 1949 verschwand er plötzlich aus Berlin. Niemand, auch seine Freundin nicht, kannte den Grund – jedenfalls wagte niemand, darüber zu sprechen. Seine Schöpfung, der *Nacht-Express*, wurde 1953 eingestellt. Viele Jahre später hörte ich von sowjetischen Freunden, er sei verhaftet gewesen – möglicherweise im Zuge der antisemitischen Kampagnen in Stalins letzten Jahren –, habe aber überlebt und arbeite an einer Zeitung in der sowjetischen Provinz.

Eine feste Verbindung fand ich zur Redaktion der Wochenschrift *Die Weltbühne*. Ich veröffentlichte dort Ende der vierziger und zu Beginn der fünfziger Jahre einige Artikel zu Themen aus der politischen Geschichte der Weimarer Republik und war dann von den sechziger Jahren bis zur Einstellung der Zeitschrift nach der Wende regelmäßiger *Weltbühnen*-Autor mit Beiträgen zu vielen Gegenständen der jüngeren Geschichte, zu politischen Tagesfragen und mit Buchbesprechungen. Die *Weltbühne* der DDR war gewiß nicht mehr die *Weltbühne* so glänzender Publizisten und unabhängig urteilender, radikaler Demokraten und Pazifisten wie Jacobsohn, Ossietzky, Tucholsky und die ganze Schar ihrer mutigen Mitstreiter in den Jahren der Weimarer Republik. 1946 mit sowjetischer Lizenz neu gegründet, begann die *Weltbühne* verheißungsvoll als eine linke Zeitschrift, die Autoren aus ganz Deutschland mit durchaus unterschiedlichen politischen Vorstellungen zu Worte kommen ließ, geriet aber in den Folgejahren zunehmend in den Sog der einseitig SED-orientierten Pressepolitik. Immerhin bemühten sich die Autoren um eine saubere Sprache und sachliche, faktengestützte Argumentation. Sie wollten überzeugen, nicht überreden.

Geprägt wurde dieser Stil durch den Herausgeber und Chefredakteur Hans Leonard. Er war kein Journalist. Außer einem

Geleitwort in der ersten Nummer hat er meines Wissens keine Artikel in seiner Zeitschrift geschrieben. Was ihn auszeichnete und zum gleichwohl erfolgreichen, respektierten und beliebten Redaktionschef machte, waren Eigenschaften wie Organisationstalent, Menschenkenntnis, ein sicheres Urteil für publizistische Qualität, die innerlich tief empfundene Verpflichtung, ein großes Erbe so anständig zu verwalten, wie es unter den gegebenen Umständen möglich war, taktisches Geschick, Freundlichkeit und die Fähigkeit, unter Autoren und Mitarbeitern eine Atmosphäre zu schaffen, in der jeder, der dazugehörte, sich wohl fühlte. Die immer liebenswürdige, intelligente und zuverlässige »Seele vom Geschäft« war von 1946–1976 die Redakteurin, später stellvertretende Chefredakteurin Ursula Madrasch. Es war gut, mit klugen, verständnisvollen und freundlichen Menschen umzugehen wie den Redakteuren der *Weltbühne* und, wenn auch lockerer als die Berufsjournalisten, doch zu ihrem Kreis zu gehören. Ich habe Hans Leonard nicht vergessen, daß er mir 1957 – ich geriet in politische Schwierigkeiten, und es sah vorübergehend so aus, als ob ich eine Zeitlang ohne Einkünfte auskommen müßte – anbot, bei ihm gut honorierte Artikel unter Pseudonym zu veröffentlichen. Es wurde nicht notwendig, aber die Geste war ernst gemeint und tat sehr wohl.

Bei allem Interesse für Studentenpolitik und Tagespublizistik vernachlässigte ich das Studium nicht, fand vielmehr bei der Ausarbeitung von größeren Seminarreferaten so viel Gefallen an der wissenschaftlichen Arbeit, daß ich meinen Berufsplan änderte. Nicht Lehrer zu werden, war nun das Ziel, sondern Arbeit in der historischen Forschung, an einem Institut oder in der Universität. Bestärkt in dieser Absicht wurde ich durch die Frage meines Lehrers Meusel, ob ich nicht für einen kleinen historischen Verlag, der damals kurzzeitig als Dependance des Berliner Verlages existierte, eine Broschüre über die Beziehungen zwischen Deutschland und der Sowjetunion in den Jahren der Weimarer Republik schreiben wolle. Ich fühlte mich geehrt, daß der anspruchsvolle Mann mir, einem Studenten, die Aufgabe übertrug und machte mich gerne an die Arbeit.

Ich schrieb eine Überblicksdarstellung der diplomatischen und wirtschaftlichen Beziehungen auf der Grundlage gedruckten Materials. Archivalien hatte ich nicht zur Verfügung. In Ost und West hatten die Siegermächte die Bestände des wegen des Bombenkrieges in verschiedene Teile Deutschlands verlagerten Archivs des Auswärtigen Amtes beschlagnahmt und zur Auswertung nach Großbritannien/USA bzw. in die Sowjetunion gebracht. Erst Mitte der fünfziger Jahre wurden die Akten an die DDR bzw. die Bundesrepublik zurückgegeben. Unterstützung beim Schreiben, etwa durch Beratung bei schwierigen Fragen, zu denen er mir Hinweise gegeben hätte, hatte ich durch Meusel nicht. Es war seine Angewohnheit, ein Thema zu stellen, den Kandidaten arbeiten zu lassen und erst zum Ergebnis Stellung zu nehmen. Dies aber tat er dann überaus gründlich und detailliert. So schickte ich ihm also mein Opus, als es fertig war. Er las es, ließ mich kommen und kritisierte es in einer langen Unterredung in Grund und Boden.

Bei aller Bemühung um Differenzierung und trotz meiner Abneigung gegen dogmatische Phrasendrescherei steckte in mir, dem Neubekehrten, damals doch noch eine gehörige Portion politischen Eiferertums. Unnachsichtig rügte Meusel, der die politische Grundaussage der Arbeit durchaus bejahte – ihretwegen hatte er ja den Auftrag erteilt –, die vereinfachte Gedankenführung, grobe Argumentation und agitatorische Sprache. Es war nicht angenehm, das anhören zu müssen, aber ich begriff rasch, wie recht er hatte und daß ich allen Grund hatte, meinem Kritiker dankbar zu sein, daß er mich vor einer Blamage bewahrt hatte. Aus der geplanten Veröffentlichung dieses Manuskripts wurde nichts. Ein Trost war es immerhin, daß Meusel zum Schluß meinte, ich solle das Thema noch einmal, gründlich anders und auch in erweitertem Umfang, bearbeiten und versuchen, eine Dissertation daraus zu machen.

In Johannisthal hatten wir uns bald gut eingelebt. Gewiß, das großbürgerliche Villenviertel Dahlem hatte sehr viel mehr hergemacht als das kleinbürgerlich-proletarische Johannisthal. Die Villa in der Schwendenerstraße war eleganter gewesen als das Haus in der Waldstraße. Dieses aber hatte den Vorteil, daß das Dach dicht war und die Fenster gut schlossen, ein Zustand, der natürlich auch in Dahlem hätte hergestellt werden können, wenn wir über die Währung verfügt hätten, die dort nur noch galt. Das, was wir zum Leben brauchten, konnten wir nun kaufen, Handwerkerleistungen, wenn sie nötig wurden, bezahlen. Insgesamt war es für uns ein Übergang von unnormalen in normale Umstände, der hoch zu schätzen war, auch wenn im Osten die Versorgung mit vielen lebensnotwendigen Artikeln große Mängel hatte und seit der Währungsreform immer stärker hinter der westdeutschen Entwicklung zurückblieb.

Drei Jahre nach Wolfgang, im Jahre 1951, brachte Dorle unseren zweiten Sohn, Max, zur Welt. Wir freuten uns, waren glücklich, für den kleinen Wolfgang, der sich prächtig entwickelte, ein Brüderchen in nicht zu großem Altersabstand zu haben. Drei bis vier Kinder zu bekommen und aufzuziehen, hatten Dorle und ich uns vorgenommen – vier Kinder bei Kleins und drei in der Familie Deiters waren unser Vorbild. Der Zeitpunkt freilich war für Dorle eher ungünstig. Sie hatte 1949 ihr Studium an der Universität unterbrochen, um ihre Russischkenntnisse in einem Lehrgang an der Dolmetscherschule des Magistrats von Berlin zu verbessern. Nicht zuletzt die hohe Belastung einer jungen Frau, die mit der ihr eigenen Disziplin und Ernsthaftigkeit unter Einsatz aller Kräfte zwei Pflichten zu erfüllen suchte – die einer Mutter, die ein Kleinkind aufzog, und die der Studentin eines schwierigen Faches – hatte dazu geführt, daß sie im Russischunterricht Schwierigkeiten hatte. Zu Recht meinte sie, in der elementaren Grundlage des Berufs einer Russischlehrerin, dem Beherrschen der Sprache, über sichere und gute Kenntnisse verfügen zu müssen. Sie studierte deshalb intensiv an der Dolmetscherschule und absolvierte im Februar 1951 mit gutem Erfolg die Prüfung zur Diplomdolmetscherin. Schon drei Monate später aber, im Mai 1951, kam Max zur Welt. Fortsetzung und Abschluß des Studiums seiner Mutter zogen sich länger hinaus als ursprünglich beabsichtigt. Dorle kehrte 1952 an die Universität zurück und bestand 1954 ihr Staatsexamen mit der Note »Sehr gut«.

Weil ich heute, im Alter, besser begreife, als manchmal früher, was ich Dorles großer, selbstloser Lebensleistung zu danken habe, sei erneut aus ihren Erinnerungen zitiert:

»Natürlich war ich, was die berufliche Qualifikation betrifft, meinem Mann gegenüber benachteiligt, und das sollte auch unser Leben lang so bleiben. Meine Generation war aber noch so nahe den Generationen von Frauen, die keinen Beruf ergreifen durften, daß ich schon allein darüber glücklich war, daß mein Mann und meine Eltern nichts gegen meine Berufstätigkeit hatten, sondern sie sogar begrüßten. Daraus ist auch meine Einstellung zu erklären, mein Leben so zu organisieren, daß mein Mann und meine Kinder nicht unter meiner Berufsarbeit leiden mußten. Ich wollte sowohl eine gute Mutter und Ehefrau als auch erfolgreich in meinem Beruf sein. Dafür habe ich viel Kraft geopfert und auf manches, was sonst noch schön ist im Leben, verzichtet. Vorbei waren nun die Zeiten, in denen Fritz und ich gemeinsam unserer Ausbildung nachgingen oder gesellschaftliche Verpflichtungen erfüllten. (...) Obwohl ich meine Kinder liebte und sie mir Trost und Ausgleich waren, fand ich es manchmal doch ungerecht, daß ich die Last der Kinderaufzucht zu tragen hatte, während mein Mann frei seinen Studien und gesellschaftlichen Interessen nachgehen konnte. Dieser Konflikt begleitete mich wie viele andere Frauen mein Leben lang.«

Es gab viele Gründe, die seit dem Ende der vierziger Jahre immer deutlicher hervortretende Tendenz einer Verhärtung des geistigen und politischen Klimas besorgt zu verfolgen. Immer noch aber gab es kräftige Zeichen des Aufbruchs zu neuem Denken in vielfältigen Bahnen, mit bis heute unvergeßlichen Erlebnissen. Ich erwähne nur ein, freilich herausragendes, Beispiel. Bertolt Brecht war aus der Emigration zurückgekommen und begann Ende 1948 seine Theaterarbeit mit der Aufführung seines Stückes »Mutter Courage und ihre Kinder«. Es folgten »Puntila«, der »Hofmeister«, nach dem frühen Tode Brechts, aber ganz noch in seinem Geist dann das »Leben des Galilei«, der »Kaukasische Kreidekreis«, »Arturo Ui« und wie sie alle hießen, eines spannender, schöner und bedenkenswerter als das andere. Nicht nur große Theaterkunst war da zu bewundern. Wichtig für Menschen, die auf ein geistiges Leben mit Offenheit, Diskussion und

produktiver Auseinandersetzung hofften, war, daß alles, was
Brecht schrieb und so meisterhaft in Szene setzte, ein einziger
Aufruf zu all diesem war – ein »Lob des Kommunismus« auf hohem intellektuellem Niveau. Dieser »Aufruf« setzte ja sehr konkret leidenschaftliche Debatten in Gang. Ich erinnere mich deutlich des Stirnrunzelns, mit dem die für Kultur verantwortliche
Funktionärin im Zentralrat der FDJ, die ich in der Pause einer der
ersten Aufführungen der »Mutter Courage« traf, auf dieses »pazifistische Zeug« reagierte. Scharfe Attacken richtete der mit der
»Gruppe Ulbricht« aus der Emigration in der Sowjetunion zurückgekehrte Theaterkritiker Fritz Erpenbeck in der von ihm geleiteten Zeitschrift *Theater der Zeit* gegen den unsozialistischen,
elitären Formalismus in Brechts Theorie des Epischen Theaters.

In solchen Auseinandersetzungen spielten gewiß durchaus legitime, unterschiedliche Auffassungen von dramatischer Kunst
eine Rolle. Darüber hinaus aber, das spürte jeder, ging es nicht
nur um Theater, sondern um Politik, um Grundfragen der Gestaltung der künftigen Gesellschaft. Und auf eigentümliche
Weise war die Wirkung eine zwiefache. Es gab zum einen die
Angriffe der Dogmatiker der »eigenen« Seite gegen den aufklä-
rerischen Dialektiker, dem sie instinktiv mißtrauten – wir wissen
heute, wie tief dieses Mißtrauen bei den führenden Funktionären
der Partei saß. Gemeinsam mit seinen Kritikern aber, deren Mißtrauen er mit gutem Grund erwiderte, stand Brecht für die
grundsätzliche Bejahung des Sozialismusversuchs auf deutschem
Boden. Es war sein freier Entschluß gewesen, nach Ost-Berlin zu
gehen und nicht in den Westen. Es war die DDR, die ihm den
Aufbau seines Theaters ermöglichte, während seine Stücke in
Westdeutschland viele Jahre hindurch boykottiert wurden. Junge
DDR-Bürger sahen in Brecht einen Führer zu kritischem Denken, fühlten sich bestätigt in ihrer Distanz zu bedrückenden Tendenzen der inneren Entwicklung im eigenen Land – und konnten
zugleich ein bißchen stolz darauf sein, daß dieser Staat es war, der
einem großen fortschrittlichen Dichter enorme Entfaltungs-
möglichkeiten bot, mit dem Ergebnis, daß Ost-Berlin mit dem
Berliner Ensemble ein Mekka für Theaterfreunde aus aller Welt
wurde. Ähnlich verhielt es sich mit der »Komischen Oper« Walter Felsensteins.

Die Studienjahre gingen zu Ende. Ich hatte an das Examen zu denken. Zu Beginn der fünfziger Jahre gab es an den philosophischen Fakultäten der Universitäten in der DDR noch die Möglichkeit, das Studium mit der Promotion abzuschließen. (Später wurde diese Regelung abgeschafft. Am Ende des Studiums stand dann in jedem Falle ein Staatsexamen bzw. Diplom. Wer promovieren wollte, hatte danach eine Aspirantenzeit zu durchlaufen, die in der Regel drei Jahre betragen sollte.) Ich hatte mich nach Kräften bemüht, Meusels Kritik zu berücksichtigen und etwas Besseres anstelle der so gründlich mißratenen ersten Fassung zustande zu bringen. Im Herbst 1951 gab ich die Arbeit ab, um mein Studium noch nach der alten Regel mit der Doktorprüfung zu beenden. So geschah es dann. Meusel erklärte sich mit der neuen Fassung sehr einverstanden. Am 8. Februar 1952 fand die Prüfung statt, in der Form eines zweistündigen Kolloquiums, an dem neben einem Fakultätsmitglied als Vertreter des Dekans die Prüfer Meusel und Kamnitzer sowie der zeitweilig in Berlin lehrende österreichische marxistische Philosoph Walter Hollitscher für das Nebenfach Philosophie teilnahmen. Es war schon später Nachmittag, als meine Prüfung überstanden war. Vor mir hatten am selben Tag zwei andere Meuselschüler, Gerda Grothe und Joachim Streisand, die gleiche Prozedur durchlaufen. Meine Dissertation über »Die diplomatischen Beziehungen Deutschlands zur Sowjetunion 1917 bis 1932« erschien noch im selben Jahr als Buch bei Rütten & Loening. Die hohe Auflage von 10 000 Exemplaren war schnell vergriffen, so daß eine Nachauflage ein Jahr später folgen konnte – ein Erfolg, der gewiß in hohem Maße der Tatsache geschuldet war, daß damals so gut wie keine wissenschaftliche Geschichtsliteratur auf dem Büchermarkt der DDR gab. Ich aber war glücklich, daß alles so gutgegangen war und sah zuversichtlich den Aufgaben des Berufslebens entgegen. Drei Wochen vor der Doktorprüfung, am 15. Januar 1952, hatte es bereits begonnen. An diesem Tag war ich beim neu gegründeten Museum für deutsche Geschichte angestellt worden.

V Anläufe (1952–1957)

Das Museum für Deutsche Geschichte wurde am 18. Januar 1952 aufgrund eines Beschlusses des ZK der SED vom Oktober 1951 gegründet. Die Initiatoren wollten eine Einrichtung schaffen, in der die deutsche Geschichte nach marxistischen Gesichtspunkten untersucht und für ein breites Publikum zur anschaulichen Darstellung gebracht werden sollte. (Von den Universitäten, an denen immer noch zahlreiche bürgerliche Historiker lehrten, war eine solche Wirkung in absehbarer Zeit nicht zu erwarten.) Direktor war Alfred Meusel. Die Führung der Partei verfolgte die Arbeit des Museums mit größter Aufmerksamkeit. Sie schaltete sich direkt in die Vorbereitung von Ausstellungen ein, in den ersten Jahren durch das für ideologische Fragen zuständige Politbüromitglied Fred Oelßner. Vor jeder Ausstellungseröffnung erfolgte eine Vorbesichtigung durch das gesamte Politbüro. Ein wissenschaftlicher Beirat, dem auch eine Reihe namhafter nichtmarxistischer Historiker und Museumsleute angehörte, erlangte nie wirklichen Einfluß. Er blieb Dekoration. Untergebracht waren wir zunächst in der Clara-Zetkin-Straße 27, gegenüber der Universitätsbibliothek. 1953 bezog das Museum für Deutsche Geschichte das ehemalige Zeughaus Unter den Linden, das zunächst hatte hergerichtet werden müssen. Hier bestand das Museum für Deutsche Geschichte, bis nach der Wende das Deutsche Historische Museum die Räume, die inzwischen beträchtlich angewachsenen Sammlungen, die reichen Bibliotheksbestände und einige wenige Mitarbeiter übernahm.

Ich wurde engagiert als stellvertretender Leiter der Abteilung 1918–1945. Abteilungsleiter war Albert Schreiner, ein Mann mit einer bemerkenswerten Biographie. 1917 war der 1892 im Badischen geborene, gelernte Maschinenschlosser in die USPD eingetreten, 1918 wurde er Mitglied der zentralen Leitung des Roten Soldatenbundes und des Stuttgarter Arbeiter- und Soldatenrats, der in der Novemberrevolution kurzzeitig eine Art revolutionä-

rer Gegenregierung für Württemberg aufstellte. Er war Mit-
begründer der KPD in Württemberg, seit 1919 Leitungsmitglied
des Rotfrontkämpferbundes (RFB) und 1923 beteiligt an dem
Aufstandsversuch der KPD in Hamburg. 1928 gehörte er in der
KPD zur Gruppe der »Versöhnler« und wurde wegen seiner Zu-
gehörigkeit zur KP-Opposition (KPO) aus der Partei ausgeschlossen. 1933 emigrierte er nach Frankreich. In Spanien kämpfte er
gegen Franco und war Stabschef einer der Internationalen Bri-
gaden. Nach der Niederlage zunächst in Frankreich und Marok-
ko interniert, gelang ihm schließlich die Flucht in die USA, wo er
sich aktiv in Organisationen der antifaschistischen Emigration
betätigte. Auf seine Karriere als Historiker in der DDR hatte er
sich seit den zwanziger Jahren autodidaktisch vorbereitet. Er war
Mitarbeiter eines Sammelwerks marxistischer Autoren über die
Novemberrevolution, der *Illustrierten Geschichte der Deutschen
Revolution*, das 1929 erschien, und veröffentlichte in der Emigration einige zeitgeschichtliche Schriften über Hitlers Aufrüstung,
darunter 1939 eine Studie mit dem bemerkenswerten Titel *Vom
totalen Krieg zur totalen Niederlage*. 1952 erschien seine umfangreiche Untersuchung zur Außenpolitik des deutschen Kaiserreiches 1871 bis 1918.

Schon im Sommer 1952 konnten wir eine erste Ausstellung
eröffnen, einen Überblick über die deutsche Geschichte von den
Anfängen bis in die Gegenwart. Es war eine ziemlich abenteuerliche Aktion, unternommen von Leuten, die größtenteils keine
Ahnung von der Spezifik musealer Geschichtsdarstellung hatten,
in einem für Museumszwecke kaum geeigneten Gebäude, mit
überaus kümmerlichen Beständen an auszustellenden Exponaten.
ten. Nur der Sektor Militaria in der Sammlungsabteilung war
dank der großen Bestände aus dem alten Zeughaus überreich.
Der auffälligste Mangel war die fehlende Anschaulichkeit. Wir
boten einen an die Wände geschriebenen, reichlich didaktisch
ausgefallenen Text, ergänzt durch Bilder und Illustrationen, wenige Gegenstände sowie noch einmal schriftliche Quellen, die in
Vitrinen ausgelegt waren und wiederum gelesen werden mußten.
Dieses Erscheinungsbild war zum einen die fast unvermeidliche
Folge des in der Kürze der Zeit nicht behebbaren Mangels an
Exponaten. Es spiegelte aber auch eine gewisse Einseitigkeit in

der grundsätzlichen Aufgabenstellung. Angestrebt wurde eine möglichst intensive Belehrung, was zwangsläufig zum Übergewicht von Texten führte.

Schreiner vertrat im allgemeinen ziemlich starre, dogmatische Positionen, was ihm von Alfred Meusel – der norddeutsche Bildungsbürger und der badische Maschinenschlosser konnten nicht besonders gut miteinander – gelegentlich die Bemerkung eintrug, die Geschichte der Weimarer Republik könne nicht nur als RFB-Geschichte geschrieben werden. Die Zusammenarbeit mit dem kantigen und verschlossenen Schreiner war nicht immer angenehm. Über seine Parteivergangenheit sprach er mit uns Jüngeren nicht. Gelegentlich freilich spürte ich, daß es da Abgründe gegeben hatte, die seine jetzige Haltung erklärten. Ich hatte in Vertretung des erkrankten Schreiner dem Direktor Meusel eine Ausarbeitung unserer Abteilung vorgelegt, deren sektiererischen Tenor dieser scharf kritisierte. Betroffen durch diese Abfuhr berichtete ich Schreiner in seiner Krankenstube zu Hause. »Wissen Sie, Genosse Klein«, tröstete mich der erfahrene Parteiarbeiter mit bitterem Unterton, »linke Fehler sind nie so schlimm wie rechte.« Nur dunkel hatte ich damals von Schreiners Konflikt mit der Partei Ende der zwanziger und zu Beginn der dreißiger Jahre gehört, dessen Erfahrungen hier offensichtlich durchschienen. Wie tief das Mißtrauen gegen die ehemaligen »Versöhnler« bei den tonangebenden Funktionären der Partei saß – und das lange, nachdem sie reumütig wieder zur Partei zurückgekehrt waren –, habe ich erst in den letzten Jahren aus einschlägigen, archivgestützten Untersuchungen erfahren. Im Grunde, so muß ich es heute sehen, war der harte Mann, der mir gegenübersaß in unserem gemeinsamen Arbeitszimmer, auch ein gebrochener Mann.

Bei alledem machte die Arbeit auch einfach Spaß. Die Mitarbeiter kannten sich zum großen Teil aus der Studienzeit. Die für uns ganz neue Aufgabe der musealen Gestaltung empfanden wir, bei aller Konzentration auf die Texte, als reizvolle Herausforderung. In den Tagen vor der Eröffnung waren wir zusammen mit Graphikern und Handwerkern rund um die Uhr fieberhaft beschäftigt, die Ausstellung fertigzustellen. Und als sie schließlich stand, war es doch interessant zu sehen, was an den Wänden und in den Räumen des Museums aus den Vorgaben unserer

»Drehbücher« geworden war. Den Segen des Politbüros hatten wir auch bekommen. Die Besichtigung verlief ohne große Beanstandungen – kein Wunder angesichts der aktiven Mitwirkung von Politbüromitglied Oelßner. Ich hatte die Aufgabe, Otto Grotewohl durch die Ausstellung zu führen. Sie gefiel ihm ganz gut, lediglich zu dem kleinen Abschnitt, in dem auf Entwicklungen der jüngsten Geschichte, nach 1945, eingegangen wurde, hatte er eine Frage:»Wie, Zeitgeschichte macht ihr auch? Aber das kann man doch gar nicht. Das ändert sich doch jeden Tag!«

Die nächste große Ausstellung galt der Erinnerung an Leben und Werk von Karl Marx. Sie wurde an seinem 135. Geburtstag, dem 5. Mai 1953, im neuen Hauptgebäude des Museums, dem ehemaligen Zeughaus, eröffnet. Die Ausstellung war eine der vielen Aktivitäten, mit denen im»Karl-Marx-Jahr« 1953 – auch seines 70. Todestages war in diesem Jahr zu gedenken – an den Begründer des »Wissenschaftlichen Kommunismus« erinnert wurde. Chemnitz wurde damals Karl-Marx-Stadt, die Leipziger Universität Karl-Marx-Universität. Als höchster Orden der DDR wurde der Karl-Marx-Orden gestiftet. In den Betrieben lief das ganze Jahr über der »sozialistische Wettbewerb« zu Ehren des 135. Geburtstages von Marx. Wir hatten in unserer Abteilung vor allem Zeugnisse über das Weiterwirken des Marx'schen Erbes in der Geschichte der deutschen und internationalen Arbeiterbewegung zwischen den beiden Weltkriegen zusammenzutragen. Wieder stand die Arbeit unter der intensiven »Beratung« durch Funktionäre der Partei. Sie setzten den Rahmen für das Unternehmen und fungierten als ideologische Zensoren. Dennoch wäre es falsch, im Verhältnis zwischen Funktionären und Wissenschaftlern nur das Element des Drucks zu sehen, der auf letztere ausgeübt wurde. Die meisten Wissenschaftler waren Mitglieder der Partei. Gewiß wirkte die Parteidisziplin, die es geraten erscheinen ließ, den»Hinweisen« der Funktionäre zu folgen. Es gab aber auch ein nicht unbeträchtliches Maß an Übereinstimmung, das Gefühl, prinzipiell die gleichen Ideen zu verfolgen, mit der Bereitschaft – und das galt grundsätzlich für beide Seiten –, Meinungsverschiedenheiten auch auf dem Wege normaler Diskussion auszutragen.

Ein Ergebnis solcher Auseinandersetzungen ist noch heute am

Gebäude des Zeughauses zu besichtigen. Über dem Hauptportal Unter den Linden ist eine steinerne Tafel angebracht, mit einer lateinischen Inschrift, die auf die Gründung des Zeughauses im Jahre 1706 unter der Regierung des preußischen Königs Friedrich I. verweist. *FRIDERICUS I.* – die Inschrift erregte den Zorn Fred Oelßners. Unter diesem Namen eine Marx-Ausstellung, der Name Marx auf dem Ausstellungsplakat direkt unter dem Preußenkönig: das sei unmöglich, eine Schande für ein fortschrittliches Museum. Vergebens bemühte sich Meusel, dem erbosten Kritiker klarzumachen, daß dieser Fridericus gar nicht jener Fridericus gewesen sei, »Friedrich der Große«, an dessen Namen sich in besonderer Weise reaktionäre Traditionen der preußisch-deutschen Geschichte knüpften. Der Streit wurde erst entschieden, nicht durch Diskussion freilich, sondern durch das Wort eines Mächtigen, als wir nach der obligatorischen Vorbesichtigung mit dem Politbüro auf die Straße traten. Meusel bat Ulbricht, noch einen Augenblick zu warten, wies auf die Tafel, berichtete von dem Streit und bat um Ulbrichts Meinung. Der überlegte kurz und sagte dann nur: »Nu, das ist der Gang der Geschichte: von Fridericus zu Marx.« Die Tafel blieb. Leider war diese weise Einsicht nur ein kleiner Lichtblick in der bilderstürmerischen Tendenz der Ulbricht-Zeit, wie sie sich u. a. im Abriß der Schloßruinen in Berlin und Potsdam sowie der Potsdamer Garnisonkirche, und Unter den Linden, schräg gegenüber dem Zeughaus, in der Beseitigung der Inschrift *FRIDERICUS REX APOLLINI ET MUSIS* an der wiederaufgebauten Staatsoper zeigte.

Mein Anteil an den Arbeiten zur Marx-Ausstellung war begrenzt durch den Übergang in eine neue Tätigkeit, die ich ein knappes Jahr hindurch nebenamtlich, vom Juni 1953 an hauptamtlich ausübte. Eines Tages im Sommer 1952 hatte mich Ernst Diehl, Leiter des Sektors Geschichte in der Abteilung Wissenschaften des ZK, auf der Treppe des Museums in der Clara-Zetkin-Straße angesprochen und gefragt, ob ich bereit sei, Redaktionssekretär einer neu zu gründenden historischen Zeitschrift zu werden. Die im Aufbau befindliche marxistische Geschichtswissenschaft der DDR brauche eine Zeitschrift zur Veröffentlichung neuer Arbeiten, zur Diskussion der Historiker des Landes, zur Information über das wissenschaftliche Leben im In- und Ausland, zur Auseinandersetzung mit der bürgerlichen, vor allem der westdeutschen Historiographie. *Die Zeitschrift für Geschichtswissenschaft (ZfG)* solle herausgegeben werden von den Professoren Meusel, Stern und Kamnitzer. Zwei Redaktionssekretäre, Streisand und Klein, sollten neben ihrer Tätigkeit am Museum für deutsche Geschichte die praktische Arbeit leisten – Streisand war dort stellvertretender Leiter der Abteilung 1789–1848. Ich stimmte gerne zu. Die Aufgabe, eine Zeitschrift zu machen, fand ich faszinierend; außerdem verband sich damit die Aussicht, meine Abhängigkeit von dem schwierigen Albert Schreiner zu lockern. Meusel als für mich maßgebender Herausgeber der Zeitschrift war mir natürlich sehr willkommen, mit Joachim Streisand war ich gut befreundet. Der Sohn eines Buchhändlers war einige Jahre älter als ich. Schon vor dem Krieg hatte er das Studium an der Berliner Universität aufgenommen, das er fortsetzen konnte, bis er 1942 als »Halbjude« relegiert und anschließend zum Arbeitseinsatz zwangsverpflichtet wurde. Nach der Befreiung zunächst Dozent an der Volkshochschule in Berlin-Charlottenburg, übersiedelte er 1948 nach Ost-Berlin, trat in die SED ein, war Aspirant und später Assistent an der Humboldt-Universität.

Über die Zusammensetzung des Herausgebergremiums hatte es intern Diskussionen gegeben, die mir in ihren konkreten Einzelheiten erst nach der Wende bekannt geworden sind. So war zunächst beabsichtigt gewesen, einige »bürgerliche« Historiker als Mitherausgeber zu gewinnen, was aber gescheitert war, offensichtlich, weil sich niemand von ihnen bereit gefunden hatte. Nachdrücklich hatte man sich um Eduard Winter bemüht. Dieser lehnte – war es 1954? – erneut ab, als Streisand und ich ihn im Auftrage von Meusel nochmals baten, Mitherausgeber zu werden: »Ich habe keine Lust«, sagte er, »den bürgerlichen Bären zu spielen, den man ab und an brummen läßt.« Dem ein Jahr später neu gebildeten, vergrößerten Redaktionskollegium gehörte er dann doch an und blieb dabei, als einziger Parteiloser, bis zu seinem Tode 1982. Der ebenfalls erwogene Gedanke, neben Meusel, Stern und Kamnitzer noch einige andere marxistische Historiker als Herausgeber einzusetzen, wurde zunächst ebenfalls nicht verwirklicht – wohl vor allem wegen der Animositäten unter den in Frage kommenden »führenden Genossen Historikern«. Faktisch spielte Meusel die entscheidende Rolle. Kamnitzer trat mehr als Adlatus seines Lehrers und Freundes aus der Emigration auf. Leo Stern, in den fünfziger Jahren Rektor der Universität Halle, war schon durch die räumliche Entfernung und die Fülle seiner Aufgaben in Halle an größeren Aktivitäten in Berlin gehindert. Eine engere Zusammenarbeit mit Meusel wäre wohl auch schwierig gewesen, angesichts der wiederum ganz anderen Herkunft und Lebensbahn Sterns. Geboren war er 1901 als Sohn einer deutsch-jüdischen Bauernfamilie in der damals österreichischen Bukowina. In den zwanziger Jahren studierte er Nationalökonomie und Geschichte an der Universität Wien und promovierte mit einer Arbeit über Grundlagen des Merkantilismus. Politisch aktiv seit 1921 in der Sozialistischen, ab 1933 der Kommunistischen Partei Österreichs, wurde er nach den Februarkämpfen 1934 einige Monate verhaftet und emigrierte über die Tschechoslowakei in die Sowjetunion. Er nahm teil am Spanischen Bürgerkrieg, arbeitete als Historiker in Moskau und kämpfte 1942 bis 1945 in den Reihen der Sowjetischen Armee, zuletzt als Oberleutnant. Aus Wien, wohin er zunächst als Offizier der sowjetischen Besatzungsmacht gekommen war, ging er 1950 nach Halle und wirkte dort, dank seiner breiten historischen Bildung, erfolgreich als akademischer Lehrer. Einer seiner Brüder, Manfred Stern, war der legendäre General Kléber, der sich in Spanien als Brigade-, später Divisionskommandeur im Kampf gegen Franco ausgezeichnet hatte. Der Tod seines Bruders, nicht im Krieg gegen Franco, sondern nach dem Krieg, in der Sowjetunion, als Opfer der Repressalien Stalins, die sich auch gegen viele Interbrigadisten richteten, hatte Leo Stern tief getroffen. Zu seinem engeren Kreis habe ich nicht gehört, bin aber ziemlich sicher, daß er über das Schicksal seines Bruders erst sprach, als dieser Jahre nach dem XX. Parteitag der KPdSU in der Sowjetunion wieder genannt wurde. Leo Stern blieb ein treues Mitglied der Partei, wie nicht wenige alte Kommunisten in der DDR, die Ähnliches oder Schlimmeres in der Sowjetunion, dem Land ihrer Hoffnung, erlebt hatten. Allgemeine Urteile über dies Phänomen sind schwer zu fällen. Gläubiger, nicht zu erschütternder Idealismus, Hoffnung auf Reformen, Angst, Stolz, Scham, Opportunismus, Karrierismus: viele Ingredienzien, in jedem Einzelfall in unterschiedlicher Mischung, waren da im Spiel.

Enthusiastisch begannen Streisand und ich mit der Arbeit. Sechs Hefte pro Jahr im Umfang von je zehn Bogen waren geplant, deren erstes nach Möglichkeit noch im Jahre 1952 erscheinen sollte. Akademische Traditionen, an die anzuknüpfen gewesen wäre, gab es nicht, war doch der Marxismus in Deutschland schon vor der absoluten Unterdrückung in der Nazizeit aus dem »normalen« Wissenschaftsbetrieb ausgeschlossen gewesen. Der aus heutiger Sicht befremdliche Blick auf die bürgerliche Wissenschaft als eine Bastion des Klassengegners, die im Kampf überwunden werden müsse, war auch eine Reaktion auf die jahrzehntelange Ausgrenzung der Linken aus dem offiziellen Wissenschaftsbetrieb – in Deutschland *nota bene* schroffer als in anderen kapitalistischen Ländern.

Groß war die Zahl möglicher Autoren also nicht, unter denen wir auswählen konnten. Der ursprünglich ins Auge gefaßte Termin konnte nicht gehalten werden, das erste Heft erschien im März 1953. Daß der erste von den zwei wissenschaftlichen Aufsätzen dieser Nummer eine Anfängerarbeit war, Teil einer, übrigens nicht schlechten, studentischen Diplomarbeit über einen sächsischen Bauernaufstand Ende des 18. Jahrhunderts, war symptomatisch für den Zustand, in dem sich die marxistische Geschichtswissenschaft der DDR damals befand. Der Erscheinungstermin, März 1953, hatte einige besondere Konsequenzen. Zum einen waren wir damit in das Karl-Marx-Jahr geraten, mit der Folge, daß wir an die Spitze der Beiträge den Aufruf des ZK der SED zu diesem Jubiläum setzten. Zum anderen wurde damals in der DDR auf Weisung des ZK eine Kampagne aus Anlaß der soeben in deutscher Sprache erschienenen Schrift Stalins über »Ökonomische Probleme des Sozialismus in der UdSSR« eröffnet. Nach dem ZK-Aufruf zum Karl-Marx-Jahr setzten wir unseren Lesern eine ausführliche Einschätzung dieses Werkes vor, das »eine neue Etappe in der Entwicklung der marxistisch-leninistischen Wissenschaft« einleite. Der Text erschien ohne Verfassernamen. Ich weiß nicht mehr, wer ihn geschrieben hat, entnehme aber dem Tenor, daß es eine parteioffizielle Stellungnahme war, zu deren Abdruck uns die Abteilung Wissenschaft des ZK-Apparats verpflichtete. Schließlich kam, als unser erstes Heft fertig war zur Auslieferung, die Nachricht von Stalins Tod am 5. März 1953. Die Zeitschrift herauszubringen, ohne von diesem Ereignis Kenntnis zu nehmen, war unmöglich. In Windeseile ließen wir ein vierseitiges Faltblatt auf Glanzpapier herstellen, mit einem Bild Stalins auf der ersten Seite, der Mitteilung des ZK der KPdSU, des Ministerrats und des Präsidiums des Obersten Sowjets der UdSSR sowie dem Beileidsschreiben des Präsidenten der DDR, Wilhelm Pieck, an den Vorsitzenden des Präsidiums des Obersten Sowjets, N. M. Schwernik, auf den folgenden. Diese Seiten wurden manuell jedem Heft eingelegt. Und so, mit einer geballten Ladung marxistisch-leninistischer Propaganda als Einführung, traten wir in die Öffentlichkeit.

Freigemacht von dieser Tendenz haben wir uns auch in der Folgezeit nicht, fanden in ihr auch einen rationalen Kern, dem wir ja zustimmten. Hefte wie dieses erste aber brachten wir nicht mehr heraus. Ich wechselte im Sommer 1953 meine Arbeitsstelle und ging vom Museum zum Verlag Rütten & Loening, in dem die *ZfG* erschien. Meine Funktionsbezeichnung im Arbeitsvertrag lautete Chefredakteur.

Anfang Juni 1953 fuhren Dorle, die beiden Jungen und ich nach Ahrenshoop in die Ferien, vermittelt durch den Kulturbund mit seinem Feriendienst. Es waren unruhige Zeiten. Eine Verordnung des Ministerrats am 28. Mai über die generelle Erhöhung der Arbeitsnormen in der volkseigenen Industrie um zehn Prozent hatte zu Protesten in vielen Betrieben und einer rasch ansteigenden Welle der Unzufriedenheit geführt. Wie ernst die Situation war, zeigte die ungewöhnliche Reaktion von Politbüro und Regierung. Keine zwei Wochen später, am 9. und 11. Juni, wurde in Erklärungen bzw. Beschlüssen, mit deutlich selbstkritischen Untertönen, ein »Neuer Kurs« proklamiert, der künftig eingeschlagen werden solle. Unter anderem sollte die Entwicklung der Schwerindustrie zugunsten der Erzeugung von Waren des Massenbedarfs verlangsamt, die Versorgung verbessert, die Kreditgewährung an kleine und mittlere Privatbetriebe erleichtert werden. Die Normenerhöhung freilich wurde erst am 16. Juni zurückgenommen. Von dem, was wirklich vorging im Lande, bemerkten wir hauptstädtischen Intellektuellen sehr wenig, zumal in der idyllischen Abgeschiedenheit an der Ostsee. Daß Partei und Regierung einen neuen, maßvolleren Kurs in Aussicht stellten und Fehler, die gemacht worden waren, korrigierten, nahm unsereins mit Zustimmung und neuer Hoffnung zur Kenntnis.

Aufgeschreckt aus unserem Ferienfrieden wurden wir am Abend des 16. Juni durch unsere Wirtin. Sie hatte im RIAS von der Zuspitzung der Situation in Berlin erfahren und erzählte uns, als wir vom Abendspaziergang ins Haus kamen, triumphierend, die Berliner Arbeiter seien dabei, sich gegen die SED-Herrschaft zu erheben. Mit der Herrschaft Ulbrichts sei es nun vorbei. Da wir kein Radio hatten, lief ich ins Clubhaus des Kulturbundes, um selbst die Nachrichten zu hören, kehrte aber bald beruhigt zurück, vermittelten doch die Abendnachrichten des DDR-Rundfunks ein vergleichsweise normales Bild von der Situation. Nichts Außergewöhnliches sei im Gange, von einem Aufruhr, gar einem Sturz der Regierung keine Rede, so lautete die Botschaft. Wie töricht es gewesen war, ihr zu glauben, lehrten uns die Nachrichten des nächsten Tages. Und daß es wirklich um ernste Dinge ging, zeigten am Morgen des 18. Juni die roten Plakate des sowjetischen Militärkommandos, auf denen die Verhängung des Ausnahmezustandes verkündet wurde. Die sowjetischen Streitkräfte hätten die Wiederherstellung der Ordnung übernommen. Die Bevölkerung wurde zur Ruhe aufgefordert, eine nächtliche Ausgangssperre war angeordnet. Nun war in Ahrenshoop der 17. Juni völlig friedlich verlaufen, abgesehen davon, daß ein Bild des Präsidenten Pieck in einem Laden des Konsum von der Wand gerissen worden war. Aber natürlich verstand jeder, daß Dramatisches in der DDR vor sich ging. Die Informationen waren lückenhaft und zufällig. Und die DDR-treuen Intellektuellen waren auf die Erhebung von Arbeitern gegen den Arbeiterstaat nicht vorbereitet. Hans Leonard von der *Weltbühne,* der ebenfalls in Ahrenshoop zum Urlaub war, erhielt am 17. Juni einen Anruf von seiner Stellvertreterin Ursula Madrasch aus Berlin. Ihre Mitteilung, in Berlin werde gestreikt, beantwortete er mit der unwirschen Bemerkung, es sei doch kein Grund ihn anzurufen, wenn in West-Berlin gestreikt würde. Als er erfahren hatte, daß nicht in West-Berlin, sondern in der Hauptstadt der DDR gestreikt wurde, traf er sich mit ihr und einem jüngeren Mitarbeiter der *Weltbühne* irgendwo auf halbem Wege zwischen Ahrenshoop und Berlin und ließ sich genauer über die Berliner Vorgänge informieren, die ihm zunächst so unglaubhaft erschienen waren.

In den Gesprächen und Diskussionen unter den Kulturbund-Gästen war man sich einig in der Ablehnung von grundsätzlich regimekritischen Forderungen. In diesem Kreis stand man positiv zur sozialistischen Orientierung der DDR und sah in einer Änderung nach westlichem Vorbild einen Rückschritt. Unterschiedliche Meinungen traten auf in der Frage, ob die Protestbewegung wesentlich auf Machenschaften des »imperialistischen Klassenfeindes« und seiner Agenten zurückzuführen sei oder auf Fehler, auf Unvollkommenheiten und Schwächen der eigenen Politik, die entscheidend verbessert werden müßte, um möglicher Unzufriedenheit den Boden zu entziehen. Die Propagandathese vom »faschistischen Putsch« hielt ich für falsch. Zu deutlich war die Unzufriedenheit der Arbeiter mit der Verschlechterung der Arbeitsbedingungen als Ausgangspunkt der Bewegung. Unübersehbar aber war zugleich, daß der Protest rasch eskalierte und vielerorts zum grundsätzlichen Protest gegen das Gesellschaftssystem der DDR führte. Hier mitzugehen war ich nicht bereit. Ich wollte diese neue Ordnung, weil ich sie für sozial gerechter und antifaschistisch zuverlässiger hielt als die restaurative westdeutsche. Ihre gravierenden Mängel übersah ich nicht, war aber überzeugt, daß nicht ihr Sturz, sondern das beharrliche Ringen um ihre Reformierung die angemessene Antwort darauf war. Ich bedauerte das Eingreifen der sowjetischen Truppen, glaubte es aber rechtfertigen zu können als die anscheinend einzige Möglichkeit, den Status quo zu bewahren, abgesehen von der übergreifenden Überlegung, daß keine der Besatzungsmächte damals (und auch später nicht) bereit war, Veränderungen in ihrem Machtbereich zuzulassen, die sie als Verletzung ihrer Interessen ansah. Entscheidend für den Ausbruch der Empörung am 17. Juni habe ich die inneren Verhältnisse in der DDR gehalten.

In jenen Wochen, in denen plötzlich die Beendigung des Sozialismus-Versuchs im Osten Deutschlands als eine reale Möglich-

keit erschien, festigte sich bei mir eine Grundvorstellung von den
großen Zusammenhängen unseres politischen Kampfes, die mein
Denken und Handeln dann lange bestimmt hat. Überzeugt von
der grundsätzlichen Wünschbarkeit einer sozialistischen Organisation der Gesellschaft, sagte ich mir, daß die radikale Veränderung der Eigentumsverhältnisse, die Beseitigung der alten Privilegien von Besitz und Eigentum, eine unerläßliche Voraussetzung
für die Überwindung der alten, profitorientierten Gesellschaft
und für den Weg zum Sozialismus sein würde. Dank den besonderen Bedingungen nach der Befreiung vom Faschismus, unter
der sozialistischen Besatzungsmacht war in Ostdeutschland die
unter »normalen« Umständen unendlich schwer zu erreichende
Veränderung der Besitzverhältnisse gelungen. Dies schien mir
ein historischer Glücksfall, der auf keinen Fall aufs Spiel gesetzt
werden durfte. Seine Ergebnisse zu bewahren war unter allen
Umständen das Wichtigste. Es war eine logische Konsequenz dieser Parteinahme, daß ich bereitwillig der Aufforderung der Partei
folgte, den nach dem 17. Juni gegründeten Kampfgruppen beizu-
treten, deren ursprünglicher Auftrag in der Vorbereitung des
Objektschutzes gegen eindringende Demonstranten bestand.

Diese Denkweise führte – das habe ich lange Zeit hindurch
nicht deutlich genug gesehen – in eine Falle. Die Grundlagen des
Systems zu bejahen und zugleich seine Unvollkommenheiten beseitigen zu wollen, bedeutete einen inneren Widerspruch. Kam es
hart auf hart, so trat auch der, der reformieren wollte, fast zwangsläufig an die Seite derer, die den Fortbestand der gesellschaftlichen Machtverhältnisse repräsentierten. Und das waren, wie die
Dinge lagen, gerade jene führenden Personen und Institutionen
des »Realsozialismus«, vom Politbüro bis zum dogmatischen Institutsdirektor und Parteisekretär, deren Handlungen und Haltungen so dringend der Kritik bedurften. Daß die Falle schließlich
tödlich wurde, war die Folge der reformresistenten Macht- und
Gewaltpolitik der Herrschenden und der Schwäche ihrer Kritiker.

Marxistische Geschichtswissenschaft: das hieß damals bei uns,
theoretisch eher simpel, aber im Faktischen durchaus legitim,
Untersuchungen zu Lage und historischer Rolle der in der bürgerlichen deutschen Geschichtswissenschaft generell zu wenig

beachteten Unterschichten, Herausarbeitung der Faktoren des materiellen Lebens als letztlich entscheidender Triebkräfte der historischen Entwicklung, Kritik der ausbeuterischen, nach innen und außen gewalttätigen Politik herrschender Klassen. Autoren für Beiträge in dieser Richtung fanden wir nur unter Historikern der DDR. Sich auf diese zu beschränken, wie es tatsächlich geschah, war nicht die Absicht gewesen. Die Beteuerung im Vorwort zum ersten Heft der *ZfG* im März 1953, der Kreis der Mitarbeiter solle sich nicht auf Historiker beschränken, die sich zum Marxismus bekennen, man erhoffe sich vielmehr die »Mitarbeit aller patriotisch gesinnten deutschen Historiker, die mit den Mitteln der Geschichtswissenschaft einen Beitrag leisten wollen zur Schaffung eines einheitlichen, demokratischen, friedliebenden Deutschlands« war ernst gemeint. Für einen Mann wie Alfred Meusel – und ich war sehr bereit, ihm in dieser Sicht zu folgen – war die Zusammenarbeit mit nichtmarxistischen Historikern ein Ziel, das sich für ihn aus der hohen Priorität der Einheit Deutschlands in seinen politischen Vorstellungen zwingend ergab. Die Zeitschrift, so hieß es in einem internen Gutachten Meusels aus der Zeit ihrer Vorbereitung, solle keine dem Marxismus-Leninismus feindlichen Arbeiten veröffentlichen, dürfe aber »nicht davor zurückschrecken, Artikel zu publizieren, in denen bürgerliche Anschauungen zum Ausdruck kommen«. Daß diese Konzeption sich nicht durchsetzte, hatte verschiedene Gründe. Zum einen waren westdeutsche Historiker grundsätzlich nicht geneigt, sich auf eine Zusammenarbeit mit erklärten Anhängern des Marxismus-Leninismus einzulassen. Zum anderen war unser Angebot in sich widersprüchlich. Der Einladung zur Mitarbeit an alle »patriotisch gesinnten deutschen Historiker« ging das Bekenntnis voraus, Grundlage der zu schaffenden neuen deutschen Geschichtswissenschaft könne nur der Marxismus-Leninismus sein. An eine Gleichberechtigung marxistischer und nichtmarxistischer Auffassungen war offensichtlich nicht gedacht. Daß mit verschiedenem Maß gemessen werden sollte, zeigte auch die Idee, marxismusfeindliche Artikel auszuschließen, bei implicite natürlich vorausgesetzter Freiheit der – auch feindseligen – Kritik an bürgerlichen Anschauungen.

Wie tief der Graben zwischen den Historikern der beiden deut-

schen Staaten war, zeigte sich auf dem 22. Deutschen Historikertag im September 1953 in Bremen. An dem Kongreß des nach
dem Krieg in Westdeutschland mit gesamtdeutschem Anspruch
wiedergegründeten Verbandes der Historiker Deutschlands
(VHD) nahmen etwa 60 Historiker aus der DDR teil. »Das sind
doch gar keine Historiker, sondern nur politische Agitatoren«,
hörte ich Werner Conze beim Herausgehen aus einer der Sitzungen einem seiner Assistenten antworten, der ihn gefragt hatte,
was er denn von den Leuten aus der DDR halte. Ich ärgerte mich
über die arrogante Bemerkung, in der ich einen Beleg sah für das
tiefsitzende Ressentiment der traditionellen deutschen Geschichtswissenschaft gegen marxistische Geschichtsbetrachtung,
die man ernsthaft nicht zur Kenntnis nehmen wollte.

Die Auseinandersetzung mit der westdeutschen Geschichtswissenschaft blieb ein tragendes Thema der ZfG. Wir hielten fest
an der These von der grundsätzlichen Überlegenheit marxistischer Geschichtserklärung und dem Vorwurf an die Adresse der
westdeutschen Historiker, sie suchten in ihren Arbeiten nach historischer Legitimation für die ausbeuterische und reaktionäre
bürgerliche Gesellschaft der Gegenwart, seien eher interessiert
an apologetischer Entschuldigung für die Sünden früher herrschender Klassen, als daß sie Kritik an ihnen übten. Allerdings,
so meinte ich, müßten die Marxisten sich vor allem bemühen,
durch sachliche Argumentation zu überzeugen. In vielen Beiträgen entwickelte die ZfG damals einen Stil der Auseinandersetzung, der im September 1956 in einer Berichterstattung über
den Historikertag in Ulm gipfelte, die uns scharfe Angriffe der
Parteidogmatiker einbrachte. »Ideologische Koexistenz« sei es,
was wir propagierten, wetterte ein Autor der Parteizeitschrift
Einheit im September 1957 – eine gefährliche Anschuldigung in
einer Zeit, da die zunächst auch in der DDR gehegten Hoffnungen auf die befreiende Wirkung des XX. Parteitages der
KPdSU sich zerschlugen.

Mit meiner Beteiligung am Bremer Historikertag setzte sich eine
Art von Aktivitäten fort, die ich als Delegationsmitglied auf den
gesamtdeutschen Studententreffen begonnen hatte und die in
meinem Leben eine wichtige Rolle gespielt hat: die Teilnahme an

Konferenzen und Tagungen vor allem wissenschaftlicher, aber auch politischer Art, Vortrags- und Studienreisen in andere Länder, später auch Mitarbeit in internationalen Organisationen. In politischen Diskussionen auf Foren in Westdeutschland, auf denen es um das Verhältnis der beiden deutschen Staaten zueinander ging, habe ich die Politik der DDR im Laufe der Jahre häufig vertreten, bemüht um eine moderate, für Ausgleich und Verständnis werbende Argumentation. Ich verstand mich als loyalen Bürger der DDR, der durch offenen, unverkrampften Umgang mit Nichtmarxisten für sein Engagement werben wollte. Die Absicht, mit dieser Einstellung auf der eigenen Seite vernunftfördernd und gegen törichte Freund-Feind-Schemata zu wirken, stieß immer wieder auf die Kritik unbelehrbarer Dogmatiker, die mich des Liberalismus und der mangelnden Wachsamkeit bezichtigten. Daß ich mit meiner umfangreichen Reisetätigkeit zu den Privilegierten eines Systems gehörte, das der großen Mehrheit seiner Bürger das Recht auf Reisen ins westliche Ausland verwehrte, war mir bewußt. Ich billige diese Einschränkungen nicht, nahm sie aber hin, weil ich keine Möglichkeit hatte, sie zu ändern. Als ich in späteren Jahren Leitungsfunktionen ausübte, habe ich mich immer bemüht, Mitarbeitern durch Beantragung bzw. Befürwortung zu Archiv- und Kongreßreisen zu verhelfen.

Ein besonders erlebnisreiches Reisejahr für mich war 1955. Es begann im März mit einer dreiwöchigen Reise in die Sowjetunion. Ich war damals Mitglied einer Sektion Geschichte beim Zentralvorstand der Gesellschaft für Deutsch-Sowjetische Freundschaft (DSF). Es war mein erster Flug. Wir flogen mit einer sowjetischen Propellermaschine um acht Uhr mitteleuropäischer Zeit in Berlin ab und landeten, nach einem Zwischenaufenthalt mit Mittagessen in Vilnius, kurz vor 17 Uhr osteuropäischer Zeit auf dem Flughafen Wnukowo bei Moskau. Unsere Gastgeber von der Allunionsgesellschaft für kulturelle Beziehungen mit dem Ausland (*Woks*) holten uns ab und geleiteten uns zum Hotel »Sowjetskaja«, damals einem der ersten Häuser am Platze. (Adenauer wurde dort einquartiert, als er im September 1955 in die Sowjetunion reiste.) Stadtpläne von Moskau gab es nicht. Ich hatte mir deshalb den Plan aus Meyers Lexikon mitgenommen und verfolgte bei der Busfahrt unsere Route auf dieser

Karte – irritiert beobachtet von unseren sowjetischen Begleitern,
die das merkwürdig fanden, mich aber gewähren ließen.

Die *Woks* hatte ein umfangreiches, anspruchsvolles Programm
für uns vorbereitet. Wir waren in Moskau, Leningrad und Kiew,
wo wir Museen, Bibliotheken und Kulturhäuser besichtigten,
Theater, Oper und Ballettaufführungen besuchten, am letzten
Tag im Moskauer Bolschoi-Theater noch »Giselle« mit der wun-
derbaren Galina Ulanowa. Die Absicht der Gastgeber war, uns ein
möglichst umfassendes Bild von der Breite und Vielfalt der kulturellen Massenarbeit in der Sowjetunion zu vermitteln. Das begann häufig mit einem Bombardement von Zahlen. So berichtete z. B. der Leiter der Abteilung Kulturelle Massenarbeit der
Sowjetischen Gewerkschaften stolz, sie unterhielten 10 000 Kulturhäuser, 18 000 Bibliotheken, 100 000 »Rote Ecken« in Betrieben und 6000 Kinderferienlager. Drei Millionen Menschen betä-
tigten sich aktiv in 125 000 Laienkunstgruppen. 1500 Sektionen
für Kinderarbeit bestünden in den Kulturhäusern. 500 Millionen
Zuschauer hätten im Jahre 1954 die von den 9000 gewerkschafts-
eigenen Kinostationen vorgeführten Filme gesehen. Zur Zeit
werde jeden zweiten Tag ein neues Clubhaus eröffnet. So ging es
überall, sei es, daß über den Massenandrang in Museen und
Theatern oder die hohen Leserzahlen in den Bibliotheken berichtet wurde, in den zentralen Bibliotheken der Großstädte wie in
den zahllosen kleinen Bibliotheken in Stadt und Land.

Uns entging natürlich nicht das Äußerliche dieser Präsentatio-
nen. Daß in dem riesigen Land in allen Bereichen riesige Zahlen-
verhältnisse herrschten, schien uns nicht so sensationell, wie es
dargeboten wurde. Im ganzen aber waren wir doch stark beeindruckt. Die vortragenden Funktionäre, auf die wir trafen, die Führer in Museen, Bibliotheken usw., vermieden platte Agitation.
Sie sprachen von Fortschritten und Errungenschaften, nicht freilich von den Schattenseiten der sowjetischen Gesellschaft. Sie
wollten werben für ihr Land, taten das aber im allgemeinen in
sachlicher Weise, die auch auf noch zu lösende Aufgaben hin-
wies. Vieles von dem, was uns erzählt wurde, fanden wir bei unseren Besichtigungen bestätigt. Es gab ein reges kulturelles
Leben auf vielen Gebieten, das von den Menschen offenbar angenommen wurde. Der Inhalt freilich war häufig eher konservativ.

Nur einmal war die damals sich anbahnende Abkehr von den starren Formen der Kunst und Kultur des sozialistischen Realismus aus dem kritischen Unterton herauszuhören, mit dem uns eine kluge, junge Kunsthistorikerin durch die Abteilung Sowjetkunst in der Tretjakow-Galerie führte.

Zwei Jahre nach dem Tode Stalins war der penetrante Stalin-Kult vergangener Jahrzehnte nicht mehr vernehmbar, die Zeit der offenen Kritik an ihm aber noch nicht gekommen. Auf makabre Weise wurden wir der Übergangszeit gewahr, in der die Sowjetunion sich befand. Stalin war tot, aber noch zog der ununterbrochene Strom von Bürgern des Riesenreiches durch das Mausoleum an der Kremlmauer, vorbei nicht nur an dem eher unscheinbaren Lenin, sondern auch an dem ordensgeschmückten, aufs prächtigste hergerichteten Leichnam des jüngst verstorbenen Diktators. Lenin zu ehren, ohne Stalin die Reverenz zu erweisen, war nicht möglich. War es Gedankenlosigkeit oder Unsicherheit darüber, wohin der Weg führen würde, wenn im Büro eines Kolchos-Direktors bei Moskau an der einen Wand die Bilder von Chruschtschow, Malenkow und Mikojan hingen und ihnen gegenüber die von Stalin, Bulganin, Kaganowitsch, Woroschilow und Molotow?

Überall stießen wir auf die Erinnerung an den letzten Krieg – niemals übrigens feindselig, sondern immer mit dem Unterton des Willens zur Versöhnung zwischen Russen und Deutschen, die unsere Gesprächspartner mit der DDR besser und sicherer auf dem Wege sahen als mit der revanchismusverdächtigen Bundesrepublik. In Moskau war das Mahnmal einer Panzersperre an der Stelle, bis zu der im Winter 1941 deutsche Truppen gelangt waren, nicht allzuweit von unserem Hotel entfernt. In Leningrad waren die Schrecken und Leiden der über 900 Tage währenden Blockade durch die Wehrmacht ebenso allgegenwärtig wie der Stolz, dieser Bedrohung standgehalten zu haben. Sehr verständlich fanden wir die Genugtuung, mit der man uns im Hotel »Astoria«, in dem wir wohnten, den Speisesaal zeigte, der von der Wehrmachtsführung als Ort der Siegesfeier nach der Eroberung vorgesehen gewesen war.

Direkt mit der eigenen Kriegserfahrung wurde ich konfrontiert auf unserem Abstecher in die Ukraine. Durch Kiew war mein Bataillon auf dem Rückzug gezogen. Unweit des Dorfes Teresino bei Bjelaja Zerkow, wo wir einen Sowchos besuchten, hatten wir den vordringenden sowjetischen Soldaten Gefechte geliefert. Daß die Maschinen-Traktoren-Station und das Staatsgut, die wir ausführlich besichtigten, Vorzeigebetriebe waren, weit über dem Durchschnitt der sowjetischen Landwirtschaft, war uns klar. Es hatte etwas von Potemkinschem Dorf, was da berichtet wurde über enorme Erträge, einen hohen Mechanisierungsgrad, demokratische Entscheidungsstrukturen, vorbildliche soziale und kulturelle Einrichtungen. Bei alledem aber war ein nicht gekünstelter, sondern ehrlicher Enthusiasmus unübersehbar. »In zwei bis drei Jahren wird alles viel besser sein«: die Versicherung des Vorsitzenden klang nicht wie hohle Propaganda. Und sie enthielt doch auch die Bereitschaft zu kritischer Sicht auf das Erreichte. Beim gemeinsamen Mittagessen brachte ich einen Trinkspruch aus. Ich sprach als ehemaliger Soldat in Hitlers Wehrmacht, der auch in der Ukraine gekämpft hatte, unweit des Ortes, an dem wir nun friedlich zusammensaßen. Überwiegend, so versicherte ich, habe die deutsche Jugend die richtigen Lehren aus dieser Vergangenheit gezogen und werde alles tun, um eine Wiederholung solchen Unheils zu verhindern. Die Herzlichkeit, mit der diese Worte aufgenommen wurden, hat mich sehr bewegt.

Die *Woks* hatte sich bei ihrer Programmgestaltung auch darum bemüht, die einzelnen Delegationsmitglieder, entsprechend den jeweiligen individuellen Interessen, mit sowjetischen Fachkollegen bzw. Institutionen in Verbindung zu bringen. Von den Historikern, die ich bei diesen Gelegenheiten kennenlernte, machte mir Arkadi Samsonowitsch Jerussalimski, Professor an der Moskauer Universität, den größten Eindruck. Sein bedeutendes Werk über *Außenpolitik und Diplomatie des deutschen Imperialismus Ende des 19. Jahrhunderts*, das in der DDR im Jahre 1954 in deutscher Übersetzung erschien, hatten wir in der *ZfG* ausführlich rezensiert. Diesem hervorragenden Kenner Deutschlands und der deutschen Geschichte zu begegnen, war der größte Gewinn, den ich aus meiner ersten Reise in die Sowjetunion zog. Ich habe viel von dem faszinierenden Mann gelernt, der mir ein guter Freund wurde in dem Jahrzehnt, das ihm nur noch blieb von seinem Leben, nachdem wir uns getroffen hatten.

Als Sohn eines wohlhabenden jüdischen Kaufmanns wurde Arkadi Samsonowitsch im Jahre 1901 in einem weißrussischen Städtchen geboren. Nach einem Pogrom zog die Familie in die große Handelsstadt Samara an der Wolga. Dort wuchs er in der aufgeschlossenen Atmosphäre eines gebildeten, kulturell breit interessierten Elternhauses auf, absolvierte das Gymnasium und begann 1920 das Studium der Geschichte an der Universität Samara. Nach dem Studium an einem Geschichtsinstitut der Moskauer Universität blieb er zunächst bei seinem Forschungsgebiet, den sozialen Ursprüngen des frühen Christentums, wandte sich aber zunehmend, und bald ausschließlich, modernen Fragestellungen zu: der Geschichte der internationalen Beziehungen im 19. und 20. Jahrhundert. Weltkrieg und Oktoberrevolution waren die Elementarereignisse, die den Werdegang des politisch brennend interessierten, kraftvollen, nach öffentlicher Wirkung drängenden jungen Historikers entscheidend beeinflußten. Ausgebildet von hervorragenden Gelehrten der alten Schule, die anfangs der zwanziger Jahre an den sowjetischen Hochschulen noch wirkten, sowie von marxistischen Historikern, die in jenen Jahren, häufig in produktivem Streit miteinander, noch einen lebendigen Marxismus vertraten, entwickelte er sich zu einem undogmatisch arbeitenden, marxistischen Wissenschaftler, der immer bemüht war, die Thesen, die er vertrat, auf das Fundament sorgfältiger Forschungsarbeit zu stellen.

Vorgeschichte und Geschichte des Weges, den Deutschland in der ersten Hälfte des 20. Jahrhunderts gegangen ist, waren das *grand thème* des unermüdlich forschenden, schreibenden und lehrenden Historikers und Publizisten Jerussalimski. Bemerkenswert ist die Entstehungsgeschichte eines größeren Aufsatzes *Bismarck als Diplomat*, der 1940 als Einleitung einer russischen Ausgabe von Bismarcks *Gedanken und Erinnerungen* erschien und auch als Einzelausgabe in hoher Auflage verbreitet wurde. Stalin selbst hatte in jener Periode einer sowjetisch-deutschen Annäherung die Herausgabe des Werkes veranlaßt und Jerussalimski – damals Lehrstuhlleiter für Geschichte an der im Herbst 1939 zur Weiterbildung der Mitarbeiter des Volkskommissariats für Auswärtige Angelegenheiten gegründeten Hochschule für Diplomatie – in einem persönlichen Gespräch beauftragt, binnen drei Wochen die Einleitung zu verfassen. Jerussalimski, froh, daß nichts anderes der Anlaß gewesen war, ihn ohne Angabe des Grundes aus einer Versammlung zu holen und in einer schwarzen Limousine in den Kreml zu fahren, erfüllte den Auftrag, auf den er fachlich durch eigene Studien gut vorbereitet war. Stalin war mit dem Entwurf einverstanden, den er sorgfältig durchlas und an einigen Stellen mit Bleistift redigierte. Im Nachlaß des Historikers befindet sich das Exemplar mit Stalins Anmerkungen, darunter der Widerspruch gegen Jerussalimskis Charakterisierung Bismarcks als eines provinziellen Junkers: »Ne byl« (das war er nicht). Ich war glücklich, mit dem Manne, der so viel gesehen, erlebt und erforscht hatte, schon wenige Monate nach meiner Rückkehr aus der Sowjetunion in nähere Verbindung treten zu können. Auf Einladung der Akademie der Wissenschaften kam er im Herbst 1955 zu einem ersten längeren Studienaufenthalt nach Berlin, dem bis zu seinem Tode im November 1965 noch viele folgten.

Im Sommer 1955 war es endlich soweit, daß ich zu den Verwandten nach Hermannstadt fahren konnte. Die nötigen Visa waren beschafft: ein Einreisevisum für Rumänien, das nur ausgestellt wurde, nachdem ich eine Einladung vorgelegt hatte, Transitvisa durch die Tschechoslowakei und Ungarn. Die Bahnfahrt dauerte lange, vor allem wegen stundenlanger Aufenthalte an jedem Grenzübergang. Jedesmal sammelte die Grenzpolizei die Pässe sämtlicher Reisender ein und verschwand mit ihnen in einem Büro. Es folgte eine penible Zollrevision des Gepäcks. Die Erleichterung war groß, mit der man schließlich nach langem Warten das Dokument mit dem eingestempelten Ein- bzw. Ausreisevermerk wieder in Empfang nahm.

In Hermannstadt fand ich die Welt der Kindheit in einem Prozeß tiefgreifenden Wandels. Weit radikaler als in der DDR, wo es damals noch einen starken privatwirtschaftlichen Sektor in Handel, Handwerk, Landwirtschaft und Industrie gab, war in Rumänien enteignet worden. Von Grund auf verändert hatte sich die Lage der deutschen Minderheit. Anfang 1945 waren ihre Angehörigen in arbeitsfähigem Alter, Männer wie Frauen, darunter etwa 30 000 Siebenbürger Sachsen, zum Wiederaufbau in die Sowjetunion zwangsverschickt worden. Ähnliche Aktionen gab es damals in Jugoslawien und in Ungarn. Die letzten Siebenbürger Sachsen kamen von dem harten Einsatz, zumeist in den im Krieg stark zerstörten Kohlengruben des Donezk-Gebiets, 1952 wieder zurück. Etwa zwei Drittel derer, die die Strapazen überlebt hatten, gingen wieder in die siebenbürgische Heimat. Ein Drittel nutzte die Entlassung, die im allgemeinen in Frankfurt an der Oder stattfand, dem sowjetischen Herrschaftsgebiet den Rücken zu kehren, und baute sich in Westdeutschland eine neue Existenz auf.

Die deutsche Minderheit in Siebenbürgen war nach dem Krieg zunächst massiv drangsaliert worden. Den Bauern wurden ihre Höfe genommen, deutsche Schulen geschlossen, den Deutschen das Wahlrecht aberkannt. Viele dieser Einschränkungen waren in der Mitte der fünfziger Jahre wieder aufgehoben oder zumindest gemildert worden. Grundsätzlich aber blieb der Status der Deutschen in Rumänien in der ganzen Zeit der volksdemokratischen bzw. sozialistischen Entwicklung unsicher, schwankte die offizielle Politik immer wieder – nicht nur gegenüber den Deutschen – zwischen Entgegenkommen und Repression. Der gesellschaftliche Wandel stieß in der größtenteils durch selbständige Existenzen in Landwirtschaft, mittelständischem Unternehmertum und intellektuellen bürgerlichen Berufen bestimmten Gemeinschaft der Siebenbürger Sachsen auf Ablehnung. Es kam hinzu, daß, unabhängig von sozialistischen oder kapitalistischen Entwicklungswegen, die überall fortschreitende Modernisierung der Lebens- und Arbeitsverhältnisse den gewachsenen Strukturen und Bräuchen einer sozial und national weitgehend abgeschotteten Einheit den Boden entzog. Der Fortbestand einer Gruppenautonomie, wie sie in verschiedenen Formen Jahrhunderte hindurch bei den Siebenbürger Sachsen bestanden hatte, in den dreißiger und vierziger Jahren dieses Jahrhunderts fatalerweise unter nationalsozialistischen Vorzeichen, war von Grund auf gefährdet. Unter all diesen Umständen wuchs der Wunsch, die drückenden Verhältnisse der alten Heimat zu verlassen. Nachrichten von den guten Bedingungen, die die aus der Sowjetunion sogleich nach Westdeutschland gegangenen Landsleute vorgefunden hatten, wirkten zusätzlich wie ein Sog. »Familienzusammenführung« wurde zum Stichwort für immer mehr Siebenbürger Sachsen, bei den Behörden die Ausreise in die Bundesrepublik zu beantragen. Der mühevolle, oft Jahre dauernde Kampf um den Paß bestimmte das Leben von immer mehr Menschen.

Zur Zeit meiner ersten Nachkriegsreise hatte diese Entwicklung, die bis heute anhält und zur Abwanderung der ganz überwiegenden Mehrheit der Siebenbürger Sachsen geführt hat, erst begonnen. Die Ablehnung des Regimes war allgemein. Noch überwog aber der Wille, sich in der Heimat zu behaupten. »Haben wir die Türken überstanden, werden wir auch die Kommunisten überdauern« – nicht nur einmal hörte ich den trotzigen Spruch. Meine politische Haltung stieß auf Unverständnis, allenfalls gemildert durch die Annahme, die grundsätzlich überall verwerfliche Herrschaft einer kommunistischen Partei sei in der DDR, einem deutschen Staat, vielleicht erträglicher, weil wenigstens besser organisiert, als unter dem korrupten Schlendrian der Rumänen. In paradoxer Weise schlug in solcher Argumentation das in Jahrhunderten gewachsene sächsisch-deutsche Überlegenheitsgefühl durch.

Hans und Paul, die Zwillingsbrüder, waren 23 Jahre alt. Hans war als Geiger in der Staatlichen Philharmonie in Hermannstadt beschäftigt. Mit seiner Gage leistete er einen Beitrag zur ziemlich schmalen Haushaltskasse der Großeltern, die ihn und seinen Bruder jahrelang betreut und versorgt hatten. Auf die Dauer in Rumänien bleiben wollte er nicht. Schon seit längerer Zeit bemühte er sich um die Genehmigung der rumänischen Behörden, nach Deutschland – er war immer noch deutscher Staatsangehöriger – auszureisen, um dort ein Studium aufzunehmen. Sein damaliges Berufsziel war Dirigent. Er wollte zu uns nach Berlin. Die erforderlichen Papiere für eine Einreise in die DDR hatte ich beschafft, und 1956 glückte die Übersiedlung. Paul war nach Klausenburg (Cluj) gezogen, um an der dortigen Musikhochschule Klavier zu studieren. 1954 hatte er dieses Studium abgeschlossen, arbeitete als Assistent am Lehrstuhl für Klavier seiner Hochschule und hatte die ersten Schritte einer erfolgreichen Solistenlaufbahn absolviert. Auch er strebte nach Berlin, um sich dort weiter zu vervollkommnen. Er folgte seinem Zwillingsbruder 1957.

Die dritte große Reise des Jahres 1955 führte mich im September nach Rom, wo 2000 Historiker zum X. Internationalen Kongreß der Geschichtswissenschaften zusammenkamen. Es war der zweite dieser alle fünf Jahre stattfindenden, vom Comité International des Sciences Historiques (CISH) organisierten Kongresse nach dem Zweiten Weltkrieg. Die Teilnahme einer großen Abordnung sowjetischer Historiker und mehrerer Delegationen aus anderen Ostblockländern verlieh dem Kongreß eine besondere Note. Er stand unter dem Gedanken der friedlichen Koexistenz, des freien und sachlichen Austausches der Meinungen zwischen den Anhängern verschiedener Auffassungen. Und in der Tat verliefen die Debatten des Kongresses im allgemeinen in diesem Geist. Nicht wenige Historiker aus den westlichen Ländern zeigten sich überrascht von den Forschungsergebnissen der marxistischen Geschichtswissenschaft. Für die kleine Delegation von Historikern aus der DDR war es gut, ihr Entree auf dem internationalen Parkett in dieser Atmosphäre relativer Gelassenheit zu absolvieren. Groß war unsere Wirkungsmöglichkeit sowieso nicht. Im CISH waren wir nicht vertreten und demzufolge bei der Programmgestaltung mit der Zuteilung eigener Vorträge nicht bedacht worden. Es blieb nur die Beteiligung an der freien Diskussion, die aber in aller Regel aus Zeitgründen überaus begrenzt war. Für meine Intervention in der Veranstaltung zur Julikrise 1914 hatte ich acht Minuten.

Frei von harten Kontroversen blieb der Historikerdialog aber auch in der koexistentiellen Stimmung von Rom nicht. Lebhaft erinnere ich mich an die Auseinandersetzung zwischen dem Schweizer Historiker Walter Hofer – er lehrte damals an der Freien Universität in Berlin – und dem Leiter der Archivverwaltung der UdSSR, Chwostow. Hofer hatte die sowjetischen Historiker scharf kritisiert, weil sie das geheime Zusatzprotokoll zum deutsch-sowjetischen Nichtangriffspakt vom August 1939 über die Abgrenzung der Interessensphären zwischen Deutschland und der UdSSR in Osteuropa verschwiegen, das Grundlage für die Teilung Polens 1939 und die Annexion der baltischen Staaten, Bessarabiens und der Nordbukowina durch die Sowjetunion 1940 gewesen war. Ein Mikrofilm dieses Protokolls war 1945 nach der Besetzung Thüringens durch die Amerikaner in dorthin verlagerten Archivbeständen des Auswärtigen Amtes gefunden worden. Beim Nürnberger Prozeß gegen die Hauptkriegsverbrecher hatten sie das Dokument dem Verteidiger Ribbentrops zugespielt, dessen Versuch, es zur Entlastung seines Mandanten verlesen zu lassen, aber am Einspruch des sowjetischen Anklägers Rudenko scheiterte. Bald nach dem Krieg war der Text vom amerikanischen Außenministerium in einer Dokumentenpublikation über »Nazi-Soviet-Relations 1939–1941« veröffentlicht worden. Von der sowjetischen Führung, der die Historiker zu folgen hatten, wurde die Existenz des Protokolls bestritten. Hofer ging in der Kritik so weit, den sowjetischen Historikern generell jeden Anspruch auf Wissenschaftlichkeit abzusprechen, eine Zuspitzung, für die ihn der österreichische Sitzungspräsident zur Ordnung rief. Mit dem Hinweis auf das Zusatzprotokoll aber war er im Recht, wurde auch durch die Replik Chwostows nicht widerlegt, der ungerührt erklärte, sie hätten in den sowjetischen Archiven, deren oberster Leiter er ja war, sorgfältig gesucht und einen solchen Text nicht gefunden. Für die sowjetischen Historiker gebe es dieses Protokoll demnach nicht. Bei der amerikanischen Veröffentlichung müsse es sich um einen Irrtum oder eine Fälschung handeln.

Kein ernstzunehmender Historiker hat das damals geglaubt – auch Chwostow wohl kaum. Formell war er, wie wir heute wissen, insofern sogar im Recht, als die einschlägigen sowjetischen Unterlagen wirklich nicht mehr im Archiv des Außenministeriums lagen, seitdem Außenminister Molotow sie unmittelbar, nachdem das Dokument im Westen aufgetaucht war, aus diesem Archiv hatte entfernen und in das Sonderarchiv des Generalsekretärs der KPdSU hatte überführen lassen. Bis zum Beginn der neunziger Jahre hielt die offizielle sowjetische Geschichtsschreibung an der Version von der Nichtexistenz des Zusatzprotokolls fest – ein krasses Beispiel politisch motivierter Geschichtsfälschung, der zu folgen auch die Geschichtsschreibung der DDR genötigt war. Erst auf dem letzten DDR-Historikerkongreß, im Januar 1989, wurde das Tabu gebrochen.

Dissonanzen gab es nicht nur zwischen Marxisten und Nichtmarxisten. Vielbeachtet wurde z.B. die Polemik des damals führenden Repräsentanten der westdeutschen Geschichtswissenschaft, Gerhard Ritter, gegen die neuen sozialgeschichtlichen

Tendenzen, besonders gegen die Schule der Zeitschrift *Annales*. Schon auf dem Bremer Historikertag 1953 hatte Ritter die »kausalistische Entmenschlichung der Geschichte« bei den französischen Historikern gerügt, die zum Marxismus führe. »Gerade in unserer Epoche höchst bedenklich«, so setzte er seine düsteren Warnungen auf dem internationalen Forum der Historiker zwei Jahre später fort, scheine ihm die Neigung zu einseitig sozialgeschichtlicher und ökonomischer Geschichtsdeutung und einer inneren Entfremdung gegenüber der politischen Geschichte. Aussagen dieser Art bestätigten uns in unserer Auffassung vom rückschrittlichen Charakter der westdeutschen Geschichtsschreibung, deren offen politischer Argumentation auch politisch zu entgegnen nur logisch schien. Interessant war die Beobachtung, mit unserer Kritik an der traditionellen deutschen Geschichtsschreibung wiederholt auf Zustimmung zu stoßen bei ausländischen Kollegen, die nicht Marxisten waren, aber keine Neigung hatten, konservative deutsche Historiker als Präzeptoren zu akzeptieren, die ständig die Vorbildhaftigkeit der deutschen Geschichtswissenschaft in ihrer Konzentration auf Macht und Staat, auf Ideen und auf die Große Persönlichkeit betonten.

Es wäre schön gewesen, die *Ewige Stadt* mit ihren Bauten, Museen und ihrem quirligen Leben zusammen mit Dorle kennenzulernen. Zum Kongreß in Rom gestatteten die Behörden der DDR noch – es war das letzte Mal –, daß Ehepartner die Delegierten begleiteten. Wir aber konnten diese Möglichkeit nicht nutzen. Dorle war schon im Juli nicht nach Hermannstadt mitgefahren und blieb auch im September in Berlin. Sie erwartete unser drittes Kind, das eigentlich Anfang September zur Welt kommen sollte, sich dann aber noch viel Zeit ließ und erst am 15. Oktober geboren wurde. Es war ein Mädchen, wir nannten sie Katharina. Die Brüder freuten sich über das Schwesterchen. Wir hatten zuvor in der Familie davon gesprochen, daß wir hofften, nach zwei Jungen nun ein Mädchen zu bekommen, was den siebenjährigen Wolfgang dazu brachte, die Erfüllung dieses Wunsches mit dem großen Wort zu kommentieren: »Siehst du, Pappi, was wir uns vornehmen, das gelingt uns auch!« Unangenehme Erfahrungen der folgenden Monate sollten zeigen, daß so schöner Optimismus nicht immer berechtigt war.

Das Jahr 1956 begann mit einem Ereignis, das alle kritischen Anhänger der auf die sowjetische Politik orientierten sozialistischen Bewegung mit neuer Hoffnung erfüllte. Vom 14. bis 25. Februar tagte in Moskau der XX. Parteitag der KPdSU. Er brachte Bewegung in die erstarrte Welt des Kalten Krieges. Friedliche Koexistenz von Staaten unterschiedlicher Gesellschaftsordnung, gemeinsame internationale Bemühung um die Bewahrung des Friedens, Absage an die früher verkündete dogmatische These von der Unvermeidbarkeit des Krieges: das waren Losungen, die die Welt aufhorchen ließen. Neue Töne fand der Parteitag auch für die Beziehungen zwischen den sozialistischen Staaten. Nachdrücklich erklärte er sich für eine Vielfalt der Formen und Wege beim Übergang vom Kapitalismus zum Sozialismus. Schon im Juni 1955 war in einer sowjetisch-jugoslawischen Deklaration die Grundlage für eine Rückkehr zu normalen Beziehungen geschaffen worden, eine Korrektur, deren Glaubwürdigkeit im April 1956 durch die Auflösung des Kominformbüros unterstrichen wurde. Den größten Eindruck machte die sensationelle Abrechnung mit den Verbrechen Stalins in der Rede des soeben wiedergewählten Ersten Sekretärs des ZK der KPdSU, Nikita Sergejewitsch Chruschtschow, am Ende des Parteitages.

Es war ein erstaunlicher Vorgang. Die Rede wurde gehalten in einer geschlossenen Sondersitzung der Delegierten, nachdem die eigentliche Tagesordnung absolviert war. Die Rede Chruschtschows enthielt eine scharfe Verurteilung der terroristischen Willkürherrschaft Stalins und beeindruckte insbesondere durch ausführliche Zitate aus Erklärungen und Briefen unschuldiger Opfer der Massenrepression, loyaler Parteimitglieder, die in Folterkellern des Geheimdienstes des Verrats an Partei und Sowjetstaat, der Spionage für den Imperialismus und jedes nur denkbaren, noch so absurden Verbrechens beschuldigt worden waren. Konzentriert auf die Herausarbeitung des Personenkults um Stalin als die Wurzel aller Übel, gab Chruschtschow Beispiele von haarsträubenden Fehlern Stalins als Oberkommandierender der sowjetischen Streitkräfte im Krieg und prangerte die Deportation ganzer Völkerschaften des Kaukasus und der Krim in den Jahren 1943 und 1944 an. In seinem leidenschaftlichen Plädoyer reihte der Redner Beispiel an Beispiel für den zunehmenden Größen-

wahn, das grenzenlose Mißtrauen, die abenteuerliche Selbstver-
herrlichung, die verbrecherischen Handlungen und Ideen des
Mannes, der so lange über jedes Menschenmaß hinaus glorifi-
ziert und gefeiert worden war – auch von dem Mann, der ihn
jetzt so gnadenlos attackierte.

Bei aller Schärfe der Kritik blieb sie in entscheidenden Punkten
begrenzt. So verurteilte Chruschtschow die Willkür und Unge-
setzlichkeit in den großen Prozessen der dreißiger Jahre, hielt
aber die unsinnige Anklage gegen Revolutionäre wie Trotzki,
Sinowjew, Kamenew und Bucharin aufrecht. Völlig berechtigt,
behauptete er, sei in den zwanziger Jahren der Kampf gegen all
diese Abweichler vom leninistischen Kurs der Partei gewesen,
hätte doch die Verwirklichung ihrer Vorschläge zur »Wiederherstellung des Kapitalismus und zur Kapitulation vor der Welt-
bourgeoisie« geführt. Diese Gefahr aber, so argumentierte Chruschtschow, sei in der politischen Auseinandersetzung überwunden worden, habe faktisch nicht mehr existiert, als Stalin mit der
Verfolgung begann, um seine persönliche Herrschaft zu errich-
ten. Wie zögerlich, bei aller Schärfe, die Abrechnung mit Stalin
erfolgte, wie groß offenbar der Widerstand im Innern der Partei
war, zeigte auch der merkwürdige Umgang mit der Rede. Chruschtschow schloß sie mit dem Hinweis darauf, daß es sich um
eine interne Parteisache handele, die nicht in die Presse gelangen
dürfe. Man dürfe dem Feind keine Munition liefern. Die Rede
wurde nicht veröffentlicht, sondern nur in geschlossenen Partei-
versammlungen verlesen, deren Teilnehmern die Anfertigung
von Notizen untersagt war. Natürlich war es eine lächerliche Vorstellung, eine solche Rede zu diesem Thema, gehalten vor einem
Kreis von über tausend Delegierten und später verlesen in den
Versammlungen einer Partei von mehr als 7 Millionen Mitgliedern, geheimhalten zu können. Die Nachricht verbreitete sich
wie ein Lauffeuer in der Sowjetunion und in der ganzen Welt.

Die Geheimhaltung wurde auch in der DDR versucht. Weder
in der Presse noch in der mit hoher Auflage verbreiteten Bro-
schürenreihe des parteioffiziellen Dietz-Verlages mit den
Materialien des XX. Parteitags wurde Chruschtschows Rede gegen Stalin veröffentlicht. Auf vielen Kanälen aber sprach sich
herum, was in Moskau gesagt worden war. Zwar folgte die SED

nicht dem Beispiel der KPdSU, die Rede in allen Parteiorganisationen verlesen zu lassen. Es genügte aber, daß dies in einigen Organisationen des Partei- und Staatsapparats geschah, um die Kenntnis des brisanten Textes weit zu verbreiten. Hinzu kam die Information durch Rundfunksender des Westens. Im Juni 1956 veröffentlichte das amerikanische Außenministerium den vollen Text in englischer Sprache. Eine deutsche Übersetzung dieser Veröffentlichung kaufte ich mir an einem Zeitungskiosk in West-Berlin.

Längst aber waren zu diesem Zeitpunkt, besonders unter den Intellektuellen in der Partei, heiße Debatten im Gange, was der XX. Parteitag der Vorbildpartei der kommunistischen Weltbewegung für die SED und die DDR bedeute. Auch wer den Text der Chruschtschow-Rede nicht gelesen, sondern nur vage davon gehört hatte, verstand, daß die sowjetische Partei den Anstoß zu neuer Sicht und neuen Verhaltensweisen in vieler Hinsicht gab. Kampf gegen den Personenkult, Entwicklung der innerparteilichen Demokratie, Wiederherstellung der Gesetzlichkeit, Überwindung von Dogmatismus und Buchstabengelehrsamkeit: schon diese allgemein gehaltenen Parolen in den veröffentlichten Texten öffneten das Tor zu kritischen Diskussionen von bisher unbekannter Schärfe. Auch bei uns, so meinten viele, müßten die Zustände sich ändern. Die Parteiführung freilich sah das anders. Fehler, so hieß es beschwörend in einer Erklärung des Politbüros im April, müßten im Vorwärtsschreiten überwunden werden. Rückwärtsgerichtete Fehlerdiskussion sei nur schädlich. Erscheinungen wie in der Sowjetunion habe es zudem in der DDR nicht gegeben: kein Personenkult um die Führer der deutschen Arbeiterbewegung, keine vergleichbaren Verletzungen der innerparteilichen Demokratie und der Gesetzlichkeit, keine Massenrepressalien.

Die *ZfG* ging *expressis verbis* zuerst in einem redaktionellen Leitartikel »Über die wissenschaftliche Behandlung der Geschichte der Arbeiterbewegung« in ihrem Heft 4/1956 auf den XX. Parteitag ein. Die qualvolle Entstehungsgeschichte des Artikels war kennzeichnend für die politische Atmosphäre jener Monate, in denen die Parteiführung allen Tendenzen zu echter

Erneuerung harten Widerstand entgegensetzte. Ich schrieb, wie in solchen Fällen üblich, einen ersten Entwurf für den Artikel und ließ ihn im Kollegium kursieren. Es war alles andere als eine kühne Fundamentalkritik an einem Zweig unserer Geschichtswissenschaft, der ja in besonderer Weise durch seine Nähe zu den Forderungen der Partei gekennzeichnet – und deformiert war. Dennoch war der Tenor eindeutig. An einer Reihe konkreter Beispiele übte ich Kritik an grundsätzlichen Schwächen der einschlägigen Arbeiten in der DDR: der Überhöhung der als immer fehlerlos hingestellten Politik der KPD, mangelnder Differenzierung in der Kritik der SPD, Einseitigkeiten in der Beurteilung der Rolle einzelner Personen u. v. a. Der Entwurf wurde im Kollegium diskutiert, woraufhin ich eine zweite Fassung schrieb, über die es zum Eklat kam. Mitglied des Redaktionskollegiums war auch der Leiter des Sektors Geschichte in der Abteilung Wissenschaften des ZK, Diehls Nachfolger Rolf Dlubek. In einer ausführlichen schriftlichen Stellungnahme kritisierte er den Text in Grund und Boden. Hier werde die Basis der Parteilichkeit verlassen. Nicht der »schöpferische Marxismus«, sondern eine Art Liberalismus werde an die Stelle des verurteilten Dogmatismus gesetzt. Der Artikel müsse im ganzen überarbeitet werden und bedürfe, da es sich um prinzipielle Ausführungen zu einem Kernproblem unserer ideologischen Arbeit handele, der Bestätigung durch einen Sekretär des ZK. Nachdem ein weiterer Überarbeitungsversuch von mir ebenfalls der Ablehnung verfiel, verfaßte der Kritiker selbst einen Text, der nach weiterem Hin und Her schließlich die Grundlage der endgültigen Veröffentlichung bildete, die übrigens, wenn ich mich richtig erinnere, dann doch ohne Bestätigung durch einen ZK-Sekretär erfolgte. Meinem ursprünglichen Entwurf war viel von seiner Schärfe genommen. Wichtige Formulierungen waren immerhin erhalten geblieben: so die nachdrückliche Kritik an dogmatischen und subjektivistischen Entstellungen des Marxismus. Beiträge zu solch neuem Denken waren in der *ZfG* in den folgenden Monaten einige – wenige – Artikel: zwei Aufsätze von Jürgen Kuczynski zu theoretischen Grundfragen der Geschichtswissenschaft und eine lobende Besprechung von Ernst Blochs *Prinzip Hoffnung* aus der Feder von Joachim Streisand.

Ende 1956 beriet das Redaktionskollegium über das Programm der Zeitschrift im Jahre 1957. Vorschläge zur engeren Zusammenarbeit mit westdeutschen Historikern nahmen dabei keinen geringen Platz ein. Karl Dietrich Bracher und Walter Hubatsch sollten gebeten werden, Vorträge über »Anfänge nationalsozialistischer Außenpolitik« bzw. »Das Problem der Staatsraison bei Friedrich dem Großen« in der *ZfG* zu veröffentlichen. Diskutiert wurde über die beste Art und Weise, einen Vorschlag zur Zusammenarbeit zwischen der westdeutschen Historischen Zeitschrift (*HZ*) und der *ZfG*, etwa in der Form eines Artikelaustausches, zu verwirklichen. Meusel, wie immer in diesen Dingen besonders aktiv, regte an, westdeutsche Historiker, die zu Vorträgen an Universitäten der DDR weilten – das war in jenen Monaten relativ häufig der Fall – in die Redaktion der *ZfG* zu Gesprächen einzuladen. Meusel war es auch, der in dem Arbeitsprogramm die politische Grundorientierung festgelegt sehen wollte, daß die Historiker mit ihrer Arbeit in der Zeitschrift für die »Demokratisierung unseres Staates einerseits und für die Wiedervereinigung der beiden deutschen Staaten andererseits« eintreten wollen.

Aus diesen Plänen wurde nichts. Ob sich die westdeutschen Kollegen ernsthaft auf eine Zusammenarbeit mit den Marxisten-Leninisten der »Zone« eingelassen hätten? Die Probe aufs Exempel brauchte nicht gemacht zu werden. Im Januar 1957 stellte die 30. Tagung des ZK der SED die politischen Weichen erneut auf Abgrenzung. Erhöhte Wachsamkeit gegen alle Formen der ideologischen Aufweichung wurde gefordert, was unseren Ideen den Boden entzog. Auf dieser Tagung wurde die offizielle Deutschlandpolitik der SED geändert. Die Remilitarisierung der Bundesrepublik, ihr Eintritt in die NATO und die Verstärkung ihrer Bindungen an den Westen durch die Pariser Verträge, so argumentierte Ulbricht, machten eine schnelle Wiedervereinigung unmöglich. Der Aufnahme der Bundesrepublik in die 1949 gegründete NATO im Mai 1955 war wenige Tage später die Gründung des Warschauer Vertrages gefolgt, der Gründung der Bundeswehr 1955 die Gründung der Nationalen Volksarmee der DDR im Januar 1956. Kurs zu nehmen sei jetzt auf ein längeres Nebeneinander der beiden deutschen Staaten und auf verstärkte

Anstrengungen zum Aufbau des Sozialismus in der DDR. Arbeit für die Demokratisierung der DDR hatte Meusel auf unserer Sitzung am 5. November gefordert. Am Tage zuvor hatte der Einmarsch sowjetischer Panzerverbände in Budapest unmißverständlich die Grenzen gezeigt, die allen Demokratisierungsbestrebungen im östlichen Bündnissystem von der Vormacht des Bündnisses gesetzt waren. Wenige Wochen später wurde in Berlin der Philosoph Wolfgang Harich verhaftet und im März 1957 vom Obersten Gericht der DDR wegen »Bildung einer staatsfeindlichen Gruppe mit dem Ziel, die verfassungsmäßige Ordnung der DDR zu liquidieren«, zu zehn Jahren Zuchthaus verurteilt.

Ich kannte Harich aus Veranstaltungen der Kulturbundes und war in näherem Kontakt mit ihm bei einer Zusammenkunft von Chefredakteuren gesellschaftswissenschaftlicher Zeitschriften gekommen, die der für ideologische Fragen zuständige ZK-Sekretär Kurt Hager im Juni 1956 einberufen hatte. Harich war dort für die *Deutsche Zeitschrift für Philosophie*, ich für die *ZfG*. An andere Teilnehmer der Gesprächsrunde von insgesamt sechs bis acht Personen kann ich mich nicht erinnern. Es ging um Schlußfolgerungen, die aus dem XX. Parteitag zu ziehen seien. Hagers Einführung klang erstaunlich für ein Führungsmitglied der SED. Alle Aspekte unseres Kampfes seien neu zu durchdenken, sagte er und nannte einen ganzen Katalog von Problemen, zu denen neues Denken nötig sei: die Entwicklungsperspektiven von Kapitalismus und Sozialismus, die Bewahrung des Friedens auf dem Wege der friedlichen Koexistenz, Formen des Übergangs zum Sozialismus, Demokratie im Sozialismus, die Lage in Deutschland und die Aussichten für die Wiedervereinigung, das Verhältnis zur SPD u. a. In der Diskussion stellte sich allerdings bald heraus, daß Hager uns mit diesem verheißungsvollen Programm keineswegs ermuntern wollte, im Sinne des XX. Parteitages über konkrete Veränderungen in der DDR nachzudenken. Eher ging es ihm wohl darum, verstärkte ideologische Unterstützung für die grundsätzlich als richtig unterstellte Politik der SED anzumahnen. Spürbar aber schien uns doch zumindest ein Unterton von Sorge, eine Ahnung wenigstens, daß künftig offener und selbstkritischer gedacht und gehandelt werden müsse. In diesem Sinne sprachen Harich, ich und andere in der Diskussion

über die demokratischen Defizite in der DDR, über die großen
vom XX. Parteitag geweckten Hoffnungen auf Veränderungen
auch bei uns, die Unzufriedenheit großer Teile der Bevölkerung
mit Bevormundung, unzureichender Versorgung, der Eintönig-
keit der Propaganda etc. Hager hörte sich das alles ruhig an, bereit, so schien es, die teilweise weitgehenden kritischen Darlegungen als das anzusehen, was sie waren: Ausdruck der Sorge
von DDR-treuen Intellektuellen, die für reformierende Verbesserungen eintraten, um der Festigung und Stärkung der von ihnen bejahten Gesellschaft willen. Seine Fähigkeit freilich, die
Wirklichkeit im Lande zu verstehen, war in bedrückender Weise
begrenzt. Unvergeßlich ist mir seine Gegenfrage auf die Darstellung von Unzufriedenheit und Mißständen: »Aber Genossen«,
fragte er, »ist es denn wirklich so schlimm? Wir haben doch so
viele Aktivisten.« (Gemeint waren die als *Aktivisten der sozialistischen Arbeit* mit einer Medaille für ihre gute Arbeit Aus-
gezeichneten. Die Ehrung wurde, verbunden mit einer kleinen
Prämie, in Betrieben aller Art vom Betriebsdirektor im Einver-
nehmen mit der Gewerkschaftsleitung massenhaft vergeben.)
Das war keine Versammlungsrhetorik. Wir saßen in kleiner
Runde, in einem Gespräch, das ohne Schärfen verlief. Hier fragte einer, der offenbar Opfer der eigenen Propaganda war und für
Wirklichkeit hielt, was die beschönigenden Berichte von Partei-
funktionären und Medien dafür ausgaben.

Kopfschüttelnd über die Ignoranz unserer Führung verließen
Harich und ich gemeinsam die Zusammenkunft und hatten auf
dem Nachhauseweg das erste einer Reihe von langen Gesprächen, in denen wir, häufig telefonisch in den Abendstunden, in
den kommenden Monaten unsere Meinungen über den unbefrie-
digenden Zustand der politischen Verhältnisse in der DDR aus-
tauschten. Anlässe dazu gab es in wachsender Zahl, vor allem im
Blick auf die in Ländern wie Polen und Ungarn weit radikalere
Kritik an den herrschenden Zuständen, mit Auseinandersetzungen, die in Polen zu einem Wechsel der Parteiführung mit neuen,
vielversprechenden programmatischen Ansätzen, in Ungarn zum
Volksaufstand führten.

Besondere Sympathie hatten wir in der Zeit vor dem Harich-
Janka-Prozeß für die Entwicklung in Polen. Dort kam auf der

VIII. Tagung des ZK der Polnischen Vereinigten Arbeiterpartei im Oktober 1956 mit Wladislaw Gomulka ein Politiker an die Spitze der Partei, der große Hoffnungen weckte. Er war alter Kommunist, nach 1943 Generalsekretär der Kommunistischen Partei, 1948 wegen »nationalistischer Abweichung« aus der Partei ausgeschlossen, 1951 bis 1955 inhaftiert und Anfang 1956 rehabilitiert worden. Die leidenschaftliche Abrechnung mit dem Stalinismus in seiner großen Rede auf dem VIII. Plenum war für die kritischen Sozialisten in der DDR ein wichtiges und ermutigendes Dokument. Ich las die Rede, die in der DDR-Presse nur kurz erwähnt wurde, im polnischen Kulturzentrum, das zu dieser Zeit in Berlin in einem Pavillon neben dem Bahnhof Friedrichstraße existierte. Es war damals ein stark besuchter Ort, denn hier konnte man sich aus der deutschsprachigen *Arbeiterzeitung* aus Breslau (Wroclaw) korrekt über die aufregenden Entwicklungen in Polen informieren. Kopien des Textes der Gomulka-Rede aus der *Arbeiterzeitung* gingen von Hand zu Hand.

Lebhaft diskutiert wurden die polnischen Dinge auch zwischen Historikern aus Polen und der DDR bei der Gelegenheit einer gerade damals stattfindenden Tagung der gemeinsamen Historikerkommission. Ich gehörte nicht zu der Kommission, war aber eingeladen zu einem Empfang, der aus diesem Anlaß in der polnischen Botschaft gegeben wurde. Im lockeren Gespräch mit polnischen Kollegen besprachen wir die Veränderungen in Polen. Daß auch in der DDR solche Veränderungen wünschenswert seien, ein deutscher Gomulka vielleicht gefunden werden könnte, war der Tenor der Plauderei, die Folgen haben sollte. Zunächst wurde ich einige Tage später zu Diehl in die Abteilung Wissenschaften zitiert. Neben ihm saßen zwei Kollegen, die dem Gespräch stumm zugehört und mich anschließend bei Diehl denunziert hatten. Der machte mir schwere Vorwürfe und rügte meine losen Redensarten. Was ich damals nicht wußte und erst nach der Wende aus Unterlagen des ZK-Archivs erfahren habe, war die überaus nervöse, harte Reaktion Ulbrichts auf den läppischen Vorfall. Eine Meldung darüber war auf seinen Tisch gelangt. Die ganze Wut des Mannes, der sich offenbar seiner Spitzenstellung in diesen dramatischen Zeiten keineswegs sicher war, richtete sich gegen die Polen. Der polnische Gesprächspartner, Waclaw

Dlugoborski, der noch einige Zeit studienhalber in der DDR
hatte bleiben sollen, wurde des Landes verwiesen. Das Außenministerium erhielt die Weisung, bei der polnischen Botschaft
formellen Protest gegen diese Einmischung in die inneren Angelegenheiten der DDR einzulegen. Ein für die nächste Zukunft ge-
planter Studentenaustausch mit polnischen Universitäten wurde
abgesagt.

Die Bekanntschaft mit Harich hatte mich in den Umkreis der
von der Partei mißtrauisch beäugten und schließlich mit drakonischer Strenge verfolgten Gruppe kritischer SED-Intellektueller
gebracht, die sich im Aufbau-Verlag gebildet hatte. Anziehungs-
punkt für mich war dort auch die Redaktion der vom Kulturbund
herausgegebenen Wochenzeitschrift *Sonntag*, in der ich bereits
gelegentlich publiziert hatte. Chefredakteur Heinz Zöger und
sein Stellvertreter Gustaf Just waren für mich sympathische, aufgeschlossene Leute, mit denen offene Gespräche möglich waren.
Beide gehörten zu den besonders Verdächtigten. Sie wurden im
Harich-Prozeß im März 1957 zunächst als Zeugen vorgeladen,
im Gerichtssaal verhaftet und im Juli zusammen mit Walter
Janka zu mehrjährigen Haftstrafen verurteilt. Janka, Direktor des
Aufbau-Verlags und »zweiter Kopf« einer von der DDR-Justiz
konstruierten, staats- und parteifeindlichen »Harich-Janka-
Gruppe«, war bereits eine Woche nach Harich verhaftet worden.
(Sein Verteidiger hatte im Prozeß mutig auf Freispruch plädiert.
Es war jener Friedrich Wolff, um dessen kritische Thesen 1947
der Streit in der SED-Studentengruppe der Universität geführt
worden war.)

Hauptpunkt der Anklage war der Vorwurf, Harich habe da-
mals ein politisches Programm für die Wiedervereinigung
Deutschlands ausgearbeitet, das auf die Liquidierung der soziali-
stischen DDR hinausgelaufen wäre. Zu diesem Zweck habe er
eine Gruppe organisiert, die durch Verbreitung der Harichschen
Plattform den Anstoß zum Sturz der verfassungsmäßigen
Ordnung der DDR geben sollte. Diese Behauptung war falsch.
Harichs Intention war formuliert in der Überschrift des
Dokuments, das er in der Tat verfaßt hat: *Über die Aufgaben der
SED im Kampf für die Festigung ihrer Reihen, für die sozialisti-
sche Demokratisierung der DDR und für die friedliche Wieder-*

*vereinigung Deutschlands auf der Grundlage der Demokratie,
des Sozialismus, der nationalen Souveränität und Unabhängigkeit und der Freundschaft mit allen Völkern.* Wie immer man die
Realisierbarkeit des Programms beurteilen mag, Harichs erklärtes Ziel war nicht die Abschaffung, sondern die Demokratisierung der DDR, was sich auch in den konkreten Einzelforderungen seines Programms zeigte.

Ich kannte dieses Programm damals nicht, wußte nicht einmal,
daß so etwas vorbereitet wurde. Gelesen habe ich es erst in der
Erstveröffentlichung durch Harich im Jahre 1993. Bei der Lektüre war ich überrascht über den Nachdruck, den der Verfasser
des Papiers auf die Frage der Wiedervereinigung gelegt hatte. Sie,
so kommentierte Harich jetzt, sei das eigentliche Anliegen gewesen, die Forderungen nach Reform der DDR nur das Mittel. In
unseren intensiven Unterhaltungen in der zweiten Jahreshälfte
1956 hatte ich ihn nicht so verstanden. In unseren Gesprächen
war es um Fragen gegangen, die in seiner Programmüberschrift
mit der Formel der sozialistischen Demokratisierung der DDR
umschrieben waren. Für mich waren das Punkte gewesen, die
mich schon seit langem bewegt hatten.

Bereits Anfang 1957, im Anschluß an das 30. Plenum des ZK der
SED, hatte ein Kesseltreiben gegen die *ZfG* begonnen. Dogmatische Eiferer zogen zu Felde gegen die oben erwähnten Kuczynski-Artikel und die Bloch-Rezension von Streisand. Inhaltlich, so
wurde behauptet, enthielten diese Arbeiten schwerwiegende, im
Kern revisionistische Fehler. Mir wurde vorgeworfen, daß ich sie
veröffentlicht hatte, noch dazu, ohne die Manuskripte vorher
allen Mitgliedern des Redaktionskollegiums vorzulegen. Darüber
hinaus eröffnete die Zentrale Partei-Kontroll-Kommission
(ZPKK) gegen mich ein Parteiverfahren wegen meiner Verbindung mit der »Harich-Janka-Gruppe«. Schon Mitte Januar 1957
waren zwei Mitarbeiter des MfS in meinem Redaktionsbüro
Unter den Linden erschienen und hatten mich aufgefordert, ihnen sogleich zu einer Zeugenvernehmung in ihre Dienststelle in
der Normannenstraße in Lichtenberg zu folgen. Es ging um meine Gespräche mit Harich und die Diskussionen in der *Sonntag*-Redaktion. Offensichtlich, wie die Fragestellung bewies, über die

Vorgänge und auch über den Inhalt unserer Telefongespräche bestens informiert, befragten mich die Stasi-Leute nach meinen Eindrücken aus diesen Kontakten. Ich beantwortete die Fragen ruhig und sachlich. »Geheimnisse« kannte ich keine, konnte sie also auch nicht offenbaren. Der Tenor meiner Aussagen war die Schilderung von Gesprächen, die der reformierenden Verbesserung der DDR galten, nicht der Vorbereitung ihrer Abschaffung.

Schärfer als bei der Stasi waren die Töne in der Verhandlung vor der ZPKK Anfang März. Mangelnde Wachsamkeit, intellektuelle Überheblichkeit, kleinbürgerliche Schwankungen, Vertrauensseligkeit gegenüber feindlichen Tendenzen: in vielen Varianten wurde mir parteischädigendes, eines Genossen unwürdiges Verhalten vorgeworfen. Die Entscheidung in dem Verfahren – es endete schließlich mit einer »strengen Rüge« – war noch nicht gefallen, als das Redaktionskollegium der *ZfG* am 22. März 1957 zu einer Sitzung zusammenkam. Zur Debatte stand die Diskussion von zwei Manuskripten: eines Gegenartikels zu dem Aufsatz »Der Mensch, der Geschichte macht« von Jürgen Kuczynski in Heft 1/57 unserer Zeitschrift sowie der Entwurf eines Leitartikels zur Auswertung des 30. Plenums des ZK der SED. Der einzige Parteilose im Redaktionskollegium, Eduard Winter, war zu dieser Sitzung nicht eingeladen worden. Dem Gegenartikel zu Kuczynski, der aus Protest an diesem Teil der Sitzung nicht teilnahm, wurde mit einigen Änderungen zugestimmt. An dem Entwurf des Leitartikels, den ich verfaßt hatte, wurde bemängelt, daß darin zu den Artikeln von Kuczynski und Streisand eine »neutrale« Position eingenommen würde. Der Artikel müsse in dem Sinne verändert werden, daß eine klare, parteiliche Verurteilung dieser Arbeiten zum Ausdruck käme.

Am Schluß der Sitzung informierte der Leiter des Sektors Geschichte in der Abteilung Wissenschaften des ZK die Anwesenden über das gegen mich eingeleitete Parteiverfahren. Mit sofortiger Wirkung, meine die Abteilung Wissenschaften, müsse ich von meiner Funktion als Chefredakteur beurlaubt werden. »Beurlaubung« war natürlich ein Euphemismus. Jedem war klar, daß ich abzutreten hatte. Widerspruch erhob sich nicht. Nur Alfred Meusel tat so, als habe er nicht verstanden und machte die noble Bemerkung, er nehme die Mitteilung zur Kenntnis und er-

warte, daß der Genosse Klein nach Klärung der gegen ihn erho-
benen Vorwürfe bald wieder an die Arbeit zurückkehren könne,
die er seit Jahren so ausgezeichnet geleistet habe. Am 30. März
erhielt ich vom Verlagsdirektor – er hatte mir am 4. Februar mitgeteilt, daß er sich freue, mir als Anerkennung für meine gute
Arbeit eine Gehaltserhöhung gewähren zu können – die Kündigung zum 15. April, bis zu welchem Datum ich mich als beurlaubt zu betrachten hätte. An der Endfassung des Artikels zum
30. Plenum, die in Heft 3/57 der *ZfG* erschien, war ich bereits
nicht mehr beteiligt.

Der Vater des Autors, Dr. Fritz Klein
sen., 1928

Die Mutter des Autors, Gertrud Klein,
geborene Orendt, 1922

Der Großvater Wilhelm Orendt als
»Fliegender Holländer«, 1913 (?)

Der Hof Heltauergasse 37 in Hermannstadt, um 1910

Der Autor im siebenbürgischen Urwegen mit Burschen in sächsischer Tracht, 1939

Dr. Fritz Klein sen. mit den Söhnen Fritz und Peter (r.), ca. 1929

Die vier Brüder (v. l.)
Hans, Peter, Fritz und Paul
im Frühjahr 1935

Heinrich und Lisbeth Deiters, die späteren Pflege- und noch späteren Schwiegereltern des Autors, 1932

Der Autor als Rekrut in der Kaserne in
Eberswalde, 1942

Dorle Deiters und
Fritz Klein als
Verlobte, 1947

Dorle und Fritz Klein
mit den Söhnen
Wolfgang (r.) und
Max, 1953

Der Autor als Fahnenträger anläßlich der 2. SED-Parteikonferenz, 1952 ...

... und als Chefredakteur der *Zeitschrift für Geschichtswissenschaft*, 1956

Mit Walter Markov (l.)
auf der Trauerfeier für George
W. F. Hallgarten in San Francisco,
1975

Die Kinder (v. l.) Wolfgang,
Katharina und Max, 1972

Die vier Brüder (v.l.) Paul, Peter, Fritz und Hans am 11. Juli 1984

»Laßt uns die Wahrheit sagen«: Der Autor bei seiner Rede am 11. Juli 1989

VI Aufstieg (1957–1968)

Der Rauswurf aus der *ZfG* – ich mußte auch aus dem Redaktionskollegium ausscheiden – bedeutete das erzwungene Ende einer Arbeit, die ich gerne getan hatte. Auf längere Sicht freilich war es eine Entscheidung, die sich günstig für meine Entwicklung ausgewirkt hat. Die Redaktionsarbeit war mit zeitaufwendigen Tätigkeiten verbunden, von der Suche nach Autoren bis zu langwierigen Redaktionsgängen mit ihnen, so daß nur wenig Zeit für eigene wissenschaftliche Arbeit blieb. Die aber blieb mein eigentliches Ziel, um so mehr, als sich in den vergangenen Jahren herausgestellt hatte, wie stark und unmittelbar die Zeitschrift mit den politischen Zielsetzungen und Zielsetzern verbunden war. Meine Arbeit als Historiker politisch aufzufassen, war und blieb mir im Grundsatz selbstverständlich. Nach dem politisch begründeten Fußtritt aber, mit dem ich aus der zunächst eingeschlagenen Bahn hinausbefördert worden war, konnte es mir nur recht sein, mich auf das Feld der Forschung zu begeben.

Bereits im August 1956 war ich vom stellvertretenden Staatssekretär für das Hochschulwesen in das Autorenkollektiv des Hochschullehrbuchs zur deutschen Geschichte berufen worden. Das Projekt, eine für den Universitätsbetrieb bestimmte, marxistisch-leninistische, mehrbändige Darstellung der deutschen Geschichte von ihren Anfängen bis zur Gegenwart, ging zurück auf die Beschlüsse derselben ZK-Tagung im Oktober 1951, auf der auch die Gründung des Museums für Deutsche Geschichte beschlossen worden war. Im Laufe des Jahres 1952 war das Autorenkollektiv gebildet und Meusel zum Vorsitzenden bestimmt worden. Mir fiel die Darstellung der Periode von der Jahrhundertwende, dem Beginn des Imperialismus, wie ich es im Anschluß an die Imperialismustheorie Lenins formulierte, bis 1918 zu. Den Wechsel von der Geschichte nach 1917/18, in der ich mich bisher bewegt hatte, zu dem vorhergehenden Abschnitt vollzog ich bewußt in der Absicht, künftig Probleme zu bearbeiten, die politisch weniger brisant waren. Wenn man sich in Zeitabschnitten nach der Oktoberrevolution und der Gründung kommunistischer Parteien bewegen wollte, war man als DDR-Historiker einem ungleich schärferen Druck zur Konformität mit der Parteilinie ausgesetzt als bei früheren Perioden. Für die im engeren Sinne »eigene« Geschichte beanspruchte der Parteiapparat rigoros das Deutungsmonopol – eine besonders schwierige Situation angesichts der Tatsache, daß die Parteilinie im Laufe der Jahre und Jahrzehnte aus taktischen Gründen in extremer Weise schwankte. Was heute »richtig« war, konnte morgen »falsch« gewesen sein. Es war nicht leicht, sich auf diesem Minenfeld zu bewegen. Imperialismusforschung, konzentriert auf die Phase bis zum Ende des Ersten Weltkrieges, war gewiß auch nicht frei von politischen Vorgaben. Der zentralen Forderung auf diesem Gebiet nachzukommen, nämlich die militaristische, nationalistische und antidemokratische Politik des deutschen Imperialismus in scharfer Auseinandersetzung mit der Apologetik der traditionellen deutschen Geschichtsschreibung kritisch zu analysieren, fiel mir allerdings nicht schwer. Hier gab es ein großes Maß an Übereinstimmung mit den Wünschen der Partei.

In welchem institutionellen Rahmen ich nach der Kündigung zum 15. April 1957 meine Arbeit fortsetzen sollte, war nicht sofort klar. Dorle, die eigentlich nach Katharinas Geburt drei Jahre hatte zu Hause bleiben wollen, entschloß sich angesichts der neuen Situation und der Erfahrung mit dem Rauswurf aus der *ZfG*, doch schon früher eine Berufsarbeit aufzunehmen. »Auf vier Beinen zu stehen«, schreibt sie in ihren Erinnerungen, »schien uns für alle Fälle sicherer als auf zweien.« Sie fand eine Stelle als Russisch-Dozentin in der Fachschule für Angewandte Kunst, der späteren Fachschule für Werbung und Gestaltung, in dem nahe bei Johannisthal gelegenen Ortsteil Oberschöneweide.

Zum 1. Juni 1957 wurde ich als wissenschaftlicher Oberassistent im Institut für Geschichte an der Deutschen Akademie der Wissenschaften zu Berlin angestellt, der Nachfolgerin der im Jahre 1700 nach dem Plan von Leibniz gegründeten Preußischen Akademie der Wissenschaften, die ursprünglich eine Gelehrtengesellschaft ohne eigene Forschungsinstitute gewesen war. Bei der Zerschlagung der DDR-Akademie nach der Wende spielte auch das Argument eine Rolle, außeruniversitäre Forschung sei deutscher Wissenschaftstradition fremd, Forschung gehöre an die Universitäten. Die DDR-Akademie, so hieß es, habe mit der Einrichtung einer großen Zahl von Forschungsinstituten – es waren schließlich fünfzig Institute auf fast allen Gebieten der Natur- und Gesellschaftswissenschaften mit mehr als 20000 festangestellten Mitarbeitern – nur das Vorbild der Akademie der Wissenschaften der Sowjetunion kopiert, was in der Abwicklungsstimmung der Wendezeit *per se* ein negatives Urteil bedeutete. Tatsächlich verhielt sich alles etwas komplizierter. Schon die Preußische Akademie hatte, wenn auch nicht in der Form von Instituten, seit Jahrzehnten Forschungs-, v. a. Editionsvorhaben, in Arbeitsgruppen oder Kommissionen der verschiedenen Klassen betrieben, so, um nur wenige Beispiele zu nennen, das *Corpus inscriptionum graecarum* (seit 1815) oder das *Corpus inscriptionum latinarum* (seit 1853). Auf dem Gebiet der Geschichte war die Preußische Akademie zusammen mit anderen deutschen Akademien führend an der 1819 begründeten Sammlung von Quellen zur mittelalterlichen Geschichte Deutschlands, den *Monumenta Germaniae Historica*, beteiligt. Alle diese Unternehmungen hielten sich mit unterschiedlicher Intensität in allen Perioden der wechselhaften Geschichte der Berliner Akademie und bestehen noch heute. Es war Adolf von Harnack, der seine im Jahre 1900 im Auftrag der Jubilarin zum zweihundertsten Jahrestag ihrer Gründung vorgelegte Geschichte der preußischen Akademie mit einem Appell an den Staat beschloß, Vorsorge für neue Formen der Wissenschaftsorganisation zu treffen: »Unter den Bedingungen …, unter denen die Wissenschaften heute stehen«, mahnte Harnack, gehe es um »die Leitung und Durchführung großer Arbeiten, die der einzelne nicht zu bewältigen vermag«. Dauernde Einrichtungen seien erforderlich, um sowohl die Universitäten zu entlasten als auch einen Stab geschulter wissenschaftlicher Kräfte zu schaffen, »geschlossene Institute … mit eigenem Etat und pensionsfähigen Beamten, die ausschließlich der Bewältigung wissenschaftlicher Aufgaben dienen«. Harnacks Appell blieb ergebnislos, was die Akademie anging, in erster Linie wegen der starken Traditionsverhaftung der preußischen

Verwaltung. Auf der Reichsebene aber fanden die sachlich berechtigten Forderungen eines Harnack Gehör. Die Gründung der
Kaiser-Wilhelm-Institute in den letzten Jahren vor dem Ersten
Weltkrieg – nach 1945 im Westen fortgeführt als Max-Planck-
Institute – gab davon Zeugnis. Außeruniversitäre Forschung in
großem Stil, materiell ermöglicht durch die moderne Form der
Mischfinanzierung aus Mitteln des Staates und der Industrie,
hatte so in Deutschland seit der Jahrhundertwende gedanklich
und real eine starke Tradition.

Anders verhielt es sich mit den Traditionen wissenschaftlicher
Arbeit in Rußland. Die 1725 gegründete Kaiserlich Russische
Akademie der Wissenschaften in St. Petersburg war nie, wie die
Akademien in Deutschland, eine reine Gelehrtengesellschaft,
sondern von Anbeginn eine Kombination von Gelehrtengesellschaft und Forschungsinstitution, mit zahlreichen Instituten bzw.
institutsähnlichen Einrichtungen auf vielen Gebieten der Wissenschaft. Dies war dem Umstand geschuldet, daß die Akademie
in Rußland vor den Universitäten entstand. Sie war konzipiert als
zentrale wissenschaftliche Einrichtung des Landes und blieb das
auch, als Universitäten gegründet wurden – in Moskau 1756, in
St. Petersburg erst 1819. Organisatorisch setzte somit die 1925
gebildete Akademie der Wissenschaften der UdSSR mit ihren
vielen Instituten die Arbeit ihrer Vorgängerin als Forschungs-
zentrum fort. Sachliches Urteil über die Arbeit der DDR-Akademie bedarf der Erinnerung an diese Zusammenhänge, deren
Kenntnis das zur Zeit der »Abwicklung« gängige Urteil über die
Akademie als politischer Willkür geschuldeten Fremdimport in
die deutsche Wissenschaftslandschaft als irrig erweist.

Inhaltliche Zielvorstellung für die Gründung des Geschichts-
instituts an der Akademie war eine Institution für marxistisch-
leninistische Geschichtswissenschaft in größerem Stil. Intensive
Forschungen sollten die Grundlage schaffen für kollektiv zu er-
arbeitende Unternehmungen umfassenden Charakters. Die aus
dieser Aufgabenstellung folgende Spannung zwischen dem Interesse des einzelnen Mitarbeiters an seiner individuellen Forschung
und der Einordnung in die Erfordernisse größerer Vorhaben blieb
ein Grundproblem des Akademieinstituts in der gesamten Dauer
seiner Tätigkeit. Die von »oben« kommende Tendenz der Ein-,

richtiger gesagt der Unterordnung der Interessen des einzelnen unter die des Kollektivs war stark und hat immer wieder hemmend auf die Entwicklung von Initiative und Kreativität geführt. Gleichwohl wäre es falsch, die Arbeit des Instituts nur unter diesem Gesichtspunkt zu sehen. Unter den Publikationen des Instituts gab es nicht wenige wertvolle monographische Arbeiten, deren Autoren Distanz hielten zur Kollektivarbeit. Das war manchmal schwierig durchzuhalten gegen vorgegebene Muster, gelang aber immer wieder dort, wo Fleiß und Energie eines begabten Wissenschaftlers evident waren, von einsichtigen Leitern gefördert wurden und zu überzeugenden Ergebnissen führten, an denen schließlich auch die Institutsleitung interessiert war. Töricht wäre gewiß auch ein a priori negatives Urteil über kollektive Arbeitsmethoden. Die Existenz eines großen Instituts mit fest angestellten Wissenschaftlern, die sich auf die Forschung konzentrieren konnten, bot natürlich die Möglichkeit, größere Themen in der Zusammenarbeit von Spezialisten auf einzelnen Gebieten zu bearbeiten und so zu Ergebnissen zu gelangen, die ein Einzelner nicht hätte erreichen können. Die Akademie – sie wurde 1972 in Akademie der Wissenschaften der DDR umbenannt – blieb meine Arbeitsstelle bis zum Ende meiner Berufstätigkeit im Jahre 1991.

Das Institut für Geschichte befand sich, als ich meine Arbeit dort aufnahm, noch in der Aufbauphase. Direktion und Verwaltung waren in dem Gebäude in der Clara-Zetkin-Straße untergebracht, in dem seinerzeit das Museum für Deutsche Geschichte begonnen hatte. Vom Museum kamen auch nicht wenige der ersten Mitarbeiter. Arbeitsräume waren im Institutsgebäude überaus knapp. Jeder hatte zwar seinen Schreibtisch, meistens aber zusammen mit mehreren Kollegen, dazu in kleinen Räumen. Es war die Regel – und blieb so, auch als später andere Räumlichkeiten bezogen wurden –, daß die Mitarbeiter zu Hause oder in den Bibliotheken arbeiteten und im Institut nur zu Beratungen zusammenkamen. Der Zustand gefiel den meisten Mitarbeitern und mißfiel den Leitungen, die ihn aber nicht ändern konnten, weil nicht mehr Platz zu schaffen war.

Direktor war der 1905 in einer Kölner Arbeiterfamilie geborene Karl Obermann. Er hatte sich 1931 der SPD angeschlossen, emigrierte 1933 nach Frankreich, wechselte 1936 zur KPD und gelangte schließlich ins Exil in den USA. In der Emigration veröffentlichte er erste Aufsätze zu historischen Themen und brachte in New York eine Biographie des deutsch-amerikanischen Sozialisten Josef Weydemeyer heraus. 1946 in die SBZ zurückgekehrt, promovierte er 1950, habilitierte sich 1952 mit einer Studie über die deutsch-amerikanischen Beziehungen in den Anfangsjahren der Weimarer Republik und wurde Professor an der Humboldt-Universität. Über die Besetzung des Direktorenpostens in dem neuen Akademie-Institut hatte es interne Auseinandersetzungen zwischen den führenden marxistischen Historikern gegeben. Obermann war daran weniger beteiligt und wurde deshalb, als ein Kompromißkandidat, schließlich von der Abteilung Wissenschaften des ZK empfohlen, die faktisch die Entscheidungsmacht hatte.

Die Struktur des neuen Instituts vermittelte den Eindruck eines Sammelsuriums von mehrheitlich in anderen Zusammenhängen bereits bestehenden Gruppen, die nun unter einem Dach zusammengeführt wurden. Neben zwei neu geschaffenen chronologisch orientierten Abteilungen zur deutschen Geschichte (1789 bis 1871 unter Leitung von Obermann, 1918 bis 1945 unter Leitung von Schreiner) stand die zahlenmäßig stärkste Abteilung Wirtschaftsgeschichte unter der Leitung von Jürgen Kuczynski. Nach scharfen ideologischen Anfeindungen in den Jahren 1957/58 gelang ihm in den sechziger Jahren die Etablierung eines eigenen Instituts für Wirtschaftsgeschichte an der Akademie. In Berlin arbeiteten eine Arbeitsgruppe Geschichte der slawischen Völker unter Eduard Winter, eine Arbeitsgruppe Bibliographie, die unter der Leitung von Fritz Hartung die Jahresberichte zur deutschen Geschichte weiterführte, sowie eine Arbeitsgruppe Landesgeschichte, nebenamtlich geleitet von Friedrich Beck, dem Direktor des Brandenburgischen Landeshauptarchivs in Potsdam. Als Außenstelle Halle war eine 1950 von Leo Stern begründete Forschungsgemeinschaft Dokumente und Materialien zur Geschichte der deutschen Arbeiterbewegung als selbständige Abteilung in das Institut eingegliedert. Sie hatte mit großem Anspruch und beträchtlicher Aktivität begonnen, verlor aber bald ihren von Stern einige Jahre hindurch zäh verteidigten Platz gegen die wissenschaftlichen Institute der Partei, vor allem das Institut für Marxismus-Leninismus (IML), das die Arbeiten auf diesem für die Partei zentralen Gebiet immer stärker monopolisierte. Im Laufe der sechziger Jahre verschwand auch diese Abteilung aus dem Institut. In Leipzig begann Ernst Engelberg mit dem Aufbau einer Abteilung 1871 bis 1918. Verfassungs- und Verwaltungsgeschichte war der Gegenstand einer kleinen Arbeitsgruppe in Halle. Ihr Leiter, Hans Haussherr, ging freilich schon im Jahre 1958 aus Protest gegen die Einschränkung der Lehr- und Publikationstätigkeit nichtmarxistischer Historiker in die Bundesrepublik. Im selben Jahr legte Hartung aus ähnlichen Gründen die Leitung der Jahresberichte nieder.

Mit meinem Auftrag, das Lehrbuch der deutschen Geschichte für die Zeit von der Jahrhundertwende bis 1918 auszuarbeiten, gehörte ich zu der im Aufbau begriffenen Abteilung 1871 bis 1918, deren Angehörige zu dieser Zeit fast ausschließlich in Leipzig arbeiteten, wo der Abteilungsleiter Ernst Engelberg Direktor des Instituts für Geschichte des deutschen Volkes an der Karl-Marx-Universität war. Jede Art von Leitungstätigkeit, so hieß es bei meiner Einstellung in das Institut im übrigen, sei mir strikt untersagt – eine Folge meiner Maßregelung im Zusammenhang mit den Diskussionen der Harich-Janka-Gruppe, an die ich bald nach meinem Arbeitsanfang in der Akademie noch auf andere Weise erinnert wurde. Am Mittwoch, dem 24. Juli 1957, wurde ich in das Büro zitiert, das der Staatssicherheitsdienst im Hauptgebäude der Akademie am Gendarmenmarkt unterhielt. An diesem Tag berichtete das *Neue Deutschland* über die Eröffnung des Prozesses vor dem Obersten Gericht der DDR gegen den früheren Direktor des Aufbau-Verlages Walter Janka, den Chefredakteur des *Sonntag*, Heinz Zöger, dessen Stellvertreter Gustav Just und den Journalisten Richard Wolf. Die zwei Stasi-Mitarbeiter gingen auf meine Nähe zu dieser angeblich staatsfeindlichen Verschwörergruppe mit keinem Wort ein, erklärten sich interessiert an einer allgemeinen Unterhaltung mit einem Wissenschaftler des Akademie-Instituts und fragten schließlich, ob ich bereit sei, ihnen aus Diskussionen des Instituts und seiner Mitarbeiter zu berichten. Ich lehnte das ab, vor allem mit dem Argument, daß wir einen Beruf hätten, der seiner Natur nach öffentlich sei. Jeder könne lesen oder hören, was wir sagten und schrieben. Geheimdienstliche Überwachung sei deshalb nicht nötig. Als ich in einer längeren Aussprache, die ohne scharfe Töne verlief, meinen Standpunkt nicht änderte, beendeten die Stasi-Leute des Gespräch mit der Aufforderung, ich solle es mir vielleicht doch noch überlegen. Zwei Tage später, am Freitag, dem 26. Juli, rief man mich ein zweites Mal. An diesem Tag standen die Strafanträge des Generalstaatsanwalts in der Zeitung. Sie lauteten auf 5 Jahre Zuchthaus für Janka, $3^1/_2$ Jahre für Just, $2^1/_2$ Jahre für Zöger und 4 Jahre für Wolf. Man wiederholte die Aufforderung zur Mitarbeit, wiederum ohne Erwähnung meiner früheren Beziehungen zu den Angeklagten. Ich wiederholte meine Ablehnung und fügte meinen Argumenten aus dem ersten Gespräch noch einen direkten Bezug zu dem Prozeß hinzu. Die beantragten Strafen schienen mir insgesamt unbegründet. Besonders gut kenne ich Heinz Zöger und sei überzeugt, daß dieser Mann nicht ins Zuchthaus gehöre. Und da ich fürchten müsse, daß Mitteilungen, die man ihnen mache, zu solchen Urteilen beitragen könnten, lehne ich ab. Die Stasi-Mitarbeiter nahmen das unaufgeregt zur Kenntnis. Es blieb dabei.

Im Sommer 1959 lag mein Lehrbuchmanuskript vor. Einzelne Abschnitte waren im Prozeß der Ausarbeitung von Meusel klug und hilfreich begutachtet worden. Sehr angenehm war die laufende Zusammenarbeit mit Roland F. Schmiedt, dem aus dem Sudetenland stammenden, überaus kenntnisreichen Geschichtspädagogen, der Meusel als Sekretär des Unternehmens zur Seite stand. In der Diskussion des Gesamtmanuskripts im Autorenkollektiv gab es Zustimmung, besonders in einem recht positiven Gutachten, das Leo Stern erstattet hatte. Kritik kam von den Vertretern der ZK-Abteilung Wissenschaft, Raimund Wagner und Ernst Diehl. Kaum in Ansätzen, rügte Diehl, sei in dem Text die gerade in einem Lehrbuch unerläßliche »politisch-ideologische Verallgemeinerung« sichtbar. Ich hatte mich um eine möglichst sachliche, faktenreiche Darstellungsweise bemüht, ohne auf politisches Urteil zu verzichten, wo es mir angebracht erschien. Allzuviel – so ist es mir jedenfalls in der Erinnerung – habe ich nicht getan, um die »Verallgemeinerung« im gewünschten Sinne zu vertiefen. Das Buch erschien 1961 und erlebte noch in den sechziger Jahren zwei weitere, jeweils verbesserte Auflagen. Die fünfte kam 1986 heraus. In einem gravierenden Punkt freilich hatte ich der Parteikritik nicht ausweichen können. Der Lehrbuchbeitrag führte die Darstellung letztlich nicht, wie ursprünglich vorgesehen, bis 1918, dem Ende des Weltkrieges und dem Übergang vom Kaiserreich zur Republik, sondern bis 1917, dem Jahr der Oktoberrevolution in Rußland. Im Herbst 1960 hatte Ernst Diehl auf einer Sitzung des Autorenkollektivs auf einmal verlangt, die Periodisierung zu ändern. Weltgeschichtliche Zäsuren hätten den Vorrang vor nationalgeschichtlichen. Und was für die französische bürgerliche Revolution gelte – 1789 war in der Sicht der Geschichtswissenschaft der DDR auch für die deutsche Geschichte ein Epocheneinschnitt –, müsse erst recht für das weltgeschichtlich überragende Ereignis des 20. Jahrhunderts gelten, die Große Sozialistische Oktoberrevolution. Der Vorschlag stieß nicht nur bei mir auf Widerspruch. Noch so beredte Hinweise aber auf die Tatsache, daß Weltkriegsende und Novemberrevolution selbstverständlich den in einem Buch zur deutschen Geschichte dieser Zeit einzig logischen Abschluß bilden müßten, wobei angesichts der zeitlichen und sachlichen Nähe der revolutionären Entwicklungen jener Jahre mühelos und überzeugend auf die in der Tat vorhandenen Zusammenhänge zwischen ihnen verwiesen werden könnte, fruchteten nicht. Als der unnachgiebige Kritiker schließlich meine Frage, ob er den Epocheneinschnitt 1917 verlangen würde, auch wenn wir die Geschichte der Eskimos schrieben, ohne zu zögern bejahte, gab ich auf. Mehr, als die unsinnige Forderung auf diese Weise der Lächerlichkeit preiszugeben, konnte ich nicht tun. An dem so entschieden vorgebrachten Votum des Vertreters der Abteilung Wissenschaft, ohne dessen Zustimmung das Buch nicht erscheinen konnte, war nicht vorbeizukommen.

Mit der erfolgreichen Bewältigung der Lehrbuch-Aufgabe machte ich den Rückschlag weitgehend wett, den ich durch die fristlose Entlassung erlitten hatte. Hilfreich bei diesem Prozeß war auch die Nähe zu Arkadi Samssonowitsch Jerussalimski, der als Gast der Akademie ab 1957 wiederholt längere Arbeitsaufent-

halte in der DDR absolvierte. Da ich ihn kannte und er es so
wünschte, wurde ich mit seiner Betreuung beauftragt. Wiederholt leitete er mehrwöchige Seminare zur Geschichte des deutschen Imperialismus, die ich organisierte. Teilnehmer waren
DDR-Historiker vorwiegend der jungen Generation, die von
Jerussalimski, der ebenso streng auf Quellenforschung wie auf
einen undogmatisch aufgefaßten Marxismus Wert legte, viel gelernt haben. Er war es auch, der den Anstoß gab zur Bildung
einer deutsch-sowjetischen Historikerkommission, die 1957 über
Die Oktoberrevolution und Deutschland und 1959 zum Thema
Der deutsche Imperialismus und der Zweite Weltkrieg in Leipzig
bzw. Berlin ihre ersten großen Konferenzen abhielt. Der kon-
struktive Charakter der Konferenzen war auch die Folge ihrer
Zusammensetzung. Anwesend waren auch eine Reihe marxistischer Historiker aus dem Westen. Lebhaft erinnere ich mich besonders an die sehr aktive, kleine Gruppe italienischer Kollegen,
unter ihnen der brillante Ernesto Ragionieri, den ich seit dem
Historikerkongreß in Rom 1955 kannte und mit dem mich eine
feste Freundschaft verband. Er war Marxist, Kommunist, Mitglied sogar des ZK der italienischen Kommunistischen Partei –
man konnte nur neidisch blicken auf eine Partei, die so kluge,
selbständig denkende Wissenschaftler unter ihren führenden Repräsentanten besaß. Ich war kein Mitglied der Historikerkommission DDR-UdSSR, erhielt aber durch Initiative Jerussalimskis
die Möglichkeit, einen kurzen Diskussionsbeitrag in der Plenar-
sitzung der Leipziger Konferenz zu halten. Wenige Monate nach
meiner Maßregelung war dieser Auftritt auf so repräsentativem
Forum eine kleine Demonstration. Gegenstand meiner Erörterung war das Prinzip der friedlichen Koexistenz zwischen Staaten
unterschiedlicher Gesellschaftsordnung, das, so sagte ich, uner-
läßlich sei für die Gestaltung einer friedlichen Welt, in der seit
dem Sieg der Oktoberrevolution sozialistische und kapitalistische
Staaten nebeneinander existierten und in gegenseitiger Anerkennung den Ausgleich suchen müßten, nicht die kriegerische Auseinandersetzung. Untauglich sei es freilich für die Beziehungen
zwischen den beiden deutschen Staaten, die auf Dauer nicht nebeneinander bestehen, sondern wieder vereinigt werden sollten.
Das Plädoyer für die Wiedervereinigung entsprach damals

noch der offiziell verkündeten Parteilinie. Tatsächlich schwanden die Möglichkeiten ihrer Realisierung aber rapide, in dem Maße, wie sich in den beiden Staaten auf deutschem Boden unvereinbare gesellschaftliche Strukturen in Wirtschaft, Politik und Kultur stabilisierten und beide immer fester in die jeweilige Seite der im Kalten Krieg verkeilten Bündnissysteme eingebunden waren. Zu den Menschen in der DDR, die diese Entwicklung mit immer größerer Sorge beobachteten und mit allen Kräften versuchten, ihr entgegenzuwirken, gehörte Alfred Meusel. »Die Menschen, die in Westdeutschland leben«, schrieb er einmal, »sind Deutsche wie wir; so lange wir von ihnen getrennt sind, mag das kurze oder lange Zeit dauern, werden wir nie aufhören, die Spaltung Deutschlands für ein Unglück zu halten. Wir werden alles daransetzen, daß sie beseitigt wird, daß wir mit unseren westdeutschen Landsleuten vereint in einem demokratischen Nationalstaat leben können.« Ich zitierte diese Sätze in dem Nachruf, den ich für die *ZfG* zusammen mit Joachim Streisand nach Meusels Tod im September 1960 schrieb. Er hat an dieser Überzeugung sein Leben lang festgehalten, das – fast möchte man sagen, zu seinem Glück – zu Ende ging, ehe solche Hoffnungen am 13. August 1961 für lange Zeit zerstört wurden.

Meusel war für seine Hoffnungen auch politisch aktiv. Er spielte eine führende Rolle in dem Versuch einer gesamtdeutschen Initiative von Wissenschaftlern und Künstlern, die im November 1954 als *Deutsche Begegnung* in Berlin einen mehrtägigen Kongreß mit einer Erklärung abschlossen, in der sie ihre gemeinsame Verantwortung für die Erhaltung des Friedens und die Wiedervereinigung Deutschlands beschworen. Mehr als 500, überwiegend westdeutsche Teilnehmer waren in Berlin zusammengekommen. In den folgenden Jahren fanden in beiden deutschen Staaten Treffen der *Deutschen Begegnung* in sehr viel kleinerem Maßstab statt. An einigen dieser Gespräche habe ich teilgenommen.

Die Wirkung all dieser Initiativen blieb begrenzt und nahm von Jahr zu Jahr ab. Festigung und innerer Ausbau der Blöcke standen auf der Tagesordnung der Politik der Großmächte, begünstigt durch die Tatsache, daß die Sowjetunion in der Atomrüstung mit den USA gleichzog und 1957 mit der Erdumkreisung des Sputnik die Welt in Staunen versetzte. Das auf beiden Seiten offiziell proklamierte Ziel der Wiedervereinigung Deutschlands verblaßte unter diesen Umständen zusehends. Das aller Voraussicht nach doch länger dauernde Nebeneinander von zwei deutschen Staaten zu organisieren, wurde immer deutlicher die konkrete politische Aufgabe des Tages – ob man nun die Formel von der Friedlichen Koexistenz dafür verwandte oder nicht. Friedliches Nebeneinander verlangte, wenn es nicht eine Propagandafloskel sein sollte, daß die Beteiligten sich gegenseitig als prinzipiell gleichrangig anerkannten. Zwischen den beiden deutschen Staaten geschah das erst im Grundlagenvertrag von 1972. Verständigungsbemühte deutsche Begegnung in den Jahren zuvor war nur sinnvoll, wenn sie sich auf diesen Zustand hinbewegte. In solchen Gesprächen befanden sich aber die Akteure aus der Bundesrepublik bzw. der DDR in einer ungleichen Situation. Die Westdeutschen standen – bei sehr verschiedener Gewichtung der Motive und Argumente – oft kritisch zur Bonner Politik, der sie vorsätzliche Spaltung, bornierten Antikommunismus, mangelnde Distanzierung vom Hitlerfaschismus und einseitige Unterwerfung unter die weltpolitischen Ambitionen der USA vorwarfen. Zur DDR standen sie grundsätzlich positiv, trotz mehr oder weniger stark ausgeprägter Vorbehalte gegen die inneren Verhältnisse und auch diesen oder jenen Aspekt der Außenpolitik des anderen deutschen Staates. Wer, aus der Bundesrepublik kommend, sich auf Gespräche mit Vertretern der DDR einließ, tat das aus eigenem Antrieb, riskierte auch, bei allzu prononciertem Engagement, Schwierigkeiten unterschiedlichen Grades in seinem beruflichen Leben. Die Teilnehmer aus der DDR kamen quasi als Delegierte ihres Staates. Sie waren offen für die Kritik der westdeutschen Gesprächspartner an der westlichen Politik, in aller Regel aber nicht bereit zur ernsthaften Diskussion über Defizite der eigenen Gesellschaft.

Die Frage der deutschen Einheit, für Männer der älteren Generation wie Alfred Meusel leidenschaftlich erstrebtes Ziel von allerhöchster Priorität, sah ich gelassener. Aus den Augen habe ich sie nie verloren. Daß die Wiedervereinigung eines Tages kommen würde, schien mir wünschbar und sicher. Ebenso sicher war ich aber, daß dieser Tag, nicht zuletzt wegen der kontrastierenden

Interessen der jeweiligen Block-Vormächte, in ziemlich weiter Ferne lag. Wie das einheitliche Deutschland aussehen würde, war gleichfalls kaum zu prognostizieren. Auf keinen Fall sollten, um noch einmal eine Forderung der Berliner Erklärung von 1954 zu zitieren, »dem einen Teil Deutschlands die Institutionen des anderen wie eine Zwangsjacke angezogen werden«. Kein Fortschritt zur Lösung der deutschen Frage aber schien mir vorstellbar, ohne den Zustand der diskrimierenden Abwertung der DDR zu beenden. Gegen den westdeutschen Alleinvertretungsanspruch anzugehen, wie er z. B. in der Hallstein-Doktrin seinen Ausdruck gefunden hatte, war für mich logisch und legitim.

Mitte der fünfziger Jahre waren Reisen in die Bundesrepublik für DDR-Bürger relativ einfach. Man ging zum zuständigen Polizeirevier, meldete sich, ohne besondere Gründe angeben zu müssen, zu einer Reise in die Bundesrepublik ab, erhielt für seinen Personalausweis, der einbehalten wurde, ein provisorisches Reisedokument und fuhr los. Daß es nicht lange so weitergehen würde mit dem einfachen Hin- und Herreisen zwischen Ost und West, zeichnete sich im November 1958 ab. Dies war jedenfalls die Meinung eines West-Berliner Freundes von uns, des Journalisten Gerhard Stegemann, als die Sowjetregierung in Noten an die drei Westmächte, die Bundesrepublik und die DDR vorschlug, West-Berlin, »Herd internationaler Spannungen, Hetz- und Spionagezentrum«, in eine entmilitarisierte selbständige politische Einheit, eine von den Großmächten und den Regierungen der beiden deutschen Stadten garantierte Freie Stadt zu verwandeln. Alle paar Monate waren wir mit Stegemann und seiner Frau in ihrer Tempelhofer Wohnung oder in Johannisthal zusammengekommen. Wir sollten mit dem nächsten Treffen nicht lange warten, war sein Kommentar zu dem sowjetischen Vorstoß. Denn bald würden wir uns nicht mehr sehen können.

Mir kam das übertrieben vor. Die sehr ausführlichen Darlegungen der sowjetischen Noten über die geschichtliche Entwicklung seit dem Ende des Krieges, von der Zusammenarbeit der Alliierten zur Konfrontation im Kalten Krieg, waren meiner Meinung nach mit ihrer Kritik an der Politik der Westmächte, vor allem der USA, in vielen Punkten durchaus berechtigt. Daß

die Zeit für ein Ende des Besatzungsregimes und eine friedens-
vertragliche Regelung der deutschen Frage herangereift sei, war
eine grundsätzlich sympathische These. An schrille Überpointie-
rungen, ja Drohungen, von denen die sowjetischen Texte nicht
frei waren, war man im Propagandakrieg jener Jahre von allen
Seiten gewöhnt und daher geneigt, sie nicht allzu wörtlich zu
nehmen. Die freilich ließen an Deutlichkeit nichts zu wünschen
übrig. Manchmal mußte man sich fragen, ob etwa eine Neuauflage von Stalins mißglückter Blockade bevorstand, wenn sich als
Kern in der Flut von Noten, Reden und Erklärungen, mit denen
der sowjetische Ministerpräsident Chruschtschow die Welt-
öffentlichkeit in Atem hielt, die Absicht erkennen ließ, die Westmächte aus ihren Positionen in West-Berlin zu vertreiben.

Ich fand solche Drohungen unrealistisch und abenteuerlich.
Sie standen im Widerspruch zu der Koexistenz-Politik, die von
der sowjetischen Führung sonst propagiert wurde. Die Amerikaner fühlten sich nicht nur in Berlin bedrängt. In jedem der
Hauptkrisengebiete auf der Erde, in Asien, Afrika und Lateinamerika, seien ihnen, so klagte der neu gewählte Präsident der
USA, John F. Kennedy, in seiner Botschaft zur Lage der Nation im
Januar 1961, die Ereignisse davongelaufen. »Jeden Tag kommen
wir der Stunde der allerhöchsten Gefahr näher«, hämmerte er
seinen Landsleuten ein, kündigte zusätzliche Rüstungsanstren-
gungen in erheblichem Ausmaß an und forderte wenige Monate
später ein umfangreiches Luftschutzprogramm, weil es »verant-
wortungslos« sei, den Bürgern nicht zu sagen, »wohin sie gehen
sollen, wenn die ersten Bomben fallen«. Besonders empfindlich
getroffen sah sich die Führung der USA durch den Sieg der von
Fidel Castro geführten Revolution in Kuba im Jahre 1959. Nur 90
Meilen vor der Küste der USA, wetterte Kennedy, hätten sich
kommunistische Agenten einen Stützpunkt geschaffen, und ließ
im April 1961 im berüchtigten »Schweinebucht«-Unternehmen
kubanische Konterrevolutionäre, die von USA-Instrukteuren
ausgebildet waren, mit Unterstützung US-amerikanischer Flug-
zeuge und Kriegsschiffe das revolutionäre Kuba überfallen. Dem
Drängen extremistischer Militärs und Politiker, zur offenen
Intervention überzugehen, als das Unternehmen auf Widerstand
der Kubaner stieß, an dem es schließlich scheiterte, folgte er

allerdings nicht. In der von Hoffnungen und Befürchtungen, Drohungen, Gewalt und Gegengewalt erfüllten weltpolitischen Situation voll nervöser Spannungen fand die seit November 1958 schwelende Berlin-Krise mit der Schließung der Grenzen um West-Berlin durch die Behörden der DDR am 13. August 1961 ihren Höhe- und Schlußpunkt. Die Aktion wurde mit der Notwendigkeit begründet, die durch die offene deutsch-deutsche Grenze gegebene Gefahr einer kriegerischen Aggression des westdeutschen Militarismus zu bannen und der Wühltätigkeit gegen die Länder des sozialistischen Lagers den Weg zu verlegen, wie es in einer Erklärung der Regierungen der Warschauer Vertragsstaaten hieß.

Entscheidend aber waren innere Entwicklungen in der DDR. Seit Beginn der SED-dominierten gesellschaftlichen Umwälzung hatten ostdeutsche Bürger, aus unterschiedlichen Gründen im einzelnen, die SBZ/DDR verlassen und waren nach Westdeutschland gegangen. Dieser Trend hatte sich in der zweiten Hälfte der fünfziger Jahre zwar verlangsamt, aber die Zahl der Republikflüchtlinge stieg bald wieder dramatisch. Bauern entzogen sich dem immer stärkeren Druck zur Genossenschaftsbildung, die 1960 auf dem gesamten Gebiet der DDR abgeschlossen wurde. Intellektuelle, Wissenschaftler und Künstler sahen sich durch die Forderung, den Geboten marxistisch-leninistischer Parteilichkeit zu folgen, immer mehr in ihrer Arbeit eingeschränkt. Und insbesondere gingen qualifizierte Facharbeiter, die in Zeiten hoher Arbeitslosigkeit in Westdeutschland – sie hatte über 10 Prozent betragen zu Beginn der fünfziger Jahre – die Übersiedlung wenig attraktiv gefunden hatten, jetzt in Scharen in das Land der Vollbeschäftigung und der besser bezahlten Jobs in einer effizienter organisierten, leistungsfähigeren Wirtschaft. Der hohe Anteil dieser Gruppe an der Gesamtzahl der Flüchtlinge – es waren 1960/61 etwa 50 Prozent – war für die DDR besonders schwer zu verkraften. Generell waren viele Menschen in der DDR abgestoßen durch die Mischung von aufdringlicher politischer Bevormundung und Versorgungslücken, angezogen in Westdeutschland durch größere politische Freiheit und höheren Lebensstandard. Unsicherheit breitete sich aus angesichts der ständigen dunklen Drohungen Chruschtschows. Irgend etwas, gewiß nicht Erfreuliches, stand offenbar in West-Berlin bevor. Nicht wenigen schien es geraten, für alle Fälle den Weg auf die andere Seite zu gehen, ehe er auf diese oder jene Weise erschwert oder gar versperrt würde. Seit der zweiten Jahreshälfte 1959 stieg die Zahl der Republikflüchtlinge von Monat zu Monat kontinuierlich an. Die Flucht erreichte in den ersten Monaten von 1961 ein solches Ausmaß, daß die Führung der DDR meinte, die Grenze schließen zu müssen, wollte sie nicht die Existenz des Staates aufs Spiel setzen, dessen Lebenskraft auszurinnen drohte.

Wir waren im August 1961 auf Urlaub in einem Ferienheim der Akademie, dem Schloß Stein in Hartenstein im Vogtland, befanden uns also, wie am 17. Juni 1953 in Ahrenshoop, weit entfernt vom Ort dramatischer Ereignisse in unserer Heimatstadt. Irgendwie waren die Reaktionen unter den Feriengästen anders als damals, wobei natürlich zu berücksichtigen ist, daß wir im Kulturbundbad Ahrenshoop eine politisch homogenere Gruppe gewesen waren als in dem Kreis großenteils politisch weniger oder gar nicht gebundener Kollegen der Akademie. Die meisten hielten sich in ihrem Urteil zurück, wobei allenfalls ein gewisses Gefühl des Verständnisses geäußert wurde für die Beendigung einer Situation, die so nicht weitergehen konnte. Zustimmung hörte ich von dem einen oder anderen Einwohner von Hartenstein, der hoffte, endlich wieder ungehindert in seine Hauptstadt Ost-Berlin fahren zu können, was in den Monaten der Fluchtbewegung nur schwer möglich gewesen war, weil die Polizei Berlinreisen von Bürgern der DDR verhindern wollte, von denen angenommen wurde, sie wollten in Wahrheit nach West-Berlin. Noch war in den ersten Tagen das Ausmaß der Maßnahmen nicht klar. West-Berliner z. B. durften zunächst ja nach Ost-Berlin kommen. An eine totale Absperrung, den Bau einer auf Jahrzehnte undurchdringlichen Mauer, dachte man noch nicht.

Auch für unsere Familie hatte die neue Entwicklung Folgen. Schon 1959 war mein Bruder Hans nach Westdeutschland gegangen. Er hatte sich wohl gefühlt in der Familiengemeinschaft der Waldstraße, das politische System der DDR aber abgelehnt. An der Humboldt-Universität hatte er begonnen, Mineralogie zu studieren und setzte dieses Studium nun in Bonn fort. Paul, sein Zwillingsbruder, hatte, in Ost-Berlin lebend, ein zweites Klavierstudium bei Gerhard Puchelt an der West-Berliner Musikhochschule aufgenommen. Am 13. August ging er an einem weniger scharf bewachten Abschnitt der neuen innerstädtischen Grenze auf einen Wachtposten der DDR zu – die Mauer gab es ja noch nicht –, zeigte diesem seinen Personalausweis, stieß ihn beiseite und lief in den Westen. Er blieb in West-Berlin wohnen. Mit beiden Brüdern hielt ich Kontakt, sobald es möglich war. Vorschriften, die solche Kontakte verboten, habe ich stets ignoriert. Gerhard Stegemann und seine Frau haben wir nicht wieder getroffen. Seine düsteren Ahnungen hatten sich bewahrheitet.

Meine grundsätzliche Einstellung zur DDR änderte sich durch den Bau der Mauer nicht. Er war, so sah ich es damals, hinzunehmen als kleineres Übel gegenüber der sonst unausweichlichen Alternative: der Aufgabe eines für mich nach wie vor legitimen Gesellschaftsversuchs. Beispiele für gesperrte Grenzen gab es auch anderwärts in der Welt. Daß Bemühungen unternommen werden mußten, die Grenze durchlässiger zu machen, hielt ich für selbstverständlich. Es sollte möglich sein – das war die Hoffnung von nicht wenigen –, den weiteren Ausbau der sozialistischen Gesellschaft in der durch die Abschottung vom Westen geschaffenen Situation einer gewissen äußeren Stabilität ruhiger, gelassener und toleranter zu betreiben, die inneren Verhältnisse demokratischer zu gestalten, die DDR-Gesellschaft insgesamt attraktiver zu machen, so daß die Mauer in historisch absehbarer Zeit wieder überflüssig werden könnte. Die offizielle Propagandathese von der Rettung des Friedens vor einem konkret vorbereiteten und unmittelbar bevorstehenden Angriff des westdeutschen Imperialismus habe ich nicht ernstgenommen. Daß immerhin vorhandenen Heißspornen ein Dämpfer versetzt wurde, fand ich nicht so schlecht. In den heißen Debatten der letzten Jahre über die Remilitarisierung, den Aufbau der Bundeswehr, ihre Ausrüstung womöglich mit Atomwaffen, die Anerkennung der Oder-Neiße-Grenze waren in Westdeutschland doch auch sehr beunruhigende Töne zu vernehmen gewesen. Unübersehbar war schließlich die Zurückhaltung, mit der die Grenzschließung in Berlin von den westlichen Großmächten aufgenommen wurde. Deren Aufregung legte sich, als die Fanfaren Chruschtschows von der Vertreibung der Westmächte aus West-Berlin sich als leere Drohung erwiesen.

In meiner Arbeitsstelle, dem Institut für Geschichte an der Akademie, hatte es inzwischen eine folgenreiche Veränderung gegeben. An die Stelle des Direktors Karl Obermann war im Jahre 1960 Ernst Engelberg getreten. Obermann war es nicht gelungen – es war eigentlich auch nicht seine Ambition gewesen –, das Institut kraftvoll, mit prägenden Ideen, zu leiten. Er hatte, vor allem unter den Abteilungs- und Arbeitsgruppenleitern, keine Autorität. Sein Nachfolger war von anderem Kaliber. 1909 als Sohn eines Buchdruckers im badischen Haslach geboren, hatte Engelberg ab 1927 in Freiburg, München und Berlin Geschichte, Nationalökonomie und Philosophie studiert. 1934 promovierte er mit einer Dissertation über die deutsche Sozialdemokratie und die Sozialpolitik Bismarcks. Im selben Jahr wurde er, seit 1930 aktives Mitglied der KPD, wegen antifaschistischer Tätigkeit verhaftet und zu einer Zuchthausstrafe verurteilt. 1935 emigrierte er, zunächst in die Schweiz und dann in die Türkei, wo er von 1941 bis 1947 an der Universität Istanbul als Lektor wirkte. Nach der Rückkehr nach Deutschland war er Dozent an der Pädagogischen Hochschule Potsdam, wurde 1949 als Professor an die Universität Leipzig berufen und leitete dort von 1951 bis 1960 das Institut für Geschichte des deutschen Volkes. Engelberg, fachlich ein seriöser, professionell gebildeter Historiker, der unter seinen Leipziger Schülern hohes Ansehen als ein akademischer Lehrer genoß, dem sie viel verdankten, hatte in den fünfziger Jahren auch als Autor von zwei Bänden des Hochschullehrbuchs und mit der Wahl zum Präsidenten der 1958 gegründeten Historikergesellschaft der DDR eine maßgebliche Stellung unter den DDR-Historikern erreicht. Direkt hatte ich wenig mit ihm zu tun gehabt, war aber insofern durch seine Berufung berührt, als er seit Jahren in einem beiderseits haßerfüllt geführten Streit mit meinem Lehrer Meusel gelegen hatte. Meuselschüler oder gar -anhänger zu sein, war in Engelbergs Augen eine schwere Belastung. »Kleinbürgerliche Meuseleaner wie Fritz Klein«: die unfreundliche Charakterisierung aus einem der zahlreichen denunziatorischen Briefe, mit denen Engelberg die Abteilung Wissenschaft des ZK überschüttete, kenne ich im Wortlaut erst aus einer jüngst erschienenen Arbeit. Sie überrascht mich nicht, entspricht sie doch einer damals bereits spürbaren Haltung, die einige Jahre später zu einer wüsten Kampagne gegen mich und einige andere Kollegen ausarten sollte.

Den Streit zwischen Meusel und Engelberg sah ich mit gemischten Gefühlen. Ich fand, daß Meusel recht hatte, wenn er Engelbergs damals überaus negative Einschätzung von Bismarcks Reichsgründung und die u. a. auf ein Lenin-Zitat gestützte Annahme einer revolutionären Situation in Deutschland in den 1860er Jahren mit den daraus erwachsenden Chancen einer Einigung Deutschlands »von unten« kritisierte. Die ätzende Schärfe aber, mit der die beiden Streithähne sich gegenseitig attackierten, fand ich unangemessen, nicht zuletzt aus wissenschaftspolitischen Gründen. Wie Meusel stand auch Engelberg damals in einer gewissen Distanz zur dogmatischen Gängelung der Historiker. Er geriet in Widerspruch zu offiziellen Einschätzungen der Rolle Lassalles, und ich habe noch im Ohr, wie er in einer Versammlung über »stahlharte Patentproleten« herzog, engstirnige Funktionäre, die ihm das Leben sauer machten. Zwei gute, selbständig denkende Historiker, jeder ein Gegner der Apparatsherrschaft in der Wissenschaft, sollten, so dachte ich, solidarisch dem Vorrücken dieser Herrschaft widerstehen, statt sich giftig zu befehden und so die ZK-Abteilung Wissenschaften in eine Schiedsrichterrolle zu drängen, die deren Position stärkte und die eigene schwächte. Ich habe versucht, Meusel wie Engelberg diesen Gedanken gesprächsweise nahezubringen, erhielt aber von beiden nur eine kalte Abfuhr. Die Gegensätze saßen tief und betrafen nicht nur, richtiger wohl gesagt, am wenigsten, die unterschiedliche Beurteilung der Chancen der Reichseinigung von oben oder von unten, sondern beruhten wohl vor allem auf persönlicher Abneigung.

Die Zeit offizieller Zurücksetzung nach der Parteistrafe und der Entlassung aus der *ZfG* dauerte für mich nicht lange. Der Kulturbund, genauer gesagt mein alter Freund Eugen Menger, der jetzt Sekretär der Berliner Organisation war, schlug mir etwa 1959 vor, für den Vorstand des Clubs der Kulturschaffenden »Johannes R. Becher« (CdK) zu kandidieren und dort das Amt des stellvertretenden Vorsitzenden zu übernehmen. Mitglied des Clubs war ich *ex officio* schon als Vorsitzender der Hochschulgruppe geworden. Ich folgte dem Vorschlag gern und habe bis zur Auflösung des Clubs Anfang der neunziger Jahre dort viele anregende Stunden verbracht. Stellvertretender Vorsitzender, mehrere Wahlperioden hindurch auch Vorsitzender, blieb ich all die Jahre über. Von dem Clubhaus in der Jägerstraße 2–3 – später hieß sie Otto-Nuschke-Straße, um nach der Wende ihren alten Namen wiederzubekommen – erzählten Kulturbundfunktionäre, denen das Haus unmittelbar nach der Befreiung von der sowjetischen Administration übergeben worden war, es sei früher der Sitz des berüchtigten »Herrenclubs« gewesen, in dem Reaktionäre wie Franz von Papen ihre antidemokratischen Machenschaften getrieben hatten. Die Behauptung findet sich auch heute noch gelegentlich in der Literatur, sie ist aber falsch. In der Jägerstraße hatte der in den sechziger Jahren des vorigen Jahrhunderts gegründete, großbürgerliche »Club von Berlin« residiert. Die Legende vom Herrenclub ist wohl dadurch entstanden, daß der »Club von Berlin« dem Herrenclub in der letzten Kriegszeit Gastfreundschaft gewährt hatte, als dessen Haus in der Stresemannstraße von Bomben zerstört worden war. Merkwürdigerweise waren übrigens die Urheber der Legende nur sehr schwer von der Unrichtigkeit ihrer Annahme zu überzeugen. Alte Genossen, denen ich nachgewiesen hatte, daß sie sich irrten, blieben bei ihrer Meinung und verbreiteten sie weiter – ein seltsamer Drang, irgendwie in die Hülle des so heftig bekämpften Klassenfeindes zu schlüpfen. Es gehört in diesen Zusammenhang, daß bei Erzählungen über die Anfänge 1945 selten vergessen wurde, die Tatsache zu erwähnen, daß der für Renovierungsarbeiten in der Jägerstraße benötigte Parkettboden aus den Trümmern von Hitlers Reichskanzlei geborgen worden war.

Dem Club der Kulturschaffenden gehörten vier- bis fünfhundert Intellektuelle aus allen Bereichen des wissenschaftlichen und künstlerischen Lebens an, Mitarbeiter von Verlagen, Presse, Rundfunk und Fernsehen. In seinen ersten Jahren war der Club Treffpunkt und Begegnungstätte von Intellektuellen aus allen Sektoren Berlins, die das Gespräch auf einer antifaschistisch-demokratischen Grundlage suchten, die zunächst ja mehr war als eine propagandistische Floskel. Ende der fünfziger Jahre hatten sich die Bedingungen in vieler Hinsicht geändert, entsprechend den tiefgehenden Veränderungen der politischen Situation in Deutschland. Die relativ freie Ost-West-Diskussion prägte nicht mehr das Clubleben. Die Zahl der Mitglieder aus West-Berlin war drastisch zurückgegangen. Der Glanz der Anfangszeit mit ihren lebhaften Debatten auf häufig hohem intellektuellem Niveau war verblichen. Trotzdem hielt sich im Club ein Klima der Diskussion, das offener war als DDR-öffentlich üblich. Ein Forum für engstirnige Dogmatiker waren wir im allgemeinen nicht. Wir boten ein reiches Veranstaltungsprogramm: Politik und Wirtschaft, Literatur, Bildende Kunst, Theater und Film, Musik, Naturwissenschaften und Medizin waren Bereiche, zu denen Vorträge, Diskussionen, Lesungen oder Aufführungen stattfanden. Kluge, aufgeschlossene Leute aus vielen intellektuellen Berufen waren im Club zu hören. Man traf sie, erfuhr von ihnen von Dingen und Entwicklungen, die dem eigenen Fach fernlagen, lernte den einen oder anderen auch persönlich kennen, sei es bei einer Veranstaltung, sei es im immer gut frequentierten Restaurant, sei es beim Kauf von anderswo schwer erhältlichen, weil in kleiner Auflage gedruckten Büchern guter in- und ausländischer Autoren in der vorzüglich geführten Buchhandlung. Ein Petöfi-Club wie der berühmte Club oppositioneller ungarischer Schriftsteller in den Jahren 1955 und 1956 war der Club in der Nuschkestraße nicht. Jungen, aufmüpfigen Schriftstellern zum Beispiel, die sich in den siebziger Jahren in der »Szene« des Prenzlauer Bergs zusammenfanden, waren unsere jeden Donnerstag stattfindenden Literaturabende, die unter der kompetenten Leitung des Anglisten Günter Klotz einen durchaus kritischen Kurs verfolgten, zu konservativ. Sie blieben dem CdK-Kreis fern. Die bei uns gepflegte Distanz zum offiziellen Kulturbetrieb war ihnen nicht deutlich genug. In der Tat, wir hielten uns an die Regeln, waren aber immer wieder bemüht – stets wachsam beobachtet von der Kulturabteilung der Berliner Bezirksleitung der Partei und deren Gewährsleuten unter den hauptamtlichen Funktionären des Kulturbundes –, die Grenzen weiter hinauszuschieben.

Der Kulturbund mit dem Club war nicht mein einziges Betätigungsfeld neben der fachlichen Arbeit. An der Akademie drängte mich die Parteileitung, eine Funktion in der Gewerkschaft zu übernehmen. Ich kandidierte bei der nächsten Wahl und wurde Mitglied der Betriebsgewerkschaftsleitung (BGL), die mich dann zum Vorsitzenden wählte. Bei ihrem Vorschlag war die Parteileitung wohl von der Überlegung ausgegangen, in mir einen Kandidaten zu haben, der von der relativ großen Zahl parteiloser Wissenschaftler in den genannten Instituten als schon einigermaßen ausgewiesener Wissenschaftler und als ein Mann akzeptiert werden würde, der moderat und sachlich auftrat und eine Sprache sprach, die anders war als der häufig so abstoßende Parteijargon vieler Genossen. Einige Jahre hindurch habe ich das Amt des BGL-Vorsitzenden versehen, in einer Atmosphäre anständiger Kollegialität mit den Vertretern aller beteiligten Institute.

Gewerkschaftsarbeit in der DDR unterschied sich beträchtlich von dem, was traditionell darunter zu verstehen war. Im sozialistischen Staat der Herrschaft der Arbeiterklasse, so lautete die Theorie, war die Ausbeutung abgeschafft, konnte infolgedessen die Aufgabe der Gewerkschaften nicht im Kampf für die Durchsetzung der im Kapitalismus prinzipiell immer bedrohten Interessen abhängig Beschäftigter liegen. Der Freie Deutsche Gewerkschaftsbund (FDGB) verstand sich programmatisch als Organisation zur Mobilisierung der Werktätigen für die aktive Mitarbeit am Aufbau des Sozialismus, für Planerfüllung, für Verbreitung des sozialistischen Bewußtseins. Blindes Werkzeug, ohne Eigengewicht, war er gleichwohl nicht. In wesentlichen Fragen der Arbeits- und Lebensverhältnisse besaß er weitreichende, gesetzlich festgelegte Kompetenzen, für deren Wahrnehmung ein nicht geringer Spielraum bestand. Wie weit er genutzt wurde, hing von vielen Komponenten ab. In der Akademie spielte die Gewerkschaft in der Zeit meiner Tätigkeit als BGL-Vorsitzender keine große Rolle. »Schule des Sozialismus« im Sinne der offiziellen Aufgabenstellung war unsere Gewerkschaftsorganisation nicht, was nicht heißt, daß nicht auch unsere BGL für die Beteiligung an Aktionen wie der alljährlichen Demonstration zum 1. Mai geworben hätte. Einen Zwang, daran teilzunehmen, hat es in der Akademie nicht gegeben.

Wir konzentrierten uns darauf, eine möglichst faire Berücksichtigung von Interessen der Mitarbeiter auf den Gebieten durchzusetzen, in denen es durchaus von der BGL abhing, ob es

sozial gerecht und nach echten Leistungskriterien zuging: bei der
Regelung von Arbeitsstreitigkeiten – hier war das sehr »arbeit-
nehmer«freundliche Arbeitsgesetz eine große Hilfe –, bei der
Verteilung von Prämien, der Verwendung eines gewerkschaft-
lichen Unterstützungsfonds für bedürftige Mitarbeiter, bei der
Vergabe von Ferienplätzen.

In einem Fall ergriffen wir die Initiative gegen eine einschneidende Maßnahme der Akademieleitung, die sich gegen die Interessen der Mitarbeiter richtete. Den Institutsleitungen und den
Leitungen der Gewerkschaftsorganisationen wurde der Entwurf
einer neuen Publikationsordnung zugestellt, derzufolge die Wissenschaftler der Akademie nur sehr eingeschränkt über die
Ergebnisse ihrer Forschungen bestimmen konnten. Ihre Arbeitsergebnisse, so war der Tenor, gehörten grundsätzlich dem Betrieb, der sie bezahlte. Die Autoren hatten ihre Arbeit zu machen
und abzuliefern. Die Verfügung über die weitere Verwendung
des Produkts behielt sich die Akademie vor. Wir waren empört
und suchten Argumente gegen die neue Vorschrift. Zufällig traf
ich in diesen Tagen in der S-Bahn einen alten Bekannten aus meiner Zeit in der Zentralverwaltung für Volksbildung im Jahre
1948, den Juristen Anselm Glücksmann. Er war Spezialist für
Urheberrecht und reagierte elektrisiert, als ich ihm von unserem
Ärger an der Akademie erzählte. Ich schickte ihm den Text, in
dem er sogleich gravierende Verstöße gegen einschlägige Bestimmungen des Urheberrechts der DDR entdeckte, das nämlich sehr
wohl klare Bestimmungen zum Schutz der Rechte von Autoren
enthielt. Die BGL folgte meinem Vorschlag, Dr. Glücksmann mit
der Anfertigung eines juristischen Gutachtens zu dem uns vorliegenden Entwurf zu beauftragen. In seinem Gutachten, für das
wir ihm aus der Kasse der BGL ein Honorar von 200 Mark zahl-
ten, kritisierte er das Elaborat in Grund und Boden. Die Akademieleitung war wütend über unsere Widerspenstigkeit, mußte
sich den Argumenten aber beugen und ihre Publikationsordnung
zurückziehen.

Kulturbund und Gewerkschaft waren interessante Erfahrungs-
felder. Zentraler Bereich meines Lebens aber blieb die wissenschaftliche Arbeit. Das Thema, dem ich mich zuwandte, die Ge-

schichte Deutschlands im Ersten Weltkrieg, hat mich dann viele
Jahre hindurch beschäftigt. Ich schloß damit unmittelbar an die
Lehrbucharbeit an, baute auf dort angestellten Überlegungen
und Ergebnissen auf, die aber gegenüber der auf gedruckten
Quellen und Literatur beruhenden Überblicksdarstellung for-
schungsmäßig zu vertiefen und mannigfach zu erweitern waren.
Die Formel vom Ersten Weltkrieg als der »Urkatastrophe des
Jahrhunderts« war damals noch nicht im Gebrauch. Meine Überlegungen gingen in eben diese Richtung. Faschismus und Kommunismus, so schien es mir, waren als Angebote zu betrachten
für einen Neuaufbau der Gesellschaft auf den Trümmern der
durch die blutige Ungeheuerlichkeit des Krieges so gründlich erschütterten alten Welt. Für den Historiker, der wie ich mit seiner
Arbeit zur politischen Bildung beitragen wollte, der im Faschismus ein Grundübel der Zeit erblickte und seine ganze Hoffnung
auf eine sozialistisch organisierte Gesellschaft setzte, lag es nahe,
sein wissenschaftliches Interesse jenem Elementarereignis zuzuwenden, dem die beiden Strömungen entsprungen waren, die das
Leben seiner Generation so dramatisch bestimmt hatten und immer noch bestimmten. Studium der Vergangenheit, um die Gegenwart besser zu verstehen und die Zukunft besser zu gestalten
– für mich war das keine Allerweltsformel, sondern ein Appell zu
verantwortungsbewußter Arbeit, die auf dem Feld der Weltkriegsgeschichte besonders produktiv geleistet werden konnte.

Hingezogen zum Thema Erster Weltkrieg fühlte ich mich auch
durch ganz persönliche Erinnerungen. Da gab es unter den
Büchern des Vaters die großen Bildbände über den Heldenkampf
deutscher Soldaten gegen eine Welt von Feinden, die ich als
Junge immer wieder angesehen hatte, und kriegsverherrlichende
Bücher wie Zöberleins *Glaube an Deutschland* oder Beumelburgs
Sperrfeuer um Deutschland, die ich verschlungen hatte. Einmal
freilich war ich – zufällig muß es gewesen sein, denn der Vater
hatte mich dorthin gewiß nicht geschickt – in Ernst Friedrichs
Antikriegsmuseum geraten, das den Krieg mit seiner drastischen
Veranschaulichung von Tod, Verkrüppelung, Verstümmelung
und lebenslangem Leiden so ganz anders zeigte, als er mir zu
Hause vorgestellt wurde. In Kindheit und Jugend war das Thema
immer präsent gewesen, sei es in den Montagsansprachen der

Studienräte im Bismarck-Gymnasium, im Deutschunterricht des Antimilitaristen Jauernig in Zehlendorf oder auch in der Gestalt des einbeinigen Kriegsinvaliden, der an einer Straßenecke in der Lichterfelder Moltkestraße gehockt und Streichhölzer verkauft hatte. Und hatte nicht, so fragte sich der herangewachsene marxistische Historiker, die Fehleinschätzung des Weltkrieges durch den Vater und dessen leidenschaftliche Weigerung, die deutsche Niederlage zu akzeptieren, ihn in die Nähe von politischen Verbrechern geführt, denen er bei aller Distanz ja zugute hielt, daß sie angetreten waren, die »Schmach von Versailles« zu tilgen? Kritische Analyse deutscher Politik im Ersten Weltkrieg bedeutete für mich auch kritische Überprüfung der eigenen Wurzeln.

Mit der Idee, ein größeres Projekt zur Geschichte Deutschlands im Esten Weltkrieg in Angriff zu nehmen, befand ich mich in Übereinstimmung mit einschlägigen Forderungen der Partei. Auf dem 2. Plenum des ZK der SED im September 1958 hatte Walter Ulbricht die Historiker aufgefordert, »in kurzer Zeit« Geschichten des Ersten und des Zweiten Weltkriegs zu schreiben, um vom Standpunkt des historischen Materialismus die objektiven Ursachen der Niederlagen des deutschen Imperialismus wie das Geheimnis der Kriegsvorbereitung und des Kriegsausbruchs zu analysieren. Für mich war dies weniger ein Auftrag als eine Bestätigung eigener Absichten, die mir taktisch sehr zupaß kam. Ich griff die Bemerkung auf und verwandte den »Hinweis des Genossen Ulbricht« als Argument für meine Vorschläge. Beschlossen wurde die Bildung einer speziellen Arbeitsgruppe im Akademie-Institut unter meiner Leitung, mit dem Auftrag, eine mehrbändige Geschichte Deutschlands im Ersten Weltkrieg auszuarbeiten. Zur gleichen Zeit entstand eine Arbeitsgruppe für ein Parallelunternehmen zum Zweiten Weltkrieg.

1968/69 legten wir schließlich drei umfangreiche Bände über *Deutschland im Ersten Weltkrieg* vor, eine Publikation, die von der internationalen Geschichtswissenschaft ganz überwiegend positiv beurteilt wurde und bis heute einen geachteten Platz in der Weltkriegsliteratur einnimmt. Mit einem ideologischen Schnellschuß im Sinne Ulbrichts hatte die Arbeit wenig zu tun. In der *American Historical Review*, um ein Urteil zu erwähnen, das uns natürlich gefreut hat – die westdeutsche *Historische*

Zeitschrift brachte keine Rezension – bezeichnete der Rezensent das Werk, ungeachtet von *defects* und *excesses*, als eine bedeutende Leistung der Historiker der Deutschen Demokratischen Republik, an der kein ernsthafter Forscher auf dem Gebiet der Geschichte des 20. Jahrhunderts vorübergehen dürfe. Ihm sei für kein Land, das am Krieg von 1914 bis 1918 teilgenommen habe, ein Werk bekannt, das solche Weite des Blicks, diese reiche Information, eindringliche Kommentierung, Originalität und umfangreiche Auswertung auch der jüngsten Forschung biete. Unter dem Titel *Zwischen Sarajewo und Versailles. Deutschland im ersten Weltkrieg* kam eine Kurzfassung 1974 in erster, 1984 in zweiter Auflage beim Berliner Akademie Verlag heraus; die zweite Auflage erschien auch bei Pahl-Rugenstein in Köln.

Das gute Gelingen unserer Arbeit verdankte sich dem Zusammentreffen einer Reihe glücklicher Umstände. Wir waren eine kleine Gruppe, deren Mitglieder sich untereinander gut verstanden und kollegial zusammenarbeiteten. Rivalitäten oder Intrigen gab es bei uns nicht. Den Kern bildeten sieben Leute, die vom Anfang bis zum Schluß dabei waren. Die Aufgaben waren unter ihnen, dem Leistungsvermögen entsprechend, in einer von allen akzeptierten Weise verteilt, die sich aus der Struktur des Projekts ergab. Drei Bände sollten es sein. Der erste reichte von einer an der Jahrhundertwende einsetzenden ausführlichen Vorgeschichte bis Ende 1914; der zweite behandelte die Kriegsjahre von 1915 bis zum Regierungswechsel von Michaelis zu Hertling Ende 1917; der dritte führte die Darstellung von der russischen Oktoberrevolution und dem Ausscheiden Rußlands aus dem Krieg bis zum November 1918 und kurzen bilanzierenden Schlußbetrachtungen. Für jeden Band war ein Mitglied der Arbeitsgruppe als verantwortlicher Bandredakteur eingesetzt, Willibald Gutsche für Band 2, Joachim Petzold für Band 3. Ich war, neben der Gesamtleitung, verantwortlich für Band 1. Als Autoren einzelner Abschnitte, auch als verantwortliche Kapitelredakteure, waren Baldur Kaulisch und Johanna Schellenberg in allen drei Bänden vertreten. Komplettiert wurde die Gruppe durch zwei technische Mitarbeiterinnen: die wissenschaftlich-technische Assistentin Heidemarie Keller und die Sekretärin Ingrid Malsch.

Computer gab es noch nicht, wir hatten auch kein Xerox-Gerät zur Vervielfältigung, die in erheblichen Größenordnungen notwendig war, wurden doch alle Manuskripte, manche mehrfach, in der Gruppe diskutiert. So mußte mit dem Ormig-Verfahren, also mit Matrizen, gearbeitet werden, mit dem nur die unansehnlichen, blau färbenden Seiten zustandezubringen waren.

Die Mitarbeiter der Arbeitsgruppe schrieben den größten Teil der Kapitel selbst. Hinzu kamen Zuarbeiter von anderen Abteilungen und Instituten der Akademie und der Universitäten. Alle, die mitgearbeitet hatten, sind in den Vorbemerkungen der drei Bände namentlich aufgeführt, unter genauer Bezeichnung der jeweils erbrachten Leistung, von der Leitung des Projekts über die Abfassung umfangreicher Abschnitte bis zur Vorlage einer Spezialstudie, die in den Text dieses oder jenes Kapitels eingearbeitet worden war. Es war nicht der geringste Vorzug der Kollektivarbeit, daß sich die wissenschaftlichen Interessen jedes einzelnen mit den Belangen des Gesamtprojekts produktiv ergänzten: Nicht nur Schellenberg und Kaulisch promovierten mit Arbeiten, für die sie sich im Gange der Arbeit am Gemeinschaftswerk qualifiziert hatten. Das gleiche traf für Habilitationschriften von Gutsche, Petzold und mir zu, die wir aus unseren Forschungen am Dreibänder entwickelten. Gutsche habilitierte sich 1967, Petzold und ich 1968. Die breite Unterstützung aller einschlägig interessierten DDR-Historiker gewannen wir in einem informellen Arbeitskreis Erster Weltkrieg, den ich im Herbst 1961 ins Leben rief. Er tagte alle paar Monate und diskutierte allgemeine Probleme der Weltkriegsgeschichte wie auch die Entwürfe besonders interessanter Kapitel. Den Höhepunkt seiner Arbeit erlebte er in der Veranstaltung einer international besetzten wissenschaftlichen Konferenz, die wir im Juli 1964 anläßlich des fünfzigsten Jahrestages des Weltkriegsbeginns in Berlin organisierten.

Günstig wirkte sich aus, daß wir uns auf unsere Gruppe in der Akademie beschränken konnten und keine Bindung an das Institut für Marxismus-Leninismus (IML) eingingen. Unsere Kollegen von der Arbeitsgruppe Zweiter Weltkrieg waren zu einer Vereinbarung genötigt worden, die das IML offiziell in die Leitung des Unternehmens einbezog und festlegte, daß die Autorschaft der Kapitel und Abschnitte zur Widerstandsbewegung und zur Rolle der Parteien der Arbeiterbewegung IML-Mitarbeitern übertragen wurden – ein Umstand, der immer wieder zu internen Auseinandersetzungen und letztlich auch zu erheblichen Verzögerungen in der Arbeit führte. Das Interesse der Partei an der Monopolisierung der Geschichte war – ich erwähnte es schon – weit stärker ausgeprägt für die Perioden nach 1917/18 als für die Zeiten davor.

Natürlich waren auch wir nicht frei von den Forderungen der Parteigeschichtsschreibung. Defects und excesses, die der Rezensent der *American Historical Review* anmerkte, finden sich gewiß in Urteilen, die wir von der offiziellen Linie übernahmen, sei es die Übertreibung der Rolle der Spartakusgruppe um Liebknecht und Luxemburg, sei es die Tendenz zur pauschalen Verdammung der Mehrheitssozialdemokratie. Wir mußten der Linie folgen, wenn wir an die Öffentlichkeit wollten, wir waren aber auch bereit dazu, weil wir sie ja keineswegs schlechthin für irrig hielten. Im Ergebnis unterschieden sich unsere Texte in Ton und Inhalt doch merkbar von der sonst häufig üblichen Propagandaliteratur. Zufrieden waren die Gralshüter der reinen Lehre mit uns nicht. Kürzlich erst bekam ich Kenntnis von einem hinter meinem Rücken geführten Briefwechsel zwischen der Abteilung Wissenschaften des ZK und dem IML aus dem Jahre 1967. Ohne uns zu informieren, hatte sich die Abteilung mit der Bitte an das IML gewandt, bei der Schlußredaktion unserer drei Bände die Partien zur Geschichte der Arbeiterbewegung durchgängig zu bearbeiten, weil sie bedenklich hinter den Einschätzungen der *Geschichte der deutschen Arbeiterbewegung* zurückblieben. Das IML bestätigte den negativen Eindruck, lehnte die erbetene Freistellung eines seiner leitenden Mitarbeiter für die Arbeit bei uns aber ab und versprach lediglich, ausführliche Gutachten zu unseren Texten zu erstellen. Die Begründung war übrigens interessant. Zum einen machte der vorgesehene Autor geltend, er sei mit eigenen Arbeiten voll ausgelastet. Zum anderen gab er zu bedenken, daß das IML bei Mitarbeit in der vorgeschlagenen Weise die ganze Verantwortung mitübernehmen müsse, »nicht nur für die Teile über die Arbeiterbewegung, sondern für das Gesamtprojekt. Dazu aber fehlen jetzt, nachdem wir keinen oder wenig Einfluß auf die Gesamtgestaltung hatten, die Voraussetzungen.«

Zu dem von der Abteilung Wissenschaften erwähnten acht-
bändigen Werk, der »Geschichte der deutschen Arbeiterbewegung«, das unter der obersten Leitung Ulbrichts geschrieben und
1966 veröffentlicht worden war, hatte ich eine besondere, negative, Beziehung. Ich war im Juli 1962 mit zahlreichen anderen
Historikern zu einer großen Sitzung bei Hager eingeladen worden, auf der feierlich das Startzeichen für das »Geschichtswerk«,
wie es großsprecherisch im Parteijargon hieß, gegeben sowie
Herausgeber und Autoren berufen werden sollten. Ich hatte erfahren, daß man auch mich als Mitautor vorgesehen hatte, und
am Tage vor der Sitzung Hager in einem ausführlichen Schreiben
dringend gebeten, auf mich zu verzichten. Ich müsse mich ganz
der Arbeit an der Geschichte Deutschlands im Ersten Weltkrieg
widmen, stehe vor der Notwendigkeit, meine Habilitation vorzubereiten und sei, vor allem, durch meine bisherige Tätigkeit und
die Richtung meiner Interessen nicht qualifiziert für eine Arbeit
an diesem Thema. Zu Recht, schrieb ich, seien z. B. in den Diskussionen über mein Lehrbuchmanuskript Mängel gerade in den
Passagen über die Arbeiterbewegung festgestellt worden, so daß
ich mich hier am falschen Platze fühlen würde. Eine Antwort erhielt ich nicht, nur die Zustimmung zu meinem Wunsch in der
Form, daß mir ein Mitarbeiter Hagers die Tür wies, als ich am
nächsten Tag brav zu der anberaumten Sitzung erschien.

Mit vorbereitenden Forschungen zu einer Habilitationsschrift
hatte ich in der Tat begonnen. Sie sollte, gedacht auch als eine
Vorarbeit für meine Darstellung der Vorgeschichte des Krieges in
unserem ersten Band, das Bündnis zwischen Deutschland und
Österreich-Ungarn im letzten Jahrzehnt vor 1914 behandeln. Ich
hatte dieses Thema gewählt, weil ich einen Gegenstand behandeln wollte, der mir gestattete, aus der Beschränkung einer nur
deutschen Thematik herauszutreten. Imperialismus – das war *per
definitionem* ein internationales System. Die zentrale Bedeutung
des Bündnisses der Zentralmächte für die Vorgeschichte des
Krieges lag auf der Hand.

Ich betrieb also Archivstudien in Bonn, Wien und Budapest,
konzentriert auf die inneren Widersprüche im Bündnis, in dem
es mit der gelegentlich beschworenen »Nibelungentreue« ja nicht
weit her war. Zu den Regionen, in denen es Reibungen zwischen

den Interessen der beiden Staaten gegeben, gehörte nicht zuletzt der Balkan, wo traditionell die Politik Rußlands eine erhebliche Rolle spielte. Der Balkanpolitik des zaristischen Rußland, die so wichtig war für die Vorgeschichte des Weltkriegs, galt deshalb mein Interesse bei einer mehrwöchigen Archivreise nach Moskau und Leningrad, wo ich freilich, vor allem in dem Moskauer Archiv zur Außenpolitik, das dem sowjetischen Außenministerium unterstand, auf Schwierigkeiten stieß, wie ich sie in den anderen Archiven nicht erlebt hatte.

Als seien sie bestrebt, die Hintergründe der von Lenin doch immer wieder gegeißelten Außenpolitik des Zarismus, so weit es ging, im dunkeln zu lassen, taten die sowjetischen Archivare alles, was sie konnten, um dem Historiker seine Arbeit zu erschweren, und nahmen dabei in Kauf, ihre Einrichtung in einem schlechten Licht erscheinen zu lassen. Findbücher – das sind die in Archiven angelegten Verzeichnisse der vorhandenen Akten, aus denen der Forscher sich normalerweise auswählt, was ihn interessiert – gebe es nicht, behaupteten sie. Jerussalimski, dem ich davon erzählte, lachte nur. Er erinnerte sich aus der Zeit seiner Mitarbeit an der großen Aktenpublikation zur russischen Vorkriegspolitik genau, daß es sie gab, und wußte noch, wo sie sich befanden. Das half mir aber nichts. Man gab sie mir nicht. Ich mußte Themen nennen, zu denen ich etwas erfahren wollte, und bekam dann, nach zwei bis drei Tagen, Aktenstücke, von denen der Archivar meinte, sie seien mir nützlich. Gefragt, warum das so lange dauere, meine Zeit sei schließlich begrenzt, erklärten sie, die Aktenbände seien noch nicht paginiert, was erst nachgeholt werden müsse – auch dies ein Schwindel. Und als ich um die Berichte des russischen Botschafters in Konstantinopel aus dem Jahre 1913 bat, bekam ich den Band, aber nur lückenhaft. Wie an fehlenden Berichtsnummern zu erkennen war – die Diplomaten hatten die Berichte ordentlich durchnumeriert –, waren einzelne Stücke herausgenommen worden. Als ich das monierte und auf einen der fehlenden Berichte verwies, der vorhanden sein mußte, war er doch aus den Beständen dieses Archivs in einer sowjetischen Dissertation zitiert, die ich in der Lenin-Bibliothek gelesen hatte, zuckte der gute Mann nur die Achseln. Viel Spaß machte das Arbeiten unter solchen Bedingungen nicht, die ich mir nur

aus nach wie vor vorhandenen Relikten eines dumpfen »Patrio-
tismus« erklären konnte, dem der kritische Blick auf die Vergangenheit suspekt war.

Aus der geplanten Habilitationsschrift wurde nichts. Ich kam
nicht zur Niederschrift einer geschlossenen Abhandlung, weil die
Arbeit am Weltkriegsprojekt alle Kräfte in Anspruch nahm. Immerhin konnte ich aber eine Reihe von Aufsätzen zu verschiedenen Aspekten des Themas veröffentlichen und hielt auch wiederholt Vorträge auf Konferenzen oder an Universitäten, besonders
in Wien und Salzburg. Historiker in Österreich, Ungarn und in
der Sowjetunion, die sich mit der Geschichte Deutschlands und
Mitteleuropas vom Ende des 19. Jahrhunderts bis zum Weltkrieg
beschäftigten, wurden aufmerksam auf meine Arbeiten. Ich
knüpfte neue Bekanntschaften, von denen einige zu festen, wert-
vollen Freundschaften wurden. Einige Namen nur kann ich hier
nennen. Da war in Österreich der Kommunist Herbert Steiner,
Begründer des verdienstvollen Dokumentationsarchivs des österreichischen Widerstands in Wien und, zusammen mit dem Sozialisten Rudolf Neck, dem Generaldirektor des Österreichischen
Staatsarchivs, Initiator der jährlich in Linz stattfindenden Konferenzen zur Geschichte der Arbeiterbewegung, eine der seltenen
Veranstaltungen, auf denen kommunistische und sozialdemokratische Historiker vieler Länder aus Ost und West unverkrampft
miteinander diskutieren konnten. Ich wurde zu diesen Tagungen
eingeladen, nahm einige Male auch aktiv teil, konnte aber den
Einladungen seit den ersten siebziger Jahren nicht mehr folgen,
weil über die DDR-Teilnehmerliste vom IML entschieden wurde,
dessen Leiter mich nicht mehr in die Delegation aufnahmen. Den
Salzburger Historiker Fritz Fellner kannte ich schon seit dem römischen Historikerkongreß 1955. Uns verband neben der Arbeit
an ähnlichen Themen und persönlicher Sympathie die Anteilnahme an der Entwicklung des fast gleichaltrigen anderen, der
Soldat gewesen war in der Wehrmacht Hitlers und nach dessen
Niederlage den Weg zum Beruf des Historikers bewußt in dem
Gefühl ging, etwas leisten zu wollen für die Aufklärung der
schlimmen Vergangenheit, aus der wir beide kamen. Unsere Antworten waren verschieden, aber wir wurden Freunde im Laufe
der Jahre, nicht zuletzt dank der ihn auszeichnenden Toleranz

und seines Respekts für die Vertreter anderer Auffassungen, was die Offenheit auch gegenüber marxistischen Interpretationen der Geschichte einschloß. Ich fühlte mich wohl unter den österreichischen Intellektuellen, die mir freundlich begegneten, sicher auch, weil ihnen der kritische Blick gefiel, mit dem ich die präpotente Haltung des deutschen Kaiserreiches gegenüber dem – intern in herabsetzender Weise geschmähten – Bundesgenossen betrachtete. Das politische System der DDR lehnten die meisten von ihnen entschieden ab. Manchmal freilich hatte ich das Gefühl, als Vertreter des schwächeren und kleineren deutschen Staates einer Art wohlwollendem Verständnis zu begegnen, war doch von diesem Deutschland eine Neuauflage deutscher Vorherrschaftsansprüche mit Sicherheit nicht zu befürchten.

Aufschlußreich für den in der DDR politisch engagierten Historiker waren Einblicke, die ich in die Auseinandersetzungen unter den Genossen einer westlichen kommunistischen Partei nehmen konnte. Traditionell war die Kommunistische Partei Österreichs (KPÖ) eine treue Kominternpartei gewesen, die auch nach dem Zweiten Weltkrieg der sowjetischen Politik folgte. Nach den erschütternden Offenbarungen des XX. Parteitages der KPdSU begannen heftige Debatten über den künftigen Kurs. Ein Forum solcher Auseinandersetzungen war die Monatszeitschrift *Tagebuch*, eine exzellent gemachte Publikation für Politik und Kultur, in der die unterschiedlichen Positionen im allgemeinen auf hohem intellektuellem Niveau vertreten wurden. Chefredakteur des *Tagebuch* war der Publizist und Schriftsteller Bruno Frei, den ich als Autor der *Weltbühne* kannte. Von ihm erschien in der DDR eine Biographie Carl von Ossietzkys. Er war, Kommunist seit 1934 und nach 1938 Emigrant in Frankreich und Mexiko, kein Mann extremer Standpunkte. Für eine gründliche Erneuerung des Marxismus und die Abkehr von stalinistischen Stereotypen trat er entschieden ein, ging allerdings nicht mit, als die radikalen Erneuerer in der KPÖ im Laufe der sechziger Jahre einen Kurs einschlugen, der nach seiner Meinung dazu führen mußte, die Partei aus einer Partei des Klassenkampfes in eine Partei des prinzipienlosen Reformismus zu verwandeln. Den führenden Repräsentanten dieser Richtung, den Schriftsteller Ernst Fischer, lernte ich 1963 im Hause von Frei kennen. Er war nie ein »Renegat«, sondern verstand sich, wiewohl 1969 wegen seiner Sympathien für den Prager Frühling ausgeschlossen, bis zu seinem Tode im Jahre 1972 als Kommunist und Marxist. Über Herbert Steiner wurde ich mit Franz Marek bekannt, einem der engsten Mitstreiter von Ernst Fischer. Auch er war Journalist und Funktionär mit langer Parteivergangenheit und wurde nach Bruno Frei Chefredakteur des *Tagebuch*. Er machte die Zeitschrift zu einem überaus informativen und anregenden Diskussionsforum der internationalen linken Bewegung. Ich traf ihn, wann immer ich nach Wien kam, und war stets beeindruckt von der Kameradschaftlichkeit des alten Kommunisten gegenüber dem Jüngeren und von der Souveränität seines Urteils. Seinem Wunsch, für seine Zeitschrift etwas zu schreiben, bin ich allerdings nicht gefolgt. Mit Zorn und Scham lese ich heute den Brief, in dem ich einmal schrieb, ich könne es mir nicht leisten, in dem von der SED-Führung natürlich überaus kritisch betrachteten *Tagebuch* zu publizieren. Ständig im Verdacht des »Revisionismus« stehend, würde ich meinen »Freunden« einen neuen Anlaß geben, wieder einen »Fall« zu inszenieren. »Wenn Du unzufrieden bist«, schloß ich, »dann schilt mich erst in zweiter Linie und in erster die Verhältnisse, die anständige Menschen partiell in Krüppel verwandeln.« Ich hätte es darauf ankommen lassen sollen.

Im österreichischen Umkreis, auf einer der Tagungen der Linzer Konferenz zur Geschichte der Arbeiterbewegung, traf ich Georges Haupt, eine der faszinierendsten Historikerpersönlichkeiten, der ich in meinem Leben nähergekommen bin. Er stammte aus einer jüdischen Familie im ungarisch besiedelten Teil Siebenbürgens – ungarisch und deutsch, so erzählte er, habe man bei ihnen zu Hause gesprochen. Während des Krieges deportiert nach Auschwitz – sein Bruder Tomi kam dort ums Leben –, hatte er das Glück, in die befreite Heimat zurückkehren zu können. In Bukarest studierte er Geschichte, wurde als begabter Student und vielversprechender junger Marxist zum Studium in die Sowjetunion delegiert und stand in den fünfziger Jahren am Anfang einer steilen Karriere in der rumänischen Geschichtswissenschaft. Abgestoßen vom Nationalismus und Stalinismus im politischen Klima der Volksrepublik, verließ er wenig später das Land. Er ging nach Frankreich und schuf sich als Forscher und

Lehrer an der *École Pratique des Hautes Études* in Paris bald eine
weithin geachtete Position, unterstützt durch die uneigennützige
Arbeit seiner Assistentin Claudie Weill, die bald auch mit eigenen Publikationen hervortrat. Sein spezielles Forschungsfeld war
die Geschichte der 1889 gegründeten II. Internationale. *Programm und Wirklichkeit. Die internationale Sozialdemokratie
vor 1914*: dieser Titel eines seiner zahlreichen Bücher deutet auf
die nicht hoch genug zu schätzende Dimension, mit der Haupt
die bisherige Forschung auf diesem Gebiet bereicherte. Er über-
wand einerseits die in der sterilen marxistisch-leninistischen
Geschichtsschreibung über die Arbeiterbewegung vorherrschen-
de Tendenz, die Organisationen der Arbeiterbewegung nach ihren – zu lobenden oder zu kritisierenden – Programmen zu beurteilen, ohne die soziale und politische Wirklichkeit zu beachten,
in der sich ihre Aktivitäten abspielten, und nahm andererseits die
internationale Arbeiterbewegung ernst als einen bedeutenden
Faktor der gesellschaftlichen Realität, in ihren Aktionen und mit
ihren Programmen. Unermüdlich im Aufspüren immer neuer
Quellen, sprudelnd von produktiven Einfällen über bisher über-
sehene oder unangemessen beurteilte Zusammenhänge, war
Haupt das Vorbild eines kreativen Forschers und Denkers auf seinem für jeden Sozialisten so wichtigen Gebiet der modernen
Sozialgeschichte.

Anregungen ganz besonderer Art verdanke ich auch meinen
Aufenthalten in Ungarn. Es war eine Volksrepublik im sowjetischen Machtbereich wie die anderen, mit einer Einheitspartei als
führender Kraft, an deren Spitze mit János Kádár ein Altkom-
munist stand, der nach dem ungarischen Aufstand 1956 auf den
Spitzen sowjetischer Bajonette zur Macht gekommen war.
Erstaunlich und für einen DDR-Bürger wie mich höchst wohltuend war der Unterschied im politischen Klima, besonders auch
im wissenschaftlichen Leben, der zwischen Ungarn und der DDR
klaffte. Es muß wohl zum einen die Kraft der demokratischen
Opposition 1956 so stark gewesen sein, daß auch die brutale
Niederschlagung des Aufstands sie nicht völlig auszulöschen
vermochte, während zum anderen eine kluge, vergleichsweise
moderate Führung es verstanden hatte, die aufgetretenen Gegensätze zwar nicht aus der Welt zu schaffen, aber doch in einem

Zustand eines labilen Gleichgewichts nicht weiter eskalieren zu lassen. Die häufig zitierte Kádár-Devise »wer nicht gegen uns ist, ist für uns« bezeugte diese auf Ausgleich und nicht auf Zuspitzung zielende Politik. Auch auf einflußreichen Positionen der ungarischen Geschichtswissenschaft gab es Dogmatiker, mit denen der Umgang nicht immer einfach war. Der Druck aber, den sie ausübten, war weit weniger streng und kleinlich als das, was unsereiner zu Hause von der Abteilung Wissenschaft des ZK permanent erlebte. Der Unterschied war gewiß relativ. Dezidiert antimarxistische Publikationen konnten auch in Kádárs Ungarn nicht erscheinen. Aber schon die Tatsache, daß ein weit breiteres Verständnis von dem herrschte, was eigentlich unter marxistisch zu verstehen sei, schuf Raum für ein interessanteres und produktiveres wissenschaftliches Leben, als ich es gewohnt war. Das in der DDR so verbreitete, angestrengte Insistieren auf marxistisch-leninistische Rechtgläubigkeit gab es in Ungarn nicht.

Ich hatte das Glück, in Budapest eine ganze Reihe kluger Historiker näher kennenzulernen. Die bedeutendsten waren György Ránki, Iván Berend und Péter Hanák. Alle drei hatten am Beginn ihrer akademischen Karriere in der ersten Hälfte der fünfziger Jahre aktiv an der Etablierung einer marxistisch-leninistischen Geschichtswissenschaft alten Stils in Ungarn teilgenommen, bald aber zur eigenständigen wissenschaftlichen Arbeit von hohem Rang gefunden. Vielfältige Anregungen erhielt man von ihnen für eine realistische Geschichtsbetrachtung, die Tatsachen wichtiger nahm als Ideologien und gerade dadurch den durchaus nicht vernachlässigten Ideologien ihren angemessenen Platz zuwies, die den Wert komparativer Geschichtsbetrachtung beispielhaft demonstrierte und die fasziniert durch die Souveränität, in der Gesellschaftsgeschichte in ihrer ganzen Komplexität, von der Ökonomie bis zur Kunst, betrieben wurde – meilenweit entfernt von jeder platten Basis-Überbau-Konstruktion. Berend ist seit 1995 Präsident des Internationalen Komitees der Geschichtswissenschaften.

Für mich waren diese Bekanntschaften geradezu existentiell wichtig. Von den »unsrigen« sprach Ernesto Ragionieri gelegentlich, wenn er Menschen des Typs meinte, von dem ich hier einige mir besonders Nahestehende vorgestellt habe. Ragionieri, Haupt,

Steiner, Marek, Ránki, Berend, Hanák, dazu der großartige Eric Hobsbawm, den ich ebenfalls in Linz traf: Sie kannten sich, schätzten sich und suchten den geistigen Austausch, wo immer sie sich trafen. Es atmete sich gut in der frischen Luft der mit ihnen und anderen Gleichgesinnten geführten Gespräche. »Die unsrigen« – der Ausdruck zielte auf mehr als das gemeinsame Interesse an wissenschaftlichen Arbeiten. Gemeint war eine Gemeinsamkeit im Streben nach einer gerechteren Ordnung der Gesellschaft und des menschlichen Zusammenlebens, in der Ablehnung undemokratischer Vorherrschaft, sei es einer stalinistischen Partei, sei es eines lediglich profitorientierten, ausbeuterischen Kapitalismus/Imperialismus. Diese Haltung verstand sich gleichsam von selbst. Wir waren ja keine irgendwie organisierte Gruppe. Man spürte eher, als daß man es definierte, wer sich so verhielt, wie man es für anständig hielt. »Sozialismus mit menschlichem Antlitz« – der Prager Frühling brachte 1968 die Hoffnung vieler Linker in sozialistischen wie kapitalistischen Ländern auf den Punkt. Als kritisch eingestellter DDR-Sozialist fand ich Bestätigung wie Ermutigung in diesen Kontakten, die ja die Hoffnung einschlossen, die sozialistischen Länder könnten eines Tages doch noch den Aufbruch in bessere Verhältnisse vollbringen.

Immer wieder richtete sich der Blick auf die Sowjetunion, das Land der großen Verheißung und der großen Verbrechen, das Land des Sieges über den Faschismus, neuer Enttäuschungen und neuer Hoffnungen, die wiederum wichen in dem Maß, wie die Ansätze von 1956 erneut versandeten. Meine Beziehung zur Sowjetunion hatte begonnen mit meinen, wenn auch fragmentarischen, Slawistik-Studien an der Universität, sich fortgesetzt mit meinen Studien zur sowjetischen Außenpolitik in den zwanziger Jahren in meiner Dissertation und mit den intensiven Eindrücken auf der polittouristischen Reise 1955. Tiefere Einblicke in die sowjetische Wirklichkeit in Vergangenheit und Gegenwart vermittelten mir dann viele persönliche Beziehungen, die ich bei Arbeitsbesuchen in der UdSSR, bei Besuchen sowjetischer Kollegen in Berlin, bei Urlaubsreisen, auch bei Besuchen bei der Familie meines Sohnes Max knüpfte und vertiefte, der in den siebziger Jahren längere Zeit im Kernforschungszentrum Dubna bei Moskau arbeitete.

Ich bin immer gerne in die Sowjetunion gefahren. Gewiß gab es dort vieles, was einem nicht gefiel. Man ärgerte sich über die langsamen und unfreundlichen Kellner in dem nach langem Suchen endlich gefundenen Restaurant mit freien Plätzen oder die unsinnige Methode des Einkaufs in den häufig überfüllten Geschäften, in denen man sich für jeden Artikel zweimal anstellen mußte, fand die normale Kommunikation unnötig erschwert durch eine hypertrophierte »Wachsamkeit«, wie sie sich etwa im Fehlen von Telefonbüchern und Stadtplänen mit exakten Straßenverzeichnissen ausdrückte, wunderte sich über den aufmerksamen Blick der Aufsichtsperson, die in allen Hotels auf jeder Etage saß, fühlte sich in seiner Bewegungsfreiheit willkürlich eingeschränkt durch die Tatsache, daß das Einreisevisum in die Sowjetunion nur für das jeweilige Stadtgebiet galt und jedes Verlassen der Stadt erneuter Genehmigung bedurfte. Mit der merkwürdigen Art im Archiv des Außenministeriums, den Zugang zu Quellen über die zaristische Außenpolitik zu erschweren, korrespondierte die Einschätzung der russischen Politik im Ersten Weltkrieg durch sowjetische Fachkollegen, mit denen Joachim Petzold und ich Gespräche über die einschlägigen Passagen in unserem Weltkriegswerk führten. Wir waren nach Moskau gefahren, um mit den sowjetischen Genossen diese Themen zu besprechen, und ziemlich irritiert, von unseren Gesprächspartnern zu hören, daß ihrer Meinung nach Rußland einen reinen Verteidigungskrieg geführt habe, ohne expansionistische Ziele irgendwelcher Art zu verfolgen. Es waren freundschaftliche Unterhaltungen mit Leuten, die nicht versuchten, uns zur Übernahme ihrer Auffassungen zu drängen, aber nachdenklich wurden wir braven Marxisten-Leninisten doch.

Vom Fortwirken stalinistischer Auffassungen und Methoden bekamen Petzold und ich eine Ahnung, als wir unseren Betreuer, einen uns gut bekannten Historiker, der uns in unser Hotel begleitet hatte, nach seiner Meinung über die Rolle Trotzkis bei den Friedensverhandlungen von Brest-Litowsk im Frühjahr 1918 fragten. Er erschrak, antwortete nichts und machte uns mit Zeichen klar, daß Gespräche in dem Ausländerhotel sicher abgehört würden. Auf der Straße gab er dann zu verstehen, daß sich in der sowjetischen Geschichtswissenschaft an der unter Stalin eingeführten Totalverurteilung Trotzkis als eines Verräters und Feindes der Sowjetordnung auch viele Jahre nach dem XX. Parteitag nichts geändert hatte. Wir haben in unserem dritten Band das in sowjetischen Darstellungen übliche Schimpfvokabular vermieden, in der Sache aber leider doch Konzessionen an die einseitige Darstellung der über das Verhalten gegenüber den deutschen Siegern aufgetretenen Differenzen zwischen Trotzki und Lenin gemacht.

Bestürzt war ich über Anzeichen eines immer noch virulenten Antisemitismus, von dessen tatsächlichem Umfang ich mir gleichwohl keinen Begriff machte. Vom Antisemitismus in der Stalinzeit wußte ich, hatte aber geglaubt, nach 1956 gebe es so etwas nicht mehr. Ich wurde eines Schlechteren belehrt, als ein sowjetischer Kollege, guter Historiker und Parteimitglied, im Gespräch, das wir über die Nachfolge eines ausscheidenden Institutsdirektors an der Akademie führten, von einem unserer Meinung nach fachlich sehr geeigneten Kandidaten sagte, der komme nicht in Frage. Er sei Jude. Nicht etwa, daß mein Freund das für richtig hielt oder gar forderte. Das Schlimme war der resignierte Ton, in dem die eigentlich doch ungeheuerliche Tatsache als Selbstverständlichkeit mitgeteilt wurde, an der, wie die Dinge nun einmal lagen, nichts zu ändern war.

Trotz alledem – ich fuhr gern in die Sowjetunion. Unzuträglichkeiten vergleichbarer Art kannte ich aus der DDR. Einen wesentlichen Unterschied aber gab es, abgesehen natürlich von der simplen Unvergleichbarkeit in Größe und Macht. Die Sowjetunion war, was sie war, aus eigenem – im Guten wie im Bösen. Sie hatte den Weg begonnen. Wir waren ihr, unter denkbar ungünstigen Umständen, mit doch nur sehr beschränktem Eigenwillen, gefolgt. Gleichgesinnte Freunde fand ich im Kreis um Arkadi Samssonowitsch Jerussalimski, der in einem informellen Arbeitskreis, den sogenannten Germanisten, Historiker um sich geschart hatte, die sich mit der deutschen Geschichte beschäftigten. Ein anderer sowjetischer Historiker der älteren Generation wurde mir zum Freund, der 1904 geborene Wladimir Michailowitsch Turok. Ich lernte ihn in Moskau im November 1963 kennen und blieb ihm eng verbunden bis zu seinem Tod im Jahre 1981. Meine Bekanntschaft mit ihm war zunächst eine Folge meiner Beschäftigung mit der Geschichte Österreichs und der Balkanpolitik vor 1914. Ich besuchte sowjetische Kollegen dieser Spezialisierung am Institut für Slawenkunde und Balkanistik, die mich ins Gespräch mit dem von allen verehrten Turok brachten, der am selben Institut arbeitete. Wir trafen uns am späten Nachmittag im runden Vestibül des Instituts, und ich erinnere mich, als sei es gestern gewesen, an den Mann mit dem freundlichen, offenen Blick, der ein wenig gebeugt auf mich zutrat. In einer Hand hielt er einen Rosenkranz, dessen Perlen er durch die Finger gleiten ließ. Er war nicht religiös, sondern freute sich daran wie an einem Spielzeug. Eine Portion Eitelkeit war wohl auch dabei, äußerlich zeigen zu wollen, daß man ein bißchen anders war als die anderen. Mich faszinierte an ihm die Verbindung von wissenschaftlichem Ernst mit Offenheit und Freundlichkeit, sein echtes Interesse an Fragen und Ansichten des Gesprächspartners, seine Vorliebe für Witz und Ironie.

Wieder war mir ein Mann begegnet, dessen Lebenslauf auf besondere Weise von den dramatischen Verwerfungen des Jahrhunderts zeugte. Er war 1904 als Sohn eines Kaufmanns in Zarizyn, dem späteren Stalingrad, geboren, von wo seine Eltern nach der Oktoberrevolution mit ihm emigrierten, zunächst nach Konstantinopel, dann nach Wien. Dort begann er zu studieren und schloß sich der kommunistischen Studentenfraktion an, was zum Bruch mit der Familie führte. Über seine Herkunft aus einer Familie von weißen Emigranten mochte er unter seinen neuen Freunden nicht reden. Fragte man ihn, so pflegte er vage zu antworten, er komme aus der Türkei, was ihm den Namen Turok (russ. Türke) einbrachte, den er sein Leben lang führte. Sein richtiger Name war Popow, und in offiziellen Dokumenten hieß er Turok-Popow. Wien war damals ein Zentrum für junge Revolutionäre aus den Nachfolgestaaten der österreichisch-ungarischen Monarchie, in denen sich größtenteils diktatorische Regimes installiert hatten. Turok knüpfte rasch freundschaftliche Beziehungen zu vielen dieser Emigranten, studierte ihre Sprachen und die Probleme ihrer Länder. Jugoslawen, Bulgaren, Rumänen, Ungarn und Polen befanden sich unter ihnen, darunter nicht wenige, die später eine Rolle in der kommunistischen Weltbewegung spielen sollten, wie die Ungarn Révai und Rákosi oder Georgi Dimitrov aus Bulgarien, bei dem Turok eine Weile lang als Sekretär der Balkanföderation tätig war, einer Verbindung von kommunistischen Parteien der Balkanländer im Rahmen der Komintern. In der zweiten Hälfte der zwanziger Jahre ging er zurück in die Sowjetunion. Sie war für den kommunistischen Idealisten das Gelobte Land. Bald freilich folgte die erste Ernüchterung. Die von Turok erhoffte, in den ersten Jahren nach der Gründung der Kommunistischen Internationale problemlose Übernahme des russischen Genossen aus der KPÖ in die KPdSU – der Wechsel von einer Sektion der kommunistischen Weltpartei in eine andere – wurde dem Sohn eines bürgerlichen weißen Emigranten verweigert. Man stellte ihm frei, einen normalen Aufnahmeantrag zu stellen. Turok aber zog es vor, parteilos zu bleiben. In den zwei Jahren, die die Überprüfungskommission gebraucht hatte, bis sie zu ihrem Beschluß kam, hatte Turok, wie seine Witwe schreibt, »genügend Zeit, sich mit der Lage im Lande vertraut zu machen, und er begriff, daß angesichts seiner Biographie eine Mitgliedschaft in der KPdSU(B) im wahrsten Sinne des Wortes tödliche Folgen haben konnte«. Er wandte sich der wissenschaftlichen Arbeit zu, war Referent des Generalsekretärs der »Bauerninternationale«, danach Mitarbeiter der Abteilung für Mittel- und Osteuropa des Internationalen Agrarinstituts der Komintern. Für diese Tätigkeiten qualifizierten ihn seine vielfältigen Sprachkenntnisse sowie seine Personen- und Landeskenntnis, die er sich in den Wiener Jahren erworben hatte. Zusammen mit seiner Frau Koka Antonowa wurde er 1933 entlassen, nachdem beide die Inkompetenz der Direktion und die unkritische Atmosphäre des Instituts kritisiert hatten. Er blieb zunächst arbeitslos, während sie, als Tochter einer Frau, die seit 1904 Parteimitglied der Bolschewiki gewesen war, eine Anstellung in einem Institut der Kommunistischen Akademie erhielt. Was ihr zunächst geholfen hatte, geriet ihr wenig später zum schweren Nachteil. Die Mutter wurde 1936 als »Trotzkistin« verhaftet; sie war in der Komintern als Sekretärin von Karl Radek tätig gewesen. Nach vielen Jahren Gulag kehrte sie nach dem Krieg nach Moskau zurück. Ich habe sie noch gekannt, als sie bei Turoks wohnte, physisch gezeichnet durch böse Erfahrungen schwerer Jahre, dabei aber warmherzig, mit wacher Intelligenz – eine eindrucksvolle Persönlichkeit. Koka

wurde als Familienangehörige einer Repressierten 1937 nach
Sibirien verbannt. Turok reiste mit ihr in das kleine Städtchen, in
dem sie als Verwaltungsangestellte arbeiteten. Kurz vor Kriegsbeginn 1939 durften sie nach Moskau zurückkehren, wo sie an
wissenschaftlichen Instituten der Akademie Aspiranturen aufnehmen konnten, Koka im Orientinstitut, in dem sie sich zu
einer geachteten Spezialistin für die mittelalterliche Geschichte
Indiens entwickelte, Turok am Institut für Geschichte. Langsam
erarbeitete er sich in der Nachkriegszeit, in ständiger Auseinandersetzung mit sektiererischen Funktionären, mißgünstigen
Kollegen und engstirnigen Redakteuren, Ansehen und einen angemessenen Platz im wissenschaftlichen Leben. Seit den sechziger Jahren durfte er auch zu Konferenzen und Vorträgen ins
Ausland reisen; er war ein überall beliebter und wegen seiner in
Inhalt und Form originellen Beiträge hochgeschätzter Redner.

Immer war seine Wohnung offen für den Besuch von Menschen des Typs der »unsrigen«, Russen wie Ausländern aus Ost
und West. Nach langen Jahren des Lebens in überaus beengten
Verhältnissen hatten die Turoks schließlich eine für Moskauer
Verhältnisse großzügige Unterkunft erhalten, eine Dreizimmer-
wohnung im zwölften Stock eines vorzugsweise von Mitarbeitern der Akademie bewohnten Neubaus im Südwesten der Stadt,
je ein Zimmer für Turok, seine Frau und die Schwiegermutter.
Kamen mehr als zwei Leute zu Besuch, was häufig der Fall war,
zog die Gesellschaft in die Küche, weil in seinem Zimmer wenig
Raum war neben den vollgestopften Bücherregalen an allen vier
Wänden und Stapeln von Büchern, Zeitschriften und Zeitungen
auf dem Fußboden.

Von allen anderen sowjetischen Kollegen und Freunden, die
ich kannte, unterschied sich Turok durch die Bereitschaft nicht
nur, sondern den leidenschaftlichen Wunsch, offen über den
Zustand seines Landes in Vergangenheit und Gegenwart zu reden. Dabei sprach er kaum über seine eigene Vergangenheit, von
der er nichts hermachte. Aber natürlich verstand man, daß man
es mit einem Mann zu tun hatte, der kein einfaches Leben hinter
sich hatte. Auf eine schwer zu beschreibende Art nahm er einen
Standpunkt über den Dingen und zugleich mitten in ihnen ein,
zeigte eine eindrucksvolle innere Unabhängigkeit, die seine

Freunde bewunderten, während die von ihm verspotteten und
verachteten Bürokraten sie haßten. Der Name Turok wirkte wie
Lackmuspapier. Bezeichnete man sich als seinen Freund, dann
hellten sich die Mienen der einen auf, die der anderen verschlossen sich. Er war kein Dissident und hat, wie seine Witwe richtig
bemerkt, immer die Grenzen des Erlaubten respektiert. Zugleich
aber vermochte er es auf erstaunliche Weise, sein Leben bewußt
als permanente Demonstration gegen die verordnete Einteilung
in Erlaubtes und Unerlaubtes zu leben. Immer wieder neue
Impulse für kritisches Denken und offenes Fragen gingen von
ihm aus. Unbestechlichkeit und Gerechtigkeitssinn, Hilfsbereitschaft für Menschen, die in Not gerieten, waren Eigenschaften,
die ihn auszeichneten. Er war ein außerordentlicher Mann, dem
ich eine dankbare Erinnerung bewahre. Es lebte sich besser im
realen Sozialismus neben Menschen wie Turok.

Mit unseren Arbeiten an der Geschichte Deutschlands im Ersten
Weltkrieg gerieten wir in einen größeren Diskussionszusam-
menhang, als die Forschungen des Hamburger Historikers Fritz
Fischer und seiner Schüler zum Rrsten Weltkrieg seit der Wende
von den fünfziger zu den sechziger Jahren leidenschaftliche Auseinandersetzungen in der westdeutschen Geschichtswissenschaft
auslösten, die bald auch ein lebhaftes internationales Echo fanden. Eine nach wie vor ausgeprägt apologetische Stimmung zahlreicher Repräsentanten der »Zunft« zeigte sich in den wütenden
Angriffen gegen Fischers These vom deutschen *Griff nach der
Weltmacht*, wie der Titel seines Buches von 1962 lautete. Daß die
deutschen Eliten den ganzen Krieg hindurch eine expansionistische Kriegszielpolitik betrieben hatten, die fortsetzte, was in der
deutschen Weltpolitik vor 1914 bereits zielbewußt auf deutsche
Machterweiterung angelegt war, wurde glühend bestritten und
als Gipfel der »politisch-historischen Modeströmung unserer
Tage: ... der Selbstverdunkelung deutschen Geschichtsbewußt-
seins« (Gerhard Ritter) beklagt. Widerspruch erregte besonders
die allgemeine Schlußfolgerung, die Fischer aus den Ergebnissen
seiner Forschungen zog, daß nämlich die Aufdeckung von Denk-
formen und Zielsetzungen der deutschen Politik im Ersten Weltkrieg über diesen hinauswiesen, sein Buch also ein Beitrag zum

Problem der Kontinuität in der deutschen Geschichte vom Ersten zum zweiten Weltkrieg sei.

Vergleichbare Sensation machten Fischers Arbeiten in der DDR nicht. Daß Deutschland die Hauptverantwortung für den Ausbruch des Weltkriegs von 1914 trug, daß die Aufstellung weitreichender Kriegsziele wesentlich geprägt war durch die Interessen führender Wirtschaftskreise und daß die ausgreifende Kriegspolitik des Deutschen Reiches nur die lange vor 1914 von deutscher Politik und deutschen Eliten verfolgte Politik fortsetzte, die auch mit der ersten Niederlage 1918 nicht zu Ende war: Thesen dieser Art waren für uns weder wissenschaftlich neu noch politisch irritierend. Für uns ostdeutsche Historiker, die sich mit dem Ersten Weltkrieg beschäftigten, hatte die Fischer-Kontroverse allerdings durchaus eine enorme Bedeutung. Auf einem wichtigen, in der Öffentlichkeit breit diskutierten Feld befanden sich DDR-Historiker in einer weitgehenden Übereinstimmung mit einem zwar umstrittenen, aber zugleich doch angesehenen Kollegen aus dem Westen. Man fühlte sich über den eigenen Rahmen hinaus in gewisser Weise bestätigt, wurde einbezogen, was bisher kaum der Fall gewesen war, in die internationale Historikerdiskussion, fand größere Beachtung für die eigenen Forschungen und Überlegungen. Deutlich zeigten sich diese neuen Tendenzen auf großen internationalen Konferenzen, vor allem auf dem Internationalen Historikerkongreß 1965 in Wien, auf dem das Thema Erster Weltkrieg eine herausragende Rolle spielte. Mit einem kurzen Diskussionsbeitrag beteiligte auch ich mich an der Debatte zum Vortrag von Gerhard Ritter, der Fischer scharf attackiert hatte. Ein für unsere Forschungen zum Ersten Weltkrieg wichtiger, gleichsam innerer Aspekt dieser neuen Situation bestand in einer Aufwertung des Forschungsthemas innerhalb der DDR-Geschichtswissenschaft. Projekte und Unternehmungen wurden mit einem gewissen Vorrang gefördert.

So scharf, laut und teilweise gehässig die Polemik der älteren, konservativen Wortführer der westdeutschen Geschichtswissenschaft gegen die Thesen Fischers war – es zeigte sich bald, daß die Zeit der mehr oder minder unangefochtenen Meinungsführerschaft dieser Gruppe vorbei war. Eine neue Generation von Historikern war im Heranwachsen, die sich politisch von den jahrzehntelang dominierenden nationalen Leitbildern der bürgerlichen deutschen Geschichtswissenschaft lösten, bereit zu nationaler Selbstkritik, die nicht Nestbeschmutzung war, sondern Voraussetzung für ein ehrliches Verhältnis zur deutschen Vergangenheit. Wissenschaftlich war das verbunden mit der Aufgeschlossenheit für die Methoden einer modernen Gesellschaftsgeschichte. Eindrucksvoll trat der vor sich gehende Paradigmenwechsel unter den westdeutschen Historikern in der Diskussion zum Buch von Fritz Fischer auf der Tagung des Verbandes der Historiker Deutschlands (VHD) in West-Berlin im Oktober 1964 in Erscheinung. Kritiker wie Befürworter seiner Thesen kamen zu Wort, wobei die Reaktionen des Auditoriums letztere deutlich favorisierten. Ausländische Historiker wie Jacques Droz aus Paris und Fritz Stern aus New York erhielten für ihre Zustimmung zu dem umstrittenen Buch stürmischen Beifall.

Die Wissenschaftspolitik der DDR geriet durch die neuen Tendenzen in der westdeutschen Geschichtswissenschaft in eine schwierige Lage. Deren alte Pauschalverurteilung als eine konservativ apologetische Historiographie war offensichtlich nicht mehr aufrechtzuerhalten. Grundsätzlich gab es zwei Möglichkeiten. Man konnte die Tendenz einer Abkehr von alten Stereotypen und die Hinwendung zu moderneren, politisch fortschrittlicheren Auffassungen, die in aller Regel auch eine gewisse Offenheit gegenüber marxistischen Thesen und Methoden aufwiesen, positiv werten und sich im Sinne einer auf Verständigung und Ausgleich orientierten Politik um Kontakte mit den Vertretern dieser Tendenz bemühen, was die Offenheit gegenüber ihren wissenschaftlichen Methoden und Ergebnissen, den Austausch von Meinungen bis hin zur Bereitschaft zur Zusammenarbeit an größeren Projekten einschloß. Man konnte aber auch, in Fortsetzung traditionell sektiererischer Klassenkampf-Wachsamkeit von Kommunisten, die Dinge gerade andersherum ansehen. Dann waren die Vertreter der neuen Tendenzen in der bürgerlichen Geschichtswissenschaft besonders abgefeimte Gegner, die ihre Unterstützung des imperialistischen Systems nur hinter fortschrittlichen Redensarten tarnten. Sie seien mit größter Vorsicht zu behandeln, jeder nähere Kontakt zu solchen Leuten sei von Übel. Ich war natürlich, wie nicht wenige meiner

Freunde und Kollegen, entschiedener Anhänger der ersten Version, was bis in die zweite Hälfte der sechziger Jahre zu erbitterten Auseinandersetzungen in unserem Institut führte. Dabei ließ es sich zunächst ganz gut an. In den Tagen des West-Berliner Historikertages fand eine Begegnung von Historikern der DDR und der Bundesrepublik statt – erstmals seit dem Eklat auf dem Trierer Historikertag 1958. Über die Nützlichkeit – oder Schädlichkeit – solcher Kontake hatte es auf DDR-Seite interne Auseinandersetzungen gegeben, die von der Unsicherheit der offiziellen Wissenschaftspolitik gegenüber der in Bewegung geratenen westdeutschen Historikerszene zeugten. Nachdem auch westdeutsche Historiker in den Monaten vor dem Historikertag verschiedentlich ihr Interesse bekundet hatten, bei dieser Gelegenheit zu Gesprächen mit DDR-Historikern zusammenzutreffen, gab es Überlegungen, in welcher Form solche Kontakte aufgenommen werden sollten: auf privater Basis, irgendwie organisiert oder besser überhaupt nicht. Unser Institutsdirektor Engelberg neigte zu letzterem. Ausschlaggebend aber war schließlich ein Votum Hagers, der sich dafür aussprach, die Gelegenheit des West-Berliner Historikertags zu Gesprächen zu nutzen. Engelberg mußte einlenken. Im Akademie-Institut erhielten Günter Paulus, der Leiter der Arbeitsgruppe Zweiter Weltkrieg, und ich grünes Licht für die Vorbereitung einer Diskussion über »Methodologische Probleme der Weltkriegsforschung« mit westdeutschen Historikern. Auf der Grundlage unserer Vorschläge überbrachte Joachim Petzold, der als »Beobachter« die Veranstaltungen des Historikertages besuchte – reguläre Teilnehmer schickte die Historikergesellschaft der DDR nicht –, einer Reihe von westdeutschen Kollegen die Einladung zu einer Zusammenkunft, die abends im Akademiegebäude am Gendarmenmarkt stattfinden sollte. Die Reaktion war unterschiedlich. Einige lehnten ab, weil sie grundsätzlich den Kontakt mit uns scheuten. Andere, die gerne gekommen wären, wie Fritz Fischer und seine Schüler und Mitarbeiter Helmut Böhme und Imanuel Geiss, kamen nicht, um ihren Gegnern nicht zusätzliche Argumente in deren Polemik gegen die angeblich gefährliche Nähe ihrer Auffassungen zu denen der marxistischen Geschichtswissenschaft zu liefern. Einige Mutige – und Neugierige – kamen aber schließlich doch, so Hans-Adolf Jacobsen, der als eine Art Sprecher der Westdeutschen agierte, Martin Broszat, Karl Heinz Janßen, Hans Mommsen, Jürgen Rohwer und Wolfgang Schieder. Aus der DDR waren die Mitarbeiter der beiden Weltkriegs-Arbeitsgruppen anwesend. Gekommen war auch Ernst Engelberg. Joachim Petzold erinnert sich heute noch an die mißtrauische Miene, mit der unser Direktor diejenigen DDR-Historiker beäugte, die den Westdeutschen mit einem lockeren, normalen Umgangston entgegentraten. Auch die Partei-Institute hatten Vertreter geschickt. Die Gesprächsleitung für die DDR-Seite lag bei mir.

Wenig einladend waren die äußeren Umstände des Treffens. Wir tagten in der kleinen Bibliothek neben dem Plenarsaal der Akademie, die am Freitagabend, mehrere Stunden nach Dienstschluß, menschenleer war. Draußen war es schon dunkel, und der lange Flur, der zur Bibliothek führte, war nur spärlich beleuchtet. Die anfänglich etwas verkrampfte Atmosphäre lockerte sich im Laufe der Diskussion. An Einzelheiten der Debatte kann ich mich nicht mehr erinnern. Es war ein Austausch von eher grundsätzlichen Positionen, der in der Sache nicht viel weiter führte. Das Wichtigste an der Sache war wohl, daß sie überhaupt stattfand. Wie schwer sich die politischen Hauptleute der DDR-Geschichtswissenschaft mit solchen Unternehmungen taten, zeigt ein groteskes Detail, von dem ich erst später erfuhr. Ich hatte mich schon während der Veranstaltung gewundert, daß wiederholt DDR-Teilnehmer, die mir persönlich nicht bekannt waren, für kurze Zeit den Sitzungsraum verließen. Der Grund war, daß diese Leute von einem Nebenraum aus telefonisch einem zur Beobachtung des Treffens gebildeten Einsatzstab über den Gang der Diskussion berichteten. Dieser Stab befand sich im Hause der Akademie für Gesellschaftswissenschaften des ZK der SED in der Taubenstraße, unweit des Akademiegebäudes. Dort aber saßen nicht nur Wissenschaftsfunktionäre, die sich berichten ließen. Es gab dort auch eine Gruppe zuverlässiger Genossen aus der Partei-Akademie, die bereitstanden, uns zu Hilfe zu kommen, wenn wir durch »Provokationen« der Feinde in Schwierigkeiten kommen sollten. Günter Paulus und ich, die für die DDR-Seite der Diskussion Verantwortlichen, hatten keine Ahnung, was da hinter unserem Rücken vorbereitet war, um uns zu »helfen«. Die von den Initiatoren des kindischen Trapper-und-Indianer-Spiels in ihrer lächerlichen Angst vor jeder »Feindberührung« befürchtete Situation trat nicht ein, so daß uns die unsägliche Peinlichkeit erspart blieb, das Eindringen der Hilfstruppen erklären zu müssen. Die solchen Aktionen zugrundeliegende Geisteshaltung aber gewann in den folgenden Jahren, in denen wieder die scharfe Abgrenzung propagiert wurde, die Oberhand.

Im Akademie-Institut entzündete sich später eine heftige Auseinandersetzung an einem Bericht über das nächtliche Treffen mit den westdeutschen Historikern, den Günter Paulus und ich in einer Parteiversammlung vortrugen. Wir beurteilten das Unternehmen positiv, verbunden mit einigen allgemeinen Bemerkungen über den unserer Auffassung nach ernstzunehmenden Prozeß einer Abwendung zumindest eines Teiles der jüngeren Historiker in der Bundesrepublik von den durch einen Mann wie Gerhard Ritter repräsentierten konservativen Positionen der bisher führenden Gruppe. Mit solchen Leuten, die politisch nicht so verbohrt und wissenschaftlich interessanter seien – Hans und Wolfgang Mommsen waren die Namen, die in unseren Diskussionen stellvertretend für die neue Tendenz immer genannt wurden –, sollten die DDR-Historiker versuchen, in näheren Kontakt zu kommen. Nicht wenige Mitarbeiter des Instituts stimmten mit unserer Beurteilung überein. Dominant aber war die Zurückweisung unserer Auffassungen durch die von Institutsdirektor Engelberg angeführte Gruppe dogmatischer Verfechter der Parteilinie. Der mit rüden Angriffen, verleumderischen Denunziationen und Unterstellungen geführte Kampf gegen den von uns angeblich unternommenen Versuch, eine revisionistische Gruppierung gegen Grundprinzipien der Partei zu bilden, hat die Atmosphäre im Institut jahrelang vergiftet.

Kürzlich bekam ich Kenntnis von einer vertraulichen Information des Sektors Geschichte der Abteilung Wissenschaften an Kurt Hager vom April 1965 über die »Auseinandersetzung mit revisionistischen Auffassungen« an unserem Institut. »Losgelöst vom klaren politischen Standpunkt unserer Partei«, teilten die Verfasser mit, »werfen die Genossen Fritz Klein, Günter Paulus, Heinz Lemke, Joachim Petzold, Kurt Pätzold und andere folgende Fragestellungen auf: ›1. Fortsetzung oder Abbruch der Kontakte mit westdeutschen Historikern? 2. Offensive Politik oder Verschanzen in den Schützengräben? 3. Fachgespräche oder politische Gespräche? 4. Soll man diejenigen am meisten bekämpfen, die einem am nächsten stehen?‹« Das waren in der Tat die Hauptstreitpunkte der Auseinandersetzung, die den Funktionären größte Sorgen bereitete, hätten doch die bisher geführten Diskussionen nur »scheinbare Klarheit« erreicht. Es wurde ein »Maßnahmeplan« entwickelt, der vorsah, auf einer Besprechung in der ZK-Abteilung Wissenschaften mit dem Parteisekretär des Instituts, Förster, Direktor Engelberg und dem früheren ZK-Mitarbeiter und jetzigen Institutsangehörigen Raimund Wagner eine »klare Angriffsrichtung« festzulegen. Ziel der kommenden Diskussionen müsse sein, »völlig klare politische Positionen in allen Abteilungen des Instituts zu schaffen und die Grundorganisation auf die Höhe der ideologischen Aufgaben zu bringen«. Durch ständig wiederholten massiven Druck in Dutzenden von Versammlungen brachten die Funktionäre im Laufe der Jahre 1965/66 die offene Opposition gegen den Engelberg-Kurs der scharfen Abgrenzung gegen alle Spielarten der »imperialistischen« Geschichtswissenschaft zum Schweigen.

Auch ich gab Schritt für Schritt nach und beugte mich der Forderung, selbstkritische Stellungnahmen abzugeben. Es war ein unwürdiges Spiel, in dem auch meine Kritiker natürlich verstanden, daß ich meine Meinungen in der Sache nicht geändert hatte und nur verbal dem ausgeübten Zwang nachgab. Erschwerend kam in meinem Falle hinzu, daß ich im Februar 1965 eine kritische Betrachtung zu einem Artikel von Ernst Diehl verfaßte. Der hatte in der Zeitschrift »Beiträge zur Geschichte der deutschen Arbeiterbewegung« ein schönfärberisches Bild von der »Einheitsfrontpolitik« der KPD vor 1933 gezeichnet, wogegen ich in einem Leserbrief an die Redaktion der BzG polemisieren wollte. Es sei unverständlich, dies war mein Hauptpunkt, daß ein marxistischer Autor so deutlich hinter dem Grad politischer Selbstkritik zurückblieb, den die KPD-Führung in den dreißiger Jahren zu ihren Fehlern vor 1933 immerhin erreicht hatte – nachzulesen übrigens in den einschlägigen Reden von Wilhelm Pieck, die in der DDR veröffentlicht worden waren. Mit der Bitte, den – überaus zahm formulierten – Text an die Redaktion der BzG weiterzuleiten, schickte ich ihn an Horst Bartel, der Mitglied des Redaktionskollegiums der BzG und in unserem Institut damals Stellvertreter des Direktors Engelberg war. Ob ich mir klar sei, daß mein Brief eine »Bombe« sei, fragte mich der erschrockene Bartel. Er halte meine Argumente für verfehlt, wolle aber den Diehl-Artikel noch einmal gründlich lesen, über die Sache nachdenken und ein zweites Gespräch mit mir führen; bis dahin bitte er mich um Geduld. Sollte ich weiter auf der Absendung des Briefes an die Redaktion bestehen, werde er ihn weiterleiten. Dazu kam es nicht, weil die »Bombe« inzwischen geplatzt war. Engelberg, dem Bartel meinen Text vertraulich gezeigt hatte, ließ sich, ohne seinem Stellvertreter oder gar mir etwas davon zu sagen, eine Abschrift anfertigen und schickte sie als neuen Beweis für meine ideologische Verkommenheit an die Abteilung Wissenschaften – ein Akt unglaublicher Illoyalität. Die Denunziation tat die gewünschte Wirkung. In heller Aufregung über den »Brief des Genossen Klein«, den die wenigsten kannten und der seinen eigentlichen Adressaten gar nicht erreicht hatte, wurde »diskutiert«, bis ich schließlich auch zu diesem Punkt erklärte, mich geirrt zu haben und mich von meinem Brief distanzierte.

Erstaunlich bei einem Mann, der sich in seinem Machtbereich als unerbittlicher Gesinnungsschnüffler betätigte, war die Devise, die Ernst Engelberg in der Vorbesprechung der DDR-Delegation zum internationalen Historikerkongreß in Wien im August/September 1965 ausgab. Wohl in Anpassung an die koexistenzielle Tendenz, die damals in den internationalen Beziehungen stark war, ermahnte er uns zu sachlichem Auftreten in den Diskussionen des Kongresses, zu dem wir nicht als »Gesinnungslümmel« gingen. Die Formulierung griff eine Bemerkung von Engels auf, der sich gelegentlich gegen diese Art sozialistischer »Parteilichkeit« gewandt hatte. Die Mahnung wurde gerne befolgt. Die DDR-Historiker fanden durchweg Anerkennung für die unpolemische, faktengestützte Präsentation ihrer Beiträge auf dem Wiener Kongreß. Intern freilich ging die Gesinnungslümmelei unvermindert weiter. In der naiven Annahme, damit etwas für einen besseren Ruf der DDR-Geschichtswissenschaft zu tun, hatte ich Imanuel Geiss von dem Diktum Engelbergs erzählt. Wir kannten uns seit dem Stockholmer Kongreß 1960, standen seitdem in ziemlich enger Verbindung und stimmten beispielsweise in Wien die Texte unserer Beiträge zur Diskussion über den Vortrag Gerhard Ritters gegen Fritz Fischers *Griff nach der Weltmacht* aufeinander ab. Auch Geiss fand in einem Bericht über Wien anerkennende Worte für das sachliche Auftreten der DDR-Historiker, die sich anscheinend an Engels' Wendung gegen »Gesinnungslümmelei« erinnert hätten. Geiss nannte weder meinen noch Engelbergs Namen. Die reine Erwähnung des aussagekräftigen Zitats aber ließ die ideologischen Klassenkämpfer – korrekt – vermuten, daß der imperialistische Historiker Geiss die Kenntnis interner Sprachregelungen der DDR-Delegation von mir erlangt haben mußte, dessen enge Verbindung zu Geiss allgemein bekannt war. Monatelang hatte ich mich nun zusätzlich zu den übrigen Vorwürfen auch mit der absurden Beschuldigung auseinanderzusetzen, ich hätte dem Gegner »Geheimnisse« der Taktik der DDR-Kohorte auf dem Historikerkongreß »verraten«.

Die Beziehungen der DDR-Historiker zu denen der Bundesrepublik blieben auf Dauer verklemmt. Zu der sozusagen normalen Abgrenzung einer marxistischen Geschichtswissenschaft zur bürgerlichen (gleich welcher Nationalität) kam hier ein Aspekt besonderer Feindseligkeit, der aus der Tatsache der objektiv gegebenen besonderen Nähe resultierte. Sie schrieben in derselben Sprache wie wir, behandelten die gleichen Themen, suchten, vor allem natürlich in der Geschichte des 19. und 20. Jahrhunderts, Antworten auf die gleichen Fragen nach den Gründen für den letztlich so katastrophalen Gang der Geschichte der Nation, zu der wir alle gehörten. In der politischen Auseinandersetzung der beiden deutschen Staaten spielte der Kampf um die Vergangenheit, um ein den politischen Anforderungen der Gegenwart angemessenes Geschichtsbild, eine große Rolle.

Ein heikles Kapitel für die Machthaber war der Umgang mit den westdeutschen Konkurrenten bei persönlichen Begegnungen. Es gab dafür strenge Regeln, denn den Kontakt völlig zu unterbinden, war nicht möglich. Man traf sich auf international besetzten Konferenzen und Kolloquien, zu denen Historiker der

DDR in wachsender Zahl eingeladen wurden, saß nebeneinander in den Lesesälen von Archiven und Bibliotheken, bald auch in den Gremien wissenschaftlicher Gesellschaften und Organisationen. Der unvermeidlich sich entwickelnde persönliche Verkehr wurde mißtrauisch kontrolliert. Kontakte mit Historikern aus Westdeutschland, wie auch aus anderen westlichen Ländern, waren mitzuteilen in den Reiseberichten, die jeder anzufertigen hatte, der an wissenschaftlichen Veranstaltungen außerhalb der DDR teilnahm. Bücher, die man von Westkollegen geschickt bekam, mußten an die Adresse des Instituts geschickt werden, weil Buchsendungen an die Privatadresse in der Regel beschlagnahmt wurden. Wiederholt gab es in der Akademie Bestrebungen, solche Sendungen zum Eigentum der Akademie zu erklären, an deren Adresse sie ja gekommen seien. Energischer Widerspruch der Mitarbeiter verhinderte dies. Wir machten darauf aufmerksam, daß es sich schlicht um Diebstahl handeln würde, abgesehen davon, daß bei solcher Regelung kein Westkollege bereit sein würde, Bücher in die DDR zu schicken, die er nicht einer Institution, sondern einem Kollegen zugedacht habe. In unserem Institut fand sich für dieses »Problem« eine unter den gegebenen Umständen sogar ganz vernünftige Lösung: eingehende Bücher wurden dem Mitarbeiter ausgehändigt, für den sie bestimmt waren, nachdem sie in der Institutsbibliothek registriert worden waren. Dort fragte man, war ein Titel, den man brauchte, in den Bibliotheken nicht vorhanden, ob er sich vielleicht im Besitz eines Institutskollegen befand. Wenn das so war, konnte man sich das Buch von dem glücklichen Besitzer ausleihen.

Grundsätzlich abgelehnt wurden Kolloquien oder Konferenzen, an denen ausschließlich Historiker aus beiden deutschen Staaten teilnahmen. Wurde man zu solchen Veranstaltungen eingeladen, mußte man absagen und hatte bei der Vorbereitung eigener Unternehmungen für eine breitere Internationalität zu sorgen, am besten durch die Teilnahme mindestens eines Kollegen aus der Sowjetunion. Als Wolfgang Mommsen, damals Direktor des Deutschen Historischen Instituts in London, mich einmal zu einem Vortrag einlud, bekam ich keine Reiseerlaubnis. Ein DDR-Historiker, so hieß es, dürfe nicht von einer bundesdeutschen Einrichtung im Ausland präsentiert werden.

Ausnahmsweise kam trotz aller Abgrenzungspolitik Ende 1965 doch einmal ein deutsch-deutsches Historikertreffen zustande. Karl Dietrich Erdmann, zu dieser Zeit Rektor der Kieler Universität und Vorsitzender des Verbandes der Historiker Deutschlands, hatte west- und ostdeutsche Historiker nach Kiel zu einem zweitägigen Kolloquium über Probleme der NS-Zeit eingeladen. Erdmann inszenierte die Begegnung sehr geschickt. Er lud die DDR-Historiker als Privatpersonen ein und vermied damit den Anschein einer damals in der BRD unerwünschten Anerkennung der offiziellen Organisation der DDR-Geschichtswissenschaft. In der DDR lagen die Dinge gerade umgekehrt; hier wollte man die Anerkennung und wünschte keine Zusammenkunft von »Privatpersonen«. Da sich unter den eingeladenen »Privatpersonen« aber auch Gerhard Schilfert befand, Präsident der Historikergesellschaft der DDR und selbst kein Fachmann für die Nazizeit, konnte die Unternehmung bei uns aufgefaßt werden als die Reise einer Delegation unserer Historikergesellschaft. Ich gehörte, wohl in Erinnerung an meinen Aufsatz über Großbourgeoisie und Nazipartei in den letzten Jahren der Weimarer Republik, zu den Teilnehmern. Wir hatten in normaler, kollegialer Atmosphäre ein Kolloquium, von dem Erdmann mit Recht feststellen konnte, alle Beteiligten hätten davon den positiven Eindruck mitgenommen, »daß es unbeschadet verschiedener politischer Ausgangspunkte möglich ist, in einer sachgebundenen Diskussion, die sich streng auf die Quellen bezieht, zu einem fruchtbaren Austausch zu gelangen«. Der Satz steht in einem Brief vom Mai 1966, in dem Erdmann auf die schroffe Absage reagierte, die Engelberg einer in Kiel vereinbarten Fortsetzung der Gespräche erteilte, die im Juli 1966 unter seiner Federführung in Berlin stattfinden sollte. In der BRD, so lautete seine unsinnige Begründung, gebe es eine antikommunistische Stimmungsmache, die an die Januartage von 1919 und an die »nationale Revolution« von 1933 erinnere. Diskussionen im Kleinen müsse man ablehnen, leisteten sie doch der Illusion Vorschub, sie könnten die gebotene Verständigungspolitik im Großen ersetzen. Die DDR-Teilnehmer erfuhren von diesem Text durch Erdmann, weil der – die Einladung sei ja auf ganz persönlicher Grundlage erfolgt – jedem von uns Abschriften des Briefwechsels zuschickte.

Im Sommer 1966 bot sich mir unerwartet die Möglichkeit eines Arbeitsplatzwechsels, als mich Günter Wilms, Leiter der Abteilung Lehrerbildung im Ministerium für Volksbildung, fragte, ob ich bereit sei, die Leitung des Instituts für Geschichte an der Pädagogischen Hochschule in Potsdam zu übernehmen. Der jetzige Direktor gehe demnächst an die Pädagogische Hochschule in Dresden. Das Ministerium würde mich zum Professor ernennen. Die eigentlich dafür erforderliche Habilitation solle ich dann eben nachholen. Die Leitung des Projektes über Deutschland im Ersten Weltkrieg könne ich nebenamtlich weiterführen. Die Idee, von dem zentralen Forschungsinstitut an der Akademie der Wissenschaften in das wissenschaftlich weit weniger bedeutende Potsdamer Institut in einer Einrichtung des generell für seine enge Strenggläubigkeit bekannten Ministeriums für Volksbildung zu gehen, schien ziemlich fragwürdig, so reizvoll der Aufstieg zum Professor und Institutsdirektor natürlich war. Wilms, den ich als Schüler von Heinrich Deiters kannte und persönlich schätzte, gab sich redlich Mühe, mich von den positiven Seiten einer Tätigkeit in Potsdam zu überzeugen. Schließlich sagte ich zu, in erster Linie nicht wegen der Aufstiegschance, sondern weil ich herauswollte aus der Atmosphäre voller Intrigen und Denunziationen, die in jener Zeit am Akademie-Institut herrschte. Ich hatte es satt, ständig mit gehässigen Unterstellungen schikaniert zu werden. Letztendlich aber wurde nichts daraus. Informell war mit Wilms verabredet, daß ich zum 1. September 1967 in Potsdam anfangen sollte. Als ich längere Zeit hindurch nichts mehr vom Ministerium hörte, bekam ich auf eine Nachfrage nach dem Stand der Dinge die Auskunft, der Plan habe sich zerschlagen. Der für Dresden vorgesehene jetzige Direktor bleibe nun doch in Potsdam, so daß man für mich dort keine Verwendung habe. Ich war enttäuscht – aber nicht allzusehr. Bei allem Ärger bot das Akademie-Institut doch sehr gute Arbeitsmöglichkeiten. Und glücklich geradezu war ich über den Fehlschlag, als mir Freunde, die das Potsdamer Institut von innen kannten, erzählten, man sei dort sehr gegen meine Berufung gewesen. Leute der Art, die mir in Berlin das Leben schwer machten, hätten »die Fallen schon gestellt« gehabt. Ein weiser Ausspruch von Heinrich Deiters paßt zu diesem Vorgang. Der hatte seinem Sohn

Ludwig, als er Ärger in der Bauakademie in Berlin hatte und sich um eine Anstellung in einer Kreisbaudirektion in der Provinz bewerben wollte, dringend abgeraten:»Junge, bleib' in Berlin. Da hat der Ärger wenigstens Niveau.«

Ich hatte mit meinem Schwiegervater meine Potsdam-Pläne nicht mehr besprechen können. Er war im Januar 1966 an den Folgen eines Schlaganfalls gestorben, nur anderthalb Jahre nach seiner Frau Lisbeth, die Jahre hindurch herzleidend gewesen war und im August 1964 an einer Lungenentzündung starb. Fast dreißig Jahre hindurch war mein Leben in nie getrübter Harmonie bestimmt gewesen durch die Nähe zu ihnen beiden. Mit liebevoller Fürsorge hatten sie in schwerer Zeit die Waisenkinder Fritz und Peter aufgenommen und wie selbstverständlich Elternstelle vertreten. Es war ein großes Glück für mich, ihnen durch die Heirat mit ihrer Tochter auf besondere Weise noch näher zu kommen und viele Jahre hindurch unter gemeinsamem Dach ihre stete Freundlichkeit und Hilfsbereitschaft zu erfahren, die später in herzlicher Weise unsere Kinder einschloß:»Die Kunst, Großeltern zu sein, haben wir täglich von neuem mit Freude geübt«, heißt es in seinen Erinnerungen.

Nach achtjähriger Amtszeit als Dekan der Pädagogischen Fakultät der Humboldt-Universität war Heinrich Deiters in seinem 71. Lebensjahr 1958 emeritiert worden. Von vielem in der Entwicklung der DDR, auf die er große Hoffnungen gesetzt hatte, war er enttäuscht. Er hatte sich gerieben an dem Widerstand engstirniger Funktionäre gegen seine reformorientierten, humanistischen Vorschläge für eine vollakademische Ausbildung aller Lehrer und generell für eine freiere Gestaltung des Schulunterrichts und des Studienbetriebs an den Universitäten. Der Ausschließlichkeitsanspruch der »allmächtigen« Lehre des Marxismus-Leninismus war ihm fremd. Mit Kummer registrierte er die zunehmende Entfremdung zwischen den beiden deutschen Staaten, die sein höchstes Ziel, die Wiederherstellung der deutschen Einheit, in immer weitere Ferne rückte. Enttäuscht war er auch über das geringe Echo, das seine pädagogischen Vorstellungen bei den westdeutschen Pädagogen fanden, über die Abwendung auch manch früherer Freunde, die ihm sein Engagement für die DDR vorwarfen, an dem er trotz allem festhielt. Was ihn bei alledem bis ans Ende seines Lebens aufrecht hielt und davor bewahrte, Stimmungen der Verzweiflung nachzugeben, die ihn manchmal über der Frage befielen, ob Sinn gehabt habe, wofür er sein Leben lang gearbeitet hatte, war sein sicheres Selbstgefühl – frei von jeder Anmaßung –, das ihm sagte, er habe vielleicht geirrt, immer aber besten Gewissens Vernünftiges und Gutes gewollt. »Es ist überall nichts in der Welt, ja überhaupt auch außer dieser zu denken möglich«, zitiert er Kant in den Schlußpassagen seiner Erinnerungen, »was ohne Einschränkung für gut könnte gehalten werden, als allein ein guter Wille.« Hinzuzusetzen ist, nicht weniger wichtig, die Erinnerung an die Lebensleistung Lisbeths, der treuen, aufopferungsvollen Gefährtin. Sie war, wie er, eine selbstbewußte Persönlichkeit, die in sich ruhte. Von ihrem praktischen Sinn und lebensklugen Realismus ging viel Kraft für die große Familie aus, in deren Zentrum sie wie selbstverständlich stand. Ihr Mann hat sie geliebt und auch gewußt, was er an ihr hatte, wenn sie ihn manchmal aus seinem hohen Idealismus auf den Boden der Wirklichkeit holte.

Neue Schwerpunkte erhielt unser Leben, indem sich die Fähigkeiten und Eigenschaften jedes unserer heranwachsenden Kinder deutlich ausprägten. Katharina, Max und Wolfgang: es war eine reine Freude, begabte und charaktervolle junge Menschen in vertrauensvoller Zuwendung zu ihren Eltern sich entwickeln zu sehen. Alle drei erreichten das Abitur, Katharina, die Jüngste, im Jahre 1974. Max bestand es 1969 mit Auszeichnung an der Mathematik-Spezialklasse der Humboldt-Universität. Solche Spezialklassen bestanden damals an einigen Universitäten der DDR. Wir hatten davon fast zufällig erfahren, als ich eines Tages in der Zeitung eine Annonce las, in der Bewerber gesucht wurden für eine an der Humboldt-Universität bestehende Einrichtung, wo naturwissenschaftlich besonders begabte und interessierte Schülerinnen und Schüler in den letzten zwei Jahren der Schulzeit zum Abitur geführt würden. Den Unterricht erteilten in allen Fächern Wissenschaftler der Universität. Vorbereitet durch diese hochqualifizierte Schulausbildung, in einer Atmosphäre, die sich durch relative Offenheit und Diskussionsbereitschaft doch abhob von dem in anderen Schulen verbreiteten Doktrinarismus, studierte Max mit ausgezeichnetem Erfolg an der Humboldt-Universität Physik.

Wolfgangs Interessen richteten sich früh auf Fragen der Gesellschaft und der aktuellen Politik. Daß er seinen eigenen Kopf hatte, hatte er wiederholt gezeigt, so mit seinem offenen Widerspruch gegen die geforderte Selbstverpflichtung der Schüler, den RIAS nicht zu hören – eine Maßnahme, die nur zur Heuchelei erziehe. In der »Darstellung meiner Entwicklung«, einem Hausaufsatz, den jeder Abiturient zum Examen – und damit auch für die Akten der Prüfungskommission – zu schreiben hatte, schlug er vor, die Freie Deutsche Jugend, deren Zwangscharakter er ablehnte, aufzulösen. Klassenlehrer und Direktor erschraken, machten aber kein Aufhebens von der Sache; sicher auch, weil sie großes Ungemach für die Schule fürchteten, wenn der Affront nach außen dringen würde. Weiteren Aufmüpfigkeiten suchte der Direktor zu begegnen, als Wolfgang und sein Freund Rudolf Welskopf an der Vorbereitung einer Abiturzeitung arbeiteten. »Pornographie, soviel ihr wollt, aber keine Politik«, empfahl er den beiden, die nicht das geringste Interesse an »Pornographie« hatten und dem zweiten Teil der Empfehlung mit unangreifbarem Spott folgten: »Unsere politischen Witze« lautete die Überschrift über einer sonst völlig leeren Seite. Ab Herbst 1966 studierte Wolfgang an der Humboldt-Universität Geschichte, mit Romanistik als Zweitfach.

Fachlich zeigte er bald eine starke wissenschaftliche Begabung, die ihm Anerkennung bei Kommilitonen und Hochschullehrern verschaffte. Politisch geriet er in Schwierigkeiten, als im Sturmjahr 1968 auch an den Universitäten der DDR kritische Diskussionen entbrannten. Leidenschaftlich interessiert, verfolgten Wolfgang und seine Freunde die Entwicklungen in der westlichen Studentenbewegung, vor allem natürlich die dramatischen Vorgänge in Paris, denen der angehende Romanist besondere Aufmerksamkeit schenkte. Sie sympathisierten mit den Protesten der amerikanischen Studenten gegen den Krieg in Vietnam, der Franzosen gegen das De-Gaulle-Regime, der Westdeutschen gegen den Ordinarienmuff an deutschen Universitäten. Als ihre eigene Sache aber empfanden sie das alles nicht. Ihre Welt war die Welt des Sozialismus, den sie bejahten, aber besser, menschlicher,

vernünftiger haben wollten. Diese eigene Welt war in Bewegung.
Die Fiktion des monolithischen Weltsozialismus mit der KPdSU
als unbestrittener Führungspartei war für junge Sozialisten von
Wolfgangs Generation Vergangenheit. Der XX. Parteitag, der ihr
mit seinen erschütternden Offenbarungen ein Ende bereitet hatte, war für sie nicht Wende im politischen Denken wie für die
Älteren, sondern Voraussetzung für Denken und Handeln. Da
war der qualvoll langsame Prozeß der Entstalinisierung in der
Sowjetunion mit seinem Wechsel von Hoffnungen und Enttäuschungen, die Abkehr Chinas vom sowjetischen Vorbild und die
spektakuläre Kulturrevolution Maos, in der manche in den westlichen Protestbewegungen einen echten Ausweg aus dem erstarrten Sowjetkommunismus sahen. Da waren Führungsper-
sönlichkeiten wie Fidel Castro und Ho Chi Minh, die in den
Volksdemokratien viel Sympathie genossen als Repräsentanten
von Revolutionen aus eigener Kraft, die sich gegen den, eigentlich hundertfach stärkeren, amerikanischen Imperialismus zu behaupten wußten. Behauptet hatte sich auch der Selbstverwal-
tungssozialismus in Titos Jugoslawien, das in der zunehmend
einflußreichen Bewegung der blockfreien Staaten eine weltpoli-
tisch bemerkenswerte Rolle spielte. Kommunistische Parteien in
Westeuropa begannen, eigene Wege zu gehen. Das größte Interesse aber fand die Entwicklung im befreundeten Nachbarland,
der Tschechoslowakischen Sozialistischen Republik. Was dort
möglich war an demokratischem Fortschritt im Sozialismus, so
wünschten viele, sollte Vorbild sein auch für die Veränderung der
eigenen Lage. Je deutlicher sich in Prag die Öffnung zu einem
»Sozialismus mit menschlichem Antlitz« vollzog, desto stärker
wuchs die Unzufriedenheit mit der Unbeweglichkeit in der DDR.
Kritische Stimmen wurden auch in den Gesprächen der Studenten von Wolfgangs Seminargruppe laut. Der Partei gehörte er damals nicht an, war aber gewähltes Mitglied der Gruppenleitung
der FDJ. Der Entwurf eines Arbeitsplanes der FDJ-Gruppe für das
neue Studienjahr, den er Anfang Oktober 1968 verfaßte, wurde
zum Stein des Anstoßes. Er enthielt Vorschläge, die ganz auf der
Linie der Prager Erneuerungsbewegung lagen, für Diskussions-
runden zum Beispiel über Themen wie Parteilichkeit, Persönlichkeit, Demokratie, Informationspolitik, mit dem Ziel, nicht eine

einheitliche Meinung festzulegen, sondern Grundsätze und Prinzipien der jeweiligen Problematik offen zu diskutieren. Für die dogmatischen Verfechter der Parteilinie waren das Anzeichen von »Objektivismus« und »Intellektualismus«, Sünden, zu denen kam, daß Wolfgang nach ihrer Meinung den »feindlichen« Charakter kritischer Äußerungen von Kommilitonen nicht erkannt, sie vielmehr, bar jeden Klassenbewußtseins, als Äußerungen möglichen und wünschenswerten Meinungsstreites genommen habe. Drei dieser Kommilitonen wurden für mehrere Jahre exmatrikuliert. Auch mit Wolfgang wurden wochenlange »Diskussionen« geführt, in denen die Scharfmacher, angeführt von dem als Seminarbetreuer eingesetzten Geschichtsdozenten aus dem Lehrkörper, ihre Anklagen zuspitzten, bis schließlich ein Verfahren vor dem Disziplinarausschuß der Universität gegen ihn in Gang gebracht wurde. Der Antrag lautete auf Exmatrikulation wegen mangelnden politischen Bewußtseins. »Das einzige, was ich Stalin nicht verzeihen kann«, sagte ihm in diesen Wochen einer seiner Gegner, »ist, daß er Chruschtschow nicht auch noch hat an die Wand stellen lassen.« So etwas wurde öffentlich nicht ausgesprochen, aber Leute solcher Denkart bekamen von den Autoritäten jede Stärkung gegen die »schwankenden Elemente«.

Ganz setzten sich die Ankläger nicht durch. Die Verhandlung vor dem Disziplinarausschuß sei kein Disziplinarverfahren gewesen, sondern eine Beratung, erklärte der Ausschußvorsitzende, der nach Darlegung des Sachverhalts gemeint hatte, es handele sich um politische »Unklarheiten«, die eigentlich in der Seminargruppe gelöst werden könnten. Die Scharfmacher aber beharrten auf einer Bestrafung, und so gab der Ausschuß schließlich die Empfehlung, Wolfgang solle für ein Jahr in einem Betrieb der sozialistischen Produktion arbeiten, um sich in der Praxis zu bewähren. Er tat dies ab Dezember 1968 als Kernschichter im Transformatorenwerk Oberschöneweide und nahm das Ganze als eine nützliche Erfahrung, einen Lebensbereich kennenzulernen, dem der Intellektuelle normalerweise fernstand. Die von den Initiatoren der Maßnahme erhoffte Wirkung einer ideologischen Festigung des »schwarzen Schafes« ging freilich von den daran nicht im geringsten interessierten Arbeitern seiner Schicht nicht aus. Nach nur neun Monaten konnte er, unterstützt von Gutachten des Betriebs, der an ihm nichts zu »bessern« fand, zurück an die Universität, wo er 1971 ein glänzendes Examen ablegte.

Der Einmarsch von Truppen des Warschauer Paktes in die ČSSR am 21. August 1968 hatte dem Versuch zur demokratischen Erneuerung der Gesellschaft in einem Land des sowjetisch geprägten Sozialismus ein Ende gemacht. Wer wie ich und viele andere gehofft hatte, die von Dubček und seinen Anhängern begonnene Bewegung werde sich im Nachbarland durchsetzen und Signalwirkung haben auch über dessen Grenzen hinaus, sah sich erneut enttäuscht. Bitter war der Gedanke, daß mit der DDR der deutsche Staat, der sich so viel zugute hielt auf seine radikale Abkehr von den Verbrechen der Hitlerzeit, an einer militärischen Aktion beteiligt war, die sich gegen eines der ersten Opfer deutscher Aggression in den dreißiger Jahren richtete. Endgültig die Hoffnung auf einen besseren, menschlicheren Sozialismus aufzugeben, war ich aber weiterhin nicht bereit. Hatte nicht der »Prager Frühling« viele eindrucksvolle Zeichen gesetzt, Ideen geboren und Pläne für eine bessere Zukunft entworfen, die doch nicht für alle Zeiten ausgelöscht sein mußten? War es denn gänzlich ausgeschlossen, daß, was jetzt unterdrückt worden war, das so offensichtlich Vernünftige und Notwendige, unter günstigeren Umständen in dieser Zeit des ständigen Wandels wiederbelebt werden könnte? Die so deutlichen Gebrechen der neuen Gesellschaft, die Unfähigkeit ihrer Vormacht zu wirklicher Erneuerung, hoben die Gebrechen der alten Gesellschaft nicht auf, schafften die Gründe nicht aus der Welt, aus denen man meinte, gegen sie leben und arbeiten zu sollen. Es blieb ein Rest von Hoffnung. Die Skepsis aber wuchs.

VII Skepsis (1968–1985)

Folgenreiche Veränderungen in beiden deutschen Staaten, in ihrem Verhältnis zueinander und zur Staatenwelt vollzogen sich an der Wende von den sechziger zu den siebziger Jahren. In der Bundesrepublik bildete Willy Brandt im Jahre 1969 ein Kabinett aus SPD und FDP. In seiner Regierungserklärung im Oktober sprach er als erster verantwortlicher Politiker der Bundesrepublik von »zwei deutschen Staaten«, die zu einem Miteinander kommen müßten. Eine »Neue Ostpolitik« wurde nun offizielle Regierungspolitik, für die Brandts enger Mitarbeiter Egon Bahr schon 1963 in einer Rede in Tutzing die griffige Formel vom »Wandel durch Annäherung« geprägt hatte. Früher im selben Jahr war bereits der Sozialdemokrat Gustav Heinemann zum Bundespräsidenten gewählt worden. In Verträgen der Bundesrepublik mit der Sowjetunion und der Volksrepublik Polen erklärten die Vertragspartner 1970, gemeinsam für die Festigung der Sicherheit in Europa wirken zu wollen; sie verpflichteten sich zum Gewaltverzicht und zur uneingeschränkten Anerkennung der territorialen Integrität aller europäischen Staaten in ihren bestehenden Grenzen. (Ein entsprechender Vertrag mit der ČSSR folgte 1973.) Ende 1972 kam es zum Abschluß des »Grundlagenvertrages« über die Beziehungen zwischen Bundesrepublik und DDR. Er sollte der Entwicklung gutnachbarlicher Beziehungen auf der Grundlage der Gleichberechtigung beider Staaten dienen, die sich zur gegenseitigen Achtung der territorialen Integrität verpflichteten. In einer gesonderten Erklärung stellte die Bundesregierung fest, an ihrem Ziel einer friedlichen Wiedervereinigung Deutschlands festzuhalten.

An der Spitze der SED wurde Walter Ulbricht im Mai 1971 durch Erich Honecker abgelöst, nachdem er sich bei der sowjetischen Führung durch Betonung einer gewissen Eigenständigkeit der DDR unbeliebt gemacht und daheim mit Ansätzen zu einer moderneren, flexibleren Wirtschaftsführung den Widerstand der konservativen Funktionäre hervorgerufen hatte. Die »Neue Ostpolitik« der Bundesregierung stellte die DDR-Führung seit 1969 vor schwierige Probleme. Einerseits entsprach sie der SED-Forderung nach Anerkennung der DDR als eines selbständigen Staates und wurde insofern offiziell begrüßt. Andererseits aber zwang die Strategie der formellen Anerkennung bei gleichzeitigem Insistieren auf möglichst enger Ausgestaltung der deutschdeutschen Nachbarschaft die DDR in die Defensive. In der Partei wurde damals ein Stoßseufzer Ulbrichts kolportiert. Zu Adenauers Zeiten, soll er geäußert haben, sei es einfacher gewesen. Zumindest schwere politische Fehler habe man vermeiden können, indem man nach der einfachen Regel verfuhr, Nein zu sagen, wo Adenauer Ja sagte, und Ja, wo er Nein sagte. Diese bewährte Regel funktioniere nun nicht mehr. Wie schwierig es war, politischen Vorteil zu ziehen aus der Annäherung der beiden Staaten angesichts einer Bevölkerung, die der Annäherung zustimmte, von ihr aber mehr und anderes erwartete als das Politbüro, zeigte im März 1970 der Jubel für Willy Brandt auf dem Erfurter Bahnhofsvorplatz bei dessen Treffen mit dem Vorsitzenden des Ministerrats der DDR, Willi Stoph.

Nach außen hin waren es Jahre großer Erfolge der DDR. Gleichrangig neben der Bundesrepublik wurde sie 1973 Mitglied der Vereinten Nationen. Im Herbst 1974, weniger als zwei Jahre nach dem Grundlagenvertrag mit der BRD, war die DDR von mehr als hundert Staaten der Erde diplomatisch anerkannt. Stolz saß Erich Honecker bei der feierlichen Unterzeichnung der Schlußakte der Konferenz für Sicherheit und Zusammenarbeit in Europa in Helsinki 1975 zwischen Bundeskanzler Helmut Schmidt und dem Präsidenten der USA, Gerald Ford. Im Innern hingegen sah die DDR-Führung vor allem die Gefahren, die ihrem Regime drohten, wenn die Menschen die Formel von der guten Nachbarschaft allzu wörtlich nahmen. Scharf wandte sich die SED auf ihrem VIII. Parteitag im Juni 1971 gegen irgendwelche Formen »sogenannter innerdeutscher Beziehungen«. Die Partei trete für die Aufnahme gleichberechtigter Beziehungen zur Bundesrepublik ein, womit aber nur ein Verhältnis der friedlichen Koexistenz auf der Grundlage des Völkerrechts gemeint sein

könne. Was sich unterdessen »gesetzmäßig« weiter vollziehe, sei
der Prozeß der Abgrenzung zwischen der DDR, in der sich die
»sozialistische deutsche Nation« entwickele, und der monopolka-
pitalistischen BRD, in der die alte bürgerliche Nation existiere.
Durch ein Gesetz zur Veränderung der erst 1968 durch Volksent-
scheid verabschiedeten Verfassung wurden im Oktober 1974 alle
Bezüge auf die deutsche Nation aus dem Verfassungstext getilgt.
Bei alledem trug die internationale Aufwertung der DDR auch zu
einer Erhöhung ihres Ansehens im Innern bei. Die Anhänger des
Regimes waren stolz auf den erzielten Erfolg. Wer der politischen
Ordnung uninteressiert bis distanziert gegenüberstand oder sie
glatt ablehnte, sah jetzt, daß er die nunmehr weltweit akzeptierte Existenz des Staates DDR zumindest hinnehmen mußte als einen Zustand, an dem sich so bald nichts ändern werde. Man begann sich auf Dauer einzurichten. Dies wurde erleichtert durch
die auf dem VIII. Parteitag beschlossene »weitere Erhöhung des
materiellen und kulturellen Lebensniveaus des Volkes« als
»Hauptaufgabe« der Volkswirtschaft. Spürbare Verbesserungen
gab es vor allem auf den Gebieten des Wohnungsbaus sowie für
junge Familien mit Kindern.

Die Arbeit der Historiker war von den veränderten Verhältnissen in mehrfacher Weise berührt. Auf dem Internationalen Historikerkongreß in Moskau 1970 wurde das Nationalkomitee der
Historiker der DDR ordentliches Mitglied im Internationalen
Komitee der Geschichtswissenschaften. Der leidige Statusstreit
mit dem westdeutschen Verband, der bis dahin die internationale Vertretung aller deutschen Historiker beansprucht hatte, war
vom Tisch. DDR-Historiker erhielten fortan auf internationalem
Parkett größeren und freieren Raum zur Präsentation ihrer Arbeiten. Daß mit Ulbricht ein Parteiführer abtrat, der sich immer
wieder konkret in die Arbeit der Historiker eingemischt und mit
eigenen Beiträgen verbindliche Vorgaben für die marxistisch-
leninistische Geschichtswissenschaft formuliert hatte, war ein
Glück. Die größere persönliche Zurückhaltung seines Nachfol-
gers auf unserem Gebiet bedeutete freilich nicht, daß die Parteiführung ihren Anspruch aufgegeben hätte, die Historiker für
ihre politischen Ziele in Dienst zu nehmen. »Bei jeder sich bie-
tenden Gelegenheit«, forderte Kurt Hager im Oktober 1971 auf

einer Tagung über die Aufgaben der Gesellschaftswissenschaften nach dem VIII. Parteitag, müßten die Historiker »sachkundig beweisen, warum alles große Humanistische und Fortschrittliche der deutschen Geschichte allein unter den Bedingungen der Macht der Arbeiterklasse in der DDR lebendige Wirklichkeit wird«. Die Deutsche Demokratische Republik sei der »einzig rechtmäßige Erbe des Besten, was das deutsche Volk in seiner langen, wechselvollen Geschichte hervorgebracht hat. Sie ist Fortsetzer aller großen Leistungen der Vergangenheit.« Dieser Appell enthielt nicht nur die ganz und gar wissenschaftsfremde Verpflichtung der Historiker auf Forschungen für ein vorweg bestimmtes Ergebnis, verbunden mit der so unsinnigen wie arroganten politischen Zuspitzung. Die Forderung an die Historiker, sich der ganzen deutschen Geschichte zuzuwenden, allen großen Leistungen deutscher Vergangenheit, enthielt noch einen anderen Aspekt. Sie spiegelte die Situation des gleichsam »erwachsen gewordenen« zweiten deutschen Staates, dessen Führung sich jetzt sicherer fühlte seines längeren Bestandes. Der aber bedurfte eines breiteren geschichtlichen Unterbaus. Historische Legitimation, so konnte Hager gelesen werden, war nur aus umfassenderem Blick auf die Vergangenheit zu gewinnen, durfte sich nicht beschränken auf die Beschwörung der revolutionären Linie von Spartacus über Thomas Müntzer, Karl Liebknecht und Ernst Thälmann zu Wilhelm Pieck. Der Gesichtspunkt war an sich nicht neu. Alfred Meusel hatte immer so argumentiert, und auch in offiziellen Dokumenten der Partei hatte es ähnliche Töne gegeben. Sie bekamen aber neues Gewicht in den veränderten allgemeinen Umständen. Im nachhinein erkennt man, daß hier eine Linie in der DDR-Geschichtswissenschaft begann, die in der Ende der siebziger Jahre einsetzenden Diskussion über »Erbe und Tradition« kulminieren sollte.

Offen angemahnt wurde im selben Jahr 1970 eine Akzentveränderung des Geschichtsbildes auch in der Bundesrepublik. Im Februar kritisierte Bundespräsident Heinemann in einer Rede in Bremen die Geschichtsvermittlung, besonders an den Schulen. Man solle nicht nur die Geschichte der Sieger behandeln, sondern sich auch den Kämpfen der Unterdrückten und Entrechteten zuwenden. Er nannte die Bauernkriege und die Revolution von

1848 als Beispiele und verband seinen Vorschlag, die Geschichts-
bücher »umzuschreiben«, mit dem Hinweis, man dürfe solche
Themen nicht den Kommunisten überlassen. Besorgt warnte
Theodor Schieder sogleich, der demokratische Staat Bundesrepublik könne »in Gefahr geraten«, folge man dem Vorschlag Heine-
manns, sich positiv den revolutionären Traditionen der deutschen Geschichte zuzuwenden. Dieser bekräftigte allerdings in
einer Rede zur Eröffnung einer Ausstellung über Freiheitsbestre-
bungen der deutschen Geschichte in Rastatt seine Forderung
nachdrücklich. Es gehe nicht an, den Bemühungen der DDR, Frei-
heitsbestrebungen in Entwicklungsstufen zum kommunistischen
Zwangsstaat zu verfremden, durch eigene Untätigkeit Vorschub
zu leisten und sich so »einen Teil unserer Geschichte entwenden
zu lassen«.

Natürlich wäre es abwegig, ein Gleichheitszeichen zu setzen
zwischen den Appell des SED-Funktionärs, der die Macht hatte,
verbindliche Vorgaben für die Historiker seines Landes zu ver-
künden, und der Anregung des Bundespräsidenten, der die westdeutschen Historiker folgen konnten oder nicht. Aufschlußreich
für ein bei aller Gegensätzlichkeit und tiefgreifenden Unter-
schiedlichkeit ähnliches Empfinden für neue Entwicklungen in
einem veränderten Zeitgeist ist ein Vergleich der Auftritte gleichwohl. Ausdrücklich bezog sich Heinemann in seiner Rastatter
Rede auf die in den letzten Jahren eingetretene neue Situation.
Man habe zur Kenntnis nehmen müssen, daß für eine unbestimmte Zeit zwei deutsche Staaten bestehen würden. Wenn auch
widerwillig, sei die Bundesrepublik »ein Staat im vollen Sinne
geworden«, was einen neuen Blick auf die Geschichte verlange.

Bemerkenswerte Veränderungen prägten in diesen Jahren auch
das organisatorische Gefüge der DDR-Geschichtswissenschaft.
Nachdem eine 1964 bei der Akademie der Wissenschaften gegründete *Sektion Geschichte* ihr Ziel – Planung, Leitung und
Kontrolle der Geschichtswissenschaft im gesamtstaatlichen Maßstab – nicht erreicht hatte, wurde 1969 beim Institut für Marxismus-Leninismus (IML) des ZK der SED mit derselben Zielsetzung ein *Rat für Geschichtswissenschaft* gebildet. Vorsitzender
wurde der inzwischen zum Mitglied des Zentralkomitees der
SED und Leiter des Lehrstuhls Geschichte am IML aufgestiegene

Ernst Diehl. Dem Rat, der bis 1989 existierte, gehörten Vertreter aller geschichtswissenschaftlichen Einrichtungen des Landes an. Ausgestattet mit der Autorität der Partei, übte er einen weit größeren, direkten Einfluß auf die Entwicklung der Geschichtswissenschaft in Forschung und Lehre aus, als ihn die Sektion Geschichte zustande gebracht hatte. Endgültig war in dieser Zeit die Verpflichtung der Geschichtswissenschaft auf den Marxismus-Leninismus durchgesetzt. Eine Schwäche allerdings teilte der Rat mit der Sektion: auch er besaß keine Entscheidungskompetenz. Er entwickelte Vorgaben für die allgemeine Richtung und legte die Schwerpunkte der Arbeit für die jeweils anstehenden größeren Planungszeiträume fest. Wie solche Vorgaben umgesetzt wurden, welche Themen mit welcher Intensität und in welchen Formen bearbeitet wurden, entschieden letztlich aber die Institute und Sektionen. Ein wichtiges Instrument des Rates war der »Zentrale Forschungsplan«, in den für vorrangig erachtete Projekte der Institute und Sektionen aufgenommen wurden. Die Leitungen von Instituten und Sektionen legten aus Gründen der Repräsentation und des Ansehens »oben« Wert darauf, mit dem einen oder anderen Projekt in diesem Plan vertreten zu sein. Als Autor oder Projektverantwortlicher sah man die eigene Arbeit eher ungern in diesem Plan, bedeutete das doch vermehrte Kontrolle, zusätzliche Berichte und unangenehme Diskussionen vor einem größeren Forum, wenn der festgelegte Endtermin nicht eingehalten werden konnte. Zugleich hatte man auch Vorteile. Ein im Rahmen des Zentralen Forschungsplanes fertiggestelltes Manuskript genoß Priorität bei den Verlagen. Wer in einem der großen historischen Verlage – dem Dietz-Verlag, dem Deutschen Verlag der Wissenschaften oder dem Akademie-Verlag – ein vom Rat für Geschichtswissenschaft empfohlenes Projekt des Zentralen Forschungsplanes einreichte, konnte ziemlich sicher sein, daß die Arbeit angenommen wurde, zumal die für die Beurteilung historischer Literatur zuständige Mitarbeiterin der Hauptverwaltung Verlage des Ministeriums für Kultur zugleich Mitglied der Leitung des Rates war.

1968/69 wurden die großen Forschungsinstitute der Akademie, darunter das Institut für Geschichte, in Zentralinstitute umgebildet. Ein äußeres Kennzeichen dafür, daß die Akademie im

Wissenschaftssystem der DDR an Bedeutung gewonnen hatte, war die Verleihung des bis dahin den Universitäten vorbehaltenen Promotions- und Habilitationsrechts an die Institute der Akademie. Neunzig Prozent des Forschungspotentials der Akademie galten im übrigen Naturwissenschaft, Technik und Medizin, betrieben in Instituten, die ihre Pläne nun in hohem Maße an den Bedürfnissen und Forderungen der Wirtschaft auszurichten hatten. Der Präsident der Akademie wurde im Range eines Ministers Mitglied der Regierung. Der im Staatsapparat üblichen Doppelung von staatlicher und Parteihierarchie entsprach die Aufwertung unserer Parteiorganisation zur eigenen Kreisleitung; ihr Erster Sekretär wurde als solcher Mitglied des Akademiepräsidiums.

Zentralinstitut für Geschichte (ZIG) – die neue Bezeichnung unterstrich den Anspruch auf eine führende Position in der DDR-Geschichtswissenschaft, was mit den vergrößerten administrativen Befugnissen der Institutsleitung einherging. Die Zentralinstitute erhielten von nun an Haushaltmittel im Rahmen der Akademie, über deren Verwendung der Institutsdirektor entscheiden konnte. Die Institutsdirektoren unterstanden direkt dem Präsidenten der Akademie, von dem sie eingesetzt bzw. abberufen wurden. Zur Organisation der laufenden Arbeit waren Institute verwandter Disziplinen in insgesamt acht Forschungsbereichen zusammengefaßt. Gemeinsam mit Wirtschafts-, Alt- und Literaturhistorikern, Philosophen, Staats- und Rechtswissenschaftlern, Soziologen, Sprach- und Wirtschaftswissenschaftlern gehörten wir Historiker vom *ZIG* zum Forschungsbereich Gesellschaftswissenschaften.

Der allgegenwärtige Führungsanspruch der Partei, exekutiert gegenüber der Akademie durch die Funktionäre der ZK-Abteilung Wissenschaften, komplizierte die Leitungsarbeit, besonders spürbar auf dem hochgradig politikanfälligen Gebiet der Geschichte. Es war ein schwieriges System. Der Direktor des ZIG, formell ausgestattet mit dem Privileg, allein verantwortlich zu sein für die Leitung einer großen wissenschaftlichen Einrichtung, hatte jederzeit mit mehreren Obrigkeiten zu rechnen. Er unterlag zum einen der Disziplin der Akademie, die ihn und sein Institut bezahlte. Inhaltlich nahmen zudem die Abteilung Wissenschaften im ZK der SED, der Rat für Geschichtswissenschaft, die Leitung des Forschungsbereichs Gesellschaftswissenschaften wie auch die SED-Kreisleitung der Akademie Einfluß auf die Arbeit des Instituts – Institutionen mit ungleichem Gewicht und ungleichen Entscheidungsbefugnissen. Allen gemeinsames Ziel war die optimale Gestaltung einer dem Sozialismus und der DDR verpflichteten Wissenschaft, die nach den Direktiven der »Partei der Arbeiterklasse« funktionierte. Überall standen Mitglieder dieser Partei an den verantwortlichen Positionen. Sie alle aber waren Menschen mit unterschiedlichen Interessen, Talenten und Charakteren, die in dem Kompetenzendschungel die Möglichkeit hatten, sich verschieden zu verhalten. Eine pluralistische Wissenschaft existierte nicht in der DDR. Die Tatsache aber, daß es zwischen Instituten eines Forschungsbereichs – innerhalb der für alle Gesellschaftswissenschaften verbindlichen, nirgendwo offen in Frage gestellten, durchaus aber unterschiedlich interpretierten Klammer des Marxismus-Leninismus – bemerkenswerte und für den einzelnen Mitarbeiter höchst schätzenswerte Unterschiede in der wissenschaftlichen Qualität, im politischen Klima von Toleranz oder Intoleranz und in der Offenheit für Diskussionen gab, so zum Beispiel zwischen dem Zentralinstitut für Literaturgeschichte und dem Institut für Wirtschaftsgeschichte auf der einen und dem überaus dogmatisch geleiteten Zentralinstitut für Philosophie auf der anderen Seite, findet hier eine Erklärung.

Das Zentralinstitut für Geschichte stand zwischen diesen Polen. Günstig für eine Versachlichung des Arbeitsklimas im Institut wirkte sich aus, daß Ernst Engelberg 1969 das Amt des Direktors abgab. Er zog sich zurück auf eine Forschungsstelle für Theorie und Geschichte der Geschichtswissenschaft, die er begründete und bis zu seiner Emeritierung 1974 leitete – auf hohem intellektuellem Niveau übrigens und ohne das schreckliche Eiferertum, das ihn als Direktor so schwer erträglich gemacht hatte. Ich konnte den Wechsel nur begrüßen, zumal der neue Direktor, Horst Bartel, mir ohne das Mißtrauen begegnete, mit dem Engelberg mir zugesetzt hatte. Im Jahre 1970 drängte er den Präsidenten der Akademie, meine bereits 1968 vorgesehene Ernennung zum Professor, die damals wegen des Disziplinarverfahrens gegen Wolfgang ausgesetzt worden war, endlich zu vollziehen, was dann auch geschah. Horst Bartel war kein bedeutender Wissenschaftler. Originelle, prägende Ideen für die Forschungen im Institut gingen von ihm nicht aus. Treue Befolgung der Linie der Partei war ihm selbstverständlich. Aber er war intelligent, kein Intrigant und kein Freund extremer Positionen.

In meiner Arbeit wandte ich meine Aufmerksamkeit verstärkt den Problemen des Vorkriegsimperialismus zu, einem *per definitionem* internationalen System. Deutsche Geschichte blieb mein Hauptfeld, immer deutlicher aber betrachtet unter dem Gesichtspunkt ihrer Einbettung in die internationalen Beziehungen. Ich knüpfte an meine Forschungen aus der ersten Hälfte der sechziger Jahre über die Beziehungen Deutschlands zu Österreich-Ungarn an, wobei sich mein Interesse besonders auf die Rivalität der beiden Verbündeten auf dem Balkan richtete. Ein neues Thema wurden die deutsch-französischen Beziehungen, zumal ich in die Aktivitäten einer vom Präsidium unserer Historikergesellschaft und einigen namhaften französischen Historikern organisierten, losen Gruppe einbezogen wurde, die seit 1969 abwechselnd in beiden Ländern zu einer Reihe gemeinsamer Kolloquien zusammenkam. Mit dieser nicht gänzlich neuen, aber doch neu akzentuierten Hinwendung zu Fragen der außerdeutschen Geschichte war ich vorbereitet auf die Übernahme eines Amtes, das mir Bartel Anfang 1973 anbot. Ich wurde Leiter des Wissenschaftsbereichs *Allgemeine Geschichte* und blieb in dieser Funktion, bis im Jahre 1986 aus diesem Bereich ein eigenes Institut für Allgemeine Geschichte gebildet wurde.

Der Begriff »Allgemeine Geschichte« wurde in der DDR-Geschichtswissenschaft eigenartig gebraucht. Man verstand darunter die nichtdeutsche Geschichte. Die theoretisch nicht zu begründende, allenfalls aus praktischen Gesichtspunkten der Arbeitsteilung zu rechtfertigende Trennung von deutscher und anderer Geschichte hatte sich ergeben, nachdem in den Anfangsjahren der marxistisch-leninistischen Geschichtswissenschaft die politisch motivierte kritische Auseinandersetzung mit der deutschen Vergangenheit und der bürgerlichen Gegenwart in der Bundesrepublik zu einer ganz starken Konzentration auf die deutsche Geschichte geführt hatte. Die Gründung von »Instituten für die Geschichte des deutschen Volkes« an allen Universitäten war Ausdruck dieser Tendenz. Daß Geschichte aber mehr ist als deutsche Geschichte, war natürlich allen klar, und so entstanden an allen Universitäten auch Abteilungen für die Geschichte anderer Länder. Deutsche Geschichte blieb allerdings stets im Zentrum, und zwar in doppelter Hinsicht. Auf diesem Gebiet wurden mit Abstand die meisten Mittel und die größte Zahl von Mitarbeitern eingesetzt, und mit den Arbeiten zu Themen der deutschen Geschichte beschäftigten sich auch die kontrollierenden und zensierenden Wissenschaftsfunktionäre am intensivsten.

Der allgemeinen Tendenz entsprach die Praxis im ZIG. Neben *vier* Wissenschaftsbereichen zur deutschen Geschichte – Feudalismus, 1789–1917, 1917–1945, Zeitgeschichte (später: Geschichte der DDR) – gab es *einen* Wissenschaftsbereich *Allgemeine Geschichte*. Er war untergliedert in Abteilungen für die *Geschichte der UdSSR* (von der Kiewer Rus bis zur Gegenwart), der *sozialistischen Länder Europas, imperialistischer Hauptländer* (USA, Großbritannien, Frankreich, Japan) und der *Entwicklungsländer* (Indiens, des subsaharischen Afrika und des Nahen Ostens). Wir hatten auch zwei tüchtige Sinologen, deren Zuordnung immer ein Problem war. Zu sozialistischen Ländern sollten sie nach dem Bruch Maos mit der Sowjetunion eigentlich nicht gehören. Bei Entwicklungsländern paßten sie auch nicht so recht, waren aber, wenn ich mich richtig erinnere, doch bei diesen untergebracht.

Eine Folge der politischen Veränderungen an der Wende von den sechziger zu den siebziger Jahren war ein Zuwachs aus dem früheren Bereich *Zeitgeschichte*. Dieser wurde umbenannt in den Bereich *Geschichte der DDR*, während die bisher dort bestehende Arbeitsgruppe, die sich mit der Geschichte der BRD beschäftigte, der Abteilung *Imperialistische Hauptländer* bei der Allgemeinen Geschichte zugeschlagen wurde. Die imperialistische BRD, so wollte es diese krause Theorie, in der Deutschland sich irgendwie in Luft aufgelöst hatte, gehörte eben zum Ausland.

In unserem Gebrauch der Begriffe »Imperialismus« und »imperialistisch« folgten wir der Imperialismus-Definition Lenins, der unter Imperialismus nicht nur die Kolonialherrschaft europäischer Großmächte verstand, sondern das etwa mit der Jahrhundertwende einsetzende Entwicklungsstadium hochentwickelter kapitalistischer Länder, das durch Konzentration von Produktion und Kapital im Monopolkapitalismus, die Verschmelzung von Bank- und Industriekapital, Entstehung einer Finanzoligarchie, Kapitalexport und die Herausbildung internationaler kapitalistischer Monopole, die die Welt unter sich aufteilen, gekennzeichnet sei. In diesen neuen Erscheinungen der kapitalistischen Wirtschaft, die in der Gegenwart fortbestanden, sah diese Theorie die Ursachen ständigen Vormachtstrebens – der »Großen« untereinander und der Starken gegen die Schwachen, vornehmlich in der sogenannten Dritten Welt. Grundelemente dieser Theorie hielt und halte ich für zutreffend. Daß ihr immanenter ökonomischer Reduktionismus nicht genügte zur Beschreibung der viel komplexeren Wirklichkeit, habe ich in einer Reihe meiner Arbeiten zu zeigen versucht.

Das Forschungsprogramm des Bereichs »Allgemeine Geschichte« entsprach insofern seiner Zusammensetzung, als es uneinheitlich war. Im Vordergrund standen monographische Arbeiten, die sich bei der UdSSR-Gruppe thematisch über viele Jahrhunderte erstreckten, in den anderen Gruppen auf das neunzehnte, vor allem aber das zwanzigste Jahrhundert, mit relativ hohem Anteil an Arbeiten zur Zeitgeschichte nach 1945. Zwei Periodika wurden von Mitarbeitern des Bereichs herausgegeben, das *Jahrbuch zur Geschichte der sozialistischen Länder Europas* und die Zeitschrift *Asien–Afrika–Lateinamerika*. Ein geschlossenes Bereichsprofil existierte im Grunde nicht. Unter den Bedingungen der gelenkten Geschichtswissenschaft der DDR konnte dies auch nicht mein Ziel sein, wären doch sogleich schwer zu ignorierende Anforderungen an ideologisch geschlossene Überblicks- oder Gesamtdarstellungen laut geworden. Ich konzentrierte mich zunächst auf die Bildung einer informellen Arbeitsgruppe zu Themen aus der Geschichte des Imperialismus vor 1914. Mitarbeiter aus drei Abteilungen, der UdSSR, der Geschichte der sozialistischen Länder Europas und der imperialistischen Hauptländer, waren daran beteiligt.

Die neue Funktion brachte mich in engere Verbindung mit den Allgemeinhistorikern an den Universitäten. Im Rahmen des Rates für Geschichtswissenschaft gab es für die einzelnen Zweiggebiete sogenannte Problemräte, darunter den *Problemrat für Allgemeine Geschichte*, dessen Leiter ich *ex officio* wurde. Diese Tätigkeit habe ich in freundschaftlicher Zusammenarbeit mit den Leitern der anderen allgemeinhistorischen Abteilungen an den Universitäten des Landes ausgeübt, ohne jeden Anspruch auf Anleitung oder gar Kontrolle der einschlägigen Projekte. Worum es uns ging, war ein laufender (nicht häufiger) Austausch über die bearbeiteten Themen, um Doppelungen zu vermeiden und auf krasse Lücken aufmerksam zu werden, und darüber hinaus eine ständig notwendige Bemühung um die Vermehrung der überall zu gering bemessenen Stellen für die Allgemeine Geschichte. Zentrum der Allgemeinen Geschichte an den Universitäten war das Institut an der Karl-Marx-Universität Leipzig unter Leitung des bedeutendsten Historikers der DDR, Walter Markov.

Walter Markov zu begegnen, gehörte zu den großen Glücksfällen meines Lebens. Er führte ein Leben von beispielhafter Konsequenz und hinterließ das überaus eindrucksvolle, durch stupende Kenntnis der Ereignisse und bestechende Tiefe der gedanklichen Verarbeitung gekennzeichnete Lebenswerk eines Universalhistorikers von hohem Rang. Wieder tritt ein Leben vor unseren Blick, das auf ganz eigene Weise exemplarisch war für Menschenschicksale in unserem »Jahrhundert der Extreme«. Geboren 1909 im österreichischen Graz als Sohn einer Wienerin, deren Familie aus Sachsen stammte, und eines Vaters slowenischer Nationalität aus der Untersteiermark, wuchs er in einer »multikulturellen« Großfamilie auf, in der sich kosmopolitische Toleranz von selbst verstand. Kindheit und Jugend verlebte er an verschiedenen Orten: von Graz zog die Familie ins damals noch österreichische Laibach, verbrachte die Kriegsjahre wieder in Graz, um 1919 in das nun zu Jugoslawien gehörende Ljubljana (Laibach) zurückzukehren. Das serbische Belgrad und das kroatische, zeitweilig italienisch besetzte Susak (Rijeka) waren weitere Stationen, bis Markov 1927 nach Deutschland ging, um hier bis 1934 an verschiedenen deutschen Universitäten Geschichte, Kirchengeschichte, Geographie, Philosophie, Orientalistik und Slawistik zu studieren. Er promovierte 1934 in Bonn mit einer Dissertation über »Serbien zwischen Österreich und Rußland 1897 bis 1908« bei dem liberalen Historiker Fritz Kern. Hitler war seit einem Jahr an der Macht. Dem jugoslawischen Staatsbürger Dr. Markov, parteilos, aber politisch links orientiert und wissenschaftlich dem Marxismus nahe, der ihn in Berliner Studienjahren besonders in den Vorlesungen und Übungen des Althistorikers Arthur Rosenberg beeindruckt hatte, war die wissenschaftliche Laufbahn in Deutschland verschlossen. Er hätte das Land verlassen können, blieb aber, weil er meinte, es sei nun Aufgabe des Historikers, von der Beschäftigung mit der geschehenen Geschichte überzugehen zum Eingreifen in die geschehende. Er gründete eine kleine Widerstandsgruppe an der Bonner Universität, gab eine illegale Zeitschrift *Sozialistische Republik* heraus und schloß sich der Kommunistischen Partei an, für ihn die aktivste Kraft im Kampf gegen den Hitlerfaschismus. 1935 flog die Gruppe auf, Markov wurde verhaftet und 1936 vom Volksgerichtshof in Berlin zu zwölf Jahren Zuchthaus verurteilt. Inhaftiert im Zuchthaus Siegburg bei Bonn, war er der leitende Kopf einer Gruppe von Häftlingen, die im April 1945 eine Selbstbefreiungsaktion organisierte und den kurz darauf eintreffenden Amerikanern zu deren Überraschung das Zuchthaus als freie Männer übergab. Die Aktion war kennzeichnend für Markovsche Prinzipientreue. Bequemere Geister hätten wohl eingewandt, man solle die Dinge ihren zu diesem Zeitpunkt sicher voraussehbaren guten Gang gehen lassen, stehe doch die Befreiung durch die Amerikaner kurz bevor und seien die Wachmannschaften schon deutlich demoralisiert. Markov und seine Freunde sahen die Situation nicht anders, zogen aber andere Schlüsse. Ihnen kam es darauf an, endlich zu handeln und einen, sei es noch so kleinen, Beitrag deutscher Antifaschisten zur Beendigung der faschistischen Herrschaft zu leisten. Markov hat, wenn er später über diese Vorgänge sprach, was er selten tat, nie den geringsten Versuch einer heroisierenden Überhöhung gemacht, den eigenen Anteil kaum erwähnt und nur diese prinzipielle Seite der Sache betont.

Von Bonn, wo für den Kommunisten Markov wiederum eine Universitätslaufbahn nicht in Frage kam, übersiedelte er 1946 nach Leipzig, habilitierte sich dort ein Jahr später mit einer brillanten Arbeit über »Grundzüge der Balkandiplomatie« und wurde 1949 zum Professor und zum Direktor des im Jahre 1909 von

Karl Lamprecht gegründeten Instituts für Kultur- und Universalgeschichte berufen. Der von Lamprecht begründeten Tradition blieb Markov verbunden, auch nachdem sein Institut schon 1951 im Zuge der ersten von nicht wenigen Universitätsreformen seinen Namen verlor. In Leipzig hat Markov gelehrt und geforscht bis zu seiner Emeritierung 1974 und darüber hinaus, soweit die Kräfte es gestatteten. Er starb im Juli 1993. Höchste Anforderungen an sich selbst stellend, unermüdlich fragend und suchend, schuf der kleine, bescheiden auftretende Mann, dem jede Ordinarien-Allüre fremd war, sein imponierendes, bald weltweit anerkanntes Œuvre – geschrieben in einer geschliffenen Sprache von äußerster Konzentration und Genauigkeit.

Markov war Marxist, verstand unter Marxismus aber eine offene, kritische Methode, die nur in Verbindung mit sorgfältigster Untersuchung der Fakten nützlich ist. »Jeder ernsthafte marxistische Wissenschaftler«, hat er einmal gesagt, »ist davon überzeugt, daß mit den Einblicken von Marx und den zeitgemäßen Bereicherungen durch Lenin keine auf Dauer verpackte Medizin vorhanden ist, die gegen sämtliche Übel der Welt schützt. Ihr ›Ismus‹ ist ein Schlüssel zum Verständnis, bei dem aber jedesmal die reale Analyse, die Analyse des wirklichen Standes … als Korrelat anzusetzen und beizufügen ist.« Nach diesen Maximen hat Markov gearbeitet. Seine Aufmerksamkeit und Sympathie galt denjenigen Personen, Gruppen, Parteien, Schichten und Klassen, die den jeweiligen revolutionären Prozessen Kraft und Schwung verliehen, von den gegen Osmanen- bzw. Habsburgerherrschaft kämpfenden Befreiungskräften der Balkanvölker über die Jakobiner, Sansculotten und Enragés in Frankreich bis zu den antikolonialen Befreiungsbewegungen unseres Jahrhunderts. Immer aber war er bemüht, revolutionäre Sympathie nicht in die revolutionäre Phrase abgleiten zu lassen.

Ich kannte Walter Markov seit meiner Arbeit in der *ZfG*. Er war bekannt als undogmatischer Marxist, Historiker mit umfassenden Kenntnissen und als Autor, der ein Sprache schrieb, die sich in ihrer Lebendigkeit und Originalität abhob von den oft so trockenen Texten vieler anderer. Man kannte sein Schicksal in der Nazizeit und war empört über die Parteibürokraten, die ihn bei der Partei»überprüfung« 1951 unter dem unsinnigen Vorwurf des »Titoismus« ausgeschlossen und dem Genossen, der als Aktivist dieser Partei neun Jahre im Zuchthaus gesessen hatte, den Status eines Verfolgten des Naziregimes aberkannt hatten. Ich war froh, ihn als Autor für die Zeitschrift zu gewinnen und allmählich in engere Beziehung zu ihm treten zu können.

Einen Anfang gegenseitigen Einverständnisses in unserem Unbehagen über die politische Enge in der von uns beiden bejahten sozialistischen Welt hatte es zwischen Walter Markov und mir in jener Plauderei auf dem Empfang in der polnischen Botschaft im November 1956 gegeben, die mir den Rüffel von Ernst Diehl eingetragen hatte. Markov hatte an den ketzerischen Redereien teilgenommen. Bei Markov hatte ich mich 1968 habilitiert. Als Habilitationsschrift hatte ich unter dem Titel *Der deutsche Imperialismus und die Entstehung des Ersten Weltkriegs* die von mir verfaßten Kapitel über die Literatur zur Kriegsschuldfrage, über die Vorgeschichte des Krieges und die Julikrise 1914 aus dem vor der Veröffentlichung stehenden ersten Band der dreibändigen Geschichte Deutschlands im Ersten Weltkrieg eingereicht. Den in der Habilitationsordnung vorgeschriebenen öffentlichen Probevortrag hielt ich übrigens zu einem Thema, das mir im Hinblick auf das Schicksal meines Vaters auch persönlich nahelag. Ich sprach über Gemeinsamkeiten und Unterschiede zwischen Nationalsozialisten und nichtnationalsozialistischen Rechten in den Jahren des Übergangs von der Weimarer Republik zur faschistischen Diktatur.

Mitte der sechziger Jahre war Markov führend beteiligt an einer Initiative mit dem Ziel, Historiker verschiedener europäischer Länder, »bürgerliche« und »marxistische«, zu Diskussionen über Themen der Geschichte Europas im 19. und 20. Jahrhundert zusammenzubringen. Das Unternehmen korrespondierte mit der Entspannungstendenz, die sich in den internationalen Beziehungen jener Jahre allmählich entwickelte, und war ein Versuch, den Verhärtungen des Kalten Krieges auf dem Gebiet der Geschichtswissenschaft entgegenzuwirken. Gefragt war argumentativ gestütztes Werben um Verständnis für den eigenen Standpunkt, verbunden mit der Bereitschaft, kennenzulernen, was auf der »anderen« Seite geschrieben und gedacht wurde und wie die Menschen aussahen, die dort tätig waren. Im November 1968 konstituierte sich in Straßburg eine *Association européenne d'histoire contemporaine*, die, so das Statut, den Austausch von Meinungen und Informationen zwischen europäischen Lehrern und Forschern auf dem Gebiet der Zeitgeschichte erleichtern und entwickeln sollte. Es war ein glücklicher, verständnisfördernder Umstand, daß Zeitgeschichte (*histoire contemporaine*), französischem Sprachgebrauch folgend, hier 1789 begann, mit der großen Revolution des Bürgertums, und nicht 1917, entsprechend der Sprachregelung im Realsozialismus, die dem dogmatischen Mißverständnis Vorschub leistete, die richtige Geschichte der Menschheit habe erst mit dem Sturm auf das Winterpalais begonnen und alles davor sei eigentlich nur Prähistorie gewesen.

Die *Association* entwickelte sich zu einer respektablen internationalen Gesellschaft. Zwischen 1971 und 1997 veranstaltete sie 18 wissenschaftliche Kolloquien in 12 Städten West- und 6 Städten Osteuropas und veröffentlichte die Protokollbände mit den wissenschaftlichen Beiträgen. Im Jahre 1980 wurde sie als affiliierte Organisation in das Internationale Komitee der Geschichtswissenschaften aufgenommen, an dessen Kongressen sie seitdem mit einer eigenen Veranstaltung beteiligt ist. Sie blieb eine Gesellschaft, die sich mit der Geschichte Europas beschäftigte, erweiterte aber den Kreis ihrer Mitglieder auf Historiker außereuropäischer Länder, was sich in der Änderung ihres Namens in *Association internationale d'histoire contemporaine de l'Europe (AIHCE)* ausdrückte. Zwanzig Jahre nach ihrer Gründung hatte sie fast 400 Mitglieder in 19 westeuropäischen, acht osteuropäischen und sechs Ländern Amerikas, Asiens und Afrikas. Allseits geachteter Präsident war zunächst Fernand L'Huillier (Strasbourg), der im Jahre 1982 altershalber von diesem Amt zurücktrat. Sein Nachfolger ist seitdem Jacques Bariéty, Professor an der Sorbonne in Paris.

Die Zusammenarbeit von Historikern aus Ost und West auf der Basis eines koexistentiellen Politikverständnisses schloß notwendigerweise die Bereitschaft ein, die politischen Voraussetzungen, unter denen die Historiker in verschiedenen Ländern arbeiteten, als Gegebenheiten zu akzeptieren. So befanden sich unter den Kollektivmitgliedern der *Association* auch die Nationalkomitees der Historiker einiger sozialistischer Länder. Die genannte

Bereitschaft aber kannte auch Grenzen. Die drei Monate nach der Intervention der Warschauer-Pakt-Staaten in die ČSSR gegründete Gesellschaft – unter den Teilnehmern der konstituierenden Versammlung befand sich ein tschechischer Historiker, Josef Polisensky, der zu den nach dem Sturz Dubčeks gemaßregelten Wissenschaftlern seines Landes gehörte – hatte nie einen der nach 1968 nach oben gekommenen tschechoslowakischen Historiker in ihrem Bureau, dem leitenden Gremium von zehn bis fünfzehn Mitgliedern, das unter Beachtung grundsätzlicher Ost-West-Parität von den Generalversammlungen gewählt wurde. Der Wille zu Ausgleich und Balance wurde auch durch die Besetzung der zwei Vizepräsidentenposten mit dem Direktor des Instituts für Europäische Geschichte in Mainz, Karl Otmar von Aretin, und dem Direktor des Instituts für Allgemeine Geschichte der Akademie der Wissenschaften der UdSSR, Alexander Tschubarjan, demonstriert. Für die Teilnehmer aus sozialistischen Ländern war es nützlich, daß die sowjetische Geschichtswissenschaft mit Tschubarjan durch einen Mann vertreten war, der sich mit seiner Flexibilität und Aufgeschlossenheit sehr deutlich von dem sonst nicht seltenen Typ des dogmatisch und autoritär auftretenden sowjetischen Wissenschaftsfunktionärs unterschied. Ich wurde 1982 auf einem Kolloquium zum Thema *Europa und der Spanische Bürgerkrieg* in Barcelona als Nachfolger Markovs in das Bureau gewählt und habe nur gute Erinnerungen an die Zusammenarbeit mit Tschubarjan. Die in meinen pflichtgemäß an die Akademie in Berlin abzuliefernden Berichten stereotyp wiederholte Formel, ich hätte mein Verhalten in der Bureau-Sitzung mit dem sowjetischen Vertreter abgestimmt, sicherte mir die Möglichkeit vernünftigen Vorgehens, weil dieser Vertreter ein vernünftiger Mann war.

Markov verdankte ich auch eine andere Empfehlung, die mir zu einer neuen, überaus bereichernden Lebenserfahrung verhalf, einem mehrmonatigen Aufenthalt an einer renommierten Hochschule der USA. Die *School of Advanced International Studies (SAIS)* in Washington hatte den französischen Historiker Georges Castellan, der ein Buch über die DDR geschrieben hatte und als Kenner unserer Verhältnisse galt, gebeten, ihr einen Gesellschaftswissenschaftler aus der DDR zu nennen, den sie für ein Semester nach Washington einladen könnte. Castellan gab die Frage an Markov weiter, der mich eines Tages fragte, ob ich bereit wäre, den Lehrauftrag anzunehmen. Ich sagte ja, hörte einige Monate nichts von der Angelegenheit, belegte als »vegetativer Optimist« aber an der Volkshochschule einen Intensivkurs in Englisch, das ich nur unvollkommen beherrschte, und bekam schließlich tatsächlich die Einladung von der SAIS, die ich der Akdemie mit der Bitte um Genehmigung einreichte. Wieder vergingen ein oder zwei Monate. Dann aber erhielt ich die Reiseerlaubnis.

Kürzere oder längere Forschungsaufenthalte in den USA, für Studenten und Wissenschaftler der Bundesrepublik seit Beginn der fünfziger Jahre eine häufig genutzte, selbstverständliche Sache, waren für DDR-Bürger viele Jahre hindurch nicht möglich. Der eigene Staat ließ sie nicht, und der andere wollte sie nicht. In den siebziger Jahren begann sich das langsam zu ändern, nachdem die Aufnahme diplomatischer Beziehungen im Herbst 1974 den Weg frei gemacht hatte. Zwar enthielt der Antrag auf Einreise in die USA nach wie vor die Bestimmung, daß Mitglieder Kommunistischer Parteien ebenso wie Geisteskranke, vorbestrafte Kriminelle oder Exhibitionisten kein Visum erhalten könnten. Von Fall zu Fall aber machten die amerikanischen Behörden Ausnahmen, bei mir sicher im Hinblick auf den Charakter der Institution, die mich eingeladen hatte. Die SAIS war 1943 von dem republikanischen Politiker Christian A. Herter – er war als Nachfolger von John Foster Dulles von 1959 bis 1961 US-Außenminister – als unabhängiges Graduierten-Kolleg gegründet und 1950 der Johns-Hopkins-Universität in Baltimore inkorporiert worden. 1974/75 studierten dort etwa 250 junge Leute, die ein dreijähriges Universitäts- oder College-Studium mit dem Grad eines Bachelor of Arts (B. A.) abgeschlossen hatten und für zwei Jahre ein Programm absolvierten, das sie zum Master of Arts (M.A.) führte. Eine kleine Zahl arbeitete auch für den Abschluß mit dem Doktor der Philosophie (Ph.D.). Ziel der Ausbildung war die Qualifizierung für eine Tätigkeit in internationalen Organisationen wie der UNO, der Weltbank oder dem Internationalen Währungsfonds, im diplomatischen Dienst der

Regierung oder in multinationalen Konzernen. Auch die CIA gehörte zu den »Abnehmern« von SAIS-Absolventen, wie ich eines Tages – erstaunt über die Öffentlichkeit des Vorgangs – einem Aushang am Schwarzen Brett mit einer Namensliste von Studenten entnahm, die zum Job-Interview bei der CIA eingeladen wurden. Großen Wert legte die Schule auf eine enge Verbindung von Theorie und Praxis. Die Studenten waren angehalten, sich Nebenbeschäftigungen durch Hilfsarbeiten im Stab von Kongreßabgeordneten, in Ämtern der Administration, in internationalen Organisationen, Konzernen oder auch bei einschlägigen Forschungseinrichtungen zu suchen. Studiengebühren in Höhe von damals 3000 Dollar pro Jahr waren zu entrichten. Bei guten Studienleistungen bestand die Aussicht auf eine finanzielle Beihilfe aus einem der zahlreichen, meist von Privatleuten gestifteten Fonds.

Geschichte als eigenes Fach gab es in der SAIS nicht, wohl aber zu fast jedem der Schwerpunkte, die sich auf Entwicklungen der Zeit nach dem Zweiten Weltkrieg konzentrierten, auch Veranstaltungen, in denen weiter zurückliegende, geschichtliche Voraussetzungen des jeweiligen Themas behandelt wurden. Meine Einladung hatte ich von David Calleo erhalten, damals Direktor eines kleinen Forschungszentrums innerhalb der SAIS, des *Washington Center of Foreign Policy Research*. An dieses Zentrum wurden von Zeit zu Zeit für ein Semester oder ein Jahr auch ausländische Gäste als sogenannte *Visiting Fellows* eingeladen. Einige Jahre zuvor war mit Wolfgang Mommsen aus der Bundesrepublik auch ein Historiker in solcher Eigenschaft dort gewesen. Offenbar in der Erwartung künftig engerer Beziehungen zur DDR war man auf die Idee gekommen, auch aus dem anderen deutschen Staat jemanden einzuladen. Ich schickte Calleo eine Publikationsliste und schlug vor, an seinem Zentrum ein Seminar über die Geschichte der Geschichtsschreibung über den Ersten Weltkrieg abzuhalten, ein Thema, das ja nicht nur historiographisch interessant war, sondern mit den leidenschaftlichen Kontroversen der internationalen Geschichtsschreibung seit dem Versailler Vertrag auch eine durchaus politische Brisanz für die Beziehungen der ehemaligen Kriegsgegner besaß. Amerikanische Historiker hatten an diesen Forschungen einen bedeutenden Anteil.

Calleo war einverstanden. Ich flog Anfang Januar 1975 nach Washington, bekam in dem modernen Gebäude der SAIS in 1740 Massachusetts Avenue, einer von Washingtons Prachtstraßen, ein Arbeitszimmer mit einer Schreibmaschine (das Computerzeitalter hatte noch nicht so recht begonnen), kündigte mein Seminar am Schwarzen Brett an – und war ziemlich enttäuscht, als zur ersten Sitzung nur drei (oder waren es nur zwei?) Hörer erschienen. Natürlich konnte ich keinen großen Andrang zum Seminar eines Unbekannten über ein Thema erwarten, das doch ziemlich fern von den in der SAIS normalerweise betriebenen Studien lag. Außerdem waren kleine Klassen normal in einer Hochschule, in der ein Lehrer auf drei Studenten kam. Ein paar mehr hätten es doch aber sein mögen. Sie stellten sich auch ein, nachdem Calleo mir in einer Studentenversammlung die Gelegenheit gegeben hatte, für mein Thema zu werben. Es waren dann etwa zehn Hörer, zu denen ich rasch ein gutes Verhältnis gewann. Besonders nett fand ich, daß sie mein in den ersten Wochen ziemlich holpriges und bis zum Schluß natürlich nicht perfektes Englisch tolerierten. Das Seminar war die einzige Lehrveranstaltung, zu der ich verpflichtet war. Auf Wunsch einer kleinen Gruppe von Studenten, die an marxistischer Geschichtsauffassung interessiert waren und die seltene Gelegenheit der Anwesenheit eines Marxisten in SAIS nutzen wollten, hielt ich jeden Samstagvormittag in meinem Arbeitszimmer einen Zirkel, in dem wir Schriften von Marx und Engels zur Geschichte besprachen. Ein Zeichen der Toleranz in der allgemein eher konservativen Hochschule erblickte ich in dem Umstand, daß die Teilnehmer dieses Zirkels, den ich für ein Privatvergnügen gehalten hatte, mich am Semesterende baten, ihnen auch dafür einen Schein, mit Benotung, zu geben.

Calleos *Center* bot über den Umgang mit den Studenten und persönliche Kontakte zu Mitgliedern des Lehrkörpers hinaus wertvolle Anregungen in einer Serie von vierzehntägig stattfindenden »Faculty Meetings« mit Gastvorträgen zum Generalthema *America and the World.* Über die politische Situation in der Bundesrepublik Deutschland, Italien, Frankreich, Japan aus der Sicht der amerikanischen Weltpolitik, über Grundsatzprobleme der internationalen Beziehungen, vor allem der Weltwirtschaft, über die Rolle des Kongresses in der Außenpolitik oder über die politische Philosophie Henry Kissingers sprachen kompetente Redner, meist aus der politischen Praxis, aber auch Wissenschaftler von der SAIS oder anderen Universitäten. Vortrag und Diskussion verliefen im allgemeinen im Geist eines sachlichen, gemäßigten Konservativismus, fraglos in grundsätzlicher Zustimmung zu Amerikas führender Rolle in der Welt, dabei aber fern von dem missionarischen Überschwang der alljährlichen *State-of-the-Union*-Botschaften der Präsidenten, offen auch für kritische Einwände. Man konnte viel lernen aus den Debatten, die nicht selten brennende Fragen der Gegenwart betrafen. Lebhaft erinnere ich mich an die für einen Diplomaten ungewöhnlich scharfe, fast mit einem Unterton von Schadenfreude vorgetragene Kritik eines französischen Botschaftsrats an der arroganten Vietnam-Politik der USA, denen er vorwarf, nichts aus dem Debakel der Franzosen zwanzig Jahre zuvor in Dien Bien Phu gelernt zu haben. Wenige Wochen später flüchteten die letzten Amerikaner mit dem Hubschrauber vom Dach der amerikanischen Botschaft in Saigon.

Engen Kontakt hatte ich in Washington zu dem aus Nazideutschland emigrierten Imperialismusforscher George W. F. (eigentlich Wolfgang) Hallgarten (dessen Familie übrigens benachbart und nah befreundet war mit derjenigen Thomas Manns). Kritisch gegen die apologetische Kriegsschuldforschung, hatte Hallgarten in den zwanziger Jahren den Imperialismus vor 1914 unter dem Gesichtspunkt des Wirkens wirtschaftlicher und sozialer Kräfte erforscht, marxistischen Auffassungen nahe, selbst aber dezidierter Nicht-Marxist. Anfang 1933 lag ein umfangreiches Manuskript vor, erarbeitet auf der Grundlage der gedruckten Quellen und der Literatur, eines intensiven Studiums der Presse sowie von Dokumenten aus dem Archiv des Auswärtigen Amtes, die ihm freilich nur widerwillig und selektiv zur Verfügung gestellt worden waren. Stücke, deren Veröffentlichung ein zu ungünstiges Licht auf die deutsche Politik hätten werfen können, wurden aus Aktenbänden, die Hallgarten vorgelegt wurden, entfernt und nach Rückgabe wieder eingeheftet. Das Werk konnte vollständig erst 1950 unter dem Titel *Imperialismus vor 1914* erscheinen; 1962 kam dann die stark erweiterte zweite Auflage heraus, für die der Autor die bei Kriegsende von den Alliierten beschlagnahmten, inzwischen zurückgegebenen Akten des Auswärtigen Amtes ausgewertet hatte.

Ich stand mit Hallgarten seit Beginn der sechziger Jahre in Verbindung. Er war kein Freund des Wissenschaftssystems der DDR, dessen Anspruch auf ein Wahrheitsmonopol er ablehnte, suchte aber den Kontakt zu Historikern, deren kritischer Betrachtung des Imperialismus er sich näher fühlte als den besonders in den ersten zwei Jahrzehnten nach 1945 in Westdeutschland vorherrschenden traditionellen, ideen- und personengeschichtlich orientierten historischen Auffassungen. In Westdeutschland hatte er nicht wieder Fuß fassen können. Zwar war er 1949 für einige Semester als Gastprofessor an die Universität seiner Heimatstadt München eingeladen worden, bekam aber von keiner Universität der Bundesrepublik einen Ruf. Die konservativen Historiker mochten ihn nicht. Attackiert aber wurde er auch von »links«. Hans-Ulrich Wehler veröffentlichte eine Kritik von Hallgartens Imperialismus-Werk, dessen Anspruch, die »soziologischen Grundlagen der Außenpolitik europäischer Großmächte vor dem Ersten Weltkrieg« – so der Untertitel von Hallgartens Buch – darzustellen, er gnadenlos als theoretisch haltlos und irrig in der Beschreibung der tatsächlichen Vorgänge denunzierte. Mir schien manches an der Kritik durchaus zutreffend, die polemische Zuspitzung aber abwegig.

Unterstützen konnte ich Hallgarten in seiner Auseinandersetzung mit dem westdeutschen Historiker Erwin Hoelzle, einem der schärfsten Widersacher von Fritz Fischer, der Hallgarten auf Unterlassung und Schadenersatz verklagt hatte, weil dieser in einer Studie über die Fischer-Diskussion auf Hoelzles tiefbraune Vergangenheit hingewiesen hatte. Hallgarten hatte sich dabei auf Angaben Hoelzles in einem Personalfragebogen und einem ausführlichen Lebenslauf gestützt, den dieser 1943/44 für eine Dozentur an der Berliner Universität eingereicht hatte. Ich war für eine eigene publizistische Auseinandersetzung mit Hoelzle im Archiv der Humboldt-Universität auf diese Papiere gestoßen, in denen er eingehende, präzise Angaben über seine nazistischen Verdienste bis hin zur Tätigkeit als »Obereinsatzführer im Stab des Reichleiters Rosenberg im slawischen Osten« macht, und hatte später die Zusendung von Kopien an Hallgarten vermittelt. Das Frankfurter Landgericht, vor dem die Klage verhandelt wurde – Hallgartens Buch mit den betreffenden Passagen war in der *Europäischen Verlagsanstalt* in Frankfurt am Main erschienen –, wies daraufhin Hoelzles Klage in allen Punkten ab.

Auch in den Vereinigten Staaten, wo er seinen dauernden Wohnsitz nahm, blieb der Imperialismuskritiker Hallgarten ein Außenseiter. Er war Gastprofessor für kürzere oder längere Zeit an verschiedenen Universitäten der USA, auch in Japan oder Mexiko, erhielt aber keine feste, dauerhafte Position an einer Hochschule. In Washington stand er dem Kreis um George Kent nahe und hatte sich auch selbst beim Außenministerium für die Visaerteilung an DDR-Historiker eingesetzt, die in amerikanischen Archiven studieren wollten. Täglich konnte man ihn an seinem festen Arbeitsplatz in der *Library of Congress* mit ihren überaus reichen Buchbeständen und dem prachtvollen, kuppelüberwölbten Lesesaal sehen, wo er mir für eigene Arbeiten half, indem er mich mit auskunftsfreudigen Bibliothekaren und den Usancen der Bibliothekspraxis bekannt machte. Unsere letzte Begegnung war bei einer *Farewell-Party*, die ich kurz vor meiner Abreise aus Washington veranstaltete. Er starb im Sommer 1975. Auf einer von seiner Witwe organisierten kleinen Gedenkfeier am Rande des Internationalen Historikerkongresses, der im August dieses Jahres in San Francisco stattfand, hielt ich eine kurze Ansprache zum Gedenken an einen bedeutenden Historiker und guten Freund.

Der Staat, aus dem ich kam, war für die Amerikaner weithin eine *terra incognita*. Diesen Zustand allmählich zu verändern, war eine Aufgabe der kürzlich erst installierten Botschaft der DDR in Washington, deren Amtsräume in einer Büroetage schräg gegenüber der SAIS lagen. Gelegentlich ging ich hinüber – nicht etwa, um mir Instruktionen zu holen, die ich nicht vermißte und an deren Ausgabe auch niemand in der Botschaft interessiert war. Wir führten eher Gespräche, um unsere Eindrücke auszutauschen über das große Land, mit dem die Diplomaten kaum mehr Erfahrung hatten als ich. Es waren freundliche und bemühte Leute, die zu meinem Erstaunen aber nicht fasziniert waren, in einem Zentrum der Weltpolitik arbeiten zu können, sondern mehrheitlich vor allem unsicher, fast ängstlich dem politischen Treiben, aber auch dem aufregenden Alltagsleben in der Zentrale des großen Bösen, des Weltimperialismus, zusahen. Gewiß, sie hatten es nicht leicht. Aus Berlin waren sie sicher eingedeckt mit einer Fülle von Vorschriften, die ihren Bewegungsradius in unsinniger Weise einschränkten. Größere Verhandlungsgegenstände in den beiderseitigen Beziehungen, die ja im ersten Anfang standen, gab es nicht. Außenminister Kissinger hatte sicher wichtigere Sorgen als die Pflege der Beziehungen zur DDR. Das wußte unser Botschafter, der es gleichwohl nett gefunden hätte, der große Mann hätte den Neuen im Diplomatischen Korps wenigstens einmal zu einem Gespräch empfangen. Den bei alledem aber vorhandenen Raum, aktiv zu werden, sich bekannt zu machen mit Menschen und Institutionen, nutzten die DDR-Vertreter nach meinem Eindruck bei weitem nicht aus, befangen in dem Gefühl, sich dem mächtigen Feind gegenüber, den man überall und in jedem einzelnen witterte, nicht normal verhalten zu können. Immerhin waren nicht alle so. Vor allem Waldemar Damp, der erste Sekretär der Botschaft, der die USA aus einigen Jahren Kriegsgefangenschaft kannte – aus dieser Zeit stammte auch sein vorzügliches Englisch –, bewegte sich ungezwungen und war durchaus erfolgreich bemüht um die Herstellung von Kontakten.

Ein amerikanisches Interesse an DDR-Verhältnissen gab es hingegen auf dem Gebiet der Geschichtswissenschaft – schon aus einem ganz praktischen Grund: Die Beschäftigung nicht weniger amerikanischer Historiker mit Themen der deutschen Geschichte aller Perioden führte zu dem Wunsch, die in der DDR vorhandenen Archive zu benutzen. Dem standen allerdings die generell restriktiven, konkret auch höchst widerspruchsvollen Usancen im Wege, mit denen die beim Innenministerium ressortierende Staatliche Archivverwaltung der DDR die Genehmigungspraxis handhabte. Ein informelles Subkomitee der innerhalb der amerikanischen Historikergesellschaft bestehenden *Conference Group of Central European History* bemühte sich deshalb um Kontakte mit der Staatlichen Archivverwaltung und einzelnen Archivaren, um Informationen zu sammeln und den Zugang zu den Archiven für amerikanische und kanadische Forscher zu erleichtern. Sie erreichten einiges, aber, wie mir George Kent, Historiker an der Maryland University und zeitweilig einer der Vorsitzenden dieses Komitees, noch kürzlich schrieb, konnten sie nie herausbekommen, nach welchen Regeln die DDR-Behörden bei der Genehmigung bzw. Ablehnung von Benutzungsanträgen verfuhren. In der Tat waren die Entscheidungen der Archivverwaltung häufig schwer verständlich. Grundsätzlich überwog bei den Funktionären im Apparat das politische Mißtrauen gegen »imperialistische« Historiker, von denen man so wenige wie möglich ins Land lassen wollte. Hinzu kam eine gehörige Portion Unkenntnis über Personen und die wissenschaftliche Bedeutung der Projekte, zu deren Förderung der Zugang zu diesen oder jenen Archiven beantragt wurde, was dann die Tendenz beförderte, sozusagen sicherheitshalber einfach abzulehnen. Die Archivare hingegen befürworteten in aller Regel die Benutzungsgenehmigung – für sie eine Sache beruflicher Selbstverständlichkeit. Wir Historiker dachten ebenso, nicht zuletzt, weil wir fürchteten, unsererseits nicht in die Archive westlicher Länder gelassen zu werden, wenn die DDR sich zu abweisend verhielt.

Das Interesse an der DDR-Geschichtswissenschaft war aber auch inhaltlich begründet, wie ich auf Vortragsreisen feststellen konnte, die mich zu insgesamt 15 Universitäten des Landes führten. Auf einer Tagung in Budapest hatte ich den ungarischen Historiker Istvan Deák kennengelernt, der bald nach 1945 das kommunistische Ungarn verlassen hatte und nun das Institut für Ostmitteleuropa an der Columbia-Universität in New York leitete. Ihm hatte ich von meinem bevorstehenden Aufenthalt in den USA geschrieben, woraufhin er sich an eine Reihe seiner amerikanischen Kollegen mit dem Vorschlag wandte, mich zu einem Vortrag einzuladen. Das Echo war überraschend groß. Es galt wohl weniger mir persönlich, dessen Arbeiten den meisten unbekannt waren, als dem Wissenschaftler eines Staates, der in diesen Jahren erstmals stärkere internationale Aufmerksamkeit erregt hatte. Ich hatte drei Texte vorbereitet, über die historischen Voraussetzungen der DDR, über die Haltung der DDR-Historiker zur Fischer-Kontroverse und über die Geschichtsschreibung der DDR zur deutschen Geschichte von der Jahrhundertwende bis 1945. Die Mehrzahl der Einlader wählte das allgemeine DDR-Thema, das ich so formulierte: *The German Democratic Republic – accident of history or result of historical development?* Interessanterweise schlich sich in diese Ankündigung mehrmals das Wörtchen *inevitable (result)* ein, offenbar, weil die Leute meinten, ein DDR-Historiker kenne nichts anderes als unvermeidliche, gesetzmäßige Entwicklungen. Ich hatte bewußt anders formuliert und wies dann immer darauf hin, daß ich die Gründung der DDR keineswegs für unvermeidlich gehalten habe, wohl aber für ein legitimes Resultat politischer und gesellschaftlicher Entwicklungen aus ihrer unmittelbaren Vorgeschichte, dem Kampf gegen den Faschismus, wie auch aus länger zurückreichenden Traditionen antiimperialistischer, demokratischer und sozialistischer Bewegungen.

Trug man solche Überlegungen ruhig, ohne Übertreibungen, in sachlicher Sprache vor, so fand man – dies war jedenfalls meine Erfahrung – in den fast immer gut besuchten Veranstaltungen ein aufmerksames, immer kritisches, nie aber feindseliges Publikum, wobei ich natürlich davon profitierte, einer der ersten zu sein, der in den amerikanischen Universitäten als direkt Beteiligter über die DDR sprach – das gleiche galt auch dort, wo ich zu den geschichtswissenschaftlichen Themen referierte. Eindrucksvoll war die Gesprächsbereitschaft und Wißbegier, die Offenheit und Toleranz der Diskussion, die mir überall begegnete. Unvergeßlich ist mir die Bemerkung eines Studenten, der mir in der Aussprache nach meinem Vortrag besonders scharf zugesetzt hatte, danach aber, als wir noch in einer Runde zu einem Kaffee zusammensaßen, begütigend meinte: *Listen, Dr. Klein, actually I don't dislike your government too much.*

Die Studenten waren interessiert und diskussionsfreudig. Von der aggressiven Politisierung aber, die in den Hochzeiten des Kampfes gegen den Vietnamkrieg in den sechziger Jahren einen großen Teil der amerikanischen Studentenschaft erfaßt hatte, war nicht mehr viel zu spüren. Fast sehne er sich, sagte mir ein im Grunde sehr konservativ eingestellter Professor, angesichts des nun vorherrschenden Konformismus nach den turbulenten Zeiten der Studentenproteste zurück. Daß die meisten sich voll darauf konzentrierten, ihr Studium möglichst rasch mit möglichst guten

Noten abzuschließen, statt zu demonstrieren und in stundenlangen Versammlungen über die Taktiken des antiimperialistischen Kampfes zu diskutieren, hatte, so wurde mir gesagt, vor allem zwei Gründe. Zum einen entfiel mit der Abschaffung der allgemeinen Wehrpflicht der persönliche Grund, gegen den Krieg in Vietnam zu protestieren. Zum anderen hatte sich die Arbeitsmarktsituation in den letzten Jahren verschlechtert. Die Furcht vor Arbeitslosigkeit nach Abschluß des Studiums drängte andere Interessen in den Hintergrund. Mein Gang über den Campus von Berkeley, eine Kultstätte der weltweiten Studentenbewegung der sechziger und ersten siebziger Jahre, von der immer wieder der Anstoß zu Demonstrationen und Protestaktionen für die Freiheit politischer Diskussion und gegen die Rassendiskriminierung an den amerikanischen Universitäten, gegen die hierarchische Verfaßtheit des Hochschulwesens, vor allem gegen den Krieg der USA in Vietnam, ausgegangen war, wurde so zum Besuch eines Platzes, an dem der freundliche Anblick von flanierenden, im Gras liegenden, Bücher lesenden und Vorlesungsskripten diskutierenden Studenten keine Erinnerung an die heroischen Tage aufkommen ließ, die doch nur wenige Jahre zurücklagen.

Auf besondere Weise wurde ich kurz vor Beendigung meines USA-Aufenthalts allerdings doch noch nachdrücklich an den Vietnamkrieg erinnert. Anfang Mai, wenige Tage nach der Befreiung Saigons durch die von nordvietnamesischen Truppen unterstützten Streitkräfte der südvietnamesischen FNL am 30. April, war ich in Los Angeles, um an der Universität zwei Vorträge zu halten und meinen Freund Martin Hall und seine Frau Mary zu besuchen, deutsche antifaschistische Emigranten, die seit den dreißiger Jahren in den USA lebten. Martin war Journalist und seit Jahren in der amerikanischen Friedensbewegung aktiv: ein kluger, engagierter, maßvoll argumentierender Mann mit einer großen politischen Erfahrung. Ich hatte die beiden in Wien kennengelernt, wo er in der Zentrale des Weltfriedensrates gearbeitet hatte. Jetzt besuchte ich ihn im Krankenhaus. Er war, nach drei Operationen, sehr krank, aber ganz lebendig im Gespräch, nahm teil an allem, was in der Welt vor sich ging, und er war es, der mir den Rat gab, am Sonntag zu einer Feier des Sieges zu gehen, den das Volk von Vietnam soeben errungen hatte.

Mit Mary ging ich hin – und hatte das bewegendste Erlebnis meiner Reise. Eine Gruppe von südvietnamesischen Studenten hatte die Veranstaltung organisiert. Sie studierten seit längerer Zeit in Los Angeles. Ende 1974 hatten die amerikanischen Behörden versucht, sie vorzeitig in ihr Heimatland zurückzuschicken, was die Studenten verweigerten, weil sie Gegner des Thieu-Regimes waren und Repressalien wegen ihres demokratischen Auftretens im Ausland fürchteten. Der Streit war vor Gericht anhängig. Bevor aber die Richter sich schlüssig wurden, wie mit den Studenten zu verfahren sei, hatte der Sieg in Vietnam alles verändert. Sonntagabend kamen etwa dreihundert Menschen im großen Saal der Kirche der Unitarier zusammen, einer Glaubensgemeinschaft, die durch ihre undogmatische und auf ethische Probleme konzentrierte Religiosität charakterisiert ist. Diese Kirche war offenbar ein Zentrum der Aktivitäten progressiver Gruppen und Organisationen. *Nicht die Rebellen bringen die Unordnung in die Welt, sondern die Unordnung schafft die Rebellen* – so stand es auf dem großen Plakat über dem Eingang. Es war eine Stimmung der Freude und der Genugtuung, aber keine des Triumphs. Über der Bühne waren zwei Losungen angebracht: *Nichts ist wertvoller als Frieden und Unabhängigkeit,* ein Wort von Ho Chi Minh, und daneben der Appell *Es lebe die Freundschaft zwischen dem amerikanischen Volk und dem Volk von Vietnam.* Eine Studentin hielt die Festrede. Sie sprach ohne jedes Pathos, in einfachen Worten, vom dreißigjährigen Kampf ihres Volkes, von Onkel Ho, der seinem Volk den Weg gewiesen hatte, und von der Partei. Sie dankte den Völkern der Welt, die geholfen hatten, moralisch und materiell, und sie hob hervor, daß dies ein Tag des Sieges auch für das amerikanische Volk sei. Es war eine der souveränsten Reden, die ich in meinem Leben gehört habe.

Siegesfeier in Los Angeles lautete die Überschrift eines Artikels in der *Weltbühne,* des ersten einer kleinen Serie, in der ich zwischen September 1975 und Februar 1976 über meine Erfahrungen und Eindrücke in den USA berichtete. Ich schrieb über Studenten und Hochschulen, über Museen, Kriminalität und Traditionspflege. Ich verhehlte nicht die Sympathie, die ich empfunden hatte für viele Seiten des amerikanischen Lebens, die Offenheit der Menschen, die elementare Verwurzelung des Demokratiegedankens in der Gesellschaft sowie meine Bewunderung für die kulturellen und technischen Leistungen des reichen Landes. Deutlicher als zuvor waren mir aber auch die Schattenseiten des kapitalistischen Musterlandes geworden: die Profitorientierung als das beherrschende Grundgesetz, die scharfe Trennung zwischen Arm und Reich, nach wie vor auch zwischen Farbigen und Weißen, der aus einem penetranten Nationalismus gespeiste Anspruch, Vorbild und Führer der Menschheit zu sein – Dinge, die ich durch konkrete Beispiele zu veranschaulichen suchte, ohne die in der DDR üblichen Schlagworte zu gebrauchen.

Für Mitarbeiter der Akademie, die dienstlich ins westliche Ausland reisen wollten, bedeutete die Übernahme des im Staatsapparat schon länger üblichen Systems der »Reisekader« in der ersten Hälfte der siebziger Jahre eine einschneidende Neuerung. Hatten früher die Betriebe und Institutionen selbst entschieden, welchen Mitarbeiter sie zu welchem Zweck ins Ausland schicken wollten, beschränkt natürlich immer durch die Devisenknappheit, so konnten von nun an nur Mitarbeiter ins westliche Ausland fahren, die zuvor in die Liste der Reisekader aufgenommen worden waren. Die überaus umständliche Prozedur begann im Falle der Akademieinstitute mit dem Antrag einer Fachabteilung, diesen oder jenen ihrer Mitarbeiter zum Reisekader zu machen, weil er dringend zu Archivstudien oder Konferenzen in dieses oder jenes westliche Land reisen müsse. Wenn die Institutsdirektion zustimmte, ging der Antrag über die Kaderabteilung des Instituts an die zentrale Kaderabteilung der Akademie, die ihn zur Entscheidung an die zuständige Stelle der Staatssicherheit weiterleitete. Diese bearbeitete den Vorgang und ließ nach kürzerer oder längerer Zeit – mindestens dauerte es mehrere Monate – mitteilen, ob der Kandidat nun Reisekader sein konnte oder nicht. Gründe für die Entscheidung, sei sie positiv oder negativ, wurden nicht angegeben und waren auch auf Nachfragen der Direktoren oder Kaderleiter nicht zu erfahren. Mahnungen in Fällen allzu großer Verzögerung waren zwecklos, schon deshalb, weil es keinen direkten Kontakt zwischen den Instituten und den anonym bleibenden Verantwortlichen gab.

Die Überprüfung erfolgte ohne jeden Kontakt mit dem Reisekader *in spe*. Auflagen oder spezielle Verpflichtungen waren mit der Bestellung zum Reisekader an sich nicht verbunden. Das Reisekader-Privileg war grundsätzlich beschränkt auf die Person des Antragstellers; Ehepartner mußten zu Hause bleiben, was in unserer Familie meine Frau Dorle und die Frauen unserer Söhne betraf, die auch Reisekader waren. Vertrauen aber brachte der stets argwöhnische Staat auch seinen Reisekadern nur beschränkt entgegen. In Fällen nämlich, in denen beide, Ehemann und Ehefrau, Reisekader waren, durfte zur selben Zeit immer nur einer von beiden ins »feindliche Ausland« fahren.

Das Verfahren war nicht nur unwürdig, sondern auch hinderlich für die Arbeit. Kollegen, denen trotz mehrfacher Anträge die Bestätigung ohne Angabe von Gründen verweigert wurde, waren in ihren Arbeitsmöglichkeiten beschränkt, demotiviert und politisch auf eine unklare, faktisch aber fühlbare Weise diskriminiert. Es gab auch Fälle, in denen die Nichtbeantragung des Reisekaderstatus durch die Institutsleitung als Mittel der Disziplinierung aufmüpfiger Mitarbeiter genutzt wurde. Prompte Reaktionen auf Einladungen zu internationalen Konferenzen waren nur dann möglich, wenn man einen Spezialisten für das jeweilige Thema hatte, der bereits bestätigter Reisekader war. Andernfalls sagte man mit irgendwelchen Ausreden ab, da in aller Regel der Termin der Konferenz zeitlich zu nahe lag, als daß der fachlich geeignete Mitarbeiter noch zum Reisekader »befördert« werden konnte. Sachlich fast schlimmer war der Ausweg, einen Mitarbeiter zu schicken, der fachlich wenig oder gar nicht geeignet, dafür aber Reisekader war. Unter den Historikern der Akademie gab es mehr bestätigte Reisekader als in den anderen Instituten. Das hatte gewiß auch mit der Tatsache zu tun, daß der Anteil von Parteimitgliedern, politisch »zuverlässigen« Personen, bei den Historikern wesentlich höher war als in anderen Fächern. Entscheidend dürfte aber die Einsicht gewesen sein, daß es schlicht unmöglich war, seriöse wissenschaftliche Arbeiten zur deutschen Geschichte ohne intensive Arbeit in den Archiven in Bonn, Koblenz oder auch München, Darstellungen zur französischen Geschichte ohne Kenntnis der Bestände des Nationalarchivs in Paris etc. zu schreiben.

Strenge Vorschriften galten auch für die Berichterstattung über solche Reisen. Jeder, der in einem westlichen Land gewesen war, mußte spätestens 24 Stunden nach der Rückkehr beim Auslandsbeauftragten des Instituts einen standardisierten Sofortbericht zum äußeren Verlauf der Reise einreichen. Man mußte angeben, wann und über welchen Grenzkontrollpunkt man aus- und wieder eingereist war, an welchen Orten man sich aufgehalten und in welchem Zimmer welches von wem empfohlenen Hotels man genächtigt hatte. Ohne auf Inhalte näher einzugehen, waren die Hauptbeschäftigungen zu nennen. Namen von Westkollegen, die man getroffen hatte, waren anzugeben. Es war ein offenes Geheimnis, daß dieser Sofortbericht für die Staatssicherheit bestimmt war. Er wurde direkt, ohne ihn der Direktion zur Kenntnis vorzulegen, vom Auslandsbeauftragten des Zentralinstituts an die Auslandsabteilung der Akademie geschickt, die ihn dann zum eigentlichen Adressaten beförderte. Einen ausführlichen Bericht über die auf der Reise geleistete Arbeit, Kontakte mit ausländischen Wissenschaftlern und über die Verhältnisse, die man angetroffen hatte, mußte der Reisende ein bis zwei Wochen nach seiner Rückkehr der Institutsleitung einreichen. Mehrere Exemplare davon gingen an den Forschungsbereich Gesellschaftswissenschaften, von denen eines mit Sicherheit den Weg auch in die Ablage der Staatsicherheit fand.

Ich hatte durch meine Reise in die USA in der gleichen indirekten Verbindung zur Stasi gestanden wie jeder Westreisende. Ich war bestätigter Reisekader und wußte natürlich, daß der ausführliche Reisebericht, den ich der Institutsleitung einreichte – ein Sofortbericht entfiel bei der langen Dauer der Abwesenheit –, auch den zuständigen Stellen des MfS vorgelegt werden würde. Über diese gleichsam normale »Stasi-Verbindung« hinaus hatte ich aber einen direkten Kontakt. Unmittelbar vor meiner Abreise war ich zu einer Abschlußbesprechung in die USA-Abteilung des Außenministeriums gebeten worden, wo man sich besonders interessiert zeigte an dieser ersten längeren Reise eines Gesellschaftswissenschaftlers nach der Aufnahme diplomatischer Beziehungen zwischen DDR und USA, noch dazu als Gast an einer politisch so prononcierten Stätte wie der SAIS. Im Laufe dieses Gesprächs erklärte mir einer der Anwesenden, er spreche

für das MfS, das an Informationen aus den USA, wo sie bisher
kaum Verbindungsleute hätten, stark interessiert sei. Sie nähmen
zudem an, daß ich als namhafter, auch politisch aktiver Wissenschaftler das besondere Interesse des amerikanischen Geheimdienstes erwecken würde, der unter Umständen an mich heran-
treten könnte, um mich für seine Seite zu gewinnen. Ob ich
bereit sei, war abschließend die offene Frage, ihnen nach meiner
Rückkehr aus Amerika über meine Erfahrungen mit amerikanischen Gesprächspartnern zu berichten, insbesondere über die
Einstellung von Bürgern der USA gegenüber der DDR, über
Argumente, die für die Kritik an der DDR, aber auch für Zustimmung und Sympathie zu ihr vorgebracht würden. Wachsam solle
ich sein gegenüber möglichen Annäherungsversuchen der anderen Seite und diese gegebenenfalls dem MfS mitteilen.

Ich stimmte zu – ohne mich bedrängt zu fühlen. Nach Erpres-
sung klang das Ganze nicht. Ich wäre gefahren, so war jedenfalls
mein Eindruck, auch wenn ich abgelehnt hätte. Meine Ablehnung im Jahre 1957, Spitzeldienste im Institut zu leisten, hatte
ich nicht vergessen. Die Zustimmung jetzt bedeutete für mich
keine Abkehr von der damaligen Haltung, an der ich immer festgehalten habe. Hier aber ging es um etwas anderes. Nicht ver-
trauliche Äußerungen von Kollegen sollte ich melden, die unter
Umständen gegen Kritiker der DDR-Politik ausgenutzt werden
konnten. Irgendeine Art von Spionage-Auftrag hatte ich nicht.
Gefragt war nach Aufklärung über die Einstellung von Bürgern
eines anderen Landes zur DDR. Eine Kooperation mit der Staatssicherheit im Falle von Annäherungsversuchen der CIA wäre mir
ohnehin selbstverständlich gewesen. So stark meine Vorbehalte
gegenüber der Stasi-Politik in den innenpolitischen Auseinandersetzungen der DDR waren, so entschieden lehnte ich die antikommunistische, in ihren Methoden keineswegs wählerische
CIA ab.

Aus meinem USA-Aufenthalt ergaben sich nach meiner Rückkehr verstärkte Kontakte zu Amerikanern und amerikanischen
Institutionen. Von der Botschaft in Berlin erhielt ich Einladungen
zu Empfängen, aber auch zu kleineren Gesellschaften. Wie der
Botschafter selbst interessierten sich einzelne seiner Mitarbeiter
für meine Erfahrungen in den USA und für Arbeit und Leben ei-

nes Wissenschaftlers in der DDR. Es gab einen kleinen Kreis von Bürgern der DDR – Wissenschaftler, Journalisten, Funktionäre, Künstler und natürlich die zuständigen Referenten aus dem Außenministerium –, die bei den verschiedenen Anlässen in der Botschaft anzutreffen waren. Die Botschaft lud Personen dieses Kreises auch zu Gesprächen mit Gästen aus den USA ein, die in ihrer diplomatischen Vertretung Informationen über die Verhältnisse in der DDR suchten. Amerikanische Historiker, die ich kennengelernt hatte, besuchten mich, wenn sie zu Archivstudien nach Deutschland kamen. Andere schickten jüngere Mitarbeiter, die mich um Unterstützung bei ihren wissenschaftlichen Studien in Einrichtungen der DDR baten. Gelegentlich meldeten sich auch Teilnehmer der Seminare, die ich in Washington gehalten hatte. Ich sah in all diesen Kontakten normale Vorgänge. Daß die amerikanischen Diplomaten die Bekanntschaft mit Leuten aus dem Kulturleben des ihnen ziemlich unbekannten Landes suchten, schien mir logisch, und ebenso einleuchtend war ihr Interesse an mir als einem der sehr wenigen DDR-Bürger, die ihr Land aus eigener Anschauung kannten. Die oben erwähnte Artikel-Serie in der *Weltbühne* mit ihrem für DDR-Verhältnisse sachlichen Ton hatten sie sicherlich zur Kenntnis genommen. Die Gespräche mit den amerikanischen Diplomaten, bei denen es vor allem um politische Themen der Gegenwart in Deutschland, Amerika und der Welt ging, waren für mich interessant und lehrreich. Gerne vertiefte ich meine Beziehungen mit den menschlich sympathischen und wissenschaftlich interessanten amerikanischen Kollegen.

Irgendwelche Annäherungsversuche der CIA hatte es bei meiner Reise im übrigen nicht gegeben. Die Aktivitäten der Botschaft mir gegenüber bestätigten die Staatssicherheit gleichwohl in ihrer Überzeugung, daß solche Versuche zu erwarten seien. Von der Hand zu weisen war der Verdacht nicht. Daß Diplomaten der Führungsmacht des Westens an einem Brennpunkt des Kalten Krieges wie Berlin mit der CIA aufs engste zusammenarbeiteten, hielt auch ich für selbstverständlich. Die Hinweise von Stasileuten, daß dieser oder jener Mitarbeiter der Botschaft in Wirklichkeit vor allem für den Geheimdienst arbeite, waren in Einzelfällen vielleicht Phantasieprodukte der hysterischen Agentenfurcht des MfS, grundsätzlich aber glaubhaft. In jedem Falle war davon auszugehen, daß Berichte über meine Gespräche mit amerikanischen Offiziellen an das State Department und/oder die CIA gingen. Umgekehrt war ich überzeugt, daß die Amerikaner, die sich mit mir unterhielten, ihrerseits ebenso fest annahmen, daß ich über die Gespräche mit ihnen berichten würde. So viel hatten sie gewiß von den Mechanismen der DDR-Gesellschaft verstanden, daß Mitarbeiter einer Institution wie der Akademie nicht frei waren, Kontakte mit ihnen auf rein privater Basis zu unterhalten.

Unter den vorstehend genannten Gesichtspunkten hatte ich bis zur Auflösung des MfS im November 1989 einen ständigen Kontakt zur Staatssicherheit. Ich informierte einen Verbindungsmann mündlich über Begegnungen mit Amerikanern, wobei man vor allem wissen wollte, welche Fragen mir im Laufe des jeweiligen Gesprächs gestellt worden seien. Bis zum Ende dieser Tätigkeit haben sich CIA-Leute mir nicht mit irgendwelchen Angeboten genähert. Es blieb so bei der Mitteilung über den Inhalt von Gesprächen, die beiderseits von Leuten geführt wurden, die gewußt haben dürften, daß sie nicht nur zu dem jeweiligen Gesprächspartner sprachen.

Häufigen Dissens mit dem Stasivertreter hatte ich über den Charakter dieses oder jenes Kontaktes mit amerikanischen Kollegen oder auch Diplomaten. Seinen ständigen Hinweisen auf geheimdienstliche Hintergründe für das Interesse amerikanischer Gesprächspartner hielt ich immer meinen Eindruck entgegen, daß es sich um normale Gespräche gehandelt hatte, geführt aus sachlichem, meist wissenschaftlichem Interesse. Wie ich später erfuhr, schlugen sich solche Meinungsunterschiede in einem Bericht an seine Vorgesetzten nieder, der mir bescheinigte, daß meine Fähigkeit, »in der Kontaktarbeit mit operativ interessanten Personen bestimmte politisch-operative und sicherheitspolitische Aspekte im Zusammenhang zu sehen«, wenig ausgeprägt sei. Zu meinem 60. und zu meinem 65. Geburtstag wurde ich gleichwohl von meinem Verbindungsmann darüber informiert, daß das MfS mir die Verdienstmedaille der NVA in Bronze bzw. Silber verliehen habe – warum der NVA, der ich nie angehörte, ist mir ebenso schleierhaft wie die Tatsache der Auszeichnungen selbst. Ich legte keinen Wert darauf und maß ihnen keine Bedeutung bei. Für mich gehörten sie zu der DDR-typischen Auszeichnungsmanie, in der der Staat glaubte, seine Bürger mit einer Überfülle von Orden und Ehrenzeichen für alle Berufszweige, zu allen Gelegenheiten und in allen Abstufungen an sich binden zu können.

Imperialismus vor 1914, Vorgeschichte des Ersten Weltkriegs, insbesondere die politischen und ökonomischen Beziehungen zwischen Deutschland und Österreich-Ungarn, waren die Felder, auf denen ich mich in meiner wissenschaftlichen Arbeit in den siebziger und der ersten Hälfte der achtziger Jahre vorzugsweise bewegte. Drei Sammelbände mit einschlägigen Aufsätzen von Autoren aus der Imperialismus-Arbeitsgruppe im Wissenschaftsbereich Allgemeine Geschichte und aus anderen wissenschaftlichen Einrichtungen der DDR gab ich 1976, 1980 und 1984 heraus. Mein Ziel dabei war, Forschungen anzuregen und selbst vorzulegen, die sich von alten Stereotypen des Marxismus-Leninismus lösten und, gestützt auf intensive Quellenforschungen, anschaulicher, differenzierter und überzeugender die jeweiligen Themen bearbeiteten. Den Weg zu solcher Art von Forschung wollte ich mit meiner Einleitung zu dem Band von 1976 weisen, der überarbeiteten Fassung eines Vortrags, den ich auf einem Institutskolloquium 1973 gehalten hatte. »Die marxistischen Historikern selbstverständliche politische Notwendigkeit historischer Imperialismusforschung«, lautete dort ein für mich entscheidender Satz, »wird hier vor allem mit Blick auf die Schwierigkeiten des Themas und die noch offenen Fragen betont.« Beide Elemente der Feststellung waren ernst gemeint: die Erinnerung an schwierige, offene Fragen, was implicite natürlich den Appell bedeutete, sich nicht mit der Wiederholung gestanzter Lehrweisheiten zu begnügen, aber auch die Begründung neuer Imperialismusforschung aus politischer Notwendigkeit. Ich hatte durchaus die Schwierigkeiten gegenwärtigen Kampfes im Blick, wenn ich eine kluge, differenzierte, dialektische Analyse des Imperialismus von seinen Anfängen her anmahnte. Ich wollte hinaus über den Marxismus-Leninismus, aber nicht weg von Marx und auch nicht von Lenin. Recht verstanden, so schien mir, war von beiden zu lernen: von Marx, der doch entschieden eine Auffassung zu-

rückgewiesen hatte, die seine »historische Skizze von der Entstehung des Kapitalismus in Westeuropa in eine geschichtsphilo-
sophische Theorie des allgemeinen Entwicklungsganges (ver-
wandele), der allen Völkern schicksalsmäßig vorgeschrieben ist,
was immer die geschichtlichen Umstände sein mögen, in denen
sie sich befinden«, von seiner Polemik gegen den »Universal-
schlüssel einer allgemeinen geschichtsphilosophischen Theorie…, deren größter Vorzug es ist, übergeschichtlich zu sein«,
aber auch von Äußerungen Lenins, die sein *au fond* durchaus
dialektisches Theorieverständnis belegen.

Die hier angedeutete »Linie« war nicht sogleich zu realisieren.
Nicht unbegründet monierte ein westdeutscher Kritiker an dem
Band von 1976, die einzelnen Beiträge pendelten zwischen dogmatischer Enge und Offenheit für kritische Fragen. Größeren
Fortschritt brachte dann der Band von 1980. Er bestand fast ausschließlich aus Beiträgen von Mitarbeitern des Bereichs Allgemeine Geschichte, die sich durch quellennahe und undogmatische Darstellung auszeichneten. Generalthema der Fallstudien
war das Verhältnis zwischen Ökonomie und Politik, zwischen
Wirtschaft und Staat im Vorkriegsimperialismus. Daß dieses
Verhältnis in aller Regel weit komplizierter war, als in der traditionellen Orthodoxie des Marxismus-Leninismus behauptet,
wurde in den Studien deutlich. Wiederum bemerkenswerte For-
schungsergebnisse legten dieselben Autoren in dem Folgeband
von 1984 vor, ergänzt durch Arbeiten jüngerer Mitarbeiter, die
zum Bereich Allgemeine Geschichte gestoßen waren und hier an
Dissertationen arbeiteten, die sie alle erfolgreich verteidigten.
Mit der Förderung der jüngeren Kollegen habe ich mir immer
viel Mühe gegeben. Es war eine Freude, begabte Nachwuchswis-
senschaftler auf ihrem Weg zu selbständig denkenden und fra-
genden Forschern zu begleiten.

Ein Anstoß zu freierem, undogmatischem Denken und der
Überwindung hergebrachter Formalismen kam Anfang 1977 von
einer Seite, von der man es am wenigsten erwartet hätte, vom
Zentralkomitee der SED. Werner Lamberz, das für Agitation und
Propaganda zuständige Politbüromitglied, bereitete damals eine
ZK-Konferenz vor, auf der neue Akzente in seinem Tätigkeits-
bereich gesetzt werden sollten. Von der Direktion des Zentral-

instituts wurden die Leiter der Wissenschaftsbereiche über das geplante Unternehmen informiert. Man sei sich im ZK der Tatsache bewußt, hieß es zur Begründung, daß die Propaganda und Agitation, wie sie in den Medien und durch die vielfältige propagandistische und populärwissenschaftliche Aufklärungsarbeit betrieben wurde, die Mehrzahl der Bürger einfach nicht erreiche, weil sie von ihnen nicht zur Kenntnis genommen werde. Auch die Historiker sollten über die Behebung dieses Mißstandes nachdenken und Vorschläge dazu einreichen. Gefordert wurden – ohne jede Rücksicht auf Tabus – Gedanken und Vorschläge zu »Fragen, die umfassender dargelegt werden müssen, damit die Werktätigen komplizierte und widerspruchsvolle Erscheinungen des revolutionären Weltprozesses klassenmäßig richtig begreifen«.

Zweifel an dem Willen, wirklich neue Wege zu beschreiten, weckte allerdings die Formulierung des Auftrags in einer so ganz und gar altem Denken verhafteten Sprache. Eine gewisse Zuversicht, daß doch an ernsthafte Änderungen gedacht sein könnte, knüpfte sich allenfalls an die Person des Auftraggebers, galt doch Lamberz zu dieser Zeit in der Partei als ein verhältnismäßig offener Kopf, von dem man einiges erhoffte in der Richtung auf Flexibilität, Differenzierung und mehr Realitätssinn. Im Bereich Allgemeine Geschichte faßten wir den Auftrag jedenfalls als eine Chance auf, unkonventionelle und kritische Gedanken zu diskutieren, zu formulieren und sie der »Obrigkeit« zu unterbreiten.

»Man kann nur solche Widersprüche richtig begreifen, die man richtig kennt« – die schlichte Feststellung stand am Beginn unserer Ausarbeitung. Wir kritisierten darin die Tendenz zu einem teleologisch-mechanistischen Determinismus, der den handelnden Menschen aus der Geschichte verbannt und zur Konstruktion eines Geschichtsablaufs ohne Alternativen führt; die beschönigende, Widersprüche verschweigende Darstellung der kommunistischen Weltbewegung und der sozialistischen Länder; das Unterschätzen der Kraft des kapitalistischen Gesellschaftssystems, das ja den Menschen einen hohen Lebensstandard ermöglichte; die Tendenz schließlich, die Fortschrittlichkeit erreichter Zustände in den befreiten ehemaligen Kolonialländern zu überschätzen. Besondere Aufmerksamkeit empfahlen wir folgenden Fragen zuzuwenden: den durch die wissenschaftlich-

technische Revolution ermöglichten Produktionsveränderungen
in den entwickelten kapitalistischen Ländern; der durch die Jahrzehnte gleichbleibend starken Identifizierung großer Teile der
Arbeiterklasse dieser Länder mit der Politik rechtssozialdemokra-
tischer Führer; der Bündnispolitik im antiimperialistischen
Kampf, in der es ein Fehler sei, den Wert von Bündnispartnern
nur unter dem Gesichtspunkt ihrer Annäherung an marxistisch-
leninistische Positionen zu sehen; der nationalen Frage; dem
Verhältnis von Interessenübereinstimmung und Widersprüchen
in der Entwicklung der sozialistischen Staatengemeinschaft.
Überwunden werden müsse auch die Überängstlichkeit von Re-
daktionen und Verlagen vor neuen Gedanken und Formulierungen und ihre Praxis, Manuskripte durch übertriebene Gutachter-
tätigkeit so oft überarbeiten zu lassen, bis die Individualität des
Verfassers in einem gleichförmig hergebrachten Stil verschwinde.

Konkrete Tabus sprachen wir nicht an. Unsere abschließende
Forderung, die Historiker müßten unter den angedeuteten Gesichtspunkten eine intensive Arbeit »zur vollen Aneignung des
Marxismus-Leninismus in seinem ganzen Reichtum« leisten,
war nicht nur gemeint als Beruhigung für argwöhnische Eiferer.
Wir wollten nicht heraus aus einer dem sozialistischen Fortschritt und dem antiimperialistischen Kampf verpflichteten Geschichtswissenschaft, die freilich gründlich erneuert werden
mußte. Dafür aber boten unsere Vorschläge, nahm man sie nur
ernst, gedankliche Grundlagen für weitreichende Veränderungen. Jeder der angeführten Punkte enthielt eine beträchtliche
Sprengkraft gegen Dogmatismus und Orthodoxie. Leider ging
die Aktion ins Leere. Wir lieferten unser Papier bei der Direktion
ab. Irgendeine Reaktion erfolgte nicht. Die von Werner Lamberz
geplante Konferenz kam nicht zustande. Er selbst verunglückte
im März 1978 tödlich bei einem Hubschrauberabsturz in Libyen.
Nutzlos waren unsere Überlegungen gleichwohl nicht. Sie brachten uns voran im eigenen Nachdenken über unser Tun und be-
wirkten eine immer deutlichere Artikulierung differenzierender,
antidogmatischer Standpunkte in den Veröffentlichungen der
Imperialismus-Arbeitsgruppe des Bereichs Allgemeine Geschichte wie auch im Auftreten ihrer Angehörigen auf Tagungen und
Konferenzen.

Ein schlimmer Vorgang im Institut machte allerdings klar, wie begrenzt der Rahmen war, innerhalb dessen wir uns bewegten. Auf Empfehlung von Dieter Klein, einem für seine reformerischen Ansichten bekannten und von mir sehr geschätzten Professor für Politische Ökonomie an der Humboldt-Universität, hatten wir einen seiner Schüler, den wirtschaftshistorisch interessierten Klaus Görisch, eingestellt. Er arbeitete sich gut ein, bis in der Partei Vorwürfe gegen ihn erhoben wurden. Er habe, so hieß es aus der Parteileitung, in seiner Wohnung eine Art Jour fixe veranstaltet, regelmäßig stattfindende Diskussionabende, bei denen partei- und staatsfeindliche Reden geführt worden seien. Görisch bestritt nicht die Veranstaltung von Diskussionsabenden mit einer Reihe von Freunden und Bekannten. Seit etwa einem Jahr aber hätten sie nicht mehr stattgefunden, und niemals hätten sie den unterstellten feindlichen Charakter gehabt. Der Parteisekretär räumte ein, daß die Zusammenkünfte seit längerem nicht mehr stattfanden, insistierte aber – seinerseits wahrscheinlich unter Druck gesetzt von der Kreisleitung oder auch anderen Instanzen – auf dem Vorwurf parteifeindlicher Tätigkeit. Die Anklage blieb unkonkret. Keine Äußerung Görischs oder eines seiner Gesprächspartner, die den Vorwurf hätte untermauern können, wurde zitiert, kein Zeuge genannt, der ihn bestätigt hätte. Offenbar – so konnte man es sich doch nur vorstellen – hatte einer seiner »Freunde« diese oder jene freimütige Äußerung der Staatssicherheit gemeldet, die daraufhin die Attacke veranlaßt hatte und mit konkreten Angaben im dunkeln blieb, um ihren Informanten nicht preiszugeben. Vage Andeutungen des Parteisekretärs wiesen auf die Stasi als Quelle der Anschuldigungen hin. (Tatsächlich haben zwölf der insgesamt etwa 35 Teilnehmer an den Gesprächen bei der Stasi geplaudert, wie Görisch nach der »Wende« aus den Unterlagen der Gauck-Behörde feststellen mußte.) Wochenlange »Diskussionen« in der Parteiorganisation endeten mit dem Ausschluß Klaus Görischs. Wenige Wochen später wurde er aus der Akademie entlassen. Er stand faktisch unter Berufsverbot und fand keine seiner Qualifikation entsprechende Beschäftigung im wissenschaftlichen Bereich. Seinen Lebensunterhalt verdiente er als Freischaffender mit publizistischen Gelegenheitsarbeiten.

Bis heute weiß ich nicht, welches die tatsächlichen Hintergründe der Affäre waren. Ich erwähne sie in meinem Lebensbericht, um an einem weiteren Beispiel die unwürdigen Verhaltensweisen zu zeigen, in die man durch die letztlich eben doch
akzeptierte Parteidisziplin geraten konnte. Ich wies in den Diskussionen auf die Fragwürdigkeit von Anschuldigungen hin, die
konkret nicht belegt waren. Ich suchte den für uns zuständigen
Sekretär der SED-Kreisleitung der Akademie auf und bedrängte
ihn, seinen Einfluß gegen den drohenden Ausschluß geltend zu
machen. Es half alles nichts. Die Funktionäre blieben fest, und so
fügte ich mich auch. Wie alle anderen der etwa hundert Parteimitglieder stimmte ich für den Ausschluß und setzte auch später
der Absicht der Direktion, Görisch zu entlassen, keinen ernsthaften Widerstand entgegen. Gewiß kann gesagt werden, daß der
Widerspruch eines einzelnen – und aller Wahrscheinlichkeit nach
hätte sich kaum jemand dem Widerspruch angeschlossen – dem
»Delinquenten« nicht geholfen und möglicherweise mir und
meiner Gruppe zusätzliche Unannehmlichkeiten und Schwierigkeiten bereitet hätte. So richtig die Überlegung ist, so erbärmlich
ist sie auch.

Zwiespältig waren die Motive und die Wirkung der unter das
Stichwort *Erbe und Tradition* gestellten Tendenz zu einer diffe-
renzierteren Neubewertung historischer Vorgänge durch die
Geschichtswissenschaft der DDR. Richtungweisenden Charakter
sollte eine gemeinsame Tagung der Akademie für Gesellschaftswissenschaften und des Zentralinstituts für Geschichte im November 1980 tragen. Über *Erbe und Tradition in Geschichtsbild
und Geschichtsforschung der DDR* hielt der Direktor des ZIG,
Bartel, ein Grundsatzreferat. Beiträge von 15 Historikern zu theoretischen Aspekten und zu speziellen konkret-historischen Fragen folgten. Ich hielt ein Plädoyer für eine objektive Würdigung
des bürgerlichen Pazifismus, der im traditionellen Marxismus-
Leninismus einseitig abgewertet wurde.

Die neue Tendenz war mir sympathisch, weil sie den Fortfall
oder wenigstens die Lockerung ideologischer Schranken bedeutete, die bis dahin im offiziellen Geschichtsbild eine ausgewogene
Darstellung der Rolle nichtproletarischer und nichtrevolutionärer

Strömungen und Personen behindert hatten. An den häufig silbenstecherischen Auseinandersetzungen über Sinn und Bedeutung der Begriffe »Erbe« und »Tradition« war ich nicht interessiert. Erbe, so hieß es etwa bei Bartel, sei die gesamte Geschichte in ihrer ganzen Widersprüchlichkeit, während zum Traditionsbild der DDR nur diejenigen Emtwicklungslinien, Erscheinungen und Tatsachen gehörten, auf denen die Deutsche Demokratische Republik beruht. Wichtig war mir die Feststellung, daß es sich dabei nicht nur um die revolutionären Werte handele, die von der Arbeiterklasse, ihrer Bewegung und ihrer revolutionären Partei repräsentiert wurden, sondern um wesentlich mehr, wie nachdrücklich hervorgehoben wurde, nämlich um alle revolutionären, demokratischen, progressiven und humanistischen »Erscheinungen, Entwicklungen, Persönlichkeiten und Tatsachen« der Geschichte wie auch um die positiven Resultate des Wirkens herrschender Ausbeuterklassen. Letztlich war auch das Erbe-Tradition-Schema geprägt von einer dogmatischen Geschichtsauffassung. Die Frage, was nun zum Erbe zu rechnen sei und was zur Tradition, war wissenschaftlich offensichtlich nicht zu entscheiden, und nicht Wissenschaftler, sondern politische Autoritäten bestimmten in einer Gesellschaft wie der DDR nach politischen, konjunkturell auch wechselnden Gesichtspunkten, auf welchen historischen »Entwicklungslinien, Erscheinungen und Tatsachen« diese Gesellschaft beruhe. Eine merkliche Öffnung des Gesichtsfeldes, einen deutlichen Schritt fort vom Parteilichkeitskrampf vergangener Jahre, brachte die neue Linie aber doch.

Auf das Thema meines Beitrages zur Erbe-Konferenz war ich nicht zufällig gekommen. Seit vielen Jahren hatte mich die Frage des Friedens intensiv beschäftigt. Das folgte für die wissenschaftliche Arbeit zwangsläufig aus den Forschungen über den Krieg, die ohne Nachdenken über den Frieden unbefriedigend bleiben mußten. Es war zum anderen für meine außerwissenschaftliche, gesellschaftliche Tätigkeit eine Folge der Anteilnahme am Zeitgeschehen, in dem die Auseinandersetzungen über Krieg und Frieden eine zentrale Rolle spielten. Beide Aspekte waren in meinem Denken und Handeln eng miteinander verknüpft. Seit ich meiner Dissertation über die deutsch-sowjetischen Beziehungen zwischen 1917 und 1932 im ersten Kapitel eine Abhandlung über das Prinzip der friedlichen Koexistenz von Staaten unterschiedlicher Gesellschaftsordnung vorangestellt hatte, war ich auf diese Frage immer wieder zurückgekommen. Mitzutun bei der politischen Durchsetzung dieses Prinzips, das mir entscheidend schien für die Erhaltung des Friedens zwischen den Blöcken weltweit und besonders zwischen den beiden deutschen Staaten, war im Dezember 1964 mein Motiv gewesen, der Einladung des Deutschen Friedensrates – später hieß er Friedensrat der DDR – zur Mitgliedschaft zu folgen.

Der Friedensrat war eine Abteilung der auf Kongressen in Paris und Prag im Jahre 1949 gegründeten, von der Sowjetunion, den volksdemokratischen Regierungen sowie moskautreuen kommunistischen Parteien in vielen Ländern der Erde dominierten »Weltfriedensbewegung«. Ihre Gründung hatte in engem Zusammenhang mit dem Beginn des Kalten Krieges gestanden. Nicht nur Kommunisten, sondern auch Teile der liberalen, mehr oder weniger ausgeprägt linksorientierten öffentlichen Meinung in westlichen Ländern machten damals für die zunehmende Feindseligkeit zwischen den beiden Hauptalliierten der Antihitlerkoalition in erster Linie die Westmächte verantwortlich. Vorgänge wie die amerikanischen Atombombentests auf dem Bikini-Atoll 1946, die scharf antikommunistischen Reden Churchills und des US-Außenministers Byrnes im gleichen Jahr in Fulton und Stuttgart oder die Verkündung der »Truman-Doktrin« 1947 wurden wahrgenommen als Anzeichen einer beunruhigenden, auf die Dauer überaus gefährlichen Entwicklung, die Kriegsgefahren in sich barg, wenn sie nicht direkt auf Kriegsabsichten schließen ließ. Die Sowjetunion Stalins auf der anderen Seite genoß hohes Ansehen als ein Land, das unter riesigen Opfern einen großen, wenn nicht den entscheidenden Beitrag zum Sieg über das faschistische Deutschland geleistet hatte. Es leuchtete ein und trug zur Erhöhung dieses Prestiges bei, wenn die Macht, die so viel getan hatte, den Frieden zu bringen und nun wiederum bedroht erschien, als Protektor einer Bewegung auftrat, die sich der Verteidigung des Friedens verschrieb. Die Grundvorstellung vom Sozialismus als Friedensmacht und vom Kapitalismus/Imperialismus als Herd von Kriegsgefahr und Krieg blieb bestimmend für die Tätigkeit der »Weltfriedensbewegung«. Nationale Friedensräte arbeiteten in mehr als hundert Ländern unter der Direktion des Weltfriedensrates, der seinen Sitz zunächst in Wien, später in Helsinki hatte. Zu den eindrucksvollsten Aktionen der Bewegung hatte 1950 die weltweite Kampagne für den »Stockholmer Appell« gehört, der das absolute Verbot der Atomwaffe unter strenger internationaler Kontrolle und die Behandlung jeder Regierung als Kriegsverbrecher forderte, die als erste die Atomwaffe gegen irgendein Land einsetze. Auch ich hatte mich damals, als Student, am Sammeln von Unterschriften für die Erklärung beteiligt – und dabei eine für die konfrontative Atmosphäre im zwiefach besetzten Berlin aufschlußreiche Erfahrung gemacht: Fritz Rörig, Professor für mittelalterliche Geschichte, stimmte der Erklärung zu. Die Unterschrift, um die ich ihn bat, wollte er aber nicht geben. Er befinde sich in einer schwierigen Lage: im Osten als bürgerlicher Wissenschaftler mißtrauisch beäugt, in West-Berlin, wo er wohnte, angegriffen wegen seiner Arbeit an der kommunistischen Universität. Unverrichteter Dinge zog ich ab, freute mich aber, als ich etwas später von Rörig einen Brief mit der unterschriebenen Erklärung bekam – abgeschickt in Masserberg in Thüringen, wo Rörigs Ferien machten. Öffentlich haben wir davon natürlich kein Aufsehen gemacht.

Die einseitige Ausrichtung der »Weltfriedensbewegung« auf die Sowjetunion und das sozialistische Lager beeinträchtigte ihre Wirksamkeit entscheidend. Sie war Partei und konnte den Ruf nicht überwinden, Instrument der sowjetischen Außenpolitik zu sein – was sie in der Tat auch in hohem Maße war. Widerspruchslos aber war diese Verbindung nicht. Der Anspruch der Sowjetunion und ihrer Verbündeten, das Friedenslager schlechthin darzustellen gegen den kriegslüsternen Imperialismus, kollidierte prinzipiell mit der Natur einer Bewegung, deren Wesenszug in der Mobilisierung der Menschen für eine allgemeine, lager- und klassenübergreifende Menschheitsaufgabe bestand. Es war aufregend und ermutigend, wenn der Präsident des Weltfriedensrates, der parteilose britische Physiker John D. Bernal, zur Eröffnung des Weltkongresses für allgemeine Abrüstung und Frieden in Moskau im Juni 1962 zur Vielfalt der Meinungen aufrief. Unter den hier Versammelten, sagte er, gebe es verschiedene Auffassungen über Ursachen und Lösungsmöglichkeiten des Kalten Krieges. Die einen wünschten den Sieg der einen Seite, andere den der anderen. Wir aber, betonte er, interessieren uns nicht für den Sieg der einen oder anderen Seite im Kalten Krieg – wir sind an der Beendigung des Kalten Krieges interessiert. Das waren Worte, die den sowjetischen Protektoren der Weltfriedensbewegung gewiß gründlich mißfielen. Daß sie aber an repräsentativer Stelle in hochoffiziellem Zusammenhang geäußert wurden und zumindest öffentlich nicht zurückgewiesen wurden, war die logische Folge der auch von ihnen verkündeten Programmatik des Friedenskampfes, der solche »Abweichungen« notwendigerweise mit sich brachte. Und wenn dann der »Führer« des Weltfriedenslages persönlich, der sowjetische Ministerpräsident Nikita Chruschtschow, in seiner Grußbotschaft an diesen Kongreß an den Friedenswillen aller Menschen mit dem Hinweis auf die Gefahr einer thermonuklearen Katastrophe appellierte, der gegenüber die Welt einig und unteilbar sei – »ihr gegenüber sind wir alle das menschliche Geschlecht«, lautete der entscheidende Satz –, so war damit grundsätzlich eine entscheidende Bresche in das orthodoxe Schema des Klassenkampfes geschlagen. Mir blieb die Feststellung wichtig als eine augenöffnende Einsicht in Grundprobleme der Menschheitsentwicklung, zu deren Erklärung die herkömmlichen Schemata offensichtlich nicht ausreichten.

Friedensthemen traten in meiner wissenschaftlichen Arbeit immer mehr in den Vordergrund, so zum Beispiel in einem Referat über *Krieg–Revolution–Frieden 1914–1920* auf dem 15. Internationalen Historikerkongreß in Bukarest 1980, einer Studie über *Sozialistische und pazifistische Friedenskonzeptionen vor 1914* in einer Festschrift für den Generaldirektor des Österreichischen Staatsarchivs Rudolf Neck 1981 oder einer Untersuchung zu Beziehungen zwischen den USA und Sowjetrußland in den ersten Jahren nach der Oktoberrevolution, die unter der Überschrift *Intervention oder friedliche Koexistenz* auf dem Kolloquium der AIHCE über Friedensbewegungen in der internationalen Politik 1867–1926 im Rahmen des 16. Internationalen Historikerkongresses in Stuttgart 1985 vorgetragen wurde. Bestätigt fühlte ich mich in meiner Präferenz für das Friedens-Thema durch den Nachdruck, mit dem unter dem Eindruck der damaligen harten internationalen Auseinandersetzungen über Rüstung und Abrüstung auf diesem Stuttgarter Kongreß die Verantwortung der Historiker, über die Grenzen der Weltanschauungen und politischen Bindungen hinaus, für eine friedensfördernde Orientierung ihrer Arbeit betont wurde. Es gab mehrere einschlägige Veranstaltungen in den chronologisch angeordneten Sektionen des Kongresses und ein Rundtischgespräch zum Thema »Die Historiker und die Probleme des Friedens«, auf dem drei führende Historiker der Sowjetunion, der USA und Großbritanniens, Sergei Tichwinski, Gordon Craig und Thomas Barker, eine gemeinsame Erklärung vorlegten, in der sie den dringenden Appell an die verantwortlichen Politiker richteten, die Produktion nuklearer Waffen einzustellen und keine weiteren nuklearen Testexplosionen mehr durchzuführen. Sie betonten die Pflicht des Historikers, »die Menschheit vor den besonderen Gefahren zu warnen, die uns gegenwärtig bedrohen«, und rechtfertigten den in der Geschichte der Historikerkongresse, die normalerweise keine politischen Erklärungen abgeben, höchst ungewöhnlichen Schritt mit der Erkenntnis der Notwendigkeit, »in Frieden und gegenseitiger Zusammenarbeit zu leben«. Der Appell fand die nahezu einmütige Zustimmung der mehreren hundert Teilnehmer.

Ein Jahr zuvor, im Frühjahr 1984, war ich zum zweiten Mal zu einem längeren Aufenthalt in den USA gewesen, diesmal für zwei Monate zu Archivstudien in Boston und in Stanford. Anders als 1975 waren Studienaufenthalte von Wissenschaftlern aus der DDR zwar immer noch keine Selbstverständlichkeit, kamen aber doch häufiger zustande. *IREX* (= International Research and Exchanges Board), eine staatlich geförderte Institution für den Wissenschaftleraustausch vor allem mit den sozialistischen Ländern mit Sitz in New York, vermittelte solche Reisen. Ich hatte mich beworben, weil ich in amerikanischen Archiven Quellen zu zwei Episoden in der Geschichte der amerikanisch-sowjetischen Beziehungen studieren wollte, bei denen es jedesmal um Probleme des Konzepts von der friedlichen Koexistenz gegangen war.

In Stanford studierte ich für die erwähnte Untersuchung über *Intervention oder Koexistenz* in den Beständen der *Hoover Insti-*

tution on War, Revolution and Peace die Quellen der Hunger-
hilfe-Aktion für Sowjetrußland, die der spätere Präsident Herbert Hoover 1921–1923 in Verbindung mit der Sowjetregierung
organisiert hatte. Anhand der Beschreibung der auf beiden Seiten
komplizierten und widersprüchlichen Motive, Aktionen und Hintergründe des wenig erforschten, für Millionen von Menschen im
Wolgagebiet und der Südukraine buchstäblich lebensrettenden
Unternehmens ließen sich die Schwierigkeiten der Gestaltung
von Beziehungen zwischen Staaten mit diametral entgegengesetzten Gesellschaftssystemen aufschlußreich diskutieren. Täglich,
wenn ich das prächtige Vestibül der Hoover-Institution betrat,
erinnerte mich die an einer Wand angebrachte großformatige
Wiedergabe der von Lew Kamenew (als Stellvertreter des erkrankten Lenin) unterzeichneten Dankadresse der Sowjetregierung vom Sommer 1923 mit ihren Freundschaftsbeteuerungen
an das amerikanische Volk an den politischen Aspekt meiner Forschungsarbeit. In Boston sammelte ich Material im Archiv der
John F. Kennedy Library über die Haltung der amerikanischen
Administration in den Jahren der Berlin-Krise zwischen 1958
und 1962. Ich hatte damals die Absicht, einen größeren Aufsatz
über die Wende in den internationalen Beziehungen am Ende der
fünfziger und zu Beginn der sechziger Jahre zu schreiben.

Ich nutzte die Gelegenheit zu kurzen Aufenthalten auch in
New York und Washington, wo ich die SAIS besuchte. Die Rede
kam unvermeidlich bald auf die internationalen Auseinandersetz-
zungen der Tage, und meine amerikanischen Gesprächspartner,
liberale Intellektuelle ohne besondere Sympathie für das Sowjet-
system, äußerten sich fast ausschließlich kritisch über Reagans
Politik der Konfrontation und der Zuspitzung. Uneingeschränkte,
geradezu leidenschaftliche Befürworter dieser Politik hingegen
fand ich unter russischen Emigranten, denen die USA nicht
scharf genug gegen die Sowjetunion vorgehen konnten. Der Be-
kannteste unter ihnen war der Historiker Alexander Nekritsch,
der Vorlesungen an der Harvard Universität in Boston hielt und
in Paris eine Zeitschrift der russischen Emigration herausgab.
Wir kannten uns aus Moskau, wo er Mitarbeiter des Instituts für
Geschichte der Sowjetischen Akademie der Wissenschaften gewesen war. 1965 hatte er unter dem Titel *Der 22. Juni 1941* eine

scharfe Abrechnung mit der blinden Selbstherrlichkeit Stalins in der Vorkriegszeit veröffentlicht, die das Land dem deutschen Angriff gegenüber in eine überaus ungünstige Lage gebracht und zu den schweren Niederlagen der ersten Kriegsmonate geführt hatte. Die populärwissenschaftliche, gleichwohl aber gründlich dokumentierte Schrift, geschrieben von einem Sowjetpatrioten, der stolz war auf den Sieg über den Hitlerfaschismus – Nekritsch hatte den Krieg als Offizier an der Front mitgemacht –, fand sogleich die Aufmerksamkeit der Öffentlichkeit. Die Auflage von 50 000 Exemplaren war in wenigen Tagen ausverkauft. Die ersten Rezensenten urteilten positiv – schließlich bewegte sich der Autor im Rahmen der stalinkritischen Positionen, die von der KPdSU auf ihrem XX. und XXII. Parteitag festgestellt worden waren. In der zweiten Hälfte der sechziger Jahre drehte sich aber der Wind. Stalinisten bekamen erneut Oberwasser und setzten zu einer Kampagne auch gegen Nekritschs Buch an. Zwei Jahre nach dem Erscheinen seines Buches, das inzwischen in der Tschechoslowakei, Ungarn und Polen als Übersetzung erschienen war, wurde Nekritsch vom Komitee für Parteikontrolle beim ZK der KPdSU mit der Begründung aus der Partei ausgeschlossen, er habe die Politik der Kommunistischen Partei und der Sowjetregierung am Vorabend und zu Beginn des Großen Vaterländischen Krieges vorsätzlich verzerrt. Die Bibliotheken der Sowjetunion wurden von der obersten Zensurbehörde angewiesen, den 22. Juni 1941 in ihren Sondermagazinen für sekretierte Literatur aufzubewahren, und dort, wo es solche Magazine nicht gab, die vorhandenen Exemplare zu vernichten.

Ich hatte Nekritsch in Moskau im Umkreis von Turok kennengelernt. Auf dem Internationalen Historikerkongreß 1970 in Moskau begrüßte ich ihn als meinen Freund, ungeachtet der dringenden Empfehlung meines Direktors Bartel, jeden Kontakt mit dem in Ungnade Gefallenen zu vermeiden. Bleibende Erinnerung habe ich an einen Abend in diesen Moskauer Tagen. Mit Ragionieri war ich eingeladen zu Turok, der nach dem Abendessen mit uns zu Nekritsch ging. In dessen Wohnung, einige Etagen tiefer in demselben Häuserblock, hatte sich eine große Gesellschaft von Historikern aus Ost und West eingefunden. Man war sich dort einig in der Sympathie für einen antistalinistischen Kurs in Wissenschaft und Politik, unterschied sich aber in den Konsequenzen, die aus solcher Einstellung zu ziehen seien. Nekritsch, der viele Jahre hindurch in der Partei und in der Öffentlichkeit gegen Dogmatismus und Sektierertum gekämpft hatte, in der besonders durch die Politik Chruschtschows genährten Hoffnung, es werde gelingen, die sowjetische Gesellschaft zu demokratisieren, hatte diese Hoffnung damals wohl schon aufgegeben. Er sah in dieser Gesellschaft immer mehr eine totalitäre, von gewissenlosen Karrieristen und jederzeit gewaltbereiten Funktionären dominierte, unrefomierbare Apparatherrschaft. Dissidenten, die an der Idee der Verbesserung der Gesellschaft festhielten, hielt er für Illusionisten. Er wollte auswandern, besorgte sich von einer entfernten Kusine in Israel – er war jüdischer Herkunft – eine Einladung und beantragte im Oktober 1975 das Ausreisevisum. Im Sommer 1976 verließ er das Land.

Ich hatte seitdem keine Verbindung mehr zu ihm, kannte aber von Turok seine Adresse in Cambridge bei Boston. Dort rief ich ihn an, als ich acht Jahre später nach Boston kam. Wir trafen uns, freuten uns über das Wiedersehen, sprachen von alten Zeiten und darüber, wie es jedem in den letzten Jahren ergangen war. Persönlich, das stand für uns fest, blieben wir Freunde. Politisch aber standen wir auf gegensätzlichen Positionen. Ich gehörte, bei aller Kritik an den Verhältnissen im Realsozialismus, weiter zu den »Verbesserern« und erwartete Positives für die internationalen Beziehungen von einer Vertiefung der Politik der Koexistenz, die für Nekritsch ein plumpes Täuschungsmanöver war, soweit es die Sowjetunion anging, und feiger Verrat an den Prinzipien von Freiheit und Menschenrechten, soweit die Westmächte sich darauf einließen. Weniger aus Furcht vor heimischen Zensoren denn aus Überzeugung lehnte ich sein Angebot ab, in seiner Pariser Emigrantenzeitschrift unter Pseudonym über die Zustände in der DDR zu schreiben. Die politische Linie des Blattes war nicht die meine.

An internationaler Arbeit innerhalb der sozialistischen Länder war ich in besonderer Weise beteiligt seit meiner Berufung zum Leiter der DDR-Sektion in der bilateralen Historikerkommission DDR–Rumänien. Solche Kommissionen gab es seit langem mit den meisten anderen sozialistischen Ländern Europas. Rumänische Geschichte trieben in der DDR nur wenige. Die offiziellen Beziehungen zu dem Land, dessen Führer bald auf Distanz zum Vorherrschaftsanspruch der Sowjetunion gingen, waren nicht besonders freundlich. So kam es erst 1978 zur Gründung der bilateralen Kommission der Historiker. Daß ich mit deren Leitung auf der DDR-Seite betraut wurde, hing zusammen mit meinen persönlichen Beziehungen nach Siebenbürgen, aus denen eine gewisse Vertrautheit mit rumänischen Verhältnissen erwuchs. Aus eben diesem Grunde übernahm ich gerne die Aufgabe, von der ich mir nicht zuletzt häufigere Reisen in die alte Heimat versprach.

Die wissenschaftlichen Ergebnisse der Kommissionstätigkeit blieben unbedeutend. Wir veranstalteten zwischen 1978 und 1985 fünf dreitägige Tagungen in Erfurt, Constanţa, Potsdam, Hermannstadt und Schwerin zu Themen aus den Beziehungen zwischen beiden Ländern im 19. und 20. Jahrhundert oder auch zum Verlauf ähnlicher Entwicklungen in vergleichender Sicht. Interessanter als die in den Referaten – zumeist rasch hingeschriebenen Nebenprodukten der Referenten – enthaltenen allgemeinen Gedanken oder auch Informationen zu einzelnen Sachverhalten war die eigenartig gespannte Atmosphäre der Zusammenkünfte. Persönlich ging es zwischen den Kollegen beider Länder freundschaftlich und gelöst zu, zumal mein Pendant Titu Georgescu, Prorektor der Universität Bukarest, wie ich um moderate, ausgleichende Führung der Geschäfte bemüht war. Probleme ergaben sich aus der wissenschaftspolitischen Situation. Auf beiden Seiten saßen Historiker aus zentral von kommunistischen Parteien geleiteten Ländern, die ihren Wissenschaftlern politische Auflagen machten. Die waren in der DDR wie in Rumänien zwar insofern einheitlich, als es sich um Bündnispartner in einem politischen und wirtschaftlichen Block handelte, dessen Geschlossenheit nach innen wie außen grundsätzlich nicht in Frage gestellt wurde. Wir hatten Einigkeit zu demonstrieren, was wir eigentlich ja auch durchaus wollten. Jede der beiden Seiten aber verfolgte in ihrem Land politische und wissenschaftliche Linien, nicht zuletzt auf dem Gebiet der beiderseits sehr wichtig genommenen Geschichtswissenschaft, die schwer miteinander zu vereinbaren waren. Rumänien setzte dem sowjetischen Vormachtstreben die Betonung der nationalen Eigenständigkeit entgegen, was in der Geschichtswissenschaft zu Positionen führte, die in ihrer manchmal extremen Zuspitzung auch für kritische Sozialisten wie mich, die einer Distanz zum Diktat aus Moskau eigentlich positiv gegenüberstanden, schwer nachzuvollziehen waren. In der Geschichtswissenschaft der DDR gab es, grob gesprochen, zwei Tendenzen, die beide in unserer Kommission vertreten waren: den rigorosen Dogmatismus alter Prägung, wie ihn die Kommissionsmitglieder aus den Parteiinstituten vertraten, und die von den Historikern aus den Universitäten und der Akademie mehr oder weniger konsequent eingenommene Haltung eines offenen, differenziert argumentierenden Marxismus. Beide Tendenzen, so kam es mir vor, interessierten die rumänischen Kollegen nur noch wenig. Offener Streit aber wurde vermieden. Wir widersprachen nicht direkt, wenn die rumänischen Kollegen in dem Bestreben, eine möglichst eindrucksvolle, lange Vorgeschichte rumänischer Unabhängigkeit auszumalen, auf dem Kolloquium über die Revolution von 1848 nur von der Revolution »in den rumänischen Ländern« sprachen, was neben den rumänischen Fürstentümern Moldau und Walachei auch das jahrhundertelang unter habsburgischer bzw. ungarischer Hoheit stehende Siebenbürgen einschloß. Sie ihrerseits hörten ruhig zu, wenn ein Referent aus der DDR bei der Darstellung der Rolle der deutschen Arbeiterbewegung in den zwanziger Jahren die Verdienste des Thälmannschen ZK pries und alle anderen Richtungen in Grund und Boden kritisierte. Komplizierter wurde es, wenn die Rede auf den Frontwechsel des mit Hitlerdeutschland verbündeten Rumänien auf die Seite der Antihitlerkoalition im August/September 1944 kam. In dieser Frage standen sich Einschätzungen gegenüber, die auf beiden Seiten der Korrektur bedurften. Überschätzten die rumänischen Historiker den Vorgang, indem sie ihm eine geradezu kriegsentscheidende Bedeutung zusprachen, so herrschte in der Geschichtsschreibung der DDR, die der sowjetischen Darstellungsweise folgte, generell eine Unterschätzung des für den weiteren Vormarsch der Sowjetarmee durchaus bedeutungsvollen Übergangs Rumäniens auf die Seite der Hitlergegner. Zu dieser Frage – wie auch zu einer Reihe anderer – gab es in den Zusammenkünften der bilateralen Kommission wiederholt Diskussionen, die über den Austausch von gegensätzlichen Positionen hinausgingen und beitrugen zur Bereitschaft, die relativen Wahrheiten der jeweils anderen Meinung wenigstens ernsthaft zur Kenntnis zu nehmen. Bei aller Freundlichkeit im Umgang waren wir uns aber, ohne große Worte darüber zu verlieren, der tiefgehenden Differenzen im Geschichtsverständnis bewußt. Die Frage einer gemeinsamen Publikation – von anderen Kommissionen wiederholt praktiziert – kam bei uns gar nicht erst in die Debatte.

Daß 1983 Hermannstadt von der rumänischen Seite als Tagungsort vorgeschlagen wurde, begrüßte ich natürlich sehr. Ich hatte Titu Georgescu von meiner siebenbürgischen Herkunft erzählt und vermute, daß er mir persönlich einen Gefallen tun wollte, wobei sicher auch die allgemeine Überlegung eine Rolle gespielt hat, daß die Stadt, die Jahrhunderte hindurch von zentraler Bedeutung für die deutsche Bevölkerung Siebenbürgens gewesen war, ein angemessener Ort für eine Veranstaltung gerade mit deutschen Historikern sei. Georgescus für rumänische Offizielle nicht selbstverständliche Sensibilität für diese Zusammenhänge zeigte sich auch in der Programmgestaltung des Hermannstädter Kolloquiums. In Hermannstadt befindet sich der Sitz des Bischofs der evangelisch-lutherischen Kirche sowie eine Zweigstelle der theologischen Fakultät der Universität Klausenburg für die Ausbildung der Pfarrer in den siebenbürgischen Gemeinden. Mein Vetter Christoph Klein – er wurde 1990 zum Bischof gewählt – war dort Professor. In der DDR wurde 1983 zur Erinnerung an den Geburtstag Martin Luthers vor 500 Jahren mit beträchtlichem Aufwand das Lutherjahr begangen. Zu den Aktivitäten dieses Jubiläums auf dem Gebiet der Geschichtswissenschaft gehörte die Veröffentlichung einer Biographie des Reformators aus der Feder meines Kollegen Gerhard Brendler. Das Buch fand Beachtung als ein in der marxistischen Lutherrezeption bis dahin ungewöhnlicher Versuch, Luthers geistige Entwicklung, seine Theologie, in den Mittelpunkt der Darstellung zu stellen und von diesem zentralen Punkt aus die Wirkung Luthers in der Gesellschaft zu erklären. Es könnte interessant sein für die Kirchenleute in Siebenbürgen, dachte ich, eine solche Interpretation von Luthers Leben und Werk von einem Historiker der DDR zu hören. Es war üblich, auf unseren Tagungen neben dem eigentlichen Programm einen oder zwei Vorträge zu allgemeinen Themen halten zu lassen. Ich schlug den rumänischen Kollegen vor, im weltweit begangenen Lutherjahr Gerhard Brendler um einen Vortrag über seine Forschungen zu bitten und dazu in Hermannstadt auch Vertreter der evangelischen Kirche einzuladen. Die Veranstaltung wurde ein voller Erfolg, und zwar in doppelter Hinsicht. Zum einen machte Brendler durch die kenntnisreiche Sachlichkeit seiner Ausführungen einen vorzüglichen Eindruck. Zum anderen empfanden die Kirchenvertreter, wie sie mir anschließend vertraulich mitteilten, den Vortrag insofern als eine wertvolle Unterstützung für ihre nicht einfache Situation im sozialistischen, religiös von der Orthodoxie bestimmten Rumänien, als sie auf die ernsthafte Beschäftigung mit Luther bei Marxisten eines anderen sozialistischen Landes verweisen konnten.

Es war mein bislang letzter Besuch in Hermannstadt. Seit meiner ersten Siebenbürgenreise nach dem Krieg im Jahre 1955 war ich noch mehrere Male dort gewesen, 1956 und 1967 mit Dorle und den Kindern, danach noch einige Male allein in Verbindung mit Kongreßreisen, zumeist nach Bukarest, an die ich wenigstens Kurzaufenthalte in Hermannstadt anschloß. Immer waren es schöne Tage, war ich glücklich, die Stätten wiederzusehen, mit denen mich so viele Erinnerungen aus Kindheit und Jugend verbanden. Die allgemeine Atmosphäre freilich, die ich antraf, war von Mal zu Mal bedrückender. Die Zahl derer, die das Land verlassen und in die Bundesrepublik ausreisen wollten, wuchs von Jahr zu Jahr. Brutale Repressionen, die das volksdemokratische Regime generell kennzeichneten und speziell gegen die deutsche Minderheit gerichtet waren, waren in den vierziger und fünfziger Jahren an der Tagesordnung gewesen. Sie hatten auch Verwandte von mir betroffen. Gustav Adolf Klein und Hermine Pilder, die Geschwister meines Vaters, waren in politischen Prozessen zu langjährigen Haftstrafen verurteilt worden. Sie hatten, was ihnen als Geheimnisverrat, ja Spionage ausgelegt wurde, Kontakt zu ihrem Bruder Karl Kurt in Innsbruck gehalten und ihn über die Zustände im Lande informiert – immer übrigens mit dem Tenor, daß Not und Drangsalierungen, über die sie wahr-

heitsgemäß, ohne gehässige Übertreibung, berichteten, nicht
dazu führen sollten, die siebenbürgische Heimat, den rumänischen Staat zu verlassen. Die Verhältnisse änderten sich etwas im
Laufe der sechziger Jahre. Mein Onkel Gustav Adolf, der 1958 zu
zehn Jahren Gefängnis verurteilt worden war, wurde 1964 vorzeitig entlassen. Von einer grundlegenden Besserung, irgendeiner demokratischeren Tendenz konnte aber keine Rede sein. Das
rumänische Regime gewann zeitweilig in dem Maße eine größere Zustimmung in der Bevölkerung, als es die nationale Unabhängigkeit gegen die sowjetische Dominanz betonte, blieb aber
nach innen eine besonders hart und willkürlich agierende Variante des Staatssozialismus sowjetischer Prägung. Befremdet über
das Bild, das sich ihm und seinen Freunden geboten hatte, war
mein Freund Ragionieri, der mit einer Delegation der italienischen Kommunistischen Partei die rumänische Volksrepublik
besucht hatte. Wie es ihnen gefallen habe, wollte einer der rumänischen Betreuer nach der Rundreise wissen und antwortete
sarkastisch, als die italienischen Genossen sich zwar beeindruckt,
aber erstaunt über das große Polizeiaufgebot allenthalben zeigten: »Und ihr glaubt, ihr habt die Polizei *gesehen*?« Als absto-
ßend – und zunehmend lächerlich – wurde der politische Stil von
Nicolae Ceaușescu und der immer monströsere Personenkult um
den Parteiführer empfunden, der sich 1974 zum Staatspräsiden-
ten machen ließ. Wirtschaftlich verschlechterte sich die Situation
im Lande, der tägliche Kampf um die Versorgung mit Lebensmitteln und Gegenständen des täglichen Bedarfs wurde immer
mühsamer – eine Entwicklung, angesichts derer die aus der
Bundesrepublik kommenden Nachrichten über den Wohlstand
der dorthin Übergesiedelten den Sog zur Ausreise verstärkten.
Die schikanöse Behandlung der Ausreisewilligen durch die Behörden, die nach unerfindlichen Kriterien die Visa verweigerten
oder erteilten, vergrößerte den Unwillen der Menschen. Auch
Verwandte und Bekannte, die lange Zeit daran festgehalten hatten, in der Heimat zu bleiben, entschlossen sich nun zur Übersiedelung.

Über die Jahre war ich so Zeuge einer anscheinend unaufhalt-
samen Auflösung, eines Ausrinnens der Existenz des Volkes,
dem ich mich verbunden fühlte. Daß die alten Formen einer bäu-

erlich geprägten, vorindustriellen Gesellschaft keinen Bestand haben würden in der Zeit einer entwickelten Industriegesellschaft, schien mir sicher. Vieles hätte sich ändern müssen, was den überwiegend konservativ eingestellten Sachsen gewiß nicht leichtgefallen wäre. Die völkische Abgeschlossenheit der Vergangenheit konnte keinen Bestand mehr haben. Veränderung aber hätte nicht notwendig Auflösung und Untergang bedeuten müssen. Daß der Zwang dazu ausgerechnet von einer unter »sozialistisch« firmierenden Ordnung ausging, vertiefte meine Distanz zu der Politik, die ich gewählt hatte.

Neue Entwicklungen bestimmten das Leben in unserer Familie in Berlin. Auf dem großen Grundstück in Johannisthal, das Lisbeth Deiters seinerzeit mit der Idee erworben hatte, dort Häuser für sich und ihre Kinder bauen zu lassen, verwirklichten Dorle und ich 1981/82 ihre Absicht durch die Errichtung eines Einfamilienhauses. Zu bauen war ein Vorhaben, das in der DDR zwar durch sehr günstige Kreditbedingungen erleichtert wurde, in der praktischen Durchführung aber angesichts der ständigen Knappheit an Baumaterialien aller Art überaus kompliziert war. Wir waren alle berufstätig, hatten wenig Zeit und – außer Max – auch keine handwerkliche Begabung. In Frage kam deshalb nur ein Fertigteilhaus, bei dem die Baufirma auch alle für den Innenausbau notwendigen Arbeiten, einschließlich der Materialbesorgung, übernahm. Unser Haus wurde von einem zu diesem Zweck gegründeten DDR-Betrieb errichtet, der die Lizenz von einer westdeutschen Fertighausfirma gekauft und nach deren Muster eigene Produktionsstätten in Birkenwerder bei Berlin errichtet hatte.

Bezogen wurde das neue Haus im Dezember 1982 von Dorle und mir und unserer Tochter Katharina, die damals ein Kind erwartete. Seit dem Abschluß ihres Studiums in Dresden im Jahre 1980 arbeitete sie als Diplom-Restauratorin im Institut für Denkmalpflege in Berlin. Besonders restaurierte sie mittelalterliche Tafelbilder aus Kirchen, bewegliches Kunstgut, das zum Institut gebracht wurde. Im Januar 1983 brachte sie ihre Tochter Bettina zur Welt, deren Vater die engen Beziehungen zu Katharina schon zuvor gelöst hatte, so daß sie ihre Tochter allein aufzog. Wir waren glücklich, unser jüngstes Enkelkind in unserer nächsten

Nähe aufwachsen zu sehen und den beiden hier und da behilflich sein zu können.

In unser früheres Haus nebenan zog Max mit seiner Frau Rosemarie und den 1976 und 1978 geborenen Kindern Anna und Felix ein. Max hatte sein Physikstudium an der Humboldt-Universität 1973 mit Auszeichnung abgeschlossen und war nach der Promotion von 1977 bis 1981 zu einem Arbeitsaufenthalt am Vereinigten Institut für Kernforschung in Dubna, nördlich von Moskau, gewesen, einer gemeinsamen Einrichtung der sozialistischen Länder Europas. Für ein Jahr wurde er in dieser Zeit zur Paralleleinrichtung der westeuropäischen Staaten, dem Centre Européen pour la Recherche Nucléaire (CERN) in Genf, delegiert. Internationale wissenschaftliche Kooperation, auch zwischen Ost und West, war auf diesem Forschungsgebiet eine Selbstverständlichkeit.

Unweit der Johannisthaler »Familiensiedlung«, in Adlershof, wohnte unser Sohn Wolfgang, mit seiner Frau Dagmar und unserem ältesten Enkelkind, der 1973 geborenen Berit. Wolfgang hatte nach dem Studium den in der DDR obligatorischen Grundwehrdienst von anderthalb Jahren abgeleistet. (Max war das erspart geblieben. Studenten der Naturwissenschaften, auf deren möglichst zügige und effektive Ausbildung damals größter Wert gelegt wurde, genügten der Wehrpflicht mit der Teilnahme an einem sechsmonatigen Schnellkurs in einem Ausbildungslager der Armee.) Wolfgangs wichtigste Arbeitsergebnisse im Zentralinstitut für Literaturgeschichte waren zunächst 1976 seine Dissertation über die literarische Voksfrontzeitschrift *Commune*. 1982 erschien die von ihm besorgte Dokumentation der bis dahin nur bruchstückhaft publizierten Verhandlungen des Pariser Schriftstellerkongresses zur Verteidigung der Kultur von 1935.

Unsere drei Kinder mit den schließlich fünf Enkelkindern – bei Max und Rosemarie wurde 1988 noch die kleine Mascha geboren – um uns zu haben, bedeutete viel für Dorle und mich.

Ein großer Tag für die ganze Familie war der 12. November 1985. Es war Dorles 60. Geburtstag, kein normaler runder Geburtstag, sondern zugleich der Tag, an dem der Abschluß ihres Berufslebens gefeiert wurde. Fast dreißig Jahre waren vergangen, seit sie im Sommer 1957 in der Fachschule für Angewandte

Kunst in Oberschöneweide ihren Dienst als Russischlehrerin angetreten hatte. Seit 1976 war sie dort stellvertretende Direktorin.
Sie war gerne berufstätig gewesen. Freundlich, charakterfest,
verständnisvoll und immer mit vollem Einsatz ihrer Kräfte hatte
sie gearbeitet. Der obligatorische Russischunterricht war unter
den Studenten nicht besonders geschätzt. Dorle verstand es aber,
die russische Sprache und Kultur, die sie liebte, den Studenten
nahezubringen, ohne sie mit überhöhten Forderungen oder gar
dürren politischen Formeln abzustoßen. Eine sanfte, aber un-
widerstehlich wirksame Kraft muß ausgegangen sein von der
ganz persönlichen Identifizierung mit dem, was sie lehrte. Nur so
ist wohl der Ausspruch eines früheren Studenten zu erklären, er
habe bei Frau Klein immer Hausaufgaben gemacht, »weil es ihr
so peinlich war, wenn mal jemand keine hatte«. Sie war beliebt
bei Studenten wie Kollegen, hatte sich in den letzten Jahren auch
durch die umsichtige, korrekte, immer um Gerechtigkeit bemühte Art, in der sie das Amt der stellvertretenden Direktorin versehen hatte, hohe Achtung verschafft. Alle hätten es gerne gesehen, wenn sie nach dem Eintritt in das Rentenalter noch einige
Jahre an der Schule tätig gewesen wäre. Sie aber wollte das nicht.
Sie war glücklich und stolz, trotz ihrer großen Familie ihr Leben
lang den von ihr gewählten Beruf als Pädagogin ausgeübt und
Anerkennung und Sympathie dabei gewonnen zu haben. Nun
aber wollte sie frei sein von den beruflichen Zwängen, ihren
Neigungen nachgehen und Zeit haben für Reisen, denn anders
als ich, der ich beruflich viel in der Welt herumgekommen war,
hatte sie bis zum Rentenalter warten müssen, bis sie in den
Westen reisen konnte.

Am Abend versammelte sich dann bei uns die Großfamilie zu
einem Fest, das in ihrer Erinnerung »eines der glücklichsten
Feste meines Lebens« war. Sie feierte es in dem Bewußtsein, trotz
ihrer Berufstätigkeit stets liebevoll den Zusammenhalt der Familie gepflegt zu haben. Höhepunkt des Abends war der von Wolfgang, Max und Katharina mit verteilten Rollen gelesene Vortrag
einer Festschrift, die die Kinder für diesen Tag vorbereitet hatten.
Voller Zuneigung, witzig, feinsinnig und dankbar für alles, was
sie in ihrem Leben der Mutter verdankten, hatten sie darin Erinnerungen aus dem Familienleben aufgeschrieben, an Episoden,

die charakteristisch waren für die »Jubilarin«. Der schöne Grundgedanke des Ganzen war die Nachzeichnung des harmonischen Zusammenhalts unserer Familie, der in so hohem Maße Dorle zu verdanken war. Die Mahnung zur Gegenseitigkeit im Zusammenleben von Menschen und das Versprechen, sie zu üben, klangen an in dem Motto, das der Festschrift vorangestellt war, einem Wort der Marie von Ebner-Eschenbach: »Die Menschen, denen wir eine Stütze sind, geben uns den Halt im Leben.« Es war ein großer Tag für Dorle – und für mich, weil ich von neuem ganz stark empfand, welch Glück es für mich war, mit ihr und an ihrer Seite zu leben.

Unerhörtes, lange Gehofftes, kaum mehr für möglich Gehaltenes geschah – so schien es – in Moskau. Die unter der Führung Breschnews, Andropows, danach des nur noch senilen Tschernenko stagnierende Sowjetunion kam in Bewegung, als der nach dem Tode Tschernenkos im März 1985 neugewählte Generalsekretär des Zentralkomitees der KPdSU, Michail Gorbatschow, die sowjetische Außen- und Innenpolitik energisch und umfassend in eine neue Richtung zu lenken begann.

VIII Umbruch (1985–1992)

Das Signal zu einer entschiedenen politischen Wende in der UdSSR gab Gorbatschow in seiner Rede auf dem Plenum des ZK der KPdSU am 23. April 1985. In einer umfassenden Tour d'horizon über alle Bereiche der sowjetischen Gesellschaft übte er radikale Kritik an dem generell festzustellenden Zustand der Stagnation – in der Industrie wie in der Landwirtschaft, in der Kultur, im Gesundheitswesen, in der Volksbildung, in der Versorgung der Menschen mit Lebensmitteln, Industriewaren oder Dienstleistungen. Er geißelte die erstarrten Formen der Leitung in Wirtschaft und Gesellschaft, die ausufernde Bürokratie, das lebensfremde Reglementieren an den Interessen der Menschen vorbei und über ihre Köpfe hinweg. Zum ersten Mal tauchte hier das Wort von der *Umgestaltung* (russ. »Perestroika«) auf, als deren Ziel Gorbatschow zwei Jahre später in seinem Buch *Perestroika* die »tiefgreifende Erneuerung aller Bereiche des sowjetischen Lebens, die Schaffung modernster Organisationsformen in der sozialistischen Gesellschaft, die volle Ausschöpfung des humanistischen Charakters unserer gesellschaftlichen Ordnung in allen ihren entscheidenden Aspekten – den ökonomischen, sozialen, politischen und moralischen« bezeichnete. »Wir brauchen«, so hieß es an anderer Stelle, »ein gesundes, lebendiges Funktionieren aller öffentlichen Organisationen, aller Produktionsteams und Künstlerverbände, neue Formen der Aktivität von seiten der Bevölkerung und die Reaktivierung all derjenigen, die vergessen wurden. Kurz gesagt, *wir brauchen eine umfassende Demokratisierung aller Bereiche der Gesellschaft.* Diese Demokratisierung ist auch der wichtigste Garant dafür, daß die gegenwärtigen Prozesse weitergehen.« Zum zweiten zentralen Begriff der Bewegung wurde *Offenheit* (russ. »Glasnost«), der Bruch mit den traditionellen Gewohnheiten einer eingeschränkten, von den Interessen der jeweiligen Führungsgruppe gelenkten Informationspolitik. *Glasnost*, rückhaltlos geübte Freiheit des Wortes und der Meinungen, war erkannt als notwendiger Bestandteil einer demokratischen Erneuerung.

Leute wie ich, engagierte Sozialisten, die immer noch auf einen reformierten Sozialismus hofften, verfolgten die Vorgänge wie elektrisiert. In einem auffallenden Widerspruch zur Radikalität von Gorbatschows Zustandsanalyse der Sowjetgesellschaft stand allerdings das, was er in dem erwähnten *Perestroika*-Buch über *Lehren der Geschichte* schrieb. Offenbar wollte er die Bürger des Landes dazu ermutigen, Kraft für die Gegenwart aus der Besinnung auf die großen Leistungen der Vergangenheit zu schöpfen. Dafür zeichnete er ein Bild der Geschichte, das vor allem Stolz auf die Errungenschaften der Zeit seit 1917 wecken sollte. Oktoberrevolution, Kollektivierung der Landwirtschaft und Industrialisierung erscheinen hier als die großen Leistungen, die das Größte, den unter schwersten Opfern errungenen Sieg über den Hitlerfaschismus, möglich gemacht hatten. In dieser Sicht schrumpften die während des XX. und des XXII. Parteitages bloßgelegten Verbrechen der Stalinzeit zu einem »Überhandnehmen des administrativen Drucks«, zu »Ausschreitungen« und »Fehlern«, ihre Folgen zu »tragischen Ereignissen«. In solch beschönigender Darstellung unterschied sich Gorbatschow zunächst nicht von der offiziellen Geschichtspropaganda der Zeit nach Chruschtschow. Etwas Entscheidendes aber hatte sich geändert: das Wort des Generalsekretärs war nicht mehr sakrosankt. Wer mit solchem Nachdruck wie Gorbatschow die Parole von der *Glasnost* ausgab und Tag für Tag dazu aufforderte, den Menschen die ganze Wahrheit zu sagen, öffnete damit auch seine beschränkte Geschichtssicht selbst der grundsätzlichen Kritik. Diese setzte sich allerdings nicht sogleich durch. Parteifunktionäre, viele Historiker an den Universitäten und in den großen Instituten der Akademie, wie auch Publizisten in wichtigen Zeitschriften lösten sich nur langsam von den überkommenen Stereotypen. Die (bereits im Kapitel »Anläufe« erwähnte) Leugnung der geheimen Zusatzverträge zum deutsch-sowjetischen Nichtangriffspakt vom August 1939 zum Beispiel wurde erst 1989 aufgegeben. Einzelne Historiker brachen mit den überholten Traditionen. Eine ganz wesentliche Rolle spielte die im Zeichen von *Glasnost* von der Zensur befreite Presse, genauer gesagt: der Teil der Presse, der die neue Freiheit entschlossen zur kritischen Untersuchung der sowjetischen Vergangenheit nutzte.

Nachhaltig bestärkt in meinen eigenen Vorstellungen von einem offeneren Geschichtsverständnis fühlte ich mich durch die Ansätze Gorbatschows und seiner Mitarbeiter zu einer neuen Sicht auf die internationalen Beziehungen im Zusammenhang mit ihren Bemühungen um Abrüstung und internationale Zusammenarbeit. Schritt für Schritt vollzog die neue sowjetische Führung eine grundlegende Wendung in ihrer Außenpolitik, verbunden mit der allmählichen Aufgabe jahrzehntelang vertretener Prinzipien. Die Entwicklung der Welt, so lautete die neue Einsicht, sei nicht mehr ausschließlich aus dem Gesichtswinkel des Kampfes der beiden entgegengesetzten Gesellschaftssysteme zu betrachten. Menschheitsinteressen gebühre die Priorität gegenüber allen partikularen Interessen – eine Devise, die dadurch Kraft und Überzeugungsmacht gewann, daß sie nun aufs engste verbunden war mit echten, tiefgehenden Anstrengungen zur Veränderung der Gesellschaft. Neues Denken wurde zum Zentralbegriff der Gorbatschowschen Reformpolitik – und damit auch der Arbeit der Historiker. Denn natürlich betrafen grundlegende Veränderungen so weitgehender Art in einem System, das alle Lebensbereiche erfaßte und bestimmte, ganz unmittelbar auch die Geschichtswissenschaft, die seit langer Zeit in so hohem Maße als Funktion der allgemeinen Politik betrieben worden war.

In der DDR fand die von Gorbatschow eingeleitete Reformbewegung sehr unterschiedliche Aufnahme. Die politische Führung, die jahrzehntelang die Nachahmung des sowjetischen Vorbilds mit dem Slogan *Von der Sowjetunion lernen, heißt siegen lernen* propagiert hatte, verließ diesen Weg aus Furcht vor einer entscheidenden Schwächung ihrer Position gerade in dem Moment, in dem die Bürger des Landes zunehmend geneigt waren, dieser Losung zu folgen. Unter den Intellektuellen, die ich aus dem Kulturbund und dem Kreis der *Weltbühne* kannte, wie auch unter den Historikern meiner näheren Umgebung überwog die hoffnungsvolle Zustimmung. In allen Bereichen allerdings gab es auch warnende Stimmen, die in der Lockerung oder gar Abschaffung von Zwängen, die bisher die Gesellschaft zusammengehalten hatten, eine Gefahr für deren Bestand selbst sahen.

Mein dienstliches Umfeld hatte sich geändert, seit nach dem Tod des früheren Institutsdirektors Bartel 1984 unter seinem Nachfolger Walter Schmidt, der von der Akademie für Gesellschaftswissenschaften beim ZK der SED in die Akademie wechselte, die Teilung des Zentralinstituts für Geschichte betrieben wurde; es erschien ihm zu groß. 1986 wurde der Wissenschaftsbereich Allgemeine Geschichte, dessen Leiter ich gewesen war, aus dem Zentralinstitut herausgelöst und ein selbständiges Institut für Allgemeine Geschichte gegründet. Die Ernennung meines bisherigen Stellvertreters Karl Drechsler zum Institutsdirektor war von Mitarbeitern, die meinten, das Amt hätte mir übertragen werden sollen, mit Befremden aufgenommen worden. Mich hatte die Entscheidung nicht überrascht. Ich hatte mich um das Amt nicht beworben, lehnte Drechslers Vorschlag, sein Stellvertreter zu werden, ab und arbeitete bis zu meiner Emeritierung im Juli 1989 als Leiter des Bereichs *Imperialistische Hauptländer*, jener Gruppe von Mitarbeitern, mit denen mich schon im alten Bereich besonders enge Beziehungen verbunden hatten. In diesem Kreis dominierte die positive Einstellung zu dem neuen Wind aus Moskau.

Die Grundsätze des *Neuen Denkens* öffneten den Weg nicht nur zur Korrektur einzelner Fehlurteile der parteilichen Historiographie der Vergangenheit, zum Ausfüllen von »weißen Flecken«. Sie bereiteten vielmehr den Boden für eine generelle Überwindung des alten, in Dogmen erstarrten Denkens, das seine Maßstäbe nicht aus der Analyse der Wirklichkeit, sondern aus der größtmöglichen Nähe zu den ideologisch bestimmten Positionen politischer Autoritäten ableitete. In meiner wissenschaftlichen Arbeit rückten Themen wie die Geschichte der Koexistenz, des Pazifismus und der Bemühungen um die Bewahrung und Sicherung des Friedens aus zwei Gründen noch stärker in den Vordergrund: ich hielt sie zum einen politisch für wichtig als Beiträge des Historikers zur Bewältigung aktuell brennender Probleme; denn es war ja auch jetzt noch keineswegs sicher, daß die Spannungen zwischen den Blöcken nicht doch eines Tages zur gewaltsamen Eruption führen würden. Zugleich sah ich im Friedensthema unter den Auspizien des Neuen Denkens ein Vehikel zur grundsätzlichen Überwindung traditioneller Enge des Marxismus-Leninismus. Altes Denken freilich behielt nicht wenig von seiner Kraft. *Der Kampf um Frieden und friedliche Koexistenz zwischen Staaten unterschiedlicher Gesellschaftssysteme in der Epoche des Übergangs vom Kapitalismus zum Sozialismus* – der Name einer interdisziplinären Arbeitsgruppe, die unter meiner Leitung ein alle paar Monate zusammentretendes Diskussionsforum von Friedensforschern aus vielen Instituten der DDR bildete, zeigt das an. Neu klang diese langstielige Formulierung wahrlich nicht. Neu war auch keineswegs alles, was auf unseren Zusammenkünften diskutiert wurde.

Allmählich aber setzte sich in der Arbeitsgruppe ein Diskussionsstil durch, der die Enge der formelhaften Generalthematik immer deutlicher überschritt, die fast unmerklich von einer verbindlichen Begriffsbezeichnung zu einer inhaltlich immer blasseren Worthülse mutierte. Der Vorgang kann wohl als eines von vielen Symptomen der fortschreitenden Erosion des Gesellschaftssystems der DDR in ihren letzten Jahren betrachtet werden, die dann so plötzlich und unerwartet zusammenbrach, ohne daß ihre Führer – und auch ein großer Teil der Außenwelt – begriffen hatten, daß sie längst nicht mehr das war, was sie bis zum letzten Tag zu sein vorgab. Es war ein schrittweiser Prozeß. Wir gingen nicht grundsätzlich ab von der Auffassung des Antagonismus von Imperialismus und Sozialismus als entscheidendem Gegensatz der Weltentwicklung seit 1917, betonten auch nach wie vor die Wurzeln von Gewalt und Krieg im Kapitalismus/Imperialismus, dem der Sozialismus als Friedensmacht gegenüberstehe. Dabei aber wurde unsere Sicht immer differenzierter. Vieles kam zusammen, um zunächst die dogmatische Verteufelung der bürgerlichen Gesellschaft aufzugeben. Die Auseinandersetzungen um die Sicherung des in der Tat ja bedrohten Friedens durch eine Befestigung und Vertiefung der Politik der »friedlichen Koexistenz« verstärkten diese Tendenz. Dachte man nämlich genauer nach über diesen Begriff, so wurde die Notwendigkeit weitgehender Korrekturen unabweisbar.

In dem 1969 vom parteioffiziellen Dietz-Verlag herausgegebenen *Sachwörterbuch der Geschichte* hatten es sich die Autoren des einschlägigen Artikels noch leichtgemacht. Friedliche Koexistenz, so definierten sie, sei »Prinzip und Politik des friedlichen

Nebeneinanders von Staaten mit unterschiedlicher gesellschaftlicher und staatlicher Ordnung als Ergebnis der Existenz und des
internationalen Einflusses der sozialistischen Staaten«. Die simple Vorstellung, die dieser Erklärung zugrunde lag, daß Frieden
nur, und zwar gesetzmäßig und jederzeit, vom Sozialismus aus-
gehe, der Imperialismus hingegen grundsätzlich ausschließlich
auf Aggression und Krieg angelegt sei, und nur durch die Friedenspolitik des Sozialismus und ziemlich vage bezeichnete »Frie-
denskräfte« gezwungen werden könne, sich friedlich zu verhalten, erwies sich immer deutlicher nicht nur als unrealistisch,
sondern als schlechthin falsch. Systemeigene Friedensneigung
des Kapitalismus, der Friedenspolitik treiben könnte, und zwar
nicht nur vom sozialistischen Gegner genötigt, sondern aus eigenem Interesse, war ein Sachverhalt, der in der dogmatischen
Geschichtstheorie des Marxismus-Leninismus ignoriert oder
zumindest weit unterschätzt worden war. Sie wurde nun ein Gegenstand ernsthafter Überlegungen. Nur wenn solche Interessen
in der kapitalistischen Gesellschaft aber vorhanden waren, hatte
eine Politik der Koexistenz wirklich eine Chance.

Schwerer als mit der Korrektur der Kapitalismusverdammung
taten wir uns mit dem Abschied von der Sozialismusapologie. Es
war und blieb uns selbstverständlich, im Sozialismus eine Ordnung menschlicher Verhältnisse zu sehen, die ihrem Wesen nach
auf den Frieden gerichtet ist. Daß auch der reale Sozialismus diesem Prinzip entsprechend sich verhalten habe, habe ich häufig
betont, gestützt auf Beispiele wie die Friedenssehnsucht der russischen Massen als einem entscheidenden Grund für den Sieg der
Oktoberrevolution, die Begründung des Konzepts der friedlichen
Koexistenz durch Lenins Außenminister Tschitscherin, die radikalen Abrüstungsvorschläge Litwinows im Völkerbund Ende der
zwanziger und zu Beginn der dreißiger Jahre, Gromykos Initiative für ein allgemeines Verbot jeglicher Atombewaffnung 1946
in der UNO und weitgehende Abrüstungsvorschläge der Sowjetunion in der Nachkriegszeit, von Chruschtschow bis Gorbatschow. In einem Plenarreferat zum Thema *Geschichtsbewußt-
sein und Friedensdenken* auf dem letzten Historikerkongreß der
DDR im Februar 1989 kam ich zu Schlußfolgerungen allgemei-
ner Art, die klar über bisheriges Denken hinausführten. Ich

schlug vor, festzuhalten an der Kennzeichnung unserer Epoche als der des Übergangs vom Kapitalismus zum Sozialismus, unterlegte dem Begriff aber einen neuen Inhalt. »Menschheitsinteressen, so sagen wir heute«, meinte ich, »haben Vorrang vor partikularen, auch vor Klasseninteressen. Das kann aber nicht heißen, daß beides getrennt voneinander zu sehen wäre, in dem Sinne, erst kommt das eine, dann das andere. Menschheit – das ist kein sozial oder auch national knochenloses Abstraktum. Ihre Geschichte und ihre Interessen realisieren sich im Handeln von Klassen und Nationen, aber auch von Religionsgemeinschaften, Stammesverbänden, von Gruppen aller Art. Nicht über die Entgegensetzung von Klasseninteressen und Menschheitsinteressen, sondern über ihre durch die neue Menschheitssituation erzwungene und ermöglichte Verbindung ist nachzudenken. Die schließliche Ablösung des Kapitalismus durch den Sozialismus als Durchsetzung global verstandener und akzeptierter Menschheitsinteressen: das wäre vielleicht eine ganz allgemeine Zielvorstellung, deren sehr notwendige konkretisierende Diskussion weiterhelfen könnte im Begreifen des Epocheninhalts.« Das war ziemlich wolkig formuliert, wies aber doch eindeutig in die Richtung entschiedener Abkehr von dogmatischen Lehren der Vergangenheit. Und um jeden Zweifel daran auszuschließen, daß der hier angedachte »Sozialismus« etwas sehr anderes sein solle als der, den wir bisher kannten, erklärte ich es abschließend als selbstverständlich, daß die von mir angedeutete Entwicklung »auf Wegen und in Formen vor sich gehen würde, für die konkrete Vorbilder noch nirgends existieren«.

Verhältnisse, die festgefahren schienen seit langer Zeit und unveränderbar, gerieten in der zweiten Hälfte der achtziger Jahre vielerorts in Bewegung. Besorgt über die möglichen Folgen weiterhin ungebremsten Wettrüstens fanden SED und SPD zu gewissen Gemeinsamkeiten, mißtrauisch betrachtet von den jeweiligen Vormächten im Bündnis, die SPD noch dazu in Distanz zur Regierung Kohl. Im Ergebnis von Gesprächen des SPD-Fraktionsvorsitzenden Hans-Jochen Vogel bzw. des Parteivorsitzenden Willy Brandt mit Honecker 1984 und 1985 setzten die Führungen beider Parteien gemeinsame Arbeitsgruppen ein, die detaillierte Vorschläge für internationale Rahmenabkommen über eine chemiewaffenfreie Zone in Europa bzw. einen atomwaffenfreien Korridor in Mitteleuropa ausarbeiteten, der Öffentlichkeit jeweils präsentiert als *Gemeinsame politische Initiative der Sozialistischen Einheitspartei Deutschlands und der Sozialdemokratischen Partei Deutschlands.* Weitergehende politische Inhalte behandelte die Erklärung *Der Streit der Ideologien und die gemeinsame Sicherheit* der Akademie für Gesellschaftswissenschaften beim ZK der SED und der Grundwertekommission der SPD vom August 1987.

Die Menschheit, das war der Ausgangspunkt des Dokuments, befinde sich in der weltgeschichtlich neuen Situation, nur noch gemeinsam zu leben oder gemeinsam unterzugehen. Krieg dürfe im Nuklearzeitalter kein Mittel der Politik mehr sein. Die unvermeidbare Auseinandersetzung der entgegengesetzten Gesellschaftssysteme, deren jeweilige Grundpositionen in dem Papier präzise benannt wurden, müsse deshalb auf friedlichem Wege geführt werden. Beide Seiten, so hieß es, hätten sich auf einen langen Zeitraum einzurichten, in dem sie miteinander auskommen müßten. Keine dürfe der anderen die Existenzberechtigung absprechen.

»Unsere Hoffnung kann sich nicht darauf richten, daß ein System das andere abschafft. Sie richtet sich darauf, daß beide Systeme reformfähig sind und der Wettbewerb der Systeme den Willen zur Reform auf beiden Seiten stärkt ... Beide Seiten müssen sich gegenseitig für friedensfähig halten.«

Das waren erstaunliche Aussagen. Hardliner auf beiden Seiten kritisierten die Tendenz zur Gleichsetzung der Systeme. Als einzige deutsche Tageszeitung veröffentlichte das SED-Zentralorgan *Neues Deutschland* das Dokument in voller Länge, das danach aber auch in der DDR rasch aus der Diskussion der gesteuerten Medien verschwand. Immerhin jedoch war es ein Text, der nicht einfach zu ignorieren war. Ich setzte umgehend eine kleine Serie von Bereichsdiskussionen zur »Auswertung des SED-SPD-Papiers« an, in denen vor allem die traditionellem Lagerdenken widersprechenden Formulierungen von Reform- und Friedensfähigkeit der kapitalistischen Gesellschaft an historischen Beispielen besprochen wurden.

Beiträge zur Vertiefung historischer Friedensforschung konnte ich auch im internationalen Zusammenhang leisten. Im August 1986 kamen am Österreichischen Institut für Friedensforschung in Stadtschlaining im Burgenland etwa siebzig Historiker aus den USA und zehn europäischen Ländern zu einer *Consultation on Peace Research in History* zusammen. Hauptorganisatoren der Tagung waren Charles Chatfield von der Wittenberg University in Springfield, Ohio, und Karl Holl von der Universität Bremen. Chatfield war in jenem Jahr Vorsitzender der *Conference on Peace Research in History*, einer seit den sechziger Jahren bestehenden affiliierten Organisation der *American Historical Association*, die durch wissenschaftliche Veröffentlichungen ihrer Mitglieder, die Veranstaltung von Tagungen und die Herausgabe der Vierteljahrsschrift *Peace and Change* bemerkenswerte Leistungen auf ihrem von der Geschichtswissenschaft traditionell stiefmütterlich behandelten Gebiet vorgelegt hatte. Vor einigen Jahren hat sie ihren Namen in *Peace History Society* geändert.

Mit Charles Chatfield blieb ich in Verbindung. Wir wurden Freunde. Eine interessante Begegnung hatten wir im Sommer 1988 in Berlin. Er leitete damals die Studienreise einer Gruppe amerikanischer College-Präsidenten, die in den beiden deutschen Staaten, der Sowjetunion und Finnland Kontakte suchten mit dem Ziel, die Verhältnisse in diesen Ländern besser kennenzulernen und neue Formen internationaler Zusammenarbeit zu entwickeln. Die Reise war gesponsert durch die *Lutheran Educational Conference of North America*, eine Gesellschaft der Präsidenten von lutherisch orientierten Colleges, Universitäten und Seminaren. Chatfield hatte mir von diesem Plan geschrieben und das Interesse der Gruppe bekundet, in Ost-Berlin nicht nur Gespräche mit Repräsentanten der evangelischen Kirche, sondern auch mit Vertretern des akademischen Lebens zu führen. Sie seien interessiert an Information und Diskussion zu zwei Themen: der aktuellen gesellschaftlichen Entwicklung der DDR sowie Forschungen auf dem Gebiet der Ost-West-Beziehungen. Ich gehörte damals dem Vorstand eines an der Akademie der Wissenschaften gebildeten *DDR-Komitees für wissenschaftliche Fragen der Abrüstung und der Sicherung des Friedens* an und konnte, offiziell in dieser Eigenschaft, ein Treffen einiger DDR-Wissenschaftler mit Chatfields Gruppe arrangieren. Wir kamen im Club der Kulturschaffenden in der Otto-Nuschke-Straße zusammen und hatten ein mehrstündiges ernsthaftes, offenes Gespräch. Als DDR-Teilnehmer hatte ich den Philosophen Wolfgang Eichhorn und den Historiker Martin Herzig eingeladen, beide von der Akademie der Wissenschaften, sowie den Politologen Michael Geiger von der Akademie für Gesellschaftswissenschaften beim ZK der SED. Wir traten nicht auf als Gegner der DDR, machten aber klar, daß sie gründlich reformiert werden müsse, wolle sie, was unser Wunsch war, weiter bestehen. Die Amerikaner, durchweg keine Kommunisten, erklärten sich von der Begegnung beeindruckt. Es sei ein bemerkenswertes Ereignis für sie gewesen – für einige seiner Kollegen sogar der Höhepunkt der ganzen Reise –, schrieb mir Chatfield nach der Rückkehr in die USA, an einer seriösen Diskussion mit engagierten kommunistischen Intellektuellen teilzunehmen, die leidenschaftlich für den Frieden und das Wohl der Menschen eintreten, die die Probleme der DDR sehen und sich um Reform und Verbesserung durch die Verwirklichung sozialistischer Ideale bemühen.

Andere Prioritäten als systemtreue Reformer wie ich und meine Freunde setzte die Opposition, die sich seit den sechziger Jahren gebildet hatte und in einer wachsenden Zahl von Gruppen vielerorts in der DDR, meist unter dem Dach der evangelischen Kirche, aktiv geworden war. Menschenrechte, vor allem Meinungsfreiheit und Rechtsstaatlichkeit im eigenen Land, Sicherung des durch die Rüstungspolitik aller Großmächte gleichermaßen bedrohten Friedens, Umwelt: das waren die großen Themen, für die immer mehr Menschen sich einsetzten, die in vielfältigen Formen, auf Friedensseminaren und Diskussionsforen, durch Mahnwachen, Eingaben, die Verbreitung von Flugblättern, durch Mundpropaganda sowie einige Jahre hindurch auch durch Herstellung und Verbreitung einer Untergrundzeitung, unermüdlich daran arbeiteten, Bewegung in die erstarrte Gesellschaft zu bringen. Es war keine einheitliche Strömung. Basisdemokratische Grundüberzeugungen, die jeder Zentralisierung mißtrauten, standen einem größeren Zusammenschluß entgegen, der aber entscheidend behindert wurde durch die überaus intensive Überwachung und gegebenenfalls harte Unterdrückung durch Staatssicherheit und Polizei. Die unmenschlichen Methoden dieser Unterdrückung wurden in ihrem ganzen Umfang erst durch die Öffnung der Stasi-Akten nach der Wende bekannt.

Aufsehen machte eine besonders unter jungen Menschen populäre Parole, die sich geschickt eines Zitats bediente, das zunächst von der Sowjetunion in die Welt gesetzt worden war. *Schwerter zu Pflugscharen* – diese biblische Losung hatte ein sowjetischer Bildhauer figürlich in einer Skulptur dargestellt, die als Geschenk der Sowjetunion vor dem UNO-Gebäude in New York aufgestellt wurde. In der DDR war diese Skulptur fast jedem heranwachsenden Jugendlichen bekannt, war doch ihr Foto abgedruckt in dem Sammelwerk *Weltall–Erde–Mensch,* das allen Teilnehmern an der staatlich organisierten Jugendweihe überreicht wurde. Sticker mit einer Wiedergabe der Statue und der Aufschrift *Schwerter zu Pflugscharen* tauchten überall auf, an den Jacken und Blusen von Schülern und Schülerinnen, von Studenten und jungen Arbeitern, die auf diese Weise auch gegen die militaristischen Züge in der Gesellschaft der DDR protestierten. Die massenhafte Verbreitung des Symbols einer Friedensbewegung, die damals unter der Devise *Frieden schaffen ohne Waffen* agierte, sorgte für zunehmende Nervosität bei der Staatsmacht, die für sich in Anspruch nahm, eine herausragende Rolle im Kampf für die Bewahrung des Friedens zu spielen. Die von der DDR-Propaganda ausgegebene Gegenparole *Frieden schaffen ohne NATO-Waffen* unterstrich nur die parteiliche Einseitigkeit der offiziellen Friedenspolitik. Das Tragen der Sticker mit der pazifistischen Aufschrift wurde als Provokation gewertet und mit vielfältigen Schikanen beantwortet.

Verwirrend waren übrigens nicht wenige inhaltliche Bezüge in der ganzen Affäre. Nicht nur, daß eine Kampagne, die ein von der Sowjetunion stammendes, in der DDR zunächst ebenfalls prominent akzeptiertes Symbol aufnahm, in dem Moment zur Provokation mutierte, als unabhängige Friedensfreunde es ernst nahmen. Die schöne Botschaft selbst taugte im Grunde, las man genauer nach, kaum als Aufforderung zu Frieden und Abrüstung im gegenwärtigen Streit. *Da werden sie ihre Schwerter zu Pflugscharen und ihre Spieße zu Sicheln machen. Denn es wird kein*

Volk wider das andere das Schwert erheben, und sie werden hinfort nicht mehr lernen, Krieg zu führen, so heißt es im Buch des Propheten Jesaja. Er lebte im 8. Jh. v. d. Z. in Israel, in einer Zeit, die gekennzeichnet war durch ständige Gefahr seitens fremder Eroberer und durch innere soziale Spannungen. Mitte des Jahrhunderts hatten die Assyrer Israel erobert. In der Oberschicht breiteten sich Korruption, Luxus, Wohlleben und die Verehrung fremder Götter aus. Das Buch des Propheten Jesaja ist eine einzige leidenschaftliche Anklage gegen diese Zustände, gegen den inneren Verfall und die Vergewaltigung durch äußere, heidnische, Feinde. Was er seinem Volk sagte, war die Mahnung, zurückzukehren zum wahren Glauben an den einzigen Gott, in seinem Zeichen das Volk zu erneuern und Gerechtigkeit, vor allem für die Armen und Schwachen, wiederherzustellen, als Voraussetzung für die Überwindung der Heiden und die Errichtung der Herrschaft Zions über die Welt. Gott werde das bewirken, versichert Jesaja und schwelgt geradezu in der Ausmalung der Schrecken, die der Herr der Heerscharen über die Ungerechten im eigenen Land und alle Feinde bringen werde.

> Denn siehe, des HERRN Tag kommt grausam, zornig, grimmig, die Erde zu verwüsten und die Sünder von ihr zu vertilgen. (…) Und sie sollen sein wie ein verscheuchtes Reh und wie eine Herde ohne Hirten, daß sich ein jeder zu seinem Volk kehren und ein jeder in sein Land fliehen wird. Wer da gefunden wird, wird erstochen, und wen man aufgreift, wird durchs Schwert fallen. Es sollen auch ihre Kinder vor ihren Augen zerschmettert, ihre Häuser geplündert und ihre Frauen geschändet werden. (…) So soll Babel, das schönste unter den Königreichen, die herrliche Pracht der Chaldäer, zerstört werden von Gott wie Sodom und Gomorra, daß man hinfort nicht mehr da wohne und niemand da bleibe für und für.

Und wenn das alles getan ist, mit den Ungerechten im eigenen Land wie mit Babylon und mit allen anderen Feinden, wenn das Böse und die Bösen, die nicht Frommen und nicht Gerechten ausgetilgt sind, wenn so Gerechtigkeit herrscht und Frieden geschaffen ist, dann, *zur letzten Zeit,* so lautet die Verheißung, werden

viele Völker hingehen zum Berg des Gottes Jakobs, um seiner
Lehre zu folgen, und sie werden ihre Schwerter zu Pflugscharen
und ihre Spieße zu Sicheln machen.

Natürlich war es legitim, die schöne Botschaft in der täglichen
Auseinandersetzung zu verwenden, ohne Rücksicht auf den Zusammenhang, in dem sie einst geprägt worden war. Nützlich
schien es mir gleichwohl, sich über diesen Zusammenhang klarzuwerden, handelt es sich doch hier um eine religiös gefaßte, frü-
he Form jener Art von Glücksverheißung nach dem Schema, alle
anderen nach dem eigenen Vorbild zu formen und Gewalt dabei
nicht zu scheuen, um am Ende mit seinesgleichen, sozusagen mit
sich selbst, Frieden zu halten. *Ist die letzte Schlacht geschlagen,*
Waffen aus der Hand – der Vers aus dem vielgesungenen Lied
der sozialistischen Arbeiterbewegung ist von gleichem Geist.

Die Konfrontation zwischen Opposition und Staatsmacht verschärfte sich, wobei die harte Repression und eine Propaganda-
sprache, die jegliches Verständnis für freiheitliche Forderungen
vermissen ließ, die Position jener Teile der Opposition schwächte, deren Ziel nicht die völlige Abschaffung der DDR, sondern
ihre radikale Reformierung war, auf die Dauer eine Art Dritter
Weg zwischen dem Sozialismus der DDR und dem Kapitalismus
der Bundesrepublik, mit Betonung des Erhaltenswerten im erste-
ren und der Kritik an den sozialen Nachteilen des letzteren. Im
Unterschied zu den oppositionellen Bewegungen in den Nach-
barländern, der Arbeiterbewegung der *Solidarność* in Polen und
der wesentlich von Intellektuellen getragenen Bewegung der
Charta 77 in der Tschechoslowakei, hatte sich in der DDR bei einem Teil der Regimegegner eine grundsätzlich positive Einstellung zu sozialistischen Veränderungen erhalten, die in Polen
und der ČSSR kaum mehr vertreten wurde, wo Sozialismus in
jeglicher Form – auch Gorbatschows *Perestroika* hatte dort wenig
Anziehungskraft – obsolet geworden war. So begrüßte, um nur
ein Dokument zu erwähnen, das ich im Wortlaut erst nach der
»Wende« kennengelernt habe, die *Initiative Frieden und Men-*
schenrechte in einer programmatischen Erklärung zum Tag der
Menschenrechte im Dezember 1987 die ersten Erfolge der sowje-
tisch-amerikanischen Abrüstungsverhandlungen, fügte aber so-

gleich hinzu, daß ihr Begriff von Frieden sich nicht begnügen könne mit einem Frieden zwischen den Großmächten auf der Basis des Status quo. So wichtig wie der Friede zwischen den Staaten sei der innere Friede in den Staaten, der Freiheit, Gerechtigkeit und Demokratie erfordere. Die Bewegung hatte ein klares Programm gegen die undemokratischen Zustände in den sozialistischen Ländern, blieb aber auf Distanz auch zur kapitalistischen Gesellschaft des Westens. *Für die ostmitteleuropäischen Gesellschaften*, so hieß es in der Erklärung, *ist die Etablierung eines parlamentarischen Systems nach westlichen Mustern nur schwer vorstellbar, zumal die ökonomischen Grundlagen dafür weder vorhanden noch anzustreben sind.* Sachlich lagen hier Berührungspunkte zwischen solchen Auffassungen und den in der SED jener letzten DDR-Jahre vorhandenen reformerischen Ansätzen. Die Unterschiede in den Vorstellungen, was konkret an Veränderungen nötig und möglich sei, waren aber zu groß, als daß eine tragfähige Kooperation zustande kommen konnte – ganz zu schweigen von dem erbitterten Widerstand, den die Staatsicherheit allen solchen Kombinationen entgegensetzte, die sie für besonders gefährlich hielt.

Im Frühjahr 1988 gelang es mir, einen Plan zu verwirklichen, den ich seit Jahren verfolgt hatte. Im Ostseebad Sellin auf Rügen organisierte ich ein mehrtägiges Kolloquium der *Association Internationale d'Histoire Contemporaine de l'Europe.* Unter dem Generalthema *Europa an der Jahrhundertwende: Angleichung – Differenzierung – Konfrontation* diskutierten 43 Historiker verschiedener Spezialgebiete aus neun Ländern – den USA, der Schweiz und der BRD, der UdSSR, Ungarn, Polen, der ČSSR, Rumänien und der DDR – die um die Wende vom 19. zum 20. Jahrhundert neu auftretenden Prozesse im ökonomischen, sozialen, politischen und kulturellen Leben der Völker und Staaten Europas, insbesondere im Hinblick darauf, was in ihnen angelegt war auf friedliches Zusammenleben oder auf kriegerische Konfrontation.

Vorbereitung und Durchführung der Tagung spiegelten den in dieser Zeit immer deutlicher zutage tretenden Widerspruch zwischen Form und Inhalt im gesellschaftlichen Leben der DDR. Um die Konferenz überhaupt zustandezubringen, waren zeit- und nervenraubende Prozeduren zu durchlaufen, die von den zuständigen Organen entwickelt worden waren, um Unternehmen dieser Art unter ihre strikte Kontrolle zu bringen. Mit den Kräften meines Bereichs wäre ich gar nicht imstande gewesen, die nötigen Formalitäten zu erledigen; dies gelang nur durch die Hilfe der personell stark besetzten und mit vorzüglichem Draht zur politischen Obrigkeit ausgestatteten Leitung der Historikergesellschaft der DDR, die ich als Mitveranstalter gewann. Zunächst war eine politische Konzeption der Tagung zu entwerfen, die dem Sekretariat des Zentralkomitees der Partei eingereicht und von diesem Gremium gebilligt werden mußte. Die Historiker aus westlichen Ländern, die wir einladen wollten, mußten der Staatssicherheit (indirekt, via Abteilung Wissenschaften des ZK) namentlich gemeldet und durften erst eingeladen werden, wenn wir – nach nicht definierter, meist mehrmonatiger Wartezeit – das Plazet der Stasi erhielten. Simpelste Dinge der Vorbereitung, wie die Bestellung von Tagungsräumen und Quartieren, waren aufs ärgerlichste erschwert, denn ohne »grünes Licht« der Instanzen konnten wir keine konkreten Vereinbarungen treffen – abgesehen davon, daß natürlich auch die persönliche Arbeitsplanung der beteiligten Wissenschaftler durcheinandergebracht wurde.

Bemerkenswert war nun, daß eine inhaltliche Kontrolle und Beeinflussung, zu deren Gewährleistung das umständliche Verfahren doch ersonnen worden war, nicht stattfand. Alle unsere Vorschläge zur Einladung von Kollegen aus westlichen Ländern wurden kommentarlos akzeptiert. Die ebenfalls ohne Rückfrage gebilligte ZK-Vorlage spielte keine Rolle in unserer inhaltlichen Vorbereitung, die ich, unbehelligt durch Parteiinstanzen, organisierte, wie es mir richtig schien. In einer kleinen Vorbereitungsgruppe von Gesellschaftswissenschaftlern der DDR hatten wir ein Konzept skizziert, das eine betont undogmatische, neuen Fragen zugewandte, offene Art des Debattierens und insbesondere auch der Diskussion mit den westlichen Historikern vorsah. Die Tagung, die ich mit einem längeren Referat zum Thema *Gesellschaft im Wandel – wohin? Europa an der Wende vom 19. zum 20. Jahrhundert* einleitete – unbekümmert um früher geltende Dogmen der marxistisch-leninistischen Geschichtswis-

senschaft –, war nach der Meinung aller Teilnehmer ein voller
Erfolg. Kaum glaublich war der Abstand zu jenen Historikerver-
sammlungen in den fünfziger und sechziger Jahren, in denen
Ernst Diehl und Rolf Dlubek die Stimme »der Partei« erhoben
und streng diejenigen zurechtgewiesen hatten, die vom rechten
Weg abwichen. In Sellin war ihr Nachfolger, der jetzige Leiter des
Sektors Geschichte in der ZK-Abteilung Wissenschaften, dabei.
Es gefiel ihm nicht sonderlich, was er da hörte, aber wortlos, nur
mit etwas säuerlicher Miene, ließ er es geschehen. Er war einfach
überflüssig. Herausgegeben von Karl Otmar von Aretin, dem Vizepräsidenten der *Association*, und mir, erschien im Akademie-
Verlag ein Band mit den Texten des Kolloquiums. Es ging rascher
mit der Veröffentlichung als häufig sonst in solchen Fällen. Die
Geschichte aber war noch rascher. Der Band, der etwas früher
nicht gerade Sensation, als eine Gemeinschaftspublikation marxistischer und nichtmarxistischer Historiker mit einigen durchaus originellen Beiträgen aber doch ein gewisses Aufsehen
gemacht hätte, kam Ende 1989 auf den Markt. Kaum jemand
interessierte sich nun noch dafür.

In krassem Gegensatz zu den wachsenden Hoffnungen – nicht
zuletzt in den Reihen der Partei – auf ein *Neues Denken* auch in
der DDR stand die bis zum Ende der SED-Herrschaft aufrechterhaltene starre Abwehr all solcher Tendenzen durch die Führung
der Partei, die die Verbreitung der reformerischen Ideen Gorbatschows mit Verboten zu behindern suchte. Ich hatte natürlich
den Wunsch, im Club der Kulturschaffenden die aufregenden
Vorgänge in der Sowjetunion besprechen zu lassen. Eine Veranstaltung zum Thema *Perestroika* in der UdSSR war gegen den
Einspruch der leitenden Funktionäre nicht durchzusetzen. Ich
kam dann auf die Idee, das Verbot zu umgehen, indem ich eine
Diskussion ansetzte, in der es nur indirekt um die sowjetischen
Entwicklungen, vorrangig aber um die sehr lebhaften Debatten
über die *Perestroika* in der Bundesrepublik gehen sollte. Als
Referenten hatte ich einen westdeutschen marxistischen Histo-
riker, Reinhard Kühnl von der Universität Marburg, gewonnen.
Zunächst schien es gutzugehen. Die Veranstaltung war plaka-
tiert, die Besucher kamen ins Clubhaus, angezogen durch die

Thematik, manche aber zweifelnd, ob ein Abend zu einem so kühnen Thema wirklich stattfinden werde. Die Zweifler hatten recht. Kurt Hager persönlich hatte in unserem Programmheft die Ankündigung entdeckt und, erschreckt offenbar durch das bloße Wort *Perestroika*, die er und seinesgleichen scheuten wie der Teufel das Weihwasser, dem Kulturbund Stunden vor dem angesetzten Beginn die strikte Anweisung gegeben, die Veranstaltung nicht stattfinden zu lassen. Unverrichteter Dinge mußten die Leute, die bereits gekommen waren, wieder umkehren, infomiert durch eine kurze Mitteilung, daß die Veranstaltung mit Prof. Kühnl ausfalle. Eine Begründung wurde nicht gegeben. Ich organisierte dann am nächsten Tag ein Gespräch mit Kühnl zum selben Thema in meinem Bereich im Akademie-Institut. Es war ein schwacher Ersatz: zwanzig bis fünfundzwanzig Mitarbeiter in einer internen Veranstaltung im Vergleich zu den mindestens hundert Teilnehmern, die wir öffentlich im Club gehabt hätten.

Landesweite Aufregung rief im November 1988 die Streichung der sowjetischen Zeitschrift *Sputnik* von der Postzeitungsliste hervor – faktisch der bisher einmalige Vorgang des Verbots einer sowjetischen Zeitschrift in der DDR. Die Zeitschrift leiste, so hieß es in der neunzeiligen Mitteilung der Pressestelle des Postministeriums, keinen Beitrag zur Festigung der deutsch-sowjetischen Freundschaft, sondern bringe statt dessen verzerrende Beiträge zur Geschichte. Das Gegenteil traf zu. Aus dem *Sputnik*, einer Art *Readers Digest* mit Beiträgen aus sowjetischen Periodika der verschiedensten Gebiete, konnten sich die Bürger der DDR konkret über die Vorgänge in der Sowjetunion informieren. Ich könne mich, schrieb ich in einem Protestbrief an den Vorsitzenden des Bezirksvorstandes der Gesellschaft für deutsch-sowjetische Freundschaft (DSF), der ich angehörte, keiner Zeit erinnern, in der die Freundschaft zur Sowjetunion, das leidenschaftliche Interesse für sie und die Zustimmung zu ihrer Politik einen so lebhaften Aufschwung erlebten wie in den letzten Jahren im Zusammenhang mit den revolutionären Veränderungen dort im Zeichen von *Perestroika* und *Glasnost*. Dringend notwendig sei die Neubewertung vieler Seiten der Geschichte – kritische Artikel zur sowjetischen Außenpolitik in der Stalin-Zeit hatten Honecker, wie man später erfuhr, veranlaßt, den *Sputnik* verbieten zu lassen. Die Gesellschaft, so forderte ich, solle umgehend bei den zuständigen Instanzen die Aufhebung des Verbots verlangen. Ähnlichen Inhalts war eine Resolution gegen das Verbot, die ich im Vorstand des Clubs der Kulturschaffenden einbrachte. Gegen das Verbot richtete sich auch eine Erklärung, die von der Parteiorganisation unseres Instituts einstimmig angenommen wurde.

Die Wirkung von alledem blieb begrenzt. Der Bezirksvorstand der DSF teilte mir mit, das Bezirkssekretariat Berlin der Gesellschaft unterstütze voll die getroffene Maßnahme. Auf meine Nachfrage, auf welche Grundorganisation der Gesellschaft sich das Sekretariat mit diesem Standpunkt stütze, erhielt ich keine Antwort. Die Resolution des Clubvorstands, von der sich der Clubvorsitzende nach der Veröffentlichung eines plumpen Verteidigungsartikels im *Neuen Deutschland* noch gehorsam distanzierte, blieb ein interner Vorgang. Die Protesterklärung unserer Parteiorganisation blieb, wie ähnliche Erklärungen anderer Parteiorganisationen in der Akademie, zunächst ohne Echo. Als aber der Vorsitzende der DSF-Gruppe des Instituts, Rüdiger Horn, ein tüchtiger Historiker, kritischer Kopf und beliebter Kollege, auf einer Delegiertenkonferenz der DSF im Frühjahr 1989 in einer scharf formulierten Rede auf das *Sputnik*-Verbot zurückkam, wurde er brüsk zurechtgewiesen. Linientreue Funktionäre warfen ihm politisches Fehlverhalten vor. Und noch einmal begann das unwürdige Wechselspiel von Kritik–Verteidigung–Kritik und schließlicher Selbstkritik, das – mir heute unverständlich – immer noch funktionierte. In meiner Rede anläßlich der Auflösung des Instituts im Dezember 1991, aus der ich zu Beginn dieser Erinnerungen einige Passagen zitiere, nannte ich den »Fall« Horn eine der besonders beschämenden Episoden unserer Institutsgeschichte. Rüdiger Horn hatte nichts anderes gesagt, als viele von uns in Briefen, Erklärungen, auf Versammlungen formuliert hatten. Im offen ausbrechenden Konflikt aber solidarisierten wir uns nicht mit ihm, der doch meinte, was auch wir meinten, sondern duldeten das üble Spiel der Macht, auf perverse Weise fast stolz darauf, daß die von besonders harten Betonköpfen gewünschten weitergehenden Maßnahmen gegen Horn verhindert werden konnten und es schließlich bei einer faktisch

bedeutungslosen Mißbilligung und der Verschiebung einer Aus-
landsreise um einige Monate blieb. Gerade die relativ geringfügi-
ge Dimension der Angelegenheit, in der doch keine ernsthafte
Gefahr drohte, wenn man den Herrschenden widersprach, habe,
so sagte ich in meiner Rede 1991, die Kläglichkeit unseres Ver-
haltens offenbart – wobei mit »uns« natürlich nur die Mitglieder
und Funktionäre der Partei und die staatlichen Leiter gemeint
waren.

Schrille Töne in die immer deutlicher krisenhafte Entwicklung
der DDR brachte im Mai 1989 ein auf direkte Anweisung Ho-
neckers in das *Neue Deutschland* gerückter Artikel von Hanna
Wolf: die ehemalige Direktorin der Parteihochschule polemisier-
te darin scharf gegen sowjetische Historiker, die sich kritisch mit
der Geschichte der Komintern auseinandersetzten, und verteidigte unverhüllt die stalinistische Geschichtsschreibung. Als Drohung gegen oppositionelle Bestrebungen im eigenen Land wurde
weithin die Zustimmung des Politbüromitglieds Egon Krenz zur
blutigen Niederschlagung der Studentenbewegung auf dem Platz
des Himmlischen Friedens in Peking im Juni 1989 empfunden.
Die DDR war das einzige Land der Welt, in dessen Parlament auf
Antrag der herrschenden Partei eine Erklärung verabschiedet
wurde, die das Vorgehen der chinesischen Sicherheitskräfte als
eine Aktion zur Rettung des Sozialismus begrüßte.

Am 11. Juli 1989 wurde ich 65 Jahre alt. Mit diesem Tag endete mein Arbeitsverhältnis an der Akademie. Anläßlich meiner
Verabschiedung gab ich einen Empfang im Institutsgebäude in
der Prenzlauer Promenade. Etwa hundert Freunde und Kollegen
folgten der Einladung, neben den Mitarbeitern aus dem Institut
zahlreiche Gäste aus wissenschaftlichen Einrichtungen und anderen Institutionen des öffentlichen Lebens der Republik, mit denen ich in Verbindung gestanden hatte. Bei dieser Gelegenheit
hielt ich die Rede, mit der diese Erinnerungen beginnen. Der ernste Appell zu wahrheitsgemäßer Geschichtsschreibung machte
Eindruck, den ich vertiefen wollte. Ich ließ den Text in 150 Exemplaren vervielfältigen – mein Physiker-Sohn Max besorgte das
mit dem Xerox-Apparat seines Instituts – und schickte ihn an alle
Gäste der Geburtstagsfeier und eine Reihe anderer Bekannter.
Für noch weitere Verbreitung sorgte der RIAS, der am nächsten

Morgen kurz über den Vorgang berichtete. Ein mir befreundeter Kollege hatte die Rede ohne mein Wissen einem Korrespondenten dieses in der DDR viel gehörten, offiziell aber schärfstens abgelehnten Senders zugespielt. Interessant war mir, daß niemand der Offizellen ein kritisches Wort zu einem Text verlor, der wenige Monate zuvor noch mindestens zu überaus gereizten Kommentaren geführt hätte, ganz abgesehen von der nach bisherigen Vorstellungen ungeheuerlichen Tatsache, daß der »Feindsender« RIAS verleumderische Behauptungen eines Historikers der DDR über angebliche Wahrheitsverdrehungen in der DDR-Geschichtswissenschaft verbreitete.

Irrig wäre es gewesen, aus dem Schweigen der gewohnheitsmäßigen Beckmesser auf eine generelle Billigung meiner Worte zu schließen, mit denen ich unsere Arbeit kritisch in Frage gestellt hatte. Es war wohl eher ein Zeichen weitgehender Verunsicherung auch von Teilen des Apparats – und bei nicht wenigen sicher auch ehrlich neuer Einsichten – gegenüber der unbeirrten Selbstgerechtigkeit einer politischen Führung, die weiter Widerstand leistete gegen alle Tendenzen der »Aufweichung«. Der groteske Hochmut, mit dem Günter Mittag auf einer Kundgebung im September 1988 verkündet hatte, daß die Macht der Arbeiter und Bauern auf deutschem Boden in vierzig Jahren weitaus mehr für das Wohl des Menschen geleistet habe, als in der gesamten früheren Geschichte getan wurde, drückte die Überzeugung der führenden Funktionäre aus, an der sie bis zum unrühmlichen Ende ihrer Herrschaft festhielten.

Ruhestand – das Wort paßte eigentlich nicht so recht als Bezeichnung für den neuen Lebensabschnitt. Dienstliche Verpflichtungen hatte ich nicht mehr, was eine erhebliche Erleichterung bedeutete. Wissenschaftlich aber arbeitete ich weiter, an eigenen Vorhaben wie auch an der Vorbereitung eines neuen Bandes der friedensgeschichtlichen Arbeitsgruppe zur Fortsetzung des 1986 von mir herausgegebenen Bandes zu Fragen der Friedlichen Koexistenz. Die Funktion als Mitglied des Büros der AIHCE behielt ich bei. Dennoch blieb nun mehr Zeit für private Dinge.

Dorle war seit ihrem 60. Geburtstag 1985 frei von den dienstlichen Zwängen und hatte besonders die Freiheit der »reisemündigen« DDR-Rentnerin genossen. Unbegrenzt war die allerdings auch jetzt noch nicht. Dreißig Tage im Jahr durften Rentner in den Westen fahren. Dorle machte Ausflüge nach West-Berlin, zu den Stätten ihrer Jugend, besuchte Museen und Ausstellungen, ging in den Zoo oder den Botanischen Garten, fuhr nach Wannsee oder in den Grunewald. Häufig besuchte sie meinen Bruder Paul, den Pianisten, der immer engen Kontakt zu uns gehalten hatte. Sein Zwillingsbruder Hans und dessen Frau Felicitas in Darmstadt luden Dorle zu erlebnisreichen Reisen ein, nach Österreich zu Verwandten in Innsbruck und nach Oberitalien, sowie in den Schwarzwald und das Elsaß. Spät, und höchst unvollkommen, erlebte sie so einen kleinen Ausgleich für die jahrzehntelange Benachteiligung gegenüber ihrem Reisekader-Ehemann, der so viel von der Welt hatte sehen können.

Bevorzugtes Reiseziel waren die Niederlande, wo unsere Tochter Katharina in der kleinen Stadt Hilversum bei Amsterdam lebte. Sie hatte 1985 auf einem internationalen Sommerkurs für Restauratoren in Ungarn einen Niederländer, Matthijs, kennen- und liebengelernt, der als Chemiker in einem Restaurierungsatelier in Amsterdam arbeitete. Seinem Heiratsantrag stimmte Katharina schließlich zu, nicht zuletzt auch aus dem Wunsch, aus der Enge der DDR in die freieren Verhältnisse der westlichen Welt zu kommen. Die Heirat mit einem Mann aus dem kapitalistischen Ausland mit anschließender Übersiedlung in seine Heimat, in früheren Jahren offiziell verpönt und durch vielfältige Schikanen behindert, war in den letzten Jahren der DDR einfacher, zumal, wenn es nicht um einen Westdeutschen, sondern um den Bürger eines anderen westlichen Landes ging. Immer noch aber waren umständliche Prozeduren zu durchlaufen. Die Trauung mußte in der DDR stattfinden, wozu eine behördliche Genehmigung zu beantragen war. Die kam nach mehrmonatiger Wartezeit. Im Juli 1987 wurden sie in Berlin getraut. Erst jetzt konnte die Ausreise für Katharina und Bettina beantragt werden. Die wurde genehmigt, und Ende Oktober 1987 reisten die beiden ab. Schweren Herzens hatten wir sie verabschiedet. Sorge machte uns, daß die Grenze, die nun zwischen uns lag, immer noch eine Grenze besonderer Art war. Sie war leichter zu überqueren in diesen Jahren der Entspannung als früher, aber niemand konnte wissen, ob sie nicht bei einer immer möglichen Verschärfung der internationalen Situation wieder hermetisch geschlossen würde.

Auch gemeinsame Reisen von Dorle und mir wurden nun möglich. Wir fuhren zusammen nach Paris und Genf, wo ich an Sitzungen des Büros der AIHCE teilnahm. Nach meiner Emeritierung konnten wir auch gemeinsam Katharina und Bettina besuchen. Großartige Eindrücke sammelten wir im Oktober 1989 auf einer Reise nach Korsika, zu der uns Hans und Felicitas einluden. Wir fuhren mit dem Auto in Etappen von Darmstadt über Baume, Orange, Avignon, Arles und Aix-en-Provence nach Marseille, von dort mit der Fähre nach Bastia und schließlich nach dem kleinen Ort an der Ostküste Korsikas, wo mein Bruder einige Jahre zuvor ein verfallenes Winzerhäuschen erworben und im Laufe der Zeit zu einem hübschen Feriendomizil ausgebaut hatte. Es waren wunderschöne Tage, in denen wir allerdings mit wachsender Sorge an Entwicklungen zu Hause dachten.

Dies betraf zunächst familiäre Dinge: Wir fürchteten um meinen Bruder Paul in Berlin. Er war schon mit angegriffener Gesundheit zur Feier meines 65. Geburtstages gekommen. Damals wußten wir noch nicht, daß er mit HIV infiziert und die Krankheit bereits ausgebrochen war. In den Wochen seither hatte sich sein Zustand ständig verschlechtert. Er war immer mehr von seinem Leiden gezeichnet und lag zeitweilig im Krankenhaus. Jeden Abend telefonierten wir mit ihm und hörten seine schwächer werdende Stimme. Als wir Mitte Oktober nach Berlin zurückkehrten, wurde er von einem Pfleger betreut und konnte sich in der Wohnung nur noch in einem Rollstuhl fortbewegen. Am 11. November starb er im Krankenhaus, zwei Tage nach dem Fall der Mauer, den er bewußt nicht mehr erlebt hat.

In diesen Wochen löste sich die realsozialistische Welt in immer rascherem Tempo auf. Dieser Prozeß hatte im April 1989 mit der Wiederzulassung der Gewerkschaft Solidarność in Polen begonnen, wo die Parlamentswahlen im Juni mit einem überwältigenden Sieg der Opposition geendet hatten und seit August mit Tadeusz Mazowiecki der erste nichtkommunistische Regierungschef seit dem Zweiten Weltkrieg regierte. In Ungarn waren seit Ende 1988 eine Reihe nichtkommunistischer, demokratischer

Parteien gegründet bzw. wiedergegründet worden. Gesetzlich wurde im April 1989 der politische Pluralismus verankert. Ungarn war es auch, das mit dem Abbau der Grenzsperren zu Österreich seit Mai 1989, einem für das sozialistische Lager im wahrsten Sinne des Wortes erschütternden Vorgang – ist doch kein Lager, wo kein Zaun ist –, den Weg der DDR in den Untergang einleitete. DDR-Bürger konnten seit einigen Jahren visafrei in die Tschechoslowakei und nach Ungarn reisen, wurden aber von den ungarischen Behörden auf Grund eines Geheimabkommens mit der DDR am Übergang nach Österreich gehindert und in die DDR zurückgeschickt, wenn sie kein DDR-Visum für Österreich besaßen. Das änderte sich schon ab Mai. Sie wurden an den offiziellen Grenzübergängen zurückgewiesen, aber nicht mehr zurückgeschickt. Gingen sie nachts über die »grüne Grenze«, so ließen die ungarischen Grenzer das geschehen. Täglich wählten etwa hundert Flüchtlinge diesen Weg nach dem Westen im Frühjahr und Sommer. Von Woche zu Woche verstärkte sich der Druck einer zunehmenden Zahl von Menschen auf die ungarischen Behörden. Hunderte verliehen ihrer Forderung nach Ausreise Nachdruck, indem sie Zuflucht in der bundesdeutschen Botschaft in Budapest suchten. Ähnliches geschah in Prag und Warschau. Nach Verständigung mit den Regierungen Österreichs und der Bundesrepublik sowie mit Zustimmung der Sowjetunion, die auf Anfrage erklärte, keine Einwände gegen das beabsichtigte Vorgehen zu haben, kündigte Ungarn schließlich das Abkommen mit der DDR und gab ab 11. September den Weg nach Österreich frei. Der Damm war gebrochen. In den ersten drei Tagen nach Öffnung der Grenze nutzten 12 000 DDR-Bürger die neue Freiheit. Die Massenflucht hielt an.

Sie war nicht der einzige Ausdruck des Protests. Er hatte neuen Auftrieb durch die von Anhängern der Bürgerbewegung aufgedeckte Fälschung der Resultate bei den Kommunalwahlen am 7. Mai bekommen. Am 9. September war das *Neue Forum* gegründet worden, ein Zusammenschluß von Bürgerrechtlern, der für Reisefreiheit, Parteienvielfalt, eine demokratische Verfassungsstruktur und die Auflösung des MfS eintrat und sich bald zur stärksten Oppositionsbewegung im Herbst 1989 entwickelte. In der Erklärung eines »Aufrufs 89« zur Initiierung eines »demokratischen Dialogs über die Aufgaben des Rechtsstaates, der Wirtschaft und Kultur« vom 12. September wurde an die Bürger der DDR appelliert, am gesellschaftlichen Reformprozeß aktiv und in größerer Anzahl mitzuwirken. Der Ruf ging in zweierlei Richtung. Er war eine Kampfansage an die herrschenden Verhältnisse, und er brachte die Distanz zu jenen zum Ausdruck, die diesen Verhältnissen den Rücken kehren und das Land verlassen wollten. Das Datum der Erklärung, ein Tag nach der Grenzöffnung in Ungarn, war kaum ein Zufall. Seit dem Sommer fanden in immer mehr Städten der DDR Demonstrationen statt, häufig in gleichbleibendem Rhythmus an jedem Montag, wie besonders aktiv, aber keineswegs nur dort, in Leipzig. Tausende forderten vielerorts Woche für Woche eine gründliche Reformierung und Demokratisierung der DDR, den Abbau der Parteiherrschaft, Reise-, Meinungs- und Versammlungsfreiheit, echte Wahlen und ein Ende des allgegenwärtigen Systems der Bespitzelung durch die Staatssicherheit.

Anfang Oktober entlud sich die angestaute Spannung in gewalttätigen Zusammenstößen zwischen Demonstranten und Sicherheitskräften. Es begann in Dresden, wo Tausende versuchten, den Bahnhof zu stürmen und auf die Züge aufzuspringen, in denen 11 000 Ausreisewillige aus der Prager Botschaft der Bundesrepublik nach Bayern transportiert wurden. Bereitschaftspolizei ging überaus brutal gegen die Menge vor, lud Demonstranten auf LKW und fuhr sie in Polizeiunterkünfte, wo viele mit Gummiknüppeln und Fußtritten mißhandelt wurden. Ähnliche Szenen spielten sich am 7. und 8. Oktober in Berlin, Potsdam, Leipzig, Plauen, Jena, Magdeburg, Arnstadt, Ilmenau, Karl-Marx-Stadt und Halle ab. Demonstrationen in diesen Städten richteten sich gegen die offiziellen Festveranstaltungen zum 40. Jahrestag der DDR, den die »Partei- und Staatsführung« feierte, als habe sich nichts im Land verändert. Besonders makaber war die mit dichten Absperrketten gesicherte Festveranstaltung in Berlin, auf der Honecker mit ausgewählten Werktätigen und brüderlichen Parteichefs wie Gorbatschow, Jaruzelski, Jakes, Shiwkow und Ceauşescu auf den Jahrestag anstieß. Die Entscheidung für den weiteren Gang der Dinge fiel am 9. Oktober in Leipzig, wo die turnusmäßige Montagsdemonstration mit 70 000 Teilnehmern statt-

fand, ohne daß die von vielen befürchteten und von Polizei,
Armee und Betriebskampfgruppen bereits vorbereiteten Aktionen zur gewaltsamen Unterdrückung ausgeführt wurden. Sie
wurden auch in der Folgezeit nicht wieder versucht. Maßgeblich
hat dazu wohl, wie man später erfuhr, die Haltung der sowjetischen Truppen in der DDR beigetragen, deren Kommando die
DDR-Behörden wissen ließ, daß sie im Falle innerer Auseinandersetzungen nicht, wie am 17. Juni 1953, eingreifen würden.

Wir verfolgten die dramatischen Ereignisse aus der Ferne. In
dem korsischen Dörfchen hatten wir nur eine Lokalzeitung, die
aber in einer Innenseite auch über internationale Vorgänge berichtete. Kurze Mitteilungen über die Entwicklung in der RDA
(République Démocratique Allemande) nahmen darin jetzt einen
besonderen Platz ein. Überaus besorgt lasen wir in den ersten
Tagen nach unserer Ankunft am 3. Oktober die Berichte über die
schlimmen Vorkommnisse in Dresden und danach in Berlin und
anderen Städten. Unsere Erleichterung war groß, als der Zeitung
in den folgenden Tagen zu entnehmen war, daß die Demonstrationen weitergingen, der Staat sich aber damit abgefunden zu
haben schien. Öffnete sich doch noch der Weg zum Erhalt einer
reformierten DDR, bewirkt durch die Aktion der vielen, die
Woche für Woche mutig ihren Anspruch auf Mitbestimmung
über die Geschicke des Landes mit der Losung *Wir sind das Volk!*
bekräftigten?

Die Hoffnung trog. Zum einen herrschte unter den Oppositionellen zwar Einigkeit in den Vorstellungen, was alles nicht mehr
sein sollte an undemokratischen Einrichtungen, Institutionen
und Gepflogenheiten im SED-Staat. Darüber jedoch, wie eine
»bessere« DDR konkret auszusehen hätte, gab es nur unklare
und auch divergierende Vorstellungen – kein Wunder angesichts
der extrem unnormalen Umstände, in denen sich die ständig be-
spitzelte und behinderte Opposition nur hatte bewegen können.
Zum anderen, und das war entscheidend, blockierte die SED jeden echten Fortschritt. Bis zu ihrem Ende war sie nicht bereit,
ihre Allmacht, letztlich die Ursache allen Übels, wesentlich ein-
schränken zu lassen. Mitglieder, die weitergehende Reformen
wollten, gab es in nicht geringer Zahl, so in der Gruppe um
Dieter Klein an der Humboldt-Universität, die ernsthaft am Pro-

gramm eines erneuerten Sozialismus arbeiteten. Weder sie noch
andere aber wagten die offene Auflehnung in der Partei. Erste öffentliche Zeichen einer Reaktion auf die Proteste im Land und
den anhaltenden Substanzverlust durch den Strom der Flüchtlinge setzte die SED-Führung auf einer ZK-Sitzung am 18. Oktober. Erich Honecker trat von allen seinen Ämtern zurück. Günter
Mittag und Joachim Hermann verloren ihre Ämter als Mitglieder
des Politbüros und Sekretäre des ZK, in denen sie für Wirtschaft
bzw. Information zuständig gewesen waren. Nachfolger Honek-
kers als Generalsekretär des ZK der SED wurde Egon Krenz. Er
räumte in seiner ersten Rede Versäumnisse der früheren
Führung ein und kündigte eine »Wende« der Politik an, belie es
aber bei der vagen Ankündigung von Veränderungen, die weit
hinter dem zurückblieben, was jeden Tag auf der Straße und auch
von Reformern in den eigenen Reihen verlangt wurde. Daß die
Partei Egon Krenz wenige Tage später durch die Volkskammer
gegen viele Proteste auch noch zum Staatsratsvorsitzenden wählen ließ, zeigte ihre Absicht, die so deutlich diskreditierte Füh-
rungsrolle im Staat in der alten Weise aufrechtzuerhalten. Die
nächsten Wochen waren überall im Land durch lebhafte Auseinandersetzungen gekennzeichnet, in denen die Funktionäre der
SED in der Regel zwischen zögernder Anpassung an die Forderungen der Massen und Widerstand gegen grundlegende Veränderungen schwankten. Zum zentralen Streitpunkt entwickelte
sich immer mehr die Reisefreiheit. Der Ministerrat legte, aufgefordert dazu von der Volkskammer, wiederholt Entwürfe für ein
neues Reisegesetz vor, die an dem Prinzip festhielten, daß jede
Reise ins westliche Ausland beantragt werden mußte und nur
beim Vorliegen bestimmter konkreter Anlässe genehmigt werden konnte. Modifiziert wurden nur die Formulierungen zu den
geforderten Anlässen.

Ein aufwühlendes Erlebnis war am 4. November die Großde-
monstration von schätzungsweise einer halben Million Menschen
auf dem Alexanderplatz in Berlin. Schauspieler des Deutschen
Theaters und anderer Berliner Bühnen hatten sie vorbereitet als
eine Tribüne für das immer stärkere Drängen nach friedlicher,
aber radikaler Veränderung der Zustände. Eine Erklärung von
Egon Krenz wenige Stunden vor der Demonstration, in der er

den Rücktritt weiterer führender Politiker in Aussicht stellte (die
immer noch amtierenden Politbüromitglieder Hermann Axen,
Kurt Hager und Erich Mielke wurden unter anderen genannt)
und einige längst überfällige Reformen in Verfassung, Verwaltung, Wirtschaft und Bildungswesen ankündigte, hatte keine
Wirkung mehr. Diese Führung hatte das Vertrauen der Bürger
endgültig verspielt. Die Massen zogen in langen Reihen durch
die Stadt und hörten auf dem Alexanderplatz, begrüßt von der
Schauspielerin Marion van de Kamp als *Liebe Mitdenker und
Hierbleiber*, in einer Stimmung unvergeßlicher Euphorie den
Rednern zu – mir jedenfalls ging es so. »Es ist, als habe einer die
Fenster aufgestoßen«, sagte Stefan Heym in seiner Ansprache,
»nach all den Jahren der Stagnation, der geistigen, wirtschaft-
lichen, politischen, den Jahren von Dumpfheit und Mief, von
Phrasengewäsch und bürokratischer Willkür, von amtlicher
Blindheit und Taubheit.« Nicht eine Kundgebung alter Art solle
es sein, kündigte Marion van den Kamp in ihrer Begrüßung an,
sondern eine sozialistische Protestdemonstration. Radikale
Erneuerung der Gesellschaft wurde eingefordert von Schauspie-
lern wie Ulrich Mühe, Ekkehard und Johanna Schall, Annekatrin
Bürger und Stefi Spira, den Schriftstellern Christoph Hein,
Stefan Heym, Heiner Müller und Christa Wolf, Bürgerrechtlern
wie Marianne Birthler von der Initiative für Frieden und Menschenrechte, Jens Reich vom Neuen Forum und dem Witten-
berger Pfarrer Friedrich Schorlemmer. Die Einheit von Sozialismus, Humanismus, Demokratie und Rechtsstaatlichkeit herzustellen, forderte der Rechtsanwalt Gregor Gysi. Für die Freiheit
der Kunst sprach der Rektor der Filmhochschule in Babelsberg,
Lothar Bisky. Dem endlich möglichen freien Wort müßten Taten
folgen, mahnten viele Redner, so Jens Reich, wenn er den begon-
nenen Dialog die Vorspeise nannte, der das Hauptgericht noch
folgen müsse, oder Schorlemmer mit seiner Warnung, den Dialog nicht aufs Dampfablassen zu beschränken, nicht zum großen
Papperlapapp des Volkes entarten zu lassen, bis der Winter ein-
kehre und alles wieder in die alten Bahnen gebracht werde. Das
von mehreren Rednern eingeforderte Mißtrauen gegen Leute aus
den Kreisen der bisher Herrschenden, die nun versuchten, auf
den fahrenden Zug aufzuspringen und eigenen Handlungen gar

das Verdienst an den eingetretenen Veränderungen zuzuschreiben, bekam Günter Schabowski zu spüren, Mitglied des Politbüros der SED und Erster Sekretär ihrer Berliner Bezirksleitung. Er wurde ausgepfiffen, als er, ohne ein Wort der Entschuldigung für frühere Fehler, flott meinte, alle, die hier stünden, stimmten doch, wenn auch von unterschiedlichen Ausgangspositionen, überein in dem Willen, einen neuen Anfang zu machen.

Es schien ein großer Tag – und war doch nur, von heute aus gesehen, eine grandiose Täuschung. Nicht einer der Redner hatte die Vereinigung der DDR mit der Bundesrepublik gefordert oder auch nur als wünschenswert erklärt. Nur fünf Tage später gingen wieder viele tausend Ost-Berliner auf die Straße. Sie strömten durch die unerwartet geöffneten Übergänge nach West-Berlin. Die Mauer war gefallen. Den oft beschriebenen Vorgang haben Dorle und ich erst verspätet mitbekommen. Wir hatten in den Fernsehnachrichten den Auftritt von Günter Schabowski gesehen, der wie jeden Abend in diesen Tagen von der Plenartagung des ZK der SED berichtete. Am Schluß der Pressekonferenz verlas er die Mitteilung, daß ab sofort Privatreisen in das Ausland ohne Vorliegen von Voraussetzungen beantragt werden könnten. Persönlich als bereits »reisemündige« Rentner von den Grenzregelungen nicht unmittelbar betroffen, den Kopf voller Sorgen um den im Sterben liegenden Paul, hörten wir nicht genau hin, verstanden nur, daß wieder wie seit Wochen von Anträgen auf Reiseerlaubnis die Rede war und legten uns ruhig zu Bett. Dorle hatte am nächsten Morgen zu sehr früher Stunde einen Arzttermin in der Charité und erfuhr erst im Gespräch mit den Schwestern, was geschehen war. Ich hörte morgens die Nachrichten im Rundfunk und hatte einige Minuten Mühe zu begreifen, was das laute Jubeln und »Wahnsinn«-Geschrei bedeutete. Es war die wirkliche Wende – hin zu einem neuen Ziel, das nur wenige der Enthusiasten vom 4. November im Sinne gehabt hatten. Binnen elf Monaten, zwischen dem 9. November 1989 und dem 3. Oktober 1990, wurde aus der *Deutschen Demokratischen Republik*, einem souveränen Staat, Mitglied des Bündnisses der Warschauer Paktstaaten und der Vereinten Nationen, in einem Tempo, das auch entschiedene Befürworter dieser Veränderung zunächst für kaum glaublich hielten, das *Beitrittsgebiet* des so lange so heftig attackierten anderen deutschen Staates, der Bundesrepublik Deutschland. Die beschwörenden Worte des Appells *Für unser Land* vom 26. November 1989, auf der Eigenständigkeit der DDR zu bestehen und in diesem Land in scharfem Gegensatz zu dessen bisherigem politischem System – *wie wir bisher gelebt haben, können und wollen wir nicht mehr leben* – eine solidarische Gesellschaft zu entwickeln, in der Frieden und soziale Gerechtigkeit, Freiheit des einzelnen, Freizügigkeit und Bewahrung der Umwelt gewährleistet sind, eine sozialistische Alternative zur Bundesrepublik, anstelle des sonst drohenden »Ausverkaufs unserer materiellen und moralischen Werte« bei der Vereinnahmung der DDR durch die BRD, verhallten ungehört. Zu den Erstunterzeichnern gehörten Volker Braun, Tamara Danz, Bischof Demke, Stefan Heym, Walter Janka, Friedrich Schorlemmer, Konrad Weiß und Christa Wolf. Ich habe ihn auch unterzeichnet – ein Akt mehr trotzigen Wunschdenkens als realistischer Zukunftserwartung, wie mir dabei ziemlich klar war.

Diese Wende hatte ich nicht gewollt. Nachdem die eigene Seite sich aber unfähig gezeigt hatte, ihre grundlegenden Mängel aus eigener Kraft zu überwinden, war ich bereit, sie als einen unbezweifelbaren Fortschritt zu akzeptieren. Es war ein Glück, daß die Menschen wieder gehen konnten, wohin sie wollten, daß die Bevormundung durch eine Partei mit Monopolanspruch in allen Lebensbereichen – nicht zuletzt in der Wissenschaft – vorbei war, daß demokratische und rechtsstaatliche Strukturen gebildet wurden, daß die Macht der Staatssicherheit gebrochen war. Dabei lag es mir fern, die Vergangenheit schlicht zu verdammen und die Zukunft zu idealisieren. *Hinter uns liegt nicht die Hölle und vor uns nicht das Paradies,* sagte ich in meiner Abschiedsrede im Dezember 1991. Seit dem 11. Juli 1989 war ich Rentner und hätte den weiteren Gang der Dinge gleichsam von außen betrachten können. Verschiedenen Anregungen und Forderungen folgend, trat ich jedoch für kurze Zeit aus dem Ruhestand noch einmal zurück ins Arbeitsleben.

Es begann im Club der Kulturschaffenden, dessen Vorsitzender nach der Wende zurücktrat. Die Mitglieder wählten mich zu seinem Nachfolger, in das Amt, das ich schon früher einige Jahre hindurch wahrgenommen hatte. Einige Monate lang versuchten wir, ein Veranstaltungsprogramm zu entwickeln, in dem unter Bewahrung und Fortführung dessen, was sinnvoll und vernünftig gewesen war in der früheren Arbeit, seriös und klar die Fehler der Vergangenheit besprochen und die vielfältigen Aufgaben der demokratischen Erneuerung diskutiert wurden. Unversehens, ganz anders als seinerzeit geplant, aber doch im Inhalt vergleichbar, rückten wir so in die Nähe der Programmatik, der sich der *Kulturbund zur demokratischen Erneuerung Deutschlands* im Jahre 1945 verschrieben hatte. Neue Namen tauchten in der Otto-Nuschke-Straße auf: Jürgen Kocka von der Freien Universität sprach über Demokratie und Diktatur, der DDR-Forscher Hermann Weber aus Mannheim zur Geschichte der Arbeiterbewegung. Jürgen Rohwedder infomierte über Aufgaben und Tätigkeit der neu gegründeten Treuhandgesellschaft, Hans-Joachim Meyer, Minister für Bildung und Wissenschaft im Kabinett de Maizière, über anstehende Veränderungen auf seinem Arbeitsfeld. Dem tieferen Verständnis der jüngst erlebten Wende durch ihre Einbettung in die letzten hundert Jahre deutscher Geschichte, die gekennzeichnet waren nicht durch Kontinuität, sondern durch eine Aufeinanderfolge mehr oder weniger tiefgreifender Wenden, diente eine vergleichende Diskussion über 1871–1918–1933–1945–1989. Die Thematik war zu groß für eine Abendveranstaltung, aber einiges Nachdenkenswerte kam doch heraus. Fachleute wie Hans Mommsen und Reinhard Rürup trugen dazu bei. In meiner Erinnerung waren das lohnende Ansätze für ein produktiv gestaltetes geistiges Leben im Prozeß der Vereinigung. Leider konnten wir diese Clubarbeit nicht lange fortführen. Es mangelte an finanzieller Unterstützung. Die früher vom Kulturbund besorgte Finanzierung fiel weg. Das Vermögen des Kulturbundes – er wurde übrigens nicht aufgelöst, sondern besteht in den neuen Bundesländern heute noch – wurde unter Verwaltung der Treuhand gestellt. Die größte Schwierigkeit war, daß der Club das schöne Haus in der Otto-Nuschke-Straße/ Jägerstraße nicht weiterbetreiben konnte, weil die monatlichen Betriebskosten für uns in astronomischer Höhe lagen. Die Gastronomie, die sich nicht mehr trug, mußte schließen. Die Frage des Eigentums war ungeklärt. Wir jedenfalls mußten hinaus.

Daß auf meinem Arbeitsgebiet, der Geschichtswissenschaft, tiefgreifende Änderungen in Inhalt und Organisation erfolgen mußten, war mir klar. Nicht um irgendwelchen neuen Herren nach dem Munde zu reden, sollten die Änderungen erfolgen, sondern um unser selbst willen, die wir aus dem Scheitern des bisherigen Wissenschaftssystems nur dann in eine bessere Zukunft gelangen würden, wenn wir verstanden und akzeptierten, was geschehen war. Auf einer Versammlung des erweiterten Präsidiums der Historikergesellschaft der DDR im Dezember – ich gehörte dem Präsidium nicht an – sprach ich mich in diesem Sinne für eine gründliche Erneuerung unserer Geschichtswissenschaft und für eine Umbildung der Historikergesellschaft in eine demokratisch legitimierte und organisierte, echte Interessenvertretung der Historiker aus. Ähnlich äußerte ich mich in der Diskussion des letzten Kongresses der Historikergesellschaft Anfang 1990. Dem Drängen mehrerer Kollegen, für das Amt des Präsidenten der Gesellschaft zu kandidieren, folgte ich nicht, nahm aber die Wahl auf einen Sitz im Präsidium an. Ich mußte allerdings bald feststellen, daß das neugewählte Gremium in einer passiven, resignativen Haltung verharrte und keine wesentlichen Impulse einer wirklichen Erneuerung von ihm ausgingen. In den folgenden Monaten unternommene Versuche, in Verhandlungen mit dem westdeutschen Historikerverband zu einvernehmlichen Regelungen über ein geregeltes Nebeneinander oder auch eine Fusion der beiden Verbände zu kommen, blieben erfolglos. Am 31. Dezember 1990 löste sich die Historikergesellschaft auf.

In meinem ehemaligen Institut für Allgemeine Geschichte (IAG) meldeten sich Anfang Januar 1990 zwei jüngere Mitarbeiter, Armin Mitter und Stefan Wolle, mit scharfer Kritik an der Geschichtswissenschaft und den Historikern der DDR zu Wort. Eines Tages hing am Schwarzen Brett ein Aufruf, in dem die beiden zur Bildung einer unabhängigen Arbeitsgruppe kritischer Historiker aufforderten. In ätzender Schärfe geißelten sie die Situation auf dem Gebiet der Geisteswissenschaften, in denen jahrzehntelang »ein ungenießbarer Brei aus Lüge und Halbwahrheit jede freie geistige Regung erstickt« habe. Wie eine tödliche Krankheit hätten sich Provinzialismus und fachliche Inkompetenz über die sogenannten Gesellschaftswissenschaften gelegt,

die zu Bestätigungsinstanzen der SED-Beschlüsse degeneriert
seien. Viele Historiker seien an ihrer eigenen Verlogenheit moralisch und geistig zerbrochen: »Wer ständig in scholastischen
Kapriolen die historische Wahrheit verdreht, verliert die Fähigkeit, wissenschaftlich zu arbeiten.« Eine Änderung dieses Zu-
standes von innen heraus sei nicht möglich, da überall noch die
alten Leute säßen und die alten Machtstrukturen und Mentali-
täten vorherrschten. Es gehe um die Wiederherstellung der Würde eines Berufsstandes. Aus dieser Initiative ging Ende April die
Gründung des Unabhängigen Historikerverbandes hervor, der
bis heute besteht und sich vor allem mit der kritischen Aufar-
beitung der Geschichte der DDR, insbesondere ihrer Geschichtswissenschaft, beschäftigt.

Mitter und Wolle hatten beide an der Humboldt-Universität
Geschichte studiert – Wolle war während des Studiums für ein
Jahr aus politischen Gründen von der Universität gewiesen worden. Beide hatten während des Studiums ihre Befähigung zur
Forschungsarbeit bewiesen und waren nach dem Diplom als Mitarbeiter an das Geschichtsinstitut der Akademie gekommen, wo
sie nach einigen Jahren promovierten. Aus den bitteren Worten
der jungen Wissenschaftler sprach Wut über ein prinzipiell wis-
senschaftsfeindliches System und geradezu Haß gegen ihre Lehrer und Vorgesetzten, von denen sie sich irregeleitet und unterdrückt fühlten. »Offensichtlich«, schrieb ich in der Einleitung
zum Kapitel Geschichtswissenschaften in einer im Jahre 1990
von der Universität Konstanz erarbeiteten Dokumentation über
die Lage der Geisteswissenschaften in der ehemaligen DDR, in
der ich den Aufruf ausführlich zitierte und kommentierte,
»scheint die Tendenz zu vorsätzlicher Übertreibung und zu gewollt verletzender Schärfe. Man sollte sich aber dadurch nicht
abhalten lassen, solche Worte ernst zu nehmen, genau hinzuhö-
ren und die Kritik grundsätzlich anzunehmen.« Nachdrücklich,
so fuhr ich fort, sei die Wahrheit solcher Kritik hervorzuheben,
ebenso entschieden aber zu betonen, daß es nicht die ganze
Wahrheit sei. Trotz des starken politischen Drucks zur Ausrichtung der Geschichtswissenschaft auf die Ziele der Parteiführung
der SED und trotz der Amputation des Marxismus im dogmatischen Surrogat des parteioffiziellen »Marxismus-Leninismus«

hätten die Historiker der DDR auf vielen Gebieten Leistungen vorgelegt, die sich sehen lassen konnten.

Scharfe Kritik wurde im IAG laut gegen den Direktor, Karl Drechsler, und dessen Stellvertreter Martin Robbe, den Leiter des Bereichs Orientforschung. Ein Rechenschaftsbericht, den Drechsler im Januar auf einer Versammlung der Mitarbeiter vortrug, wurde in der Diskussion von mehreren Kollegen so vehement als unzureichend zurückgewiesen, daß der Direktor für sich und seinen Stellvertreter die Vertrauensfrage stellte. Mit deutlicher Mehrheit stimmte die Versammlung gegen den Antrag. Da laut Statut der Akademie Berufung und Abberufung der Institutsdirektoren Sache des Akademiepräsidenten war, teilte Drechsler diesem das Ergebnis der Abstimmung mit und bat um die Abberufung. Mit dem Hinweis auf das im Frühsommer ohnehin anstehende Ende der Berufungszeit lehnte Präsident Scheler das Gesuch ab. In dem so entstandenen Schwebezustand der Leitung – mit Direktoren, denen von der Versammlung der Mitarbeiter das Mißtrauen ausgesprochen war, die aber im Auftrag des Akademiepräsidenten weiter amtierten – rückte ein im Januar gebildetes neues Gremium faktisch an die Spitze des Instituts, der von den wissenschaftlichen Mitarbeitern gewählte *Wissenschaftliche Rat*. Es war eine der für jene Monate der Runden-Tisch-Demokratie typischen, quasi basisdemokratischen Einrichtungen, durch die, ergänzt durch gleichfalls neue, von allen Mitarbeitern gewählte Personalräte, die an die Stelle der bisherigen Betriebsgewerkschaftsleitungen traten, die Interessen und Meinungen von »unten« direkt und demokratisch legitimiert zur Geltung gebracht werden konnten. Wissenschaftliche Räte wurden damals in allen Akademie-Instituten gewählt, so im Zentralinstitut für Literaturgeschichte, wo mein Sohn Wolfgang zum Vorsitzenden des Rates gewählt wurde, wie sein Bruder Max im Institut für Hochenergiephysik.

Im IAG kümmerte sich der Wissenschaftliche Rat um den Fortgang demokratischer Umgestaltung durch die Organisation von Vertrauensabstimmungen auch über die Leiter der Bereiche. Inhaltlich war die wichtigste Aufgabe die Diskussion über ein neues, den neuen Anforderungen und Möglichkeiten entsprechendes Profil der wissenschaftlichen Arbeit. Wichtig war zu-

gleich die Suche nach einem neuen Direktor, der das Vertrauen
der Mitarbeiter hatte und geeignet schien, die schwierige Arbeit
der Überführung des Instituts in eine ungewisse, wahrscheinlich
nur kurze, mit Sicherheit überaus komplizierte Zukunft zu leiten. Mehrere Kandidaten wurden genannt, die aber aus verschiedenen Gründen nicht in Frage kamen. Schließlich schlug jemand
in einer Versammlung vor, man solle beim Präsidenten beantragen, mich zu reaktivieren und zum Direktor zu berufen. Die
Anregung wurde von den Mitarbeitern einhellig begrüßt. Ich
hatte mich um diese Kandidatur nicht beworben, erklärte mich
aber nach einigem Zögern schließlich einverstanden. Der Wissenschaftliche Rat richtete einen entsprechenden Antrag an den
Präsidenten. Das war nach dem inzwischen abgewählten Scheler
der Mediziner Horst Klinkmann, der mich daraufhin im Juli 1990
mit der Leitung des IAG beauftragte.

Meine Hauptaufgabe bestand in der Vorbereitung des Instituts
auf die zwischen den Wissenschaftsministern der DDR und der
BRD vereinbarte Evaluierung aller etwa 50 Forschungsinstitute
der Akademie der Wissenschaften durch Kommissionen, die vom
Wissenschaftsrat der Bundesrepublik eingesetzt wurden. Wir
gingen in die Evaluierung, wissend um Defizite und Schwächen
unserer Arbeit, bereit zu weitgehenden Korrekturen, überzeugt
zugleich, daß wir ein wissenschaftlich nicht unbedeutendes, in
Teilen durchaus wertvolles, fraglos erhaltenswertes Potential vertraten. Daß, wie erzählt wurde, die beiden Minister bei ihrer
Verabredung über die Evaluierung davon ausgegangen waren, die
Kommissionen paritätisch mit Wissenschaftlern der beiden Staaten zu besetzen, ließ Hoffnungen auf eine ausgewogene Verfah-
rensweise zu. Allzu groß waren sie nicht: »es kämpft sich schlecht
von einem selbstverschuldeten Scherbenhaufen aus«, schrieb ich
einem westdeutschen Kollegen im Juni 1990.

Die Kommission, die sich zwei Tage hindurch mit dem IAG beschäftigte, bestand aus 21 Personen; 19 aus der Bundesrepublik,
einem Historiker aus der DDR und einem Österreicher. Man hatte uns einen umfangreichen Fragebogen zugestellt, der umfassend Auskunft verlangte über Struktur, Arbeitsweise, inhaltliche
Zielsetzung, erbrachte Leistungen, Qualifikation der Mitarbeiter
und Vorstellungen für die Zukunft des Instituts. Die mehrheit-

lich mit der bisherigen Arbeit des Instituts und den Publikationen seiner Mitarbeiter wenig bis gar nicht vertrauten Kommissionsmitglieder bildeten sich ihr Urteil durch die, nicht allzu
gründliche, Lektüre unserer Antworten und in mehreren Ge-
sprächsrunden im Institut.

In den Gesprächen im IAG – in anderen Instituten gab es auch
unangenehmere Töne – traten die westdeutschen Evaluatoren
nicht feindselig, verletzend oder arrogant auf, gingen aber wie
selbstverständlich davon aus, daß das pluralistisch strukturierte,
weltoffene Wissenschaftssystem der Bundesrepublik nicht nur
besser als das der DDR gewesen war, sondern das fleckenlos gute,
das Vorbild schlechthin, an dem allein unsere Arbeit zu messen
war. Wir berichteten, dem Fragenkatalog folgend, über die Insti-
tutsarbeit in den vergangenen Jahren und den gegenwärtig erreichten Stand. Für die Zukunft legten wir Vorschläge einer weitgehenden Reorganisation vor. Bei deutlicher Reduzierung der
Mitarbeiterzahl, die auf dem gegenwärtigen Stand von etwa 90
Stellen realistischerweise nicht gehalten werden konnte, sollte
das Institut geteilt werden in ein historisch orientiertes *Institut
für weltgeschichtliche Forschungen* für Untersuchungen zur Geschichte West-, Mittel-, Ost- und Südosteuropas, der USA und
des Fernen Ostens, vornehmlich des 19. und 20. Jahrhunderts,
sowie ein regionalwissenschaftlich-multidisziplinär angelegtes
Institut für Orientforschung. Hier sollte vergleichend geforscht
werden, aber auch zu übergreifenden Fragestellungen der »Dritten Welt«, wie etwa dem Phänomen der Unterentwicklung. Gut
ausgebildete Fachleute auf allen genannten Gebieten standen zur
Verfügung, die eine Reihe von unseres Erachtens interessanten,
weiterführenden Projekten anboten. Beide Institute, so schrieb
ich in der Ausarbeitung für die Evaluierungskommission,

sehen ihre Aufgabe darin, an ausgewiesene, international
respektierte Forschungen der vergangenen Jahre anzuknüpfen und Bewahrenswertes zu bewahren, aber auch, von
einem in wichtigen Fragen neuen Wissenschaftsverständnis
ausgehend, Einseitigkeiten und Fehlentwicklungen der Vergangenheit zu überwinden. Die Mitarbeiter bekennen sich
zu demokratischem Wandel, zu konsequenter Leistungs-

orientierung, zu einer freien und unabhängigen Wissenschaft, die Methodenpluralismus, Meinungsvielfalt sowie
Weltoffenheit sichert.

Für mich waren das keine Redensarten, um neuem Zeitgeist zu
genügen, sondern die Bezeichnung von Positionen, auf die hin
ich mich seit Jahren bewegt hatte. Die Gespräche mit der Kommission fanden am 9. und 10. Oktober 1990 statt. Wenige Tage zuvor, am 3. Oktober, war der *Vertrag zwischen der Bundesrepublik Deutschland und der Deutschen Demokratischen Republik über die Herstellung der Einheit Deutschlands* in Kraft getreten. Artikel 38 dieses Einigungsvertrages, über Wissenschaft und Forschung, enthielt Bestimmungen über die Akademie der Wissenschaften der DDR, die unsere Lage entscheidend veränderten. Die Forschungsinstitute wurden von der Gelehrtengesellschaft getrennt, die so auf ihre traditionelle Aufgabenstellung reduziert wurde. Die Institute sollten, soweit sie nicht vorher aufgelöst oder umgewandelt wurden, »zunächst« bis zum 31. Dezember 1991 als Einrichtungen der Länder weiterbestehen, finanziert durch Mittel des Bundes und des jeweiligen Landes. Über eine Fortexistenz nach diesem Stichtag wurde nichts gesagt. Sehr wahrscheinlich schien sie nicht. Allenfalls eine schwache Hoffnung, daß die Institute, wenn auch in der Verwaltung der Länder, über dieses Datum hinaus bestehen bleiben könnten, war der Formulierung in Abs. 1, Art. 38, des Einigungsvertrages zu entnehmen, wo von der notwendigen Erneuerung von Wissenschaft und Forschung »unter Erhaltung leistungsfähiger Einrichtungen« die Rede war. Auch das Wörtchen »zunächst« in der Bestimmung unserer Existenz bis zum 31. 12. 1991 konnte optimistisch gedeutet werden.

Er könne sich nicht vorstellen, daß man unsere Institute einfach schließen werde, sagte mir in jenen Monaten Wolfgang Mommsen, ein scharfer Kritiker des Wissenschaftssystems der DDR, der sich gleichwohl als Vorsitzender des Historikerverbandes darum bemühte, Wege zur Fortführung der wissenschaftlichen Arbeit von DDR-Historikern zu erschließen. Mit pauschalen Stellenstreichungen großen Umfangs, besonders in den Instituten der Akademie und an den Universitäten, sagte er in seiner

Eröffnungsansprache auf dem Bochumer Historikertag im September 1990, sei wenig gewonnen, und er forderte eine Umstrukturierung auschließlich nach wissenschaftlichen Gesichtspunkten und unter Beteiligung von Gutachtergremien, an denen, wie er, mit den tatsächlichen Vorgängen wohl wenig vertraut, hinzufügte, »auch westdeutsche Wissenschaftler mitwirken«. Nachdenklich machte die Hörer aus der DDR Mommsens in derselben Rede geäußerte bewegte Klage über die zahlreichen Stellenstreichungen der letzten Jahre, das ständige Beschneiden der Sachmittel und der bibliothekarischen Ausstattung des Faches Geschichte an den Universitäten der Bundesrepublik. Allein in Bochum seien seit 1980 ein Drittel der Professorenstellen gestrichen worden, bei einem gleichzeitigen Anstieg der Studentenzahl um 30 Prozent. Offenbar war es nicht günstig, sich der westdeutschen Historikerwelt in einer Zeit anschließen zu müssen, in der es vorbei war mit dem großzügigen akademischen Expansionismus der sechziger und siebziger Jahre. Das Argument, sie sollten nicht ständig über Arbeitsplatzgefährdung oder -vernichtung lamentieren, gehe es doch vielen Westdeutschen nicht anders, bekamen ostdeutsche Wissenschaftler damals häufig zu hören. Die Feststellung war zutreffend, aber wenig geeignet, Begeisterung für den Beitritt zu einem solchen System zu wecken.

Die am 5. Juli 1991 verabschiedete Stellungnahme des Wissenschaftsrates zu den Ergebnissen der Evaluierung machte allen etwa gehegten Hoffnungen ein Ende. Mit ganz wenigen Ausnahmen wurde die Auflösung der Forschungsinstitute der Akademie, so auch des IAG, zum 31. Dezember 1991 empfohlen. Es war ein merkwürdiges Dokument, das ich in einem gemeinsam mit dem Wissenschaftlichen Rat des Instituts verfaßten Brief an Forschungsminister Riesenhuber kritisch kommentierte. Die Kommissionsarbeit habe, ganz natürlich, erhebliche Unterschiede im Leistungsvermögen verschiedener Institute und zwischen Bereichen oder Abteilungen innerhalb von Instituten festgestellt. Es überzeuge nicht und sei grundsätzlich nicht akzeptabel, ungeachtet solcher Unterschiede fast alle Institute mit der geradezu stereotyp formulierten Begründung, sie ermangelten hinreichender inhaltlicher Kohärenz, zur Auflösung zu empfehlen. Unabweisbar sei die Annahme, daß hier vor der wissenschaftlichen Begutachtung eine politische Vorentscheidung getroffen worden war. Wir plädierten nicht für die unveränderte Beibehaltung der alten Institute, hätten der Kommission tiefgreifende Erneuerungsvorschläge für unser Institut unterbreitet und könnten nur bedauern, daß eine eingehende Diskussion und Prüfung dieser Vorschläge nicht erfolgt sei. Ähnlich hatte ich schon in einer Ansprache auf einer von der ÖTV, der GEW und den Personalräten der Akademie-Institute organisierten Kundgebung im Februar argumentiert, als sich die Auflösungs-Empfehlung des Wissenschaftsrats bereits ankündigte. Kritisch hatte ich damals vor allem auch über die gesamtdeutsche Dimension des Vorgehens gesprochen: »Ganz offensichtlich wird eine deutsche Wissenschaftslandschaft angesteuert, die besteht aus der fraglos als heil und vorbildlich vorgestellten, unveränderten westdeutschen Landschaft, ergänzt bestenfalls durch einige Bonbons aus der zunächst per Evaluierung und Abwicklung in Trümmer geschlagenen ostdeutschen – mit dem nicht unerwünschten Nebeneffekt der Beseitigung manch möglicher Konkurrenz. Eine Riesenchance wird vertan, die darin bestehen könnte, wirklich und ehrlich auf beiden Seiten nach dem Besten zu suchen und es zusammenzufügen zum gemeinsamen Vorteil für gemeinsames Voranschreiten.« Nun aber war es so. Die gerade in den letzten Jahren in der Bundesrepublik laut gewordenen Stimmen für eine gründliche Reform des westdeutschen Hochschulwesens wurden leise. Auch nachträgliche Erkenntnis half nicht mehr, wie die von Dieter Simon, Präsident des Wissenschaftsrats in der Zeit der Evaluierung, der im April 1995 in einem Artikel der ZEIT schrieb, man habe im Prozeß der deutschen Einheit den großen Fehler gemacht, das »marode westdeutsche Wissenschaftssystem« einfach in den Osten zu übertragen, »Ruinen aus dem Westen als kostspielige Modelle für den Aufschwung« hinzustellen und so die Wissenschaft der DDR »verschleudert und verschludert«. Unsereinem blieb nur übrig, sich in einem hilflosen Leserbrief über diese Erkenntnis aus diesem Munde zu wundern. Späte Einsichten.

Die Auflösung des Instituts bedeutete nicht das Ende jeglicher Berufsarbeit für jeden Mitarbeiter. Es gab verschiedene Möglichkeiten für Wissenschaftler, in neu geschaffenen Zusammenhängen, wenn auch befristet, weiter zu arbeiten. So wurde ein Wissenschaftler-Integrations-Programm (WIP) aufgelegt, für das einzelne, bei der Evaluierung gut beurteilte Kollegen sich bewerben konnten. Das Ziel von WIP war, einzelne Wissenschaftler sukzessive in den Fachbereich Geschichte dieser oder jener Universität zu integrieren, indem sie von einer Uni übernommen und zunächst für zwei bis drei Jahre aus öffentlichen Mitteln bezahlt wurden, um danach reguläre Mitarbeiter zu werden. Die gutgemeinte Idee scheiterte freilich auf die Dauer in der Mehrzahl der Fälle, weil die Universitäten die ihnen zugedachte Rolle nicht spielen konnten oder wollten. Sie steckten selbst in großen Sparzwängen und in einem Prozeß der Umwandlung, in dem neue Mitarbeiter aus westdeutschen Universitäten weit größere Chancen hatten als die ehemaligen Akademie-Kader. Bessere Chancen bot die Initiative von Jürgen Kocka, einige geisteswissenschaftliche Zentren zu gründen, außeruniversitäre kleine Institute, in denen DDR-Wissenschaftler gemeinsam mit westdeutschen Kollegen in befristeten, jeweils projektgebundenen Arbeitsverhältnissen tätig sein sollten. Es dauerte eine Zeit, bis die Idee verwirklicht wurde, die in der westdeutschen, ganz auf Universitätsforschung ausgerichteten Wissenschaft auf Widerstand stieß. Schrittweise wurde sie aber doch realisiert, zunächst in der Form von sogenannten Forschungsschwerpunkten in einer von der Max-Planck-Gesellschaft betreuten Organisation, später als geisteswissenschaftliche Zentren unter der Obhut der Deutschen Forschungsgemeinschaft. Mitarbeiter des IAG konnten untergebracht werden an den Forschungsschwerpunkten für Zeitgeschichte in Potsdam, für Geschichte und Kultur Ostmitteleuropas in Leipzig und für den Modernen Orient in Berlin. Vorruhestand für eine Reihe älterer Kollegen, Abwanderung aus der Wissenschaft in Jobs der freien Wirtschaft, aber auch Arbeitslosigkeit für kürzere oder längere Zeit – die Mitarbeiter zerstreuten sich in viele Richtungen. Meine Hauptbeschäftigung in den letzten Monaten als Institutsdirektor bestand darin, ihnen beim Übergang in eine neue Existenz behilflich zu sein, so gut ich es vermochte – viel war es nicht.

Bemühungen dieser Art berührten sich eng mit einer weiteren Tätigkeit, die ich seit dem Frühjahr 1991 ausübte. Eines Montags abends hatte mich der Rektor der Humboldt-Universität, der Theologe Heinrich Fink, angerufen und dringend gebeten, für die Geschichtsprofessoren der Universität in der Struktur- und Berufungskommission (SBK) mitzuwirken, die vom Berliner Senat zur Erneuerung des Faches Geschichte eingesetzt wurde. Meinen Einwand, daß ich doch gar nicht zu den Hochschullehrern der Humboldt-Universität gehört habe und deshalb für dieses Amt nicht in Frage komme, ließ er nicht gelten. Die Universität befinde sich in einer überaus schwierigen Lage und könne notfalls auch einen Externen benennen. Vorschläge aus den Reihen der Humboldt-Historiker hätten im Senat der Universität keine Mehrheit bekommen. Ich sei bekannt als namhafter Wissenschaftler und genieße allgemeines Vertrauen. Auch die Kollegen der Sektion Geschichte würden mit meiner Nominierung einverstanden sein. Zeit zu langer Überlegung sei nicht. Ich kannte Fink seit einigen Jahren aus der Friedensbewegung der DDR. Er war mir sympathisch in seiner ruhigen, offenen und vernünftigen Art. Daß seine familiäre Herkunft ins Rumäniendeutsche wies – er stammt aus Bessarabien –, verband uns auch persönlich. An seiner Integrität hatte – und habe – ich nicht den geringsten Zweifel. Bedrängt von dem mir vertrauten Mann sagte ich ohne großes Zögern zu, bewogen natürlich auch durch das Gefühl innerer Verbundenheit mit der Universität, in der ich vor mehr als vierzig Jahren studiert und meinen Weg in die Wissenschaft angetreten hatte. Die Universität stimmte meiner Nominierung zu, woraufhin ich von der Senatsverwaltung für Wissenschaft und Forschung zum Mitglied der SBK Geschichte bestellt wurde.

Die Sektion Geschichte der Humboldt-Universität befand sich in einer überaus prekären Lage. Zusammen mit den Juristen, Pädogogen, Wirtschaftswissenschaftlern, Philosophen und der Sektion für Marxismus-Leninismus war sie von der Senatsverwaltung für Wissenschaft und Forschung wegen der engen Bindung des Faches an das politische System der DDR zur Abwicklung vorgesehen. Die Universität hatte gegen diese Entscheidung beim Verwaltungsgericht geklagt, das seinen Spruch noch nicht gefällt hatte, als die SBK im Frühjahr 1991 mit ihrer Arbeit begann. Zum Beginn des Wintersemesters, im Herbst desselben Jahres, so schien es, würden die Mitarbeiter der Sektion Geschichte ausnahmslos »abgewickelt«, d. h. an ihren bisherigen Arbeitsstellen nicht mehr vorhanden sein. Aufgabe der SBK war es, ein neues Institut für Geschichtswissenschaft aufzubauen, das so rasch wie möglich die Arbeit aufnehmen konnte. Der eine oder andere von den »Alten« mochte dabei sein, wenn er sich bewarb und den Anforderungen der Kommission genügte. Im wesentlichen aber würden neue Leute kommen. Vorsitzender der SBK war Gerhard A. Ritter (München), dem mit Winfried Schulze (Bochum) und Otto Gerhard Oexle (Göttingen) zwei weitere namhafte westdeutsche Professoren zur Seite standen. Aus dem »Osten« gehörten außer mir der Dozent für Alte Geschichte Dr. Peter Musiolek, die Dozentin für Ur- und Frühgeschichte Dr. Ruth Struve, die Assistentin für mittelalterliche Geschichte Dr. Heidelore Böker und Ilko-Sascha Kowalczuk als Vertreter der Studenten zur Kommission.

Ritter ging die Arbeit energisch und in hohem Tempo an. Er hatte einen Strukturplan für das neue Institut entworfen, den wir in der Kommission besprachen, und erreichte von der Senatsverwaltung für Wissenschaft die Zustimmung zur Ausschreibung von zunächst zwölf Professuren; die Zahl wurde später auf zwanzig erhöht. Umgehend wurden wir von Bewerbungen geradezu überschwemmt; schließlich waren es mehr als sechshundert.

Mit wenigen Ausnahmen wurden westdeutsche Wissenschaftler berufen. Nur zwei Professuren gingen an Ostdeutsche: für Geschichte Osteuropas an Ludmila Thomas vom Institut für Allgemeine Geschichte der Akademie und für Geschichte Preußens an Hartmut Harnisch vom Akademie-Institut für Wirtschaftsgeschichte. Ich war nicht glücklich über dies Verhältnis, hatte ich doch den Ruf in die Kommission in der Hoffnung angenommen, etwas tun zu können für meine engeren Landsleute. Vielleicht hätte ich durch stärkeres Insistieren in dem einen oder anderen Fall mehr erreichen können – zumal Ritter als Vorsitzender bei der Besprechung jeder einzelnen Liste immer zunächst die Ostbewerbungen behandeln ließ, grundsätzlich bereit, wie auch Oexle und Schulze, diesen einen gewissen Bonus einzuräumen. Das Problem lag aber darin, daß nur relativ wenige Bewerbungen aus der ehemaligen DDR vorlagen und die Masse aus Westdeutschland, einige auch aus anderen westlichen Ländern kam.

Natürlich gab es unter den fünfzig bis sechzig Bewerbungen für diese oder jene Professur auch aus dem Westen nicht wenige schwache oder sehr schwache Kandidaten, in aller Regel aber auch mehrere gute bis sehr gute, die auf ein umfangreiches wissenschaftliches Œuvre und große Erfahrungen in Lehre und Forschung im In- und Ausland verweisen konnten – Dinge, bei denen die Konkurrenten aus dem Osten kaum mithalten konnten. Den Versuch eines gewissen Ausgleichs unternahm die SBK im Bereich des akademischen Mittelbaus. Ostintern – was in der Öffentlichkeit auch auf Kritik stieß – wurden auf zwei Jahre befristete Assistentenstellen ausgeschrieben. Neunzehn Bewerber wurden zu Anstellung empfohlen.

Ein Motiv für Ritter, die Kommissionsarbeit so energisch voranzutreiben, war wohl auch seine Ahnung gewesen, das Gericht könne möglicherweise der Universität in ihrer Klage gegen den Abwicklungsbeschluß Recht geben, so daß es geraten schien, möglichst bald möglichst viele vollendete Tatsachen mit Neuberufungen zu schaffen. Genau dieser Fall trat ein. In zweiter Instanz erklärte das Oberverwaltungsgericht die Abwicklung für nichtig, könne doch von Abwicklung nicht gesprochen werden, wenn die abzuwickelnde Einrichtung, wiewohl unter anderem Namen und in neuer personeller Besetzung, erhalten werden solle. Die Aufgabe, einen durch die Abwicklung geschaffenen Leerraum mit Neuberufungen zu füllen, bestand nicht mehr. Die »Alten« blieben zunächst, wo sie gewesen waren, ein Zustand, den hinzunehmen die Senatsverwaltung aber nach wie vor nicht bereit war. Sie trat an die SBK mit dem Anliegen heran, diese solle in Erweiterung ihres ursprünglichen Auftrages die früheren Mitarbeiter der Sektion Geschichte einem Evaluierungsverfahren unterziehen und Empfehlungen über Weiterbeschäftigung oder Kündigung abgeben. Der Wunsch der Verwaltung stieß zunächst auf entschiedenen Widerwillen in der Kommission, die dem Drängen der Politik aber schließlich nachgab und sich bereit erklärte, die neue Aufgabe zu übernehmen. Ich schloß mich dieser Haltung nicht an und gab zu Protokoll, daß ich in der Kommission an keiner Abstimmung über Empfehlungen zu den Mitarbeitern der Sektion Geschichte teilnehmen werde.

Ein anderer Umstand bewog mich dazu, mich völlig aus der

Arbeit in der SBK zurückzuziehen: meine oben geschilderte Verbindung zum Ministerium für Staatssicherheit. Im abendlichen Telefongespräch mit Heinrich Fink hatte ich in keinem Augenblick an diese Verbindung gedacht. Daß hier ein Problem lag, wurde mir erst klar, als mich die Senatsverwaltung für Wissenschaft, der ich von der Humboldt-Universität als Mitglied der SBK vorgeschlagen worden war, um mein Einverständnis bat, zu meiner Person eine Anfrage an den Sonderbeauftragten der Bundesregierung für die personenbezogenen Unterlagen des ehemaligen Staatssicherheitsdienstes zu richten. Eine solche Anfrage halte man für notwendig, um Diskussionen über die Integrität der Mitglieder vorzubeugen. Ich gab mein Einverständnis. In der SBK habe ich in der festen Meinung mitgearbeitet, daß aus meinen Stasikontakten keine Zweifel an meiner Integrität abgeleitet werden könnten.

Ende Januar 1992 rief mich dann Gerhard Ritter an, dem Senatsbeamte erzählt hätten, bei der Verwaltung sei eine mich belastende Auskunft der Gauck-Behörde eingegangen. Ich lud die Kommission zu einem Gespräch bei mir zu Hause ein, wo ich ausführlich informieren werde. In einem Brief an Senator Manfred Erhardt bat ich um Mitteilung der bei seiner Behörde über mich eingegangenen Informationen. Unabhängig von meinem Urteil über die Berechtigung gegen mich erhobener Vorwürfe erkläre ich mich bereit, aus der Struktur- und Berufungskommission auszuscheiden, weil ich es bedauern würde, wenn durch unterschiedliche Beurteilung meiner Person Mißklänge entstünden, die die Arbeit der Kommission belasten könnten. Dieser Entschluß, fügte ich hinzu, falle mir um so leichter, als die Kommission in Erweiterung ihres ursprünglichen Auftrags Aufgaben im Zusammenhang mit der Kündigung von Mitarbeitern des alten Lehrkörpers übernommen habe, an denen mitzuwirken ich von Anfang an abgelehnt habe. Bei der Zusammenkunft mit den Mitgliedern der Kommission in meiner Wohnung berichtete ich über meine Stasikontakte, die Ablehnung von 1956/57 und die Zusammenarbeit seit meiner ersten USA-Reise. Es war ein ernstes Gespräch, in dem aber keiner der Anwesenden mein Verhalten grundsätzlich verurteilte. An den guten persönlichen Beziehungen, die sich zwischen uns in der Zusammenarbeit der letzten Monate entwickelt hatten, änderte sich nichts. Eine Woche später bekam ich von Senator Erhardt die Kopie des Schreibens der Gauck-Behörde an den Senat. In diesem Schreiben wurden die Angaben, die ich den Kommissionsmitgliedern gemacht hatte, bestätigt. Nach einigen Jahren als Kontaktperson der Hauptabteilung Aufklärung sei ich von 1979 bis 1989 als »Inoffizieller Mitarbeiter für Sicherheit« in der Abteilung Spionageabwehr geführt worden. Es sei um Kontakte zu Diplomaten und anderen Bürgern der USA gegangen, im Zusammenhang mit Versuchen der USA-Geheimdienste, Kontakte mit offiziellem Charakter auszubauen. In seinem Begleitschreiben nahm der Senator Kenntnis von meinem Rücktritt und dankte mir in freundlichen Worten für meine sachkundige und gediegene Arbeit, mit der ich wesentlich dazu beigetragen hätte, das Fach Geschichte an der Humboldt-Universität neu zu strukturieren.

Ein ähnliches Gespräch wie mit der Ritter-Kommission führte ich mit einer Gruppe von zehn meiner ehemaligen Mitarbeiter, Menschen, mit denen mich jahrelange, in manchen Fällen jahrzehntelange, Zusammenarbeit, nicht selten auch Freundschaft verband. Sie alle hatten betroffen auf die Nachricht reagiert, daß auch ich durch ein Stück Stasi-Vergangenheit belastet war. Ich berichtete ihnen das gleiche wie der Kommission, begegnete aber einer anderen Reaktion. Auch hier gab es bei keinem eine vordergründige Anklage oder Verurteilung. Einige fanden ausdrücklich mein Verhalten nicht nur verständlich, sondern auch politisch legitim. Andere aber waren doch kritischer. Mit einem solchen Organ eines solchen Staates, meinten sie, hätte man grundsätzlich nicht zusammenarbeiten dürfen. Der Einwand meiner Freunde gab mir zu denken, zumal Tag für Tag neue Tatsachen über verbrecherische Praktiken des MfS ans Licht kamen, die ich mir in ihrem Ausmaß und ihrer Verwerflichkeit nicht hatte vorstellen können. Ich hätte bei meiner Verweigerung bleiben sollen, sagten mir Freunde und sage auch ich mir aus heutiger Sicht – und vergesse doch nicht, daß ich Gründe hatte für mein Verhalten, die nicht verwerflich waren. »Was ich gemacht habe«, notierte ich am Schluß einer Tagebuchaufzeichnung über die ganzen Vorgänge, »habe ich gemacht, weil ich es richtig fand.« Der generell so notwendige selbstkritische Rückblick werde auch diese Sache nicht ausklammern dürfen. Zu bedauern aber seien andere Handlungen und Unterlassungen weit mehr – mein Versagen in den »Fällen« Görisch und Horn war es, woran ich dabei vor allem dachte.

Nach der Auflösung des Instituts blieb ich kurze Zeit noch im Dienst, als Berater des aus einigen Verwaltungsangestellten gebildeten Abwicklungsteams, das sich bei uns wie in den anderen Instituten organisatorisch um die Institutsauflösung kümmerte.

Mit dem 1. Juli 1992, kurz vor meinem 68. Geburtstag, war ich endgültig frei von jeder dienstlichen Bindung. Das bedeutete größeren Raum für die Familie. Dorle war nicht besonders glücklich gewesen, als ich das Amt des Direktors übernommen hatte. Sie begrüßte es, wie ich, daß wir nun das normale Leben von zwei Ruheständlern führen konnten, mit mehr Zeit für uns und die Familie, zu der inzwischen fünf Enkel gehörten – alle wohnten ziemlich in unserer Nähe, so daß wir immer junges Leben um uns hatten. Zum normalen Leben von Rentnern in der DDR, die in ihrer Berufszeit gesellschaftlich aktiv gewesen waren, gehörte in vielen Fällen eine Fortsetzung solcher Aktivitäten auch nach dem Ausscheiden aus dem Beruf. Dorle hatte 1985, als sie sechzig Jahre alt geworden war, ein Amt im Vorstand unserer örtlichen Gruppe der *Volkssolidarität* übernommen, das sie – ehrenamtlich wie von Anbeginn – heute noch ausübt. Die *Volkssolidarität* war in den Notzeiten der ersten Nachkriegsjahre in der Sowjetischen Besatzungszone als Hilfs- und Betreuungsorganisation für alte Menschen gegründet worden und hat sich als eine Massenorganisation der DDR, die von vielen alten Menschen als wertvolle Bereicherung ihres Lebens angenommen wurde und wird, über die Wende erhalten.

* * *

Selbstverständigung über Leben und Werk wäre wohl ein treffendes Motto für die Tätigkeit, die ich nach der Wende in gewohnten Formen fortführte: in Vorträgen, publizistisch in verschiedenen Medien, mit wissenschaftlichen Aufsätzen. Ich fragte nach dem Bleibenden aus der Wissenschaft, besonders der Geschichtswissenschaft, der DDR, bemüht um kritische Sachlichkeit. In Veranstaltungen verschiedener Gremien – des Zentrums

für Zeitgeschichtliche Forschung in Potsdam, der Brandenburgischen Landeszentrale für Politische Bildung, des Deutschen
Evangelischen Kirchentages in München 1994, der Evangelischen
Akademie Berlin-Brandenburg, der Berliner Filiale der Friedrich-
Ebert-Stiftung – war ich aktiv beteiligt an Debatten zur Geschichte der Deutschen in der Zeit der Spaltung. Ohne Beschö-
nigung und ohne Verteufelung – in beiden Richtungen – sollte
dabei gesprochen und gestritten werden über die Wirklichkeit
des Lebens in Ost wie West, um so beizutragen zu einem ruhige-
ren und vernünftigeren Miteinander im vereinten Deutschland.

Über *Die Deutschen und ihr Vaterland* sprach ich im Frühjahr
1991 in der Evangelischen Akademie Tutzing, wohin mich mein
alter Bekannter Klaus Bölling eingeladen hatte, der damals den
Politischen Club der Akademie leitete. Es war, nicht zuletzt in der
Erinnerung an die schwärmerische Verehrung des Vaterlands bei
meinem Vater und die Deutschland-Liebe bei Männern wie Deiters und Meusel, ein Rückblick auf 200 Jahre eines konfliktrei-
chen Verhältnisses, den ich mit einem klaren Ja zur Wiedervereinigung Deutschlands schloß. Ein Land aber solle es sein, wie
Brecht es in seiner »Kinderhymne« beschrieben hat, »das nicht
über und nicht unter andern Völker« sei, das wir lieben, »weil wir
es verbessern«.

Die Thematik von Krieg und Frieden, die mich immer so stark
beschäftigt hatte, führte ich unter mehrfachen Gesichtspunkten
fort. In zwei Kolloquien der *Peace History Society* referierte ich
über den Einfluß von Friedensbewegungen auf die Beendigung
des Kalten Krieges. Auf bedrückende Weise eindrucksvoll für den
Weltkriegsforscher war die Teilnahme an Veranstaltungen des
Historial de la Grande Guerre, eines mit einem Museum kombi-
nierten internationalen Forschungszentrums für die Geschichte
des Ersten Weltkriegs, das auf Beschluß des Conseil géneral des
Departements Somme in Péronne bei Amiens gegründet worden
war, mitten in der Gegend, in der im Sommer 1916 die Schlacht
an der Somme getobt hatte. Ich sprach dort auf einer der Konferenzen über den in vieler Hinsicht bemerkenswerten Platz des
Jahres 1916 im Weltkrieg. Unvergeßlich ist mir die Exkursion der
Konferenzteilnehmer zu den Stätten der Schlacht, den vielen
Soldatenfriedhöfen für die Gefallenen aller beteiligten Nationen,

den Gedenkstätten für die gefallenen Engländer, Kanadier, Süd-
afrikaner, Australier und Franzosen. Die unsinnige Grausamkeit
des Krieges wurde einem deutlich, wenn man sah, worüber man
geschrieben hatte, stehend auf der kleinen Erhebung in dem wel-
ligen Gelände, wo am 1. Juli 1916 der Angriff begonnen hatte, vor
sich die freie Fläche von zwei bis drei Kilometern Länge, einen
kleinen Raum, in dem sich an diesem Frontabschnitt zwischen
Juli und November 1916 in unaufhörlichem Wechsel von Angriff
und Gegenangriff das mörderische Ringen abgespielt hatte, dem
Tausende junger Männer zum Opfer fielen. Wir besuchten auch
die Gedenkstätte von Baumont-Hamel, gewidmet der Erinnerung an das Schicksal des Ersten Neufundländer Regiments, das
am ersten Tag der Offensive zwischen diesen beiden Dörfern eingesetzt wurde und in einem »Gefecht« von nur einer halben
Stunde von den Deutschen, die den Angriff erwartet und sich auf
eine rückwärtige Linie zurückgezogen hatten, buchstäblich nie-
dergemäht worden war. Hunderte fielen oder wurden verwundet.
Nur 68 Soldaten kamen ohne schwere Verwundung davon. Suche
ich nach einem Beispiel für die kalte Unmenschlichkeit derer, die
Kriege führen, so zitiere ich seit diesem Besuch in Beaumont-
Hamel aus dem Faltblatt, das der Besucher dort erhält, die Worte,
in denen der Divisionskommandeur, Generalmajor Sir Beauvoir
de Lisle, den Untergang der Menschen schilderte, die er in den
Tod geschickt hatte. Der Angriff der Neufundländer, so berichtete er, sei ein großartiges Beispiel von Disziplin und Tapferkeit gewesen, und ihr Angriff sei nur deshalb erfolglos geblieben, weil
Tote nicht weiter vorrücken können (*its assault only failed of
success because dead men can advance no farther*).

Der Beendigung des Ersten Weltkrieges durch den Frieden von
Versailles wandte ich mich anläßlich einer internationalen Ver-
sailles-Konferenz im kalifornischen Berkeley in einem Vortrag
zu, der von den Deutschen im »Traumland« handelte, wie Ernst
Troeltsch die Periode zwischen dem Waffenstillstand in Com-
piègne am 11. November 1918 und der Unterzeichung des Frie-
densvertrages am 28. Juni 1919 genannt hat, in der Revolution
und Konterrevolution das Land erschütterten und die extremsten
Perspektiven, Hoffnungen und Ängste diskutiert wurden. Zwei
Probleme genereller Art waren mir dabei wichtig. Ich korrigierte

manch überzogene, unrealistische Sympathie, die ich in früheren
Arbeiten den Erklärungen, Aktionen und Zukunftsaussichten
der radikalen Revolutionäre entgegengebracht hatte, und ich arbeitete noch deutlicher und kritischer als früher die Unfähigkeit
der großen Mehrheit der Deutschen heraus, zu begreifen, daß sie
den Krieg verloren hatten, und die Folgen dieser Niederlage zu
akzeptieren. Es ging mir dabei um einen auch familiengeschicht-
lich wichtigen historischen Zusammenhang – mit einem aktuellen Bezug im Untertext, war doch wieder, wenn auch in ganz anderen Dimensionen, die Niederlage eines deutschen Staates zu
akzeptieren. Menschen, denen das schwerfiel, mochten aus der
historischen Parallele lernen, wie schlimm es werden konnte,
wenn man sich der Einsicht in die Realität versagte.

*Historiker und Politik. Erfahrungen in einem schwierigen
Verhältnis*: so überschrieb ich meinen Aufsatz in der Festschrift
zum 65. Geburtstag von Hans Mommsen, über ein Thema, das
nun ganz unmittelbar eine zentrale Beziehung in meinem eigenen Leben berührte. Durch die Methode der Betrachtung war der
Aufsatz fast eine Art Vorübung für das Unternehmen dieses
Buches. Lebenserinnerungen nämlich von fünf Historikern sehr
verschiedener Schulen, die jeder in ihrer wissenschaftlichen Arbeit als Historiker bewußt auch politische Ziele vor dem Auge gehabt hatten, hatte ich nach Aussagen darüber durchforstet, wie
sie im Rückblick auf ihr Leben die politische Dimension ihrer
Lebensarbeit beurteilten. Die Antworten der fünf – Dietrich
Schäfer, Karl Alexander von Müller, Friedrich Meinecke, Eduard
Winter und Walter Markov – waren natürlich verschieden. Gerade im Vergleich verschiedener Persönlichkeiten mit ganz verschiedenen politischen Vorstellungen aber schien mir der Zugang
zu jedem einzelnen, seiner wissenschaftlichen Leistung wie seiner Wirkung im Politischen, ein wenig klarer. Mir war die Untersuchung wichtig, weil sie mir Mut machte, meinerseits über ein
Historikerleben zu berichten, das ganz wesentlich geprägt gewesen war durch politische Bindungen.

Auf die großen Fragen der Weltpolitik im nun zu Ende gehenden 20. Jahrhundert, in dem ich gelebt und über dessen Probleme
ich immer wieder geschrieben habe, ging ich ein in einem
URANIA-Vortrag mit dem Thema *Schicksalsjahr 1917: Wilson*

oder Lenin. Weichenstellung der Weltgeschichte. Die beiden
Protagonisten des Epochenjahres – Wilson, der die USA in den
Krieg führte, und Lenin, der Führer der russischen Oktober-
revolution – erschienen hier als die Personifizierung zweier gro-
ßer Strömungen, deren Auseinandersetzung seit dem Ende der
»Urkatastrophe des Jahrhunderts« dessen Geschichte bestimmte.
Es gab verblüffende Parallelen im Lebenslauf der beiden: Söhne
von Intellektuellen der Provinz, eines Pfarrers der eine, eines
Schulinspektors der andere, studierten sie mit glänzendem Erfolg
Jurisprudenz und ließen sich nach dem Studium einige Jahre als
Rechtsanwälte nieder. Beide gingen in die Politik mit der Idee, die
Gesellschaft, in der sie lebten, zu verändern – auf dem Wege
von Reformen der Amerikaner, durch radikalen, revolutionären
Umsturz der Russe. Beide blickten über das eigene Land hinaus
in die Welt, Wilson mit dem Ideal einer neuen Weltordnung der
Demokratie und des Friedens, Lenin mit der Hoffnung auf die
Weltrevolution. Ich skizzierte die Etappen der weltweiten Aus-
einandersetzung der letzten Jahrzehnte und endete mit einem
Fazit, das auch geeignet sein mag, diesen Lebensbericht eines
politischen Historikers zu beschließen:

»Die Auseinandersetzung ist zu Ende. Was Lenin vor achtzig
Jahren begann, ist gescheitert, und zwar im wesentlichen an
sich selbst. Geschaffen wurde nicht das versprochene Reich
der Freien und Gleichen, sondern eine Gesellschaft der
Reglementierung und des Zwanges, die in dem Moment wie
ein Kartenhaus zusammenfiel, in dem die herrschende
Gewalt nicht mehr imstande und auch nicht mehr bereit war,
den Willen der Mehrheit ihrer Bürger zu unterdrücken. Die
immer wieder von nicht wenigen gehegten Hoffnungen auf
Demokratisierung und Reform von innen schlugen fehl.
Dieses Scheitern sollte rückhaltlos auch anerkennen und zu
verstehen versuchen, wer – mit guten Gründen – meint, den
Aufbruch von 1917 nicht als fatalen Irrtum oder gar als
Handstreich machtgieriger Gewalttäter aus der Geschichte
nun aufatmend streichen zu können, wer den Versuch er-
klärbar findet, die so entsetzlich aus den Fugen geratene
Welt auf ganz neue Bahnen zu führen, wer idealistische

Intention ehrlicher Sozialisten und die von dem russischen
Experiment vielerorts geweckten Hoffnungen auf eine bessere Welt nicht schlicht als törichte Selbsttäuschung oder
Schlimmeres abtut, wer die heutzutage so wohlfeile Verteufelung von allem und jedem, was im Zeichen des Realsozialismus wo auch immer geschah, ablehnt und darauf
besteht, daß es dort Vernünftiges, Menschliches und Bewahrenswertes gab. Überlegungen dieser Art können und müssen angestellt werden. Beachtung verdienen sie meiner Meinung nach aber nur, wenn sie nicht dazu gebraucht werden,
das grundsätzlich gebotene klare Nein zu dem zu Recht
untergegangenen Gesellschaftssystem zu zerreden.

Kein Zweifel ist möglich am Ende dieses Jahrhunderts, daß
die von vielen großen und kleinen Staaten des Westens ge-
lebte Demokratie sich allen Formen autoritärer, diktatori-
scher, vormundschaftlich ausgerichteter Gesellschafts-
gestaltung überlegen gezeigt hat. Der Jubel freilich ist rasch
verflogen, der das Ende der Geschichte verkündete, sei doch
mit dem Untergang des Kommunismus das einzig wirkliche
Hindernis menschlichen Fortschritts verschwunden und mit
dem Sieg der parlamentarischen, marktwirtschaftlich organisierten Demokratie das Zeitalter gewiß nicht konflikt-
freier, prinzipiell aber doch gesicherter Fortentwicklung der
Menschheit angebrochen. Das Ziel, eine Welt des Friedens
zu schaffen, ist nicht erreicht. Der Kampf gegen Krieg und
Gewalt bleibt auf der Tagesordnung. Nicht die Festigung
von Demokratie, sondern die Ausbreitung und Festigung
von Positionen wirtschaftlicher und politischer Vormacht-
stellung ist es, um die immer wieder tatsächlich, entgegen
manch schöner Versicherung, gerungen wird. Bedenkenlos
wird konkurrenzlose Übermacht genutzt, den eigenen Vorteil zu mehren. Schlecht steht es vielerorts um die Menschenrechte. Sie durchzusetzen ist – ein hoher Wert –
erklärtes Ziel der Gesellschaft, in der wir leben, die freilich
allzu oft meint, ökonomischen Mechanismen folgen zu
müssen, die dieser Durchsetzung im Wege stehen. *Wer will,
daß die Welt so bleibt, wie sie ist, der will nicht, daß sie
bleibt* – das Diktum Erich Frieds bleibt drängende Mahnung.«

Viel ist es nicht, was Historiker tun können, ihr zu folgen. So zeigt es unsere Erfahrung – und nicht nur unsere. Das wenige aber, das möglich ist, aufzuspüren und nach besten Kräften zu nutzen, wird immer, so hoffe ich, auch künftighin versucht werden.

Nachbemerkung

Bei der Niederschrift des vorstehenden Lebensberichts ging ich aus von dem, was mir im Gedächtnis geblieben ist. Ein Tagebuch habe ich nicht geführt. Aktenstudium in den seit 1990 der Benutzung zugänglichen Archiven der DDR – der Akademie der Wissenschaften, des ZK der SED, des IML – habe ich nicht betrieben. Einzelne, mich betreffende Informationen aus solchen Beständen habe ich der einschlägigen Literatur der letzten Jahre sowie Mitteilungen von Kollegen entnommen, die in diesen Archiven arbeiteten.

Wertvolle Hinweise zur Geschichte Siebenbürgens erhielt ich von dem Siebenbürgen-Historiker Konrad Gündisch in Oldenburg. Der Erweiterung und Präzisierung der persönlichen Erinnerung dienten zur Geschichte der Familien Klein und Deiters: die in meinem Besitz befindlichen Bruchstücke aus dem Nachlaß meines Vaters; die Biographien von Christoph Klein über das Leben seines Vaters (*Anvertraute Pfunde. Gustav Adolf Klein und die Hermannstädter Allgemeine Sparkassa*, Böhlau-Verlag Köln 1995) und von Hermine Pilder-Klein über das Leben ihres Bruders (*Karl Kurt Klein. Ein Gelehrtenleben im Umbruch der Zeit*, Verlag der Universität »Alexandru Joan Cuza«, Jassy, 1997); die Erinnerungen meines Pflege- und Schwiegervaters Heinrich Deiters (*Bildung und Leben. Erinnerungen eines deutschen Pädagogen*, Böhlau-Verlag Köln 1989) sowie dessen für die Familie geschriebene Familienerinnerungen. Ausführlich zitiert sind wiederholt die schönen und eindringlichen Lebenserinnerungen meiner Frau Anna-Dorothea. Eine ergiebige Quelle für mein persönliches und berufliches Leben seit Kriegsende war meine Korrespondenz, aus der ich die mir wichtigen Stücke seit 1947 geschlossen aufgehoben habe. Schrifststücke zu einzelnen, besonderen Ereignissen und Zusammenhängen, die ich aufbewahrt hatte, waren nützlich. Immer wieder habe ich im Laufe der Arbeit Freunde und ehemalige Kollegen gebeten, mir behilflich zu sein bei der Rekonstruktion dieses oder jenes Vorgangs. Sie alle einzeln zu nennen, ist unmöglich. Es sei nur festgehalten, daß ich gerade auf diese Weise unschätzbare Unterstützung gefunden habe, für die allen herzlich gedankt sei.

Ein besonderer Dank gilt für enge, vertrauensvolle und produktive Zusammenarbeit meinem Lektor Oliver Thomas Domzalski. Er gab mit seinem Vorschlag, ich solle Memoiren schreiben, den letzten Anstoß, die seit längerem erwogene Absicht in die Tat umzusetzen. Das nun vorliegende Ergebnis verdankt ihm viel.

Personenregister